浙大宁波理工学院法学学科建设成果

U0648051

中国经济法研究

理论、规则与实践

A Study on China's Economic Law

Theory, Rules and Practice

刘　敏　吴　泓　韩小梅　等◎著

ZHEJIANG UNIVERSITY PRESS
浙江大学出版社

图书在版编目（CIP）数据

中国经济法研究：理论、规则与实践 / 刘敏等著
. —杭州：浙江大学出版社，2021.8
　ISBN 978-7-308-21667-8

　Ⅰ.①中… Ⅱ.①刘… Ⅲ.①经济法—研究—中国
Ⅳ.①D922.290.4

中国版本图书馆 CIP 数据核字(2021)第 163717 号

中国经济法研究：理论、规则与实践

刘　敏　吴　泓　韩小梅　等　著

策划编辑	吴伟伟	
责任编辑	钱济平　　陈佩钰	
责任校对	许艺涛	
封面设计	续设计	
出版发行	浙江大学出版社	
	（杭州市天目山路 148 号　邮政编码 310007）	
	（网址：http://www.zjupress.com）	
排　　版	杭州青翊图文设计有限公司	
印　　刷	广东虎彩云印刷有限公司绍兴分公司	
开　　本	710mm×1000mm　1/16	
印　　张	24	
字　　数	457 千	
版 印 次	2021 年 8 月第 1 版　2021 年 8 月第 1 次印刷	
书　　号	ISBN 978-7-308-21667-8	
定　　价	68.00 元	

浙江大学出版社市场运营中心联系方式：0571－88925591；http://zjdxcbs.tmall.com

目　录

第一编　合同法

第二编　产品质量与消费者权益保护

第三编　专利法

第四编　金融法

第五编　外贸法

第一编

合 同 法

第一章　导　论

第一节　合同的概念

一、合同法上的合同

根据我国《民法典》第四百六十四条第一款的定义,合同是指民事主体之间设立、变更、终止民事法律关系的协议。

这里需要进一步说明,合同有广义和狭义之分,广义的合同,包括债权合同、身份合同(如离婚协议、收养协议、遗赠抚养协议等)、行政合同(如政府特许经营权协议、土地房屋征收补偿协议)等等;狭义的合同,仅指债权合同,即只在平等民事主体之间发生债权、债务关系的合同。如非特别说明,本书所称合同,仅指狭义的合同,即债权合同。

二、合同的特征

1. 合同一种典型的民事法律行为

所谓民事法律行为,是指民事主体通过意思表示设立、变更、终止民事法律关系的行为。民事法律行为的核心是当事人意思自治。合同当事人通过协商一致达成合同,并按照合同约定的内容履行自己的义务,实现自己的权利。

2. 合同是产生、变更或者消灭债权债务的协议

3. 合同债权具有相对性

合同债权，性质上为请求权，原则上只在当事人之间具有约束力。

第二节 合同的分类

一、典型合同与非典型合同

根据法律上是否为某一合同确定一个特定的名称并设有相应规范，合同可分为典型合同与非典型合同。

所谓典型合同，是指法律设有一定规范，并赋予一定名称的合同。典型合同包括《民法典》第三编第二分编所规定的 19 种合同，还包括《旅游法》规定的旅游合同、《保险法》规定的保险合同等。

非典型合同，是指法律尚未赋予一定名称的合同。社会发展日新月异，新的商业模式不断涌现，法律允许当事人在典型合同之外创设新的合同形态，以补充典型合同之不足。

区分典型合同与非典型合同的意义，在于两者的法律适用规则有所不同。典型合同，优先适用《民法典》第三编第二分编和民事单行法（如《旅游法》《保险法》）的具体规范。非典型合同，由于没有为其量身打造的专门规则，出现纠纷时，应适用《民法典》合同编第一分编（通则）的规定，并可以参照《民法典》合同编第二分编（典型合同）中最相类似合同的规则。

二、有偿合同与无偿合同

根据当事人取得权利是否偿付代价，合同可分为有偿合同与无偿合同。有偿合同指当事人因取得权利须偿付一定代价的合同。在有偿合同中，双方当事人互为给付，即当事人以接受对方相应对价为履行义务的条件，如买卖合同、租赁合同、借贷合同、保险合同等。无偿合同是指当事人一方只取得权利，不偿付对价的合同，赠与合同、借用合同为典型的无偿合同。

有偿合同与无偿合同的区分意义在于合同当事人责任轻重之不同。在无偿合同中，义务人在不具有故意或者重大过失的情况下导致损失的，一般不承担责任。如《民法典》第八百九十七条规定，保管期间，因保管人保管不善造成保管物毁损、灭失的，保管人应当承担损害赔偿责任。但是，无偿保管人证明自己没有故意或者重大过失的,不承担赔偿责任。

需要注意的是,双务合同和有偿合同经常容易混淆。应当认识到,合同有偿并不意味着合同就是双务合同,只有在双方当事人所承担的义务,在价值上相当时,才能认定为双务合同。因此,可以认为,双务合同都是有偿合同,但单务合同并非都是无偿合同。

三、诺成合同与实践(要物)合同

根据合同的成立或生效是否以交付标的物标准,合同可分为诺成合同与实践合同。诺成合同是指当事人意思表示一致即成立的合同。实践合同,又称要物合同,是指除双方当事人的意思表示一致以外,尚需交付标的物才能成立或生效的合同。诺成合同是一般的合同形式,实践合同是特殊的合同形式。在我国,典型的实践合同有自然人之间的借款合同、定金合同和一般的保管合同。除非有法律的特别规定,合同均为诺成合同。

区分诺成合同与实践合同的法律意义如下。

1.成立或者生效要件不同

诺成合同仅以当事人意思表示一致时即可成立,而实践合同则在当事人达成合意之后,还必须由当事人交付标的物和完成其他给付以后,合同才能成立。

2.当事人义务的确定不同

所谓当事人义务的确定不同,是指在诺成合同中,交付标的物是当事人的给付义务,违反该义务便产生违约责任;而在实践合同中,交付标的物不是当事人的给付义务,而是先合同义务,违反它不产生违约责任,可构成缔约过失责任。

四、本约与预约

根据订立合同是否存在事先约定的关系,合同可分为预约与本约。预约是指当事人约定将来订立一定合同的合同,如认购书、意向书、备忘录等。本约是指为了履行预约合同而订立的合同。

按照合同自由原则,任何一种合同均可订立预约。预约的目的在于成立本约,当事人之所以不直接订立本约,其主要理由是法律上或事实上的事由致使订立本约尚未成熟,于是先成立预约,使对方受其约束,以确保本约的订立。就预约而言,仍然是合同,当事人有义务按照约定于一定时间签订本约,未履行的,应当承担违约责任。①

　　我国《民法典》第四百九十五条规定，当事人约定在将来一定期限内订立合同的认购书、订购书、预订书、意向书等，构成预约合同。当事人一方不履行预约合同约定的订立合同义务的，对方可以请求其承担预约合同的违约责任。

---

　　①　黄薇主编：《中华人民共和民法典合同编解读（上册）》，中国法制出版社 2020 年版，第 115 页。

第二章　合同的订立

第一节　合同订立概述

一、订立合同应当遵循的原则

合同的订立是指当事人通过一定程序,协商一致在其相互之间建立合同关系的一种法律事实。

合同订立过程中,当事人必须遵循自愿和协商一致原则。即双方当事人订立合同时必须协商并取得一致意见,不得未经协商或者虽经协商但未取得一致意见而订立合同。

订立合同这种行为,就在合同当事人之间确立了合同权利、义务关系,即设立、变更或者终止债权债务的关系。

二、合同订立的模型

我国《民法典》第四百七十一条规定,当事人订立合同,采取要约、承诺方式或者其他方式。该条规定确立了我国合同订立的两种模型:普通模型和特殊模型。

1.普通模型:要约与承诺

要约、承诺方式是最为典型的合同订立模式。当事人合意的过程是对合同内容协商一致的过程,很多都是经过要约、承诺完成的。向对方提出合同条件作出签订合同的意思表示成为"要约",而另一方如果表示接受就成为"承诺"。一般而言，一方发出要约，另一方作出承诺，合同就成立了。但是，有时要约和承诺难以区分。许多合同是经过一次又一次的讨价还价、反复协商才得以达成。

在经济生活中，出现了基于要约、承诺模型基础上有所发展的合同订立方式，如竞争缔约（招投标、拍卖）、强制缔约、附和缔约等。这些合同订立方式虽然存在一定的差异，但都没有脱离要约、承诺模式的范畴。

2.特殊模型

除了要约、承诺方式之外，传统上还存在以下几种合同订立方式：交叉要约、同时表示、意思实现。

（1）交叉要约。交叉要约是指合同当事人各自采取非直接对话的方式，同时作出了为订立同一内容合同的要约。

（2）同时表示。同时表示与交叉要约本质上相同，交叉要约是在非直接对话方式的情况下发生的，而同时表示是在对话方式的情况下发生的。同时表示指对话的当事人双方毫无先后之别，同时向对方为同一内容的要约的意思表示。

（3）意思实现。意思实现是指按照习惯或事件的性质不需要承诺通知，或者要约人预先承诺无须通知，要约人在相当时间内如有可以推断受要约人存在承诺意思的客观事实，则可以据此成立合同。

当然，上述三种方式仅为特殊模型的例子。实际上，随着民商事交易活动的活跃和交易方式的电子化，出现了更多类型的合同订立方式。因此我国在制定《民法典》的过程中，为了给新的订约方式留下空间，特别在"要约、承诺方式"的基础上增加了"其他方式"。

第二节　要　约

一、要约的概念与要件

要约，又称为发盘、发价等。我国《民法典》第四百七十二条对要约的定义作了法律规定："要约是希望和他人订立合同的意思表示。"可见，要约是一方当事人以缔约合同为目的，向对方当事人所做的意思表示。发出要约的为要约人，接收到要约的为受要约人、相对人、承诺人。

一项要约要发生法律效力，则必须具有特定的有效条件；不具备这些条件，要约在法律上不能成立，也不能产生法律效力。要约的要件如下。

1. 要约必须具有订立合同的意图

要约人发出要约的目的在于订立合同，而这种订约的意图必须要通过其发出的要约充分表达出来，才能在受要约人承诺的情况下产生合同。根据我国《民法典》第四百七十二条规定，要约中必须表明要约经受要约人承诺，要约人即受该意思表示约束。

2. 要约必须向要约人希望与之缔结合同的受要约人发出

要约人向谁出发要约，也就是希望与谁订立合同。要约只有向要约人希望与之缔结合同的受要约人发出才能够唤起受要约人的承诺。

3. 要约的内容必须具体确定

根据我国《民法典》第四百七十二条的规定，要约的内容必须具体确定。所谓"具体"，是指要约的内容必须具有足以使合同成立的主要条款，如果不能包含合同的主要条款，承诺人即难以作出承诺，即使作了承诺，也会因为这种合意不具备合同的主要条款而使合同不能成立。

二、要约与要约邀请的区别

1. 要约与要约邀请的区分标准

要约与要约邀请是不同的。要约邀请，又称要约引诱，是希望他人向自己发出要约的意思表示，是当事人订立合同的预备行为，行为人在法律上无须承担责任。

要约邀请与要约的区别主要表现在：要约是当事人自己主动提出愿意订立合同的意思表示，以订立合同为直接目的；要约邀请是当事人表达某种意愿的事实行为，其内容是希望对方主动向自己提出订立合同的意思表示。在实践中，要约大多数是针对特定的相对人，故要约人往往采取对话或信函方式，而要约邀请一般是针对不特定多数人，故多通过电视、报刊等媒介手段来实施。

2. 几种典型的要约邀请

根据我国《民法典》第四百七十三条的规定，下列情况为典型的要约邀请。

（1）寄送价目表。价目表是商品销售者以及服务营业者推销商品或服务的一种方式，这种方式当然表达了行为人希望订立合同的意思，但它仅指明什么商品（服务）、什么价格，其中并没有指明数量。

（2）拍卖公告、招标公告和招股说明书。拍卖公告，是拍卖人在拍卖前公告或以其他形式发出的，希望有心人在某时到某地参与拍卖竞价的意思表示。招标公告，也称为招标通知，是招标人向不特定人发出的以吸引投标人前来投标的意思表示。招股说明书，是股份有限公司在公司成立时，由发起人向社会公开募集股份或者公司经批准向社会公开发行新股时，向社会公开的意思表示，其目的是希望社会公众前来认购公司股份。

（3）商业广告。根据我国《民法典》第四百七十三条第一款的规定，一般而言，商业广告是要约邀请，但是，法律并不排除商业广告中含有要约的要件。所以，我国《民法典》第四百七十三条第二款确认了符合要约要件的商业广告属于要约。实践中，如果广告中含有"保证现货供应""先来先买、售完为止""报满为止"或者含有确切的期限保证供货等词语的，即视为要约。

三、要约的法律效力

1. 要约生效的时间

依照《民法典》第一百三十七条的规定，要约生效的时间可以从如下几个方面理解。

一是以对话方式作出的要约。所谓以对话方式作出的要约，是指要约人采取使对方可以同步受领的方式进行意思表示，如面对面交谈、电话等方式。在这种方式进行的意思表示中，相对人知道其内容时，要约生效。

二是非对话方式作出的要约。我国《民法典》第一百三十七条采取了到达主义的处理模式，即要约到达受要约人时生效。

此外，我国《民法典》第一百三十七条第二款规定，以非对话方式作出的采用数据电文形式的意思表示，相对人指定特定系统接收数据电文的，该数据电文进入该特定系统时生效；未指定特定系统的，相对人知道或者应当知道该数据电文进入其系统时生效。当事人对采用数据电文形式的意思表示的生效时间另有约定的，按照其约定。

2. 要约的法律约束力

要约对要约人的拘束力，又称为要约的形式拘束力，即要约一旦生效，要约人就要受到要约的拘束，不得任意撤回、撤销或者对要约加以限制、变更和扩张。其目的是保护受要约人的利益，维护交易安全。当然，法律允许要约人在要约到达之前撤回要约，同时要约人在符合法律规定的条件下，也可撤销要约。

第三节　承诺

一、承诺的概念和要件

承诺,是指受要约人同意要约的意思表示。在一般情况下,承诺生效后,合同即告成立。有效的承诺,必须具备下列四个要件。

1.承诺必须由受要约人向要约人作出

受要约人是要约人选定的订约相对方,只有受要约人才能取得承诺的资格,受要约人以外的第三人原则上不享有此权利。

2.承诺须向要约人作出

承诺是对要约的同意,受要约人意在与要约人订立合同,当然要向要约人作出。

3.承诺的内容必须与要约的内容一致

这是承诺最核心的要件。承诺是受要约人愿意按照要约的全部内容与要约人订立合同的意思表示。我国《民法典》第四百八十八条规定:"有关合同的标的、数量、质量、价款或者报酬、履行期限、履行地点和方式、违约责任和解决争议方法等的变更,是对要约内容的实质性变更。"

二、承诺的方式与期限

1.承诺的方式

承诺的方式,是指承诺人采用何种方式将承诺通知、送达要约人。承诺一般应当用明示方式,沉默或者不作为一般不构成承诺。我国《民法典》第四百八十四条中对承诺的方式做了明确规定:"以通知方式作出的承诺,生效时间适用本法第一百三十七条的规定。承诺不需要通知的,根据交易习惯或者要约的要求作出承诺的行为时生效。"

2.承诺的期限

承诺期限,也称为要约的存续期限,是受要约人得以承诺的期限。根据我国

《民法典》第四百八十六条规定,承诺期限分为约定的承诺期限和未约定的承诺期限两种。

约定的承诺期限,即要约人在要约中明确规定的期限。要约没有确定承诺期限的,也有两种情形:一种是要约以对话方式作出,一般不会有承诺期限,受要约人应当即时作出承诺。如果当事人另有约定的,则属于约定的承诺期限。另一种是要约以非对话方式作出,其承诺期限为合理期限。

三、承诺的生效与效力

1.承诺的生效

合同的成立,一般以承诺生效为标志。我国《民法典》对承诺的生效采用的是到达主义原则。

2.承诺的效力

我国《民法典》第四百八十三条规定:"承诺生效时合同成立,但是法律另有规定或者当事人另有约定的除外。"由该条规定可知,在法律没有特别规定或者当事人另有约定的情况下,承诺生效时,合同即告成立。

值得注意的是,在经济活动中,当事人为了慎重起见,往往要求签署确认书。我国《民法典》第四百九十一条第一款规定:"当事人采用信件、数据电文等形式订立合同要求签订确认书的,签订确认书时合同成立。"根据该条规定,在采取信件、数据电文等形式订立合同要求签确认书的,合同的成立时间为确认书签署之时。显然,第四百九十一条第一款属于第四百八十三条所称的法律另有规定的情况。

第四节　合同的形式与条款

一、合同的形式

合同的形式是合同当事人所达成协议的表现形式,是合同内容的载体。我国《民法典》第一百三十五条的规定表明,合同的形式可由当事人选择,口头形式、书面形式或其他形式均可;但法律、行政法规规定或当事人约定采用书面形式的,应当采用书面形式。应当注意的是,合同的书面形式仅具证据的效力,不是合同成立和有效的要件之一。

1.口头形式

口头形式是指当事人只用语言为意思表示订立合同,而不用文字等书面形式表达协议内容的合同形式。为减少纠纷起见,当事人在订立合同时,能够不采用口头形式的,尽量不采用口头形式。一般来说,简单的、标的很小的、即时清结的合同,大量采用的是口头形式。

2.书面形式

书面形式是指合同书、信件和数据电文(包括电报、电传、传真、电子数据交换和电子邮件)等可以有形地表现所载内容的形式。

3.其他形式

合同的其他形式主要是指默示形式和视听资料形式。

默示形式包括作为的默示和不作为的默示,并且作为的默示是其主要情形。作为的默示主要表现为履行行为。不作为的默示即缄默,只有在法律规定或当事人约定产生法律效果的情况下,才能产生相应的法律后果。

视听资料形式是指以录音、录像之类的视听手段记载合同内容的形式。

二、合同的条款

从实质上说,合同条款即合同的内容,是合同当事人权利和义务的具体体现。在实践中,人们多在书面合同中谈及合同条款。

合同条款应当明确、肯定、完整,并且条款之间彼此不矛盾。如果合同条款含混不清或者存在漏洞,则应通过合同的解释予以完善。

第五节　缔约过失责任

一、缔约过失责任的概念与构成要件

缔约过失责任,是指在合同订立过程中,一方因违背其依据诚实信用原则和法律规定的义务,导致另一方信赖利益的损失时所应承担的损害赔偿责任。

缔约过失责任的构成要件包括以下几个方面。

1. 当事人一方违反先合同义务

先合同义务，也叫合同前义务，是基于诚实信用原则和当事人之间的信赖关系而产生的法定义务。

2. 行为人有过错

在我国，缔约过失责任是一种过错责任。"过失"实为过错，包括故意和过失。

3. 造成他人信赖利益的损失

由于缔约过失行为直接破坏了缔约关系，因此所引起的损害是指他人信赖合同的成立和有效，但由于合同不成立和无效的结果所蒙受的不利，此种不利即为信赖利益或消极利益的损失。

4. 缔约过错行为与损失之间有因果关系

信赖利益的损失是由缔约过失行为造成，而不是由违约行为或侵权行为造成的。

二、缔约过失责任的类型

根据我国《民法典》第五百条和第五百零一条的规定，缔约过失责任主要有如下几种类型。

1. 假借订立合同，恶意进行磋商

假借订立合同，恶意进行磋商是指当事人根本没有订立合同的目的，假借订立合同，而损害相对人利益的行为。所谓恶意，特别是指一方当事人在无意与对方达成协议的情况下，开始或继续进行谈判。

2. 故意隐瞒与订立合同有关的重要事实或者提供虚假情况

在订立合同的过程中，当事人负有如实告知义务。如果一方故意隐瞒不履行如实告知义务，从而给对方造成损失的，即产生缔约过失责任。

3. 泄露或不正当地使用商业秘密

商业秘密是指不为公众所知悉，具有商业价值并经权利人采取相应保密措施的技术信息、经营信息等商业信息。我国《民法典》第五百零一条规定："当事人在订立合同过程中知悉的商业秘密或者其他应当保密的信息，无论合同是否成立，不得泄露或者不正当地使用；泄露、不正当地使用该商业秘密或者信息，造成对方损失的，应当承担赔偿责任。"

4.有其他违背诚实信用原则的行为

诚实信用原则是民法基本原则之一,具有补充漏洞的功效。在合同法领域,诚实信用原则是缔约过失责任的理论依据。由于在订立合同的过程中,违背诚实信用原则的行为表现形式各种各样,法律难以逐一列举,故规定了这一兜底条款。

三、缔约过失责任的赔偿范围

在缔约过失责任中,信赖利益应成为赔偿的基本范围。

信赖利益的损失限于直接损失,这里的直接损失,是指因为信赖合同的成立和生效所支出的各种费用,具体包括如下方面。

其一,因信赖对方要约邀请和有效的要约而与对方联系、赴实地考察以及检查标的物等所支出的各种合理费用。

其二,因信赖对方将要缔约,为缔约作各种准备工作并为此所支出的各种合理费用。如因信赖对方将要出售家具,四处筹款借钱而为此支出的各种费用。

其三,为支出上述各种费用所失去的利息。

应当指出,各种费用的支出必须是合理的,而不是受害人所任意支出的。只有合理的费用才和缔约过失行为有因果联系,并且应当由行为人承担赔偿责任。

第三章 合同的效力

第一节 合同效力概述

合同订立后,其最终命运无非两种:有效或者无效。所谓有效,即合同符合法律的要求,对当事人产生法律约束力,当事人应当严格按照合同约定的要求履行自己的义务,否则将面临承担违约责任的风险。所谓合同的无效,是指合同成立后,因不符合法律的要求,而未能最终产生约束力。

值得注意的是,在合同的有效与无效之间,还存在着两种非常特殊的效力状态,即合同效力待定和合同可撤销。所谓合同效力待定,是指合同成立后,既不有效,也不无效,而是需要等待相关的法律事实来确定其最终的命运。而合同可撤销,则是指合同成立并生效后,因法律的规定,当事人对于生效的合同享有撤销权,因当事人行使撤销权而使得已经生效的合同归于无效。

从体系上看,合同的效力待定和合同的可撤销,属于合同效力的两种特殊状态。从合同的最终命运来看,其要么有效,要么无效。从市场经济的需要来看,我们应尽量使合同有效,以促进交易的进行。因此,对于合同无效的情形,应尽量限制在法定的范围中,在不具有法定事由的情况下,不应轻易否定合同的效力。同时,对于效力待定的合同以及可撤销的合同,也不应使其长时间处于待定或者可撤销的状态,这就需要通过法律制度的设计促使合同当事人积极作为,以明确合同最终的效力。

第二节　合同的生效与生效要件

一、合同生效的定义

合同生效是指合同发生法律效力，即对合同当事人乃至第三人发生强制性的拘束力。合同之所以具有法律拘束力，并非来源于当事人的意志，而是来源于法律的赋权。

二、合同的生效要件

合同的生效要件，是法律评价合同效力的标准。理论上，可以把合同的一般生效要件概括为以下几个方面。

1.行为人具有相应的民事行为能力

自然人、法人或者非法人组织订立合同，其应当具有与订立的合同相适应的民事行为能力。在这三种民事主体中，自然人应当具有完全民事行为能力，如果是限制民事行为能力人，其行为应当得到法定代理人的事前同意或者事后追认。

对于法人而言，其行为能力与权利能力同时产生，亦同时终止。通常认为，法人的行为能力与其经营范围有关。为了促进交易和保障交易的安全，原则上，法人超出其登记的经营范围所签订的合同有效。只有在法律有特别规定时，其行为才会存在无效的可能。

所谓非法人组织，是指依法成立，有一定组织机构和财产，但又不具有法人资格的组织。其中包括个人独资企业、合伙企业、法人的分支机构等。其他组织作为合格的合同主体的标准应当与法人相同，只是由于其不具有完全的承担责任的能力，应由成立该组织的法人或自然人最终承担民事责任。

2.意思表示真实

意思表示真实，是指合同当事人的表示行为应当真实反映其内心的效果意思。意思表示含有效果意思和表示行为这两个要素即可成立，但须真实方能生效。

3. 不违反法律或者公序良俗

合同不违反法律是指合同不得违反法律、行政法规的强制性规定。强制性规定是指当事人必须遵守，不得通过协商加以改变的规定。对于违反法律、行政法规中强制性规定的合同，我国《民法典》第一百五十三条第一款规定："违反法律、行政法规的强制性规定的民事法律行为无效。但是，该强制性规定不导致该民事法律行为无效除外。"学说上通常将强制性规范分为管理型强制规范和取缔型强制规范，只有违反后者，才会导致合同无效的后果。

公序良俗，指的是社会中的公共秩序与善良风俗。公序良俗是我国民法的基本原则之一，具有托底作用。将不违反公序良俗作为合同生效要件，一方面，可以弥补法律规定的不足；另一方面，也有利于维护社会公共道德。凡属于严重违反公共道德和善良风俗的合同，也应认定为无效合同。

第三节　效力待定的合同

一、效力待定的合同的界定

效力待定的合同是指合同虽已成立，但由于不完全符合生效要件的规定，能否发生当事人预期的法律效力尚未确定，只有经过有权人的追认，才能发生当事人预期的法律效力的合同，有权人在一定期间内不予追认，合同便归于无效。

效力待定的合同既不无效，也不有效，而是处于不确定的状态。效力待定合同须经权利人的承认才生效。承认是指权利人明确表示同意无缔约能力人、无处分权人与他人订立有关合同。同意是一种单方意思表示，无须相对人的同意即可发生法律效力，但应以明示方式作出，并应为相对人所了解。一般而言，权利人的承认应为无条件，对合同条款均予承认。如果权利人只承认部分合同条款，且相对人也表示同意的，即合同为部分有效。

二、效力待定合同的种类

1. 限制民事行为能力人依法不能独立订立的合同

除纯获利益的合同、日常生活和学习所必需的合同、处分自有财产的合同、经法定代理人许可的合同以外,限制民事行为能力人不得独立订立其他合同,而应由其法定代理人代为订立。一旦独立订立,则须经法定代理人追认,否则合同不发生效力。

2.无权代理人订立的合同

无权代理人以被代理人的名义与相对人订立合同,非经被代理人追认,对于被代理人不发生法律效力,除非构成表见代理。

三、效力待定合同的效力

1.主体资格欠缺的合同

限制民事行为能力人,可以实施某些与其年龄、智力和精神健康状况相适应的民事行为,也就是说,可以签订某些与其年龄、智力和精神健康状况相适应的合同,其他民事合同由其法定代理人签订,或在征得其法定代理人同意后签订。同样,纯获法律上利益的行为,无须法定代理人追认,即可生效。

如果限制民事行为能力人未经其法定代理人的事先同意,独立签订依法不能独立签订的合同,与其发生关系的相对人可在规定的期限内,催告其法定代理人承认这些行为。如果法定代理人事后不予认可,则限制民事行为能力人所签合同无效。

2.无权代理合同

所谓无权代理合同,就是无代理权的人代理他人从事民事行为所订立的合同。

根据我国法律的规定,因无权代理而签订的合同有以下三种情形。

(1)根本没有代理权而签订的合同。即签订合同的人根本没有经过被代理人的授权,就以被代理人的名义签订的合同。

(2)超越代理权而签订的合同。即代理人与被代理人之间有代理关系存在,但是代理人超越了被代理人的授权范围与他人签订了合同。

(3)代理关系终止后签订的合同,这是指行为人与被代理人之间原有代理关系,但是由于代理期限届满、代理事务完成或者被代理人取消委托关系的原因,被代理人与代理人之间的代理关系已不复存在,但原代理人仍以被代理人的名义与他人签订的合同。

被代理人享有追认权,相对人享有催告权,善意相对人享有撤销权。被代理人未作出追认的,无权代理人以被代理人名义订立的合同,对被代理人不发生效力,由行为人承担责任。

第四节　可撤销合同

一、可撤销合同的定义与特征

因重大误解或者显失公平而订立的合同以及因欺诈或者胁迫订立的合同，当事人一方有权请求人民法院或者仲裁机构撤销该合同。所谓撤销，是指因意思表示不真实，通过有撤销权的当事人行使撤销权，使已经生效的意思表示归于无效。

可撤销合同具有如下三个特点。

其一，可撤销的合同主要是意思表示不真实的合同。在行为人对行为内容有重大误解或者显失公平的情况下，可以经利害关系当事人请求，撤销该合同，使其已经发生的法律效力归于消灭。

其二，对可撤销合同的撤销，要由撤销权人通过行使撤销权来实现。但撤销权人是否行使撤销权，则应由权利人自由决定。

其三，可撤销合同在未被撤销以前，仍然是有效的。即使合同具有可撤销的因素，但撤销权人未在规定的期限内行使撤销权，合同仍然有效，当事人仍应依合同规定履行义务。任何一方不得以合同具有可撤销的因素为由而拒不履行其合同义务。

二、可撤销合同的类型

1.因重大误解订立的合同

重大误解，指合同的当事人由于本身的原因在作出意思表示时，对涉及合同法律效果的重要事项存在着认识上的显著缺陷，其后果是使其利益受到较大损失或者达不到其订立合同的目的。误解可以是单方的误解，也可以是双方的误解。误解通常具有如下特征。

其一，误解是当事人内心意思的缺陷。误解是因当事人对合同内容的认识发生错误而产生的，其原因可能是当事人缺乏与合同有关的必要知识、技能和信息，也可能是缺乏必要的能力或经验。

其二，误解是对事实的不正确假设。按照我国司法解释，被误解的事实包括：一是合同标的物，包括标的物的品种、质量、规格和数量等；二是合同主体，即对方当事人的资格、名称等;三是合同的性质。

其三,重大误解是使误解方遭受了重大损失的误解。在一些国家的民法中,重大误解也被称为错误。我国民事立法没有沿用错误的表述,个中原因在于一般的错误并不足以赋予合同当事人撤销权。只有错误达到严重的程度,即不撤销合同可能会使得合同当事人受到重大损失。只有在这种情况下,法律才允许当事人撤销合同。为慎重起见,我国法律要求当事人向人民法院申请撤销合同,将误解是否达到严重的程度交由法院来判断。

2.显失公平的合同

显失公平的合同,是指一方当事人在紧迫、缺乏经验或者处于危困的情况下订立的,使当事人之间享有的权利和承担的义务严重不对等的合同。

显失公平的合同的构成要件包括客观要件和主观要件两个方面。客观要件,即在客观上当事人之间的利益不平衡。主观要件,即一方当事人故意利用其优势或者故意利用一方当事人的轻率、无经验等订立合同。所谓无经验,是指欠缺一般的生活经验或交易经验,不包括欠缺特殊的经验。一个合同是否构成显失公平,必须将客观要件和主观要件结合起来考虑。

3.利用欺诈或者胁迫手段订立的合同

一方以欺诈、胁迫的手段或者乘人之危,使对方在违背真实意思的情况下订立的合同是可变更、可撤销的。根据民法意思自治原则,受损害方有选择合同效力的权利,既可以撤销合同而使其无效,也可以不行使撤销权,使合同保持有效。

三、合同被撤销的法律后果

可撤销的合同被撤销产生如下法律后果:合同自始无效;合同履行终止;被履行了的恢复原状;返还原物、折价补偿、赔偿损失。

第五节　合同无效与合同中的无效条款

一、合同无效的概念

合同无效是相对于合同有效而言的,它是指合同欠缺有效要件,自始、确定、当然不发生法律效力,这样的合同,称为无效合同。合同无效,不发生该合同当事人所追求的法律效果,但并不意味着不发生任何其他意义上的法律效果。

二、合同无效的原因

1. 无民事行为能力人订立的合同

根据《民法典》第一百四十四条的规定,无民事行为能力人订立的合同无效。该条主要基于保护无民事行为能力人的原则而确定。

2. 效力待定的合同,其效力未得到补救

效力待定的合同,若效力得到补救,即为有效合同;若效力未得到补救,则应为无效合同。

3. 合同当事人恶意串通,损害他人合法权益

恶意串通,是指当事人在明知或者应当知道其行为会造成损害他人利益的结果而仍然故意串通在一起,共同实施该行为。恶意串通合同,就是合同的双方当事人非法勾结,为牟取私利而共同订立的损害他人合法权益的合同。此种行为呈现出当事人出于恶意和当事人之间互相串通的特点。由于此种合同具有明显的违法性和极大的破坏性,所以我国法律规定此类合同为无效合同。

4. 虚伪表示

我国《民法典》第一百四十六条规定,行为人与相对人以虚假的意思表示实施的民事法律行为无效。根据该条的规定,合同当事人所订立的虚假合同,其法律效力为无效。值得注意的是,以虚假的意思表示所隐藏的民事法律行为,并不一定无效。其效力需要根据隐藏的法律行为的性质加以具体判断。

5. 违反法律、行政法规的强制性规定

这里的法律,是指全国人民代表大会及其常务委员会颁布的法律。行政法规,是指由国务院颁布的法规。强制性规定,是指强制性的法律规范。

违反法律、行政法规的强制性规范的合同无效。也就是说,当事人必须遵守强制性规定优先的原则,不得以合同排除这些规定,在合同中应当优先适用、严格遵守;否则,合同无效。但这里的强制性规定仅限于法律、行政法规的规定,不得扩大到地方性法规、行政规章及其他规范性文件,即违反了地方性法规、行政规章的合同,不判为无效。

6.违反公序良俗

公序良俗是我国民法的基本原则。公序是指公共秩序,良俗是指善良美好的风俗。公序良俗原则属于一般条款,合同是否违反公序良俗原则,需要法官结合具体的案件事实加以判断。

三、免责条款和格式条款的无效

1.免责条款的无效

根据我国《民法典》第五百零六条的规定,合同中的下列免责条款无效。

(1)造成对方人身伤害的免责条款。保护公民的人身安全是法律最重要的任务。如果允许当事人通过免责条款免除造成对方人身伤害的责任,不仅将使侵权法关于不得侵害他人财产和人身权利的强制性义务形同虚设,使法律对人身权利的保护难以实现,而且将会严重危及法律秩序和社会公共道德。因此,各国合同法大都规定禁止当事人通过免责条款免除故意和重大过失造成的人身伤亡的责任。

(2)因故意或者重大过失造成对方财产损失的免责条款。因故意或者重大过失致人财产损失的,不仅表明行为人的过错程度是重大的,而且表明行为人的行为具有不法性,此种行为应受法律的谴责。例如,双方当事人在合同中特别约定,"卖方交付的货物所造成的全部损失一概由买方负责",该免责条款显然违反了我国法律的规定。

2.格式条款的无效

依据我国《民法典》第四百九十七条的规定,合同的格式条款(包括格式化的免责条款),有以下两种特殊的无效情形。

(1)格式条款不合理地免除或者减轻了条款制定人的责任、加重了对方的责任、限制对方主要权利。

(2)格式条款排除了对方的主要权利。如格式条款的制定者不得以格式条款等方式排除或者限制消费者的权利。

四、合同无效的法律后果

合同被确认为无效,产生如下法律后果。

1. 合同自始无效

合同被确认为无效，从合同成立之时起无效。我国《民法典》第一百五十五条的规定，无效或者被撤销的民事法律行为自始没有法律约束力。无效合同，即使当事人追认，也不能使其生效，更不能产生当事人所预期的法律效果。

2. 合同部分无效，不影响其他部分效力的，其他部分仍然有效

合同部分无效，是指有些合同条款虽然违反法律的规定，归于无效，但并不导致整个合同的无效，整个合同效力继续存在。

3. 合同无效，不影响有关解决争议方法的条款的效力

解决争议条款的效力是独立于合同效力的，因为合同是否有效，均有产生争议事实的可能。因此，解决争议的条款，不仅适用于有效合同，而且也适用于无效合同。

4. 不再履行

合同被确认为无效，当事人无须履行，也不应再履行合同规定的义务。

5. 返还财产、折价补偿和赔偿损失

返还财产是指合同当事人在合同被确认为无效前已经履行或部分履行的，对已交付对方的财产有权请求返还，已接受该财产的当事人则有返还该财产的义务。返还财产旨在使财产关系恢复到合同订立前的状况，不论接受财产的一方有无过错，均予适用。

折价补偿是指如果财产不能返还或者没有必要返还，应当折价补偿。

赔偿损失是合同被确认为无效以后，有过错的一方给对方造成损失的，应承担损害赔偿责任。此种损害赔偿，属于缔约过失责任。

第四章　合同的履行

第一节　合同履行的原则

一、合同履行的含义

合同的履行，是指合同生效以后，合同当事人依照合同的约定，全面、适当地完成合同义务的行为。当事人订立合同的目的，必须通过合同的履行方能实现。履行行为，从合同债务人的角度而言，即实施属于合同标的行为，这里的行为，根据合同性质的不同，表现为交付某种货物、完成某项工作、提供某种劳务或者支付价款等等。

二、合同履行的原则

合同履行原则，是指当事人在履行合同债务过程中所必须遵循的基本准则。

1.适当履行原则

适当履行原则，也叫全面履行原则或者正确履行原则，它要求当事人按照合同规定的标的、数量、质量，由适当的主体在适当的履行期限、履行地点，以适当的履行方式，全面完成合同规定的义务的履行原则。

2.协作履行原则

协作履行原则也是诚实信用原则在合同履行方面的具体体现。根据协作履行原则，要求当事人在合同的履行中不仅要全面、适当地履行合同的约定，还要基于诚实信用原则的要求,给对方当事人的履行行为提供必要的协助,使之能够更好、更方便地履行合同义务。

在合同履行行为中,往往并不是靠债务人一方的给付行为就能够完成的。合同的履行是双方的行为,一方当事人为给付行为,另一方当事人必须实施受领给付的行为。只有双方当事人的共同行为,才能完成合同的履行行为。因此,只有债权人和债务人相互协作,共同作为,合同的全面、适当履行才有可能实现。

3.经济合理原则

合同的履行是一种市场交易行为,也要遵循市场经济规律所要求的经济合理原则,即在履行合同时,讲求经济效益,以最小的成本投入,取得最佳的产出效益,获得最佳的合同利益。

4.情势变更原则

情势变更原则,是指合同订立生效后,因不可归责于双方当事人的原因发生情势变更,致使合同的基础发生动摇或者丧失,如果继续维持合同原有的效力、要求继续履行则显失公平,因此允许变更合同内容或者解除合同的履行原则。我国《民法典》第五百三十三条确认了情势变更原则。

适用情势变更原则必须满足如下条件:其一,具有情势变更的客观事实;其二,情势变更发生的时间是在合同成立并生效以后,履行终止以前;其三,情势变更对于当事人而言是不可预见的;其四,情势变更不可归责于当事人双方;其五,情势变更所导致的是原合同的履行显失公平。

第二节　合同履行中的抗辩权

一、合同履行中的抗辩权

抗辩权,是指对抗他人行使权利的权利,它的作用在于"对抗""反对",阻止他人行使权利,但他人的权利并不因此而消灭。

合同履行中的抗辩权,即《民法典》规定的同时履行抗辩权(第五百二十五条规定)、先履行抗辩权(第五百二十六条规定)和不安抗辩权(第五百二十七条规定)都属于延期性抗辩权的范畴,下面逐一介绍。

二、同时履行抗辩权

同时履行是指当事人互负债务,没有先后履行顺序的,应当同时履行。同时履行抗辩权,是指在没有规定履行先后顺序的双务合同中,一方在对方履行之前有权拒绝其履行请求;一方在对方履行债务不符合约定时,有权拒绝其相应的履行请求,或者说在没有规定履行顺序的双务合同中,当事人一方在对方当事人未对待给付以前,有权拒绝先行给付。

同时履行包括这两种情形:其一,双方明确约定应同时履行的;其二,双方未约定履行先后顺序的,应推定为同时履行。

三、先履行抗辩权

在双务合同中,如果法律规定或者当事人约定了合同的先后履行顺序,后履行的一方当事人有权要求应当先履行的一方先履行自己的义务,如果应当先履行的一方未履行义务或者履行义务不符合约定,那么,后履行的一方当事人就有权拒绝应当先履行一方的履行请求或者拒绝其相应的履行请求。这种由后履行的一方当事人行使的抗辩权与同时履行抗辩权是相比较而言的,被称之为先履行抗辩权。

四、不安抗辩权

不安抗辩权,是指在有先后履行顺序的双务合同中,应先履行义务的一方有确切证据证明对方当事人有难以给付之虞时,在对方当事人未履行或未为合同履行提供担保之前,有暂时中止履行合同的权利。不安抗辩权的设立是为了切实保护当事人的合法权益,防止借合同进行欺诈,促使对方履行义务。

在解释上,合同一方当事人丧失或可能丧失履行债务能力,包括如下几种情形:其一,经营状况严重恶化;其二,转移财产、抽逃资金,以逃避债务;其三,丧失商业信誉;其四,有丧失或者可能丧失履行债务能力的其他情形。对于这几种情形的存在,由行使不安抗辩权的当事人一方负责举证,若当事人没有确切证据,而又中止了履行合同义务,应当承担违约责任。

为了与预期违约制度相衔接,我国《民法典》第五百二十八条规定:"当事人依据前条规定中止履行的,应当及时通知对方。对方提供适当担保的,应当恢复履行。中止履行后，对方在合理期限内未恢复履行能力且未提供适当担保的，视为以自己的行为表明不履行主要债务，中止履行的一方可以解除合同并可以请求对方承担违约责任。"根据该规定，在合理期限内未恢复履行能力且未提供适当担保的，被认为是预期违约，中止履行的一方可以解除合同。①

第三节　涉及第三人的履行

一、向第三人履行合同

向第三人履行合同，又称为利益第三人合同。原理上，可以根据第三人是否对合同债务人享有履行请求权，将利益第三人合同分为不真正利益第三人合同和真正利益第三人合同。

我国《民法典》第五百二十二条第一款规定："当事人约定由债务人向第三人履行债务，债务人未向第三人履行债务或者履行债务不符合约定的，应当向债权人承担违约责任。"该款规定的就是不真正利益第三人合同，它坚守了合同相对性的原理。即合同仅对当事人具有法律约束力，对合同当事人之外的第三人不具有法律约束力。

我国《民法典》第五百二十二条第二款规定："法律规定或者当事人约定第三人可以直接请求债务人向其履行债务，第三人未在合理期限内明确拒绝，债务人未向第三人履行债务或者履行债务不符合约定的，第三人可以请求债务人承担违约责任；债务人对债权人的抗辩，可以向第三人主张。"该款规定的是真正利益第三人合同，在这一合同中，第三人可以向合同债务人请求履行合同。由于真正利益第三人合同突破了合同的相对性原理，必须明确第三人取得履行请求权的条件。首先，第三人取得履行请求权要有法律规定或者当事人约定。例如依据《保险法》的规定，对于投保人与保险人订立的保险合同，被保险人或者受益人即使不是投保人，在保险事故发生后，也享有向保险公司请求给付保险金的权利。其次，利益第三人合同是为了第三人的利益而设置的，按照民法自愿原则，即使是为他人赋予利益，他人也有权拒绝。因此，只有在第三人未在合理期限内拒绝

---

① 黄薇主编：《中华人民共和民法典合同编解读（上册）》，中国法制出版社 2020 年版，第 229 页。

的,才能赋予第三人以请求履行权。①

二、由第三人履行合同

由第三人履行合同,又称为第三人负担合同。顾名思义,由第三人履行合同,是指双方当事人约定债务由第三人履行的合同。我国《民法典》第五百二十三条规定:"当事人约定由第三人向债权人履行债务,第三人不履行债务或者履行债务不符合约定的,债务人应当向债权人承担违约责任。"显然,在由第三人履行的合同中,我国《民法典》贯彻了合同的相对性原则,在第三人不履行债务或者履行不符合约定时,债权人只能向债务人主张违约责任。

---

① 黄薇主编:《中华人民共和民法典合同编解读(上册)》,中国法制出版社 2020 年版,第 207 页。

第五章　合同的保全

第一节　合同的保全概述

合同关系成立之后,债务人的全部财产便成为债权实现的一般担保,民法上称为"责任财产"。法律为防止债务人的责任财产不当减少而危及债权的实现,创设了债权人的代位权与撤销权制度,即合同的保全制度。其中,债权人代债务人之位,以自己的名义向第三人行使债务人权利的法律制度,称为债权人的代位权制度;债权人请求法院撤销债务人与第三人的法律行为的制度,称为债权人的撤销权制度。

合同的代位与撤销,已经突破了合同的相对性。立法者之所以创设债权人的代位权与撤销权制度,旨在确保债权的实现,弥补固有债权保障制度的缺陷与不足。当债务人不行使其财产权而消极地听任其财产减少时,债权人可行使代位权替代债务人行使追索债务的权利,而当债务人积极地减少其财产而危害债权时,债权人可行使撤销权,申请法院对该不法行为予以撤销。

第二节　债权人的代位权

一、代位权的概念和特征

债权人的代位权,是指当债务人怠于行使其对第三人的权利而危及债权时,债权人为确保其债权的受偿,可以自己的名义替代债务人行使对第三人财产权利的制度。

代位权具有如下特点。

1. 代位权针对的是债务人怠于行使其权利的行为

代位权的行使是为了防止债务人的财产不当减少而影响债权之清偿。债务人若怠于行使其对次债务人享有的债权,势必造成其责任财产的不当减少,因此有保全的必要。

2. 代位权是债权人以自己的名义代位行使债务人的债权

代位权是债权人向次债务人而非债务人提出履行债务的请求,债权人行使此权利旨在增加债务人的财产,保护自己的债权。

3. 代位权的行使必须向法院提起诉讼,请求法律允许债权人行使代位权,而不能通过诉讼外的请求方式来行使

在代位权诉讼中,其内容是为了保全债权而替代债务人行使权利,因此,债权人为原告,次债务人为被告,而债务人仅为第三人。

二、代位权的成立要件

代位权的行使应具备如下要件。

1. 债权人对债务人享有合法、确定的债权

首先,债权人与债务人之间的债权债务关系合法,这是代位权行使的前提条件。其次,债权必须确定。债务人对于债权的存在以及内容并无异议,或者该债权经法院或仲裁机构裁判后确定。

2. 债务人怠于行使其到期债权,并对债权人造成损害

怠于行使其权利,是指债务人应行使并能行使而不行使其权利,其有无故意、过失或其他原因,在所不问。

怠于行使其到期债权,是指债务人不履行其对债权人的到期债务,又不以诉讼方式或者仲裁方式向债务人主张其享有的具有金钱给付内容的到期债权。

对债权人造成损害标准究竟如何判定,由法官自由裁量。一般认为,代位权是债的效力的扩张,涉及第三人的利益,宜从严把握。

3. 债务人的债权已到期

债务人对次债务人的债权已经到期,债务人才有请求权,债权人才能行使债务人对次债务人的请求权。

4.债务人的债权不是专属于债务人自身的债权

专属于债务人自身的债权，是指与债务人身份和特定生活需要（不可或缺的需要）密切相关的债权。

三、代位权的行使

1.代位权行使与诉讼的主体

代位权属于债权固有的权能，因此一切债权，除不能代位保全的，其所有债权人均享有代位权。

在代位权诉讼中，债权人为原告，次债务人为被告。债权人以次债务人为被告提起代位权诉讼，未将债务人列为第三人的，法院可以追加债务人为第三人。

2.代位权行使的范围

《民法典》第五百三十五条第二款规定："代位权的行使范围以债权人的到期债权为限。债权人行使代位权的必要费用，由债务人负担。"代位权行使的范围，实际上除债权人的债权外，尚包括诉讼费在内。

四、代位权行使的效力

1.对于债权人的效力

按照我国《民法典》第五百三十七条规定，人民法院认定代位权成立的，由债务人的相对人向债权人履行义务，债权人接受履行后，债权人与债务人、债务人与相对人之间相应的权利义务终止。也就是说，《民法典》赋予行使代位权的债权人以优先受偿的权利。

2.对于债务人的效力

依债权平等原则，债权人的代位权行使效果应直接归属于债务人。

在代位权行使过程中，债务人的权利处分受到限制，不允许债务人抛弃、免除或让与其权利，否则将使债权人代位权制度目的落空。

3.对于第三人的效力

对于第三人即次债务人而言，无论是债务人对其行使权利，还是债权人代位行使权利，其法律地位及其利益均无影响，故凡第三人得对抗债务人的一切抗辩，均得用以对抗债权人。

第三节 债权人的撤销权

一、撤销权的概念

债权人的撤销权,是指债权人对于债务人所为的有害债权的行为,可以请求法院予以撤销的权利。当债务人与第三人实施法律行为,使其作为债权一般担保的责任财产不当减少,损害债权人利益时,债权人可以请求法院撤销债务人与第三人的法律行为,恢复债务人的责任财产,以保障债权的实现。

二、撤销权的成立要件

债务人有害债权的行为可以分为无偿和有偿两种情况。对于无偿行为,仅要求具备放弃到期债权或无偿转让财产的客观要件即可行使撤销权;对于有偿行为,以债务人明显不合理的低价转让财产为典型,除要求具备客观要件外,还得具备债务人的相对人主观上为恶意这一要件,方可行使撤销权。

具体而言,撤销权的成立应具备以下要件。

1. 债权人方面的要件

(1)可行使撤销权的债权必须合法有效,这是债权人行使撤销权的前提条件。

(2)可行使撤销权的债权类型应限于以财产给付为标的之债权。

(3)债权人的债权,清偿期未届满或其金额尚未最终确定,对行使撤销权并无影响。但代位权的行使,则需满足债权到期、确定的要求。

2. 债务人方面的要件

从客观要件看,债权人行使撤销权,必须是债务人实施了一定的有害于债权的行为,具体如下。

(1)须有债务人的行为,即债务人所为的民事法律行为。在司法实务中,债务人有下列情形之一的,债权人可以向人民法院提起撤销权诉讼:债务人放弃或者延展其到期债权,以致不能清偿其债务,对债务人造成损害的;债务人无偿转让财产,对债权人造成损害的;债务人放弃其未到期债权,又无其他财产清偿到期债务,可能影响债权人实现其债权;债务人以自己的财产设定担保,对债权人造成损害的;债务人以明显不合理的低价转让财产或者以明显不合理的高价收购他人财产,受让人或者出让人明知或应当知道该行为已经或者可能损害债权人的利益。

（2）债务人的行为有害于债权。所谓有害于债权,是指债务人不当减少其责任财产致使债权人的债权将得不到清偿。

（3）债务人的行为须以财产为标的。在有偿行为的场合,债权人行使撤销权,还须有债务人主观恶意的要件。所谓恶意,指的是债务人知道或者应当知道其与债务人的低价交易会损害债权人的利益。

3.受益人、受让人方面的要件

受益人,系指因债务人放弃到期债权或者无偿转让财产而享受利益的第三人。受让人,系指以明显不合理低价自债务人处受让财产的第三人。对于受益人来说,其主观上是否恶意在所不问,只要他是无偿从债务人处获得利益,从而危及债权人债权的实现,债权人就可以行使撤销权。相对来说,对于低价从债务人处受让财产的第三人而言,其系有偿从债务人处得到财产。因此,为了保护市场交易的安全,法律要求只有在受让人系主观恶意的情况下,才允许债权行使撤销权。

三、撤销权的行使

1.撤销权的行使主体与诉讼主体

债权人撤销权的行使必须由享有撤销权的债权人以自己的名义向法院提起诉讼,请求法院撤销债务人不当处分财产的行为。如果债权人为多数人,可以共同享有并行使撤销权。

在撤销权诉讼中,债权人为原告,债务人为被告,受益人或受让人只能作为诉讼中的第三人。

2.撤销权的行使范围

《民法典》第五百四十条规定:撤销权的行使范围以债权人的债权为限。债权人行使撤销权的必要费用,由债务人负担。

3.撤销权行使的方式与期限

撤销权只能由债权人以自己的名义,并以诉讼的方式行使。

撤销权应自债权人知道或者应当知道撤销事由之日起一年内行使，自债务人的行为发生之日起五年内没有行使撤销权的，该撤销权消灭。

四、撤销权行使的效力

1. 撤销权行使对债务人的效力

债务人的行为一旦被撤销，则该行为应是自始无效、绝对无效。原来脱离债务人的财产或替代利益，应复归于债务人。撤销之后，受益人或受让人具有不当得利返还义务。

2. 撤销权行使对受益人、受让人的效力

在债务人不当处分财产的行为被撤销后，如果财产已经为受益人占有或受益的，应向债务人返还其财产和收益；如果原物不能返还则应折价赔偿。受让人从债务人处获得的利益，应根据不当得利返还给债务人。如果占有标的物的，也负有返还标的物的义务。

3. 撤销权行使对债权人的效力

债权人行使撤销权后，对取回的财产不具有优先受偿的权利，该财产归入债务人的责任财产范围，由债务人的全体债权人平等受偿。实务中，如果未见其他债权人对债务人提起诉讼或行使撤销权，行使撤销权的债权人即可将行使撤销权所获的财产直接用来清偿自己的债务；如出现其他债权人提起诉讼并获得胜诉的判决，或行使撤销权，则应当将所获得的利益依法进行分配、受偿。

第六章　合同变更与转让

我国《民法典》合同编将合同的变更和转让规定在一起,作为合同履行的延续。其实,合同的变更有广义与狭义之分。广义的合同变更,包括合同内容的变更与合同主体的变更。前者是指当事人不变,合同的权利义务予以改变的现象。后者是指合同关系保持同一性,仅改换债权人或债务人的现象。

第一节　合同变更

一、合同变更的概念

此处的合同变更仅指狭义的合同变更,是指有效成立的合同在尚未履行或未履行完毕之前,由于一定法律事实的出现而使合同内容发生改变。如增加或减少标的物的数量、推迟原定履行期限、变更交付地点或方式等。

按照合同法的基本原理,合同已经有效成立即具有法律效力,当事人不得擅自对合同内容加以改变。但是,这并不意味着在任何情况下法律都一概不允许变更合同。根据合同自由的原则,当事人如果协商一致自愿变更合同内容,法律一般不会禁止。合同尚未履行或尚未履行完毕之前,如果由于客观情况的变化,使得继续按照原合同约定履行会造成不公平的后果,因此变更原合同条款,调整债权债务内容是十分有必要的。

二、合同变更的法律特征

合同变更具有如下特征。

1.合同变更须以有效成立的合同关系为前提

合同变更制度的设立目的就在于改变正在发生法律效力的合同对当事人的约束,如果当事人之间自始并未成立有效的合同关系或与那合同关系已经终结,那么也就意味着当事人之间根本不存在任何约束,无须变更。

2.合同变更的对象是合同内容

合同的变更指狭义的合同变更,不包括合同主体的变更,仅指合同内容的变更,因此合同内容发生变化是合同变更不可或缺的条件。合同内容的变更具体包括:(1)标的物数量的增减;(2)标的物品质的改变;(3)价款或酬金的增减;(4)履行期限的变更;(5)履行地点的改变;(6)履行方式的改变;(7)结算方式的改变;(8)所附条件的增添或除去;(9)单纯债权变为选择债权;(10)担保的设定或消失;(11)违约金的变更;(12)利息的变化等。

3.导致合同变更的法律事实

根据合同信守原则,已经成立生效的合同,应当严格遵守。因此,如果要变更合同,必须具有合法的根据,即具备符合法律规定的能够引起合同关系变更的客观事实。

当事人在任何情况下都可以协商一致修改原合同,这是合同自由原则的体现。

在合同履行过程中出现了法定的情形,合同当事人可以基于情势变更原则向人民法院申请变更合同。

三、合同变更的效力

合同的变更,以原合同关系的存在为前提,变更部分不超出原合同关系之外。合同的变更原则上向将来发生效力,未变更的权利义务继续有效,已经履行的债务不因合同的变更而失去法律根据。合同的变更不影响当事人要求赔偿损失的权利。至于何种类型的合同变更与损害赔偿并存,应视具体情况而定。

第二节　合同转让

一、合同转让概述

1.合同转让的概念

合同转让,是指在合同当事人一方依法将其合同的权利和义务全部或部分地转让给第三人。

合同转让,按照其转让的权利义务的不同,可分为合同权利的转让、合同义务的移转及合同权利义务概括移转三种形态。

2.合同转让的法律特征

合同转让具有下列法律特征。

(1)合同转让是合同主体的变化。合同转让是由第三人替代当事人一方成为合同当事人,或者第三人加入合同而成为当事人。

(2)合同转让不会引起合同内容的变化。合同的转让只是当事人一方将合同的权利或义务全部或者部分地转让给第三人,合同的权利义务本身并没有发生变化。转让后的合同内容与转让前的合同内容具有同一性。

(3)合同的转让涉及两种不同的法律关系。合同转让涉及原合同当事人双方之间的关系、转让人与受让人之间的关系。合同的转让主要是在转让人和受让人之间完成的,但因为合同的转让关系到原合同当事人利益,所以法律要求义务的转让应取得原合同当事人另一方的同意,而转让权利应及时通知当事人另一方。

二、合同权利的转让

1.合同权利转让的概念和法律特征

所谓合同权利的转让,又称为债权转让,是指合同债权人通过协议将其债权全部或部分地转让给第三人的行为。合同权利的转让是合同转让的典型形式。不管债权如何转让,都不得增加债务人的负担,否则转让人或者受让人应承担由此产生的费用和相关损失。

合同权利的转让有下列法律特征。

(1)合同权利转让的主体是债权人和第三人。合同转让是指不改变合同权利的内容,由债权人将权利转让给第三人。因而,权利转让的主体是债权人和第三人,债务人不是也不可能是合同权利转让的当事人。

(2)合同权利转让的对象是合同债权。债权本身是一种无体权利,以实存利益为基础,因此可作为转让的标的。

(3)合同权利转让可以是全部的转让,也可以是部分的转让。在权利全部转让时,受让人将完全取代转让人的地位而成为合同当事人,原合同关系消灭,而产生了一个新的合同关系。在权利部分转让情况下,受让人作为第三人将加入原合同关系之中,与原债权人共同享有债权。

2.合同权利转让的限制

由于合同权利转让本质上是一种交易行为,从鼓励交易、增加社会财富的角度出发,只要不违反法律和社会公共道德,法律应允许绝大多数合同债权转让。但是法律从保护社会公共利益和维护交易秩序,兼顾转让双方的利益出发,对合同权利的转让范围也应当做出一定限制。依《民法典》第五百四十五条的规定,下列合同权利不允许转让。

(1)根据合同的性质不得转让的权利。如根据个人人身信任关系而发生的债权;如雇佣人对受雇人的债权、委任人对受托人的债权等。

(2)根据当事人的特别约定而不得转让的合同权利。根据合同自由原则,当事人可以在订立合同时或订立合同后特别约定,禁止任何一方转让合同权利,只要此约定不违反法律的禁止性规定和社会公共道德,就应当产生法律效力。

需要注意的是,为了保护交易安全,我国《民法典》第五百四十五条第二款规定,当事人约定非金钱债权不得转让的,不得对抗善意第三人。当事人约定金钱债权不得转让的,不得对抗第三人。

(3)法律规定禁止转让的合同权利。

3.合同权利转让的程序

《民法典》第五百四十六条第一款规定:"债权人转让债权,未通知债务人的,该转让对债务人不发生效力。"由此可看出我国法律对于合同权利转让的程序要求比较简单,只要求履行对债务人的通知义务即可,但是对通知义务的履行应当探讨和明确以下几个问题。

(1)通知的主体。关于何人进行债权让与通知,不同国家有不同做法。从词义上看,我国《民法典》第五百四十六条明确了由债权人通知,对受让人是否可以通知,未作规定。但本书认为,既然通知仅为事实通知或为观念通知,对债务人没有实质的利益损害,因此应当允许并支持受让人履行通知义务。受让人的通知对债务人也产生效力,只要债务人不反对受让人的通知,或者债务人对向受让人履行债务没有提出异议,或者受让人提供了相应的证明,均应承认债权的让与事实成立。

（2）通知的方式。通知义务的履行应当采取恰当的方式,对下落不明的债务人可以采取公告通知的形式,对仍在法定住所的债务人则应采取其他方式直接通知,以尽法定的通知义务。

（3）通知的撤销。为了保护受让人的权利,各国法律均规定,非经受让人的同意,让与通知不得撤回。我国《民法典》第五百四十六条第二款也作了相同的规定:"债权人转让权利的通知不得撤销,但经受让人同意的除外。"目的是防止让与人与债务人一起串通损害受让人的利益。

4. 合同权利转让的法律效力

合同权利转让所发生的法律效果,可分为内部效力与外部效力两个方面。

（1）合同权利转让的对内效力。合同权利转让的对内效力,是指合同权利让与在转让双方即转让人（原债权人）和受让人（第三人）之间发生的法律效力。此种效力具体表现如下。

第一,合同权利转让于受让人。

第二,让与人对让与的合同权利负瑕疵担保义务。转让人应保证其转让的权利是有效存在且没有权利瑕疵的,即保证债权不会受到意外追索。若因为债权存在的瑕疵使受让人受到损失,让与人要承担相应的赔偿责任。

第三,除非让与人与受让人有明确的约定,否则让与人对债务人的履行能力不负担保责任。

（2）合同权利转让的对外效力。合同权利转让的对外效力,是指合同权利转让对债务人所具有的法律效力。合同权利转让针对债务人产生如下效力。

第一,债务人不得再向转让人即原债权人履行债务。

第二,债务人应负有向受让人即新债权人做出履行的义务,同时免除其对原债权人所负的责任。

第三,债务人在合同权利转让时已经享有的对抗原债权人的抗辩权,在合同权利转让之后,仍然可以对抗新债权人。

第四,在债权转让的事实通知债务人时,如果债务人对转让人也享有债权,而此种债权已届清偿期,债务人可以向受让人主张抵消。

三、合同义务的移转

1. 合同义务移转的概念

合同义务移转，又称债务承担，是指基于债权人、债务人与第三人之间达成的协议将债务全部或部分移转给第三人承担。包括债务全部移转的免责的合同义务移转和债务部分移转的并存的合同义务移转两种形式。

2. 免责的合同义务移转

（1）免责的合同义务移转的概念。免责的合同义务移转，是指由第三人即承担人代替债务人承担其全部债务，原债务人即脱离了债的权利义务关系，而承担人成为新的债务人。狭义的合同义务转让仅指免责的合同义务转让。

（2）免责的合同义务移转承担方式。

第一，债权人与债务人订立合同义务移转合同。按照这种方式移转债务，其债务与合同成立是移转于新债务人，原债务人即被免除债务。可见这种方式实际上包含了债权人对原债务人免除债务的行为，所以，使用这种方式是要遵循债务免除的一般规则，应该通知债务人，否则不发生债务移转的效力。

第二，债务人与第三人订立合同义务移转合同。第三人与债务人订立合同移转债务，不需经过债权人的同意才发生债务移转的效力。

（3）免责的合同义务移转效力。免责的合同义务移转的效力表现以下方面。

第一，新债务人可以享有原债务人对债权人的抗辩权。如甲向乙支付货款的义务移转于丙，而因为乙所支付的货物存在严重的质量瑕疵，甲因此对乙享有延期支付货款的同时履行抗辩权。

第二，债务移转时尚未产生的从债务，随主债务移转于新债务人。如利息债务、损害赔偿之债等。但在债务移转前已经产生的从债务，除当事人有特别约定外，不得随主债务移转于新债务人。

第三，新债务人不得以对抗原债务人的事由对抗债权人。否则债权人的利益会因为债务移转过程中的不确定因素而受到损害。

第四，由第三人为债权设立的担保，除担保人继续同意担保外，因债务移转而消灭。但附着于债务之上的留置权以及新债务人自己为债务设定的担保物权应继续存在。

3. 并存的合同义务移转

（1）并存的合同义务移转概念。并存的合同义务移转，是指第三人加入债的关系与债务人共同承担债务,原债务人并不脱离债的关系,而依然是债务人。实质上并存的合同义务移转就是合同债务的部分转让。

(2)并存的合同义务移转特点。并存的合同义务移转最大的特点是由第三人加入债务人一方成为新债务人,使原来的单数主体之债转变为债务人为多数的复数主体之债。

第一,若原债务为可分之债,并且新债务人与原债务人约定按照各自的份额分担债务,债权人亦表示同意,则此并存债务的承担应按照按份之债来处理,即新债务人与原债务人对债务承担按份责任,债权人只能要求他们就各自的份额履行义务。

第二,若债的性质是不可分之债,或者承担人与债务人并未约定按照确定的份额分担债务,承担人加入债的关系后,作为新债务人与原债务人共同对债务承担连带责任。

四、合同权利义务的概括移转

1.合同权利义务的概括移转概念

合同权利义务的概括移转,又称债权债务的概括移转,是指合同当事人一方将其权利义务一并转移给第三人,而第三人一并接受其转让的权利义务。

合同权利义务的概括移转既可以根据当事人之间的合同而发生,称为合同承受;又可以根据法律规定而发生,称为法定的概括承受。

2.合同承受

合同承受,是通过合同一方与第三人达成协议的方式进行的转让。此种协议需要经过合同对方的同意,即仅转让方与第三人的转让协议还不能生效,还必须由合同相对人同意的意思表示人作为补充。概括转让生效后,受让人概括地受让转让人的地位。

合同承受的法律要件包括如下。

(1)合同承受必须经合同当事人一方与第三人达成一致协议,并取得合同中另一方的同意。因为概括承受包含了债的移转,所以,若未经过合同另一方的同意,转让无效。

(2)被转让的合同应为双务合同。单务合同的一方不存在概括的债权债务,故不发生概括移转。

合同承受实为债权移转和债务移转同时发生,因此《民法典》第五百五十六条规定,合同承受的法律效力适用有关债权移转和债务移转效力的规定。

3.法定的概括承受

法人合并、分立所引起的债权债务的概括移转,具体内容如下。

其一,当事人订立合同后发生合并,由合并后的法人或者其他组织行使合同权利、履行合同义务。当事人不得以合并为由,请求变更或解除合同。

其二,当事人订立合同后发生分立,如果债权人和债务人就债权债务的分配已有约定,则按当事人的约定来处理债权债务关系;如果当事人没有约定,则由分立后的法人或者其他组织对合同的权利和义务享有连带债权,承担连带债务。分立后的当事人不得以名称、组织机构或经营范围的变更为由,拒绝接受合同权利或义务。

法律规定当事人合并、分立后,原有的债权债务一并概括移转于新的当事人,作此规定的目的在于避免与当事人有合同关系的第三人的利益因此受到损害,保护交易安全。

第七章　合同的解除

第一节　合同解除概述

一、合同解除的概念

合同的解除是指合同有效成立后,当具备解除条件时,因当事人一方或双方的意思表示而使合同关系自始消灭或向将来消灭的一种行为。

按照合同信守原则,合同当事人应当严格遵守合同的约定履行自己的合同义务。但是,在合同的履行过程中,由于情况变化,使合同履行成为不必要或不可能,如果继续坚持履行合同,对其中一方,甚至双方有害无益。基于这一考虑,各国法律都允许当事人在出现法定或者约定事由时解除合同,摆脱合同的束缚。

二、合同解除的法律特征

合同解除具有如下法律特征。

1.合同解除适用于有效成立的合同

从逻辑上看,解除的合同只能是履行中的合同,也就是说该合同已经成立并生效。未成立或者无效的合同,本身不发生对当事人的约束力,无须解除。

2.解除合同必须具备约定或者法定的条件

法律设立合同解除制度的重要目的就是要保障合同解除的合法性,禁止当事人在没有任何法定或约定根据的情况下任意解除合同。因此要严格限定合同解除的条件，以避免合同解除的任意化。根据合同解除的不同形式，合同解除的条件可以是法定的，也可以是约定的。

3. 合同的解除必须有解除行为

解除的条件仅为合同解除的前提，由于我国法律并未采取当然解除主义，因此当解除的条件具备时，合同并不必然解除，欲使它解除，一般还需要解除行为。所谓当然解除主义，是指只要符合解除条件，合同自动解除，而不以当事人意思表示为必要。解除行为是当事人的行为，当事人是解除行为的主体。解除行为有两种类型：一是当事人双方协商同意，二是解除权人一方发生解除的意思。

4. 合同解除的效力是使合同关系自始消灭或向将来消灭

合同解除的后果包括两种：一是合同关系自始消灭，二是合同关系自解除时消灭。合同解除的效力是溯及既往，还是仅向将来发生，应尊重当事人意思表示。当事人有约定的，只要这种约定没有损害国家利益和社会公共利益，就应尊重当事人的约定，按照当事人的约定确定合同解除是否具有溯及力；当事人若没有特别约定，那么合同解除的效力应溯及至合同订立之时起，同时也向将来发生效力。

三、合同解除的类型

合同解除的情况比较复杂，所需条件、所经程序和所生效力不尽一致。为了便于理解和掌握合同解除制度，有必要将合同解除类型化。合同的解除一般分为以下两类。

1. 单方解除和协议解除

单方解除，是解除权人行使解除权将合同解除的行为。它不必经过对方当事人的同意，只要解除权人将解除合同的意思表示直接通知对方，或经过人民法院、仲裁机构向对方主张，即可发生合同解除的效果。在我国法律上，合同解除不仅包括单方解除，还包括协议解除，并且单方解除的条件也不以一方违约为限。

协议解除，是当事人双方通过协商同意将合同解除的行为。它不以解除权的存在为必要，解除行为也不是解除权的行使。协议解除的条件为双方当事人协商同意，并不因此损害国家利益和社会公共利益，解除行为是当事人的合意行为。

2.法定解除和约定解除

法定解除是指合同解除的条件由法律直接加以规定的合同解除方式。

约定解除是指当事人以合同形式，约定为一方或双方保留解除权的解除。其中，保留解除权的合意，称为解约条款。解除权可以保留给当事人一方，也可以保留给当事人双方。保留解除权，可以在当事人订立合同时约定，也可以在以后另订立保留解除权的合同。作为一个市场主体，为了适应复杂多变的市场情况，有必要把合同条款规定得更细致、更灵活、更有策略性，其中应包括保留解除权的条款，使自己处于主动而有利的地位。

四、合同解除与合同撤销的比较

合同撤销是指当事人对合同的内容有重大误解或显失公平，或因合同一方欺诈、胁迫使对方违背真实意思，在上述情况下，可以经利害关系当事人请求，撤销该合同，使其已经发生的法律效力归于消失。合同解除与合同撤销的区别主要表现为以下几个方面。

其一，从发生原因来看，《民法典》合同编规定的合同撤销原因是法律直接规定的；而解除的原因可以由法律规定，也可以由当事人约定或协商同意。合同撤销的原因在合同成立时即已存在，而合同解除的原因大都发生在合同成立以后。

其二，从适用范围上看，合同的解除主要适用于合同关系；而合同撤销不仅可以适用于合同，对于有瑕疵的意思表示，不管其是否已成立为合同，均可予以撤销。

其三，从合同关系的消灭来看，合同的撤销必须由撤销权人提出，由仲裁机构或人民法院确认；而合同的解除则可以通过当事人协商或一方行使解除权而达到目的，不必经过仲裁机构或人民法院裁决。

第二节　合同解除的条件

一、双方协议解除

协议解除是指合同成立以后，在未履行或未完全履行之前，当事人双方通过协商解除合同,使合同效力消灭的行为。由于此种方式是合同成立以后,通过双方协商解除合同,而不是在合同订立时约定解除权,因此又称为事后协商解除。协议解除的条件,是当事人双方协商一致,将原合同加以解除的协商一致,也就是在双方之间又重新成立了一个合同,其内容主要是把原来的合同废弃,使基于原合同发生的债权债务归于消灭。在用合同形式把原订的合同加以解除这点上,协议解除与约定解除相似,但二者更有不同:约定解除是以合同来规定当事人一方或双方有解除权,而协议解除是以一个新合同来解除原订的合同,与解除权无关。协议解除是采取合同的形式,因此它要具备合同的有效要件,即当事人有相应的行为能力,意思表示真实,内容不违反强行性规范和社会公共利益,要采取适当的形式。

二、单方行使解除权

1. 单方行使约定解除权

单方行使约定解除权,是指当事人双方在合同中约定,在合同成立以后,没有履行或没有完全履行之前,由当事人一方在某种情况出现后有解除权,并可以通过行使合同解除权,使合同关系消灭。决定解除具有如下特点。

(1)当事人双方既可以在合同订立时在合同中约定一方解除合同的条件,也可以在订立合同以后另行约定一方解除合同的条件。解除权的约定也是当事人双方订立的合同,是一方行使解除权解除合同的基础。

(2)约定将来享有解除权本身并不导致合同的解除。双方的约定是设定合同的将来解除权,在解除权未行使时,合同并不解除。

(3)约定合同解除的条件发生,并不导致合同的自动解除。合同的约定解除了要符合约定的条件外,还要有解除权人的解除合同的意思表示和解除行为,否则合同的权利义务并不终止,合同继续有效。

(4)约定的合同解除条件发生后,只要约定解除权人做出解除合同的意思表示,合同的权利义务就终止了,而无须另一方的同意。

2. 单方行使法定解除权

单方行使法定解除权,是指在合同成立以后,没有履行或没有履行完毕以前,当事人一方行使法定的解除权而使合同效力消灭的行为。其特点在于由法律直接规定解除的条件,当此种条件具备时,当事人可以解除合同。根据《民法典》第五百六十三条的规定,现就具体的法律规定,论述如下。

（1）因不可抗力导致的合同解除。所谓不可抗力，是指不能预见、不能避免且不能克服的客观情况。因不可抗力导致合同的解除时，除需存在不可抗力外，还应当具备因不可抗力致使合同不能成立的要件。

（2）因预期违约导致的合同解除。预期违约，又称为先期违约，是指当事人一方在合同规定的履行期到来之前，明示或者默示其将不履行合同，以违反合同义务的行为。预期违约可以分为明示毁约和默示毁约两种。明示毁约是指在合同履行期限到来之前，一方当事人无正当理由而明确肯定地向另一方当事人表示他将不履行合同。默示毁约是指在履行期限到来之前，一方当事人有确凿的证据证明另一方当事人在履行期限到来时，将不履行或不能履行合同。

（3）因迟延履行且经催告仍不履行而导致的合同解除。迟延履行，又称债务人迟延，是指债务人能够履行，但在履行期限届满时却未履行债务的行为。因债务人迟延履行且经催告仍不履行的，可以作为合同解除的条件。因迟延履行解除合同，根据合同的性质不同，要求也不同。

其一，根据合同的性质和当事人意思表示，履行期限在合同的内容上不特别重要时，即使债务人在履行期限届满后履行，也不致使合同目的落空。在这种情况下，原则上不允许债权人立即解除合同，而由债权人向债务人发出履行催告，给其规定一个宽限期。债务人在该宽限期届满时仍未履行的，债权人有权解除合同。

其二，根据合同的性质和当事人意思表示，履行期限在合同的内容上特别重要，债务人不于此期限内履行，就达不到合同目的。在这种情况下，债务人未在履行期限内履行，债权人可以不经催告而径直解除合同。

（4）因违约导致的合同解除。合同订立后，当事人一方不按照合同约定的义务履行合同，或是当事人一方履行合同义务不符合约定的，即当事人违约。违约的形式有很多，包括迟延履行债务、交付标的物不符合合同规定的质量要求，不按约定的地点履行等。当事人一方有违约行为并不必然导致另一方有解除权，只有一方违约致使不能实现合同目的，另一方才享有解除权。

（5）因法律规定的其他情形导致的合同解除。除上述四种情形外，如果法律另有规定的，当事人可以根据该法律的规定，单方解除合同。

第三节 合同解除的程序

合同解除的程序有三种，即协议解除的程序、行使解除权的程序和法院裁决的程序。

1.协议解除的程序

协议解除的程序,是当事人双方经过协商同意,将合同解除的程序。其特点是合同的解除取决于当事人双方意思表示一致,而不是基于当事人一方的意思表示,也不需要有解除权,完全是以一个新的合同解除原合同。

2.行使解除权的程序

行使解除权的程序必须以当事人享有解除权为前提。所谓解除权,是合同当事人可以将合同解除的权利。它的行使,发生合同解除的法律效果,因而它是一种形成权。

解除权的行使,不需要对方当事人的同意,只需解除权人单方的意思表示,就可以把合同解除。

3.法院裁决的程序

法院裁决的程序,不是指在协议解除的程序和行使解除权的程序中当事人诉请法院来解除合同,而是指在适用情事变更原则解除合同时,由法院裁决合同解除的程序。

第四节　合同解除的效力

1.合同解除与恢复原状

恢复原状是有溯及力的解除所具有的直接效力,是双方当事人基于合同发生的债务全部免除的必然结果。在合同尚未履行时,解除具有溯及力,基于合同发生的债权债务关系全部溯及地消灭,当事人之间当然恢复原状,不存在产生恢复原状义务的余地。

2.尚未履行的债务免除与不当得利返还

合同解除无溯及力时,解除前的合同关系仍有效,因此解除前进行的给付还有法律根据,只是自合同解除之时起尚未履行的债务被免除。对于已经履行的,可行的办法是运用不当得利制度加以解决,即受领人将其多得的利益按不当得利规则加以返还。

3.合同解除与赔偿损失

(1)协议解除可以与赔偿损失并存。因为协议解除是当事人一方从有利于自己的角度出发,而提议或同意的解除。既然当事人因协议解除而获得了利益,那么依据获得利益者承担风险的理论，其就应该负赔偿责任。

（2）合同因不可抗力不能履行而解除，有时可以与赔偿损失并存。不可抗力造成合同不能履行，当事人可以将合同解除。于此场合，当事人一般不负赔偿责任。但在因当事人一方迟延履行发生不可抗力，造成不能履行的，应当承担赔偿责任。

第八章　违约责任

第一节　违约责任概述

一、违约责任的概念

违约责任,是指合同当事人因违反合同约定的义务而应承担的法律后果。违约责任制度在《民法典》合同编中居于十分重要的地位。

违约责任与合同义务有着极为密切的关系:一方面,责任是以义务的存在为前提的,是义务不履行导致的结果,如果义务不曾存在或被宣告无效或者被撤销,则一般不发生违约责任问题;另一方面,违约责任是在债务人不履行债务时,国家强制债务人履行债务和承担法律责任的表现。一言以蔽之,债务是责任发生的前提,责任为债务不履行的后果。

二、违约责任的特征

违约责任具有如下四重特征。

1.违约责任是合同当事人违反合同约定所应承担的责任

与侵权责任要求责任人违反法定义务不同,违约责任的承担以当事人违反合同约定的义务为前提。一方面,违约责任的产生以合同义务的存在为前提,有义务就存在责任的可能性,没有义务,就根本谈不上责任。另一方面,违约责任以合同当事人不履行义务为条件,有效合同约定的义务与法律规定的义务一样,合同当事人必须履行，否则，就会产生违约责任。

2.违约责任具有相对性

违约责任只能在特定的当事人之间产生，合同关系以外的人不负违约责任。也就是说，合同当事人不得为他人设定合同义务，他人当然没有违约的可能性，从而也就不存在负违约责任的问题。

3.违约责任可以由合同当事人约定

按照私法自治的基本原则，合同当事人在合同中当然可以约定违约责任的方式、违约金的数额幅度、损害赔偿的计算方法和免责条件等。

4.违约责任原则上为补偿责任

法律确定违约责任的重要目的之一是弥补或补偿因违约方的违约行为所造成的损害后果，补偿受害人的损失，因此违约责任具有补偿性，一般通过支付违约金、赔偿金和其他方式来体现，使受害人的实际损失得到全部补偿或部分补偿。但在特殊情况下，如定金责任的违约责任具有惩罚性。

第二节　违约责任的归责原则

一、归责原则的概述

1.归责原则的概念

归责原则是确定行为人承担民事责任的根据和标准，也是贯穿于整个民事责任制度并对责任规范起着统帅作用的立法指导方针。

2.归责原则的作用

违约责任的归责原则，就是指确定违约当事人民事责任的法律原则，归责原则的确定，对违约责任制度的内容起着决定性的作用。

二、我国《民法典》所采用的归责原则

我国《民法典》第五百七十七条规定："当事人一方不履行合同义务或者履行合同义务不符合约定的，应当承担继续履行、采取补救措施或者赔偿损失等违约

责任。"通说认为,我国民事立法对于违约责任采取了严格责任的立场。但是,应当注意到的是,在具体的合同类型中,仍然存在着过错责任。因此,科学地说,我国《民法典》中违约责任的归责原则所采用的是二元化的结构体系,即以严格责任原则为基础,以过错责任原则为补充,两项归责原则并存的体系。

1.严格责任原则

严格责任原则,又称为无过错责任原则,是指一方当事人不履行或者不适当履行合同义务给另一方当事人造成损害,在不具有法定或者约定的免责事由的情况下,就应当承担违约责任。

2.过错责任原则

过错责任原则,是指一方当事人不履行或者不适当履行合同义务时,应以该当事人的主观过错作为确定违约责任构成的依据。

第三节　违约行为的表现形态

一、违约行为的概述

1.违约行为的概念

违约行为,是指合同当事人违反合同约定义务的行为。违约行为是违约责任的基本构成要件,没有违约行为,也就没有违约责任。

2.违约行为的分类

根据违约行为发生的时间,违约行为总体上可分为预期违约和实际违约;而实际违约又可分为不履行(包括根本违约和拒绝履行)和不符合约定的履行;而不符合约定的履行又可分为迟延履行、瑕疵履行、不适当履行(包括部分履行、履行地点不当的履行和履行方法不当的履行)。

二、违约行为的具体表现

1.预期违约

预期违约,是指当事人一方在合同规定的履行期到来之前,明示或者默示其将不履行合同。

2.不履行

不履行是指在合同履行期届满时，合同当事人完全不履行自己的合同义务。

3.迟延履行

迟延履行是指债务人无正当理由，在合同规定的履行期届满时，仍未履行合同债务。合同中未约定履行期限的，在债权人提出履行催告后仍未履行债务，就是迟延履行。

4.瑕疵履行

瑕疵履行又称为不适当履行，是指债务人所作的履行不符合合同规定的质量标准，甚至因交付的产品有缺陷而造成他人人身、财产的损害。

5.不适当履行

不适当履行又称为不完全给付，是指债务人虽然以完全给付的意思为给付，但给付不符合债务本旨。不适当履行包括：（1）部分履行。如交付的标的物在数量上不足，还有部分未交付。（2）履行地点不当。如在合同履行中擅自变更履行地点。（3）履行方法不当。如本应一次履行完毕却分期履行或分批履行。

第四节　免责事由

一、免责事由的概念

免责事由，又称免责条件，是指法律规定或者合同中约定的当事人对其不履行或者不适当履行合同义务免于承担违约责任的条件。

免责事由具有如下几个特点：

其一，是指合同不履行的免责事由，仅适用合同责任。

其二，免责事由适用的效果是导致债务人被免除责任。

其三，只有在法定的免责事由和约定的免责事由导致合同不能履行时，才能使债务人被免责。如果合同仍然可以履行，则当事人应继续履行合同债务，不应被免责。"不能履行"是指永久不能，而非暂时不能。

二、违约责任的免责事由

违约责任的免责事由通常包括不可抗力、受害人过错和免责条款。

1. 不可抗力

所谓不可抗力,是指不能预见、不能避免且不能克服的客观情况。

不可抗力的含义有三:第一,不可抗力仅指客观情况,即独立于个体之外的事件,不包括单个民事主体的行为,从而排除了将第三人行为导致违约作为抗辩事由的可能。第二,不可抗力具有不可预见性,即合同当事人以现有的技术水平、经验无法预知。第三,不可抗力具有不可避免和不可克服性。不可避免,是指不可抗力及其损害后果的发生具有必然性,而且当事人虽尽最大努力仍不能加以避免;不可克服,是指不可抗力及其损害后果发生后,当事人虽尽最大努力仍不能加以克服,因而无法履行或者适当履行合同义务。

2. 受害人过错

受害人过错,是指受害人对违约行为或者违约损害后果的发生或扩大存在过错。将受害人过错作为抗辩事由体现了法律对当事人过错的谴责和非难。违约责任虽然实行严格责任,但是受害人的过错可以成为违约方全部或者部分免除责任的依据。如在约定检验期间的买卖合同中,买受人就标的物数量或者质量不符合约定的情形怠于通知出卖人,出卖人不承担违约责任。

3. 免责条款

免责条款,是指合同当事人约定的排除或者限制其将来可能发生的违约责任的条款。一方当事人基于他方所应承担的民事责任而享有的权利属于民事权利,民法实行意思自治原则,民事主体可以依法放弃民事权利,免除他人的民事义务、民事责任。因此,当事人在订立合同时,可以约定免责条款,并奉行合同自由原则。只要具有免责条款规定的情形,当事人纵然有违约行为,也不承担违约责任。但是,合同中的免除造成对方人身伤害,因故意或者重大过失造成对方财产损失的违约责任的免责条款无效,当事人对此类损害仍应当承担赔偿责任。

第五节　违约责任的承担方式

违约行为的复杂性决定了承担违约责任的方式的多样性。根据《民法典》的有关规定，违约责任的承担方式主要有以下几种。

一、支付违约金

1. 违约金的概念

违约金是指不履行或者不完全履行合同义务的违约方按照合同约定，支付给非违约方一定数量的金钱。

2. 违约金的特征

支付违约金作为违约责任的一种承担方式，具有以下特征。

（1）违约金是由合同当事人约定的。根据合同自由原则，违约金应根据合同当事人的意愿协商确定，当事人可以约定一方违约时应根据违约情况向对方支付一定数额的违约金。

（2）违约金的数额是由当事人预先确定的。违约金必须在签订合同时或在履行合同义务前先予确定，当违约方出现不履行或不完全履行合同时，非违约方可以按照合同双方对违约金的约定得到补偿。

（3）违约金条款是否适用，取决于合同当事人是否违约。当合同当事人违约时，违约金条款才能适用；合同当事人没有违约行为，违约金条款就不能适用。此外，违约金条款适用还必须符合法定的生效条件，如果主合同无效、被撤销或不成立，违约金条款就不能生效。

3. 对违约金责任的限制

为了体现公平、诚实信用的原则，《民法典》合同编对违约金责任作了必要的限制。《民法典》第五百八十五条第二款规定："约定的违约金低于造成的损失的，人民法院或者仲裁机构可以根据当事人的请求予以增加；约定的违约金过分高于造成的损失的，人民法院或者仲裁机构可以根据当事人的请求予以适当减少。"合同当事人约定过高或过低的违约金会造成合同双方权利义务的明显不相符，有悖于民法的公平、等价有偿原则，如果不给予必要的公力救济，将显失公平。

二、损害赔偿

1. 损害赔偿的概念

损害赔偿是指合同当事人由于不履行合同义务或者履行合同义务不符合约定,给对方造成财产上的损失时,由违约方以其财产赔偿对方所蒙受的财产损失的一种违约责任形式。《民法典》第五百八十三条规定了赔偿损失适用的场合,即:"当事人一方不履行合同义务或者履行合同义务不符合约定的,在履行义务或者采取补救措施后,对方还有其他损失的,应当赔偿损失。"第五百八十四条规定了赔偿损失的方法。

2. 损害赔偿的特征

损害赔偿具有以下特征。

(1)合同损害赔偿责任具有补偿性。违约赔偿损失是强制违约方对非违约方所受损失的一种补偿,一般是以违约所造成的损失为标准,这与定金责任、违约金责任等违约责任有所区别。但是应当注意的是,在涉及对消费者实施欺诈以及食品安全领域,损害赔偿责任具有惩罚性。

(2)以赔偿非违约方受到的实际全部损失为原则。合同当事人一方违约,对方会遭到财产损失和可得利益的损失,这些损失都应当得到补偿。

3. 损害赔偿的原则

(1)完全赔偿原则

完全赔偿原则是指因违约方的违约行为使受害人遭受的全部损失,都应由违约方负赔偿责任。即违约方不仅应赔偿对方因其违约而引起的现实财产的减少,而且还应赔偿对方因合同履行而得到的履行利益。

(2)合理预见原则

完全赔偿原则是对非违约方的有力保护,但从民法的基本原则出发,应将这种损害赔偿限制在合理的范围内。《民法典》第五百八十四条规定,赔偿损失"不得超过违约一方订立合同时预见到或者应当预见到的因违约可能造成的损失"。这就是合理预见原则,又叫可预见性规定。

(3)减轻损害原则

减轻损害原则也叫采取适当措施避免损失扩大原则,是指在一方违约并造成损害后,受害人必须采取合理措施以防止损害的扩大,否则,受害人应对扩大部分的损害负责,违约方有权请求从损害赔偿金额中扣除本可避免的损害部分。

（4）损益相抵原则

损益相抵原则又叫损益同销，是指受害人基于损害发生的同一原因而获得利益时，应将所受利益从所受损害中扣除，以确定损害赔偿范围。

三、继续履行

1. 继续履行的概念

继续履行又叫实际履行、强制实际履行、特定履行，是指当事人一方不履行合同义务或者履行合同义务不符合约定时，另一方当事人可要求其在合同履行期届满后继续按照原合同所约定的主要条件完成合同义务的行为。

2. 继续履行的分类

继续履行可以分为金钱债务违约的继续履行和非金钱债务违约的继续履行两类。

（1）金钱债务违约的继续履行。金钱债务又叫货币债务。当事人未履行金钱债务的违约行为，即未支付价款或报酬的行为，包括完全未支付价款或报酬和不完全支付价款或报酬两方面。

（2）非金钱债务违约的继续履行。非金钱债务如提供货物、提供劳务、完成工作等，此种债务不同于金钱债务，其债务标的往往更具有特定性和不可替代性，所以非金钱债务的履行更加强调实际履行原则。当事人未履行非金钱债务的违约行为，包括不履行非金钱债务和履行非金钱债务不符合约定，通常守约方都可以请求违约方实际履行。

四、其他补救措施

采取补救措施主要适用于质量不符合约定的情况。根据《民法典》第五百八十二条的规定："履行不符合约定的，应当按照当事人的约定承担违约责任。对违约责任没有约定或者约定不明确，依据本法第五百一十条的规定仍不能确定的，受损害方根据标的的性质以及损失的大小，可以合理选择请求对方承担修理、重作、更换、退货、减少价款或者报酬等违约责任。"其中，修理、重作、更换属于补救措施的范围。

具体而言，采取补救措施包括如下。

1. 修理。必须在有修理的可能并且债权人需要的情况下，主要适用于买卖合同、承揽合同等。

2.更换。必须在没有修理的可能,或修理费用过高或时间过长的情况下,多适用于买卖合同。

3.重作。是指在基本建设工程承包合同、承揽合同中,由债务人重新做工作成果。

第六节 责任竞合

一、责任竞合的法律特征

1.责任竞合的概念

责任竞合是指某种行为同时具备两种或两种以上的法律责任构成要件,从而使该行为人有可能承担两种以上的法律责任的现象。

2.责任竞合的特点

(1)责任竞合是因为某个违反义务的行为而引起

一般说,有义务就存在不履行义务的可能,从而存在承担法律责任的可能。一个不法行为同时违反了两个以上的义务,产生两个以上的法律责任,就是责任竞合。

(2)某个违反义务的行为符合两个或两个以上的责任构成要件

行为人虽然仅实施了一个行为,但该行为同时违反了数个义务,并符合法律关于不同责任的构成要件的规定,由此使该行为人承担一种法律责任还是多种法律责任,需要在法律上给一个明确的答案。

(3)数个责任之间相互冲突

相互冲突,一方面是指行为人承担不同的法律责任,在后果上是不同的;另一方面,相互冲突意味着数个责任既不能相互吸收,也不应同时并存。

二、违约责任和侵权责任竞合的处理

在实务中,责任的竞合主要表现为违约责任与侵权责任的竞合。从我国民事立法的立场来看,在出现责任竞合的情况下,当事人只能择一行使。

第九章　买卖合同

第一节　买卖合同概述

一、买卖合同的概念和法律特征

1.买卖合同的概念

买卖合同,是出卖人交付标的物并转移标的物的所有权于买受人,买受人支付价款的合同。其中,依约定应交付标的物并转移标的物所有权的一方称为出卖人,也称卖方,应支付价款的一方称为买受人,也称买方。

2.买卖合同的法律特征

买卖合同具有以下法律特征。

(1)买卖合同是有偿合同。买卖合同中,出卖人所负担的交付标的物并转移其所有权于买受人的义务,与买受人所负担的支付价款的义务,互为对价。因此,买卖合同是典型的有偿合同。

(2)买卖合同是诺成合同。除法律另有规定或当事人另有约定外,买卖合同自双方当事人意思表示一致之时起成立,并不以一方当事人标的物的交付或合同义务的履行作为合同的成立要件。因此,买卖合同为诺成合同。

二、买卖合同的内容

买卖合同的内容主要由当事人约定,除了标的、数量和质量、价款、履行期

限、履行地点、履行方式、违约责任、解决争议的方法等条款以外,买卖合同的当
事人还可就包装方式、检验标准和方法、结算方式以及合同使用的文字及其效力
等内容进行约定。

第二节　买卖合同的效力

一、出卖人的主要义务

1.交付标的物

买卖合同中,出卖人应将买卖合同的标的物交付买受人,这是出卖人的主要
合同义务。所谓交付标的物,即转移标的物的占有。出卖人在交付过程中要按
照约定的交付方式、时间、地点等要求交付标的物,才算是履行了交付标的物的
义务,否则将构成违约。

2.转移标的物的所有权

取得标的物的所有权是买受人的主要交易目的。因此,将标的物的所有权
转移给买受人,是出卖人的一项主要义务。移转标的物的所有权,是在交付标的
物的基础上,实现标的物所有权的转移,使买受人获得标的物所有权。

就动产而言,除有特别规定或当事人另有约定的以外,标的物的所有权随交
付而移转。只要出卖人将标的物按双方约定或法律规定的时间、地点交付给买
受人,标的物的所有权也就由出卖人移转到买受人手中。

不动产所有权的转移须依法办理所有权的转移登记。未办理登记的,即使
买卖合同已经生效,标的物的所有权也不发生转移。

3.瑕疵担保责任

瑕疵担保责任是指,出卖人应担保其交付的标的物以及标的物上的权利不
存在未告知的瑕疵,出卖人违反此项义务应承担的责任。瑕疵担保责任包括物
的瑕疵担保责任和权利的瑕疵担保责任两种。

(1)物的瑕疵担保责任。在我国《民法典》合同编中,物的瑕疵担保义务被表
述为质量担保义务,即出卖人应当担保其交付给买受人的标的物符合合同约定
的或者法律确定的质量标准。

出卖人交付的标的物不符合质量标准的,属于对物的瑕疵担保义务的违反,

出卖人应当按照当事人的约定承担违约责任。

买受人要求出卖人承担违反物的瑕疵担保义务的违约责任，除非法律另有规定，以买受人及时向出卖人通知标的物质量不合格为条件。

（2）权利的瑕疵担保责任。出卖人就交付的标的物，除非法律另有规定，负有保证第三人不得向买受人主张任何权利的义务。出卖人违反权利的瑕疵担保义务，应对买受人承担违约责任。在买卖合同订立时，买受人知道或者应当知道第三人对买卖的标的物享有权利的，出卖人不承担该项责任。

二、买受人的主要义务

1. 支付价款

支付价款是买受人的主要义务。买受人支付价款应按照合同约定的数额、地点、时间和方式进行。价款数额一般由单价与总价构成，总价为单价乘以标的物的数量。当事人在合同中约定的单价与总价不一致，而当事人又不能证明总价为折扣价的，原则上应按单价来计算总价。当事人对价款的确定，须遵守国家的物价法规，否则其约定无效。

2. 受领标的物

买受人有依照合同约定或者交易惯例受领标的物的义务，对于出卖人不按合同约定条件交付的标的物，例如多交付、提前交付、交付的标的物有瑕疵等，买受人有权拒绝接受。未及时受领的，买受人构成迟延受领，应承担相应的违约责任。

3. 及时检验交付的标的物

买受人收到标的物时，有及时检验义务。当事人约定检验期间的，买受人应当在约定期间内，将标的物的数量或质量不符合约定的情形通知出卖人，买受人怠于通知的，视为标的物的数量或质量符合约定。当事人没有约定期间的，买受人应当在发现标的物数量或质量不符合约定的合理期间内通知出卖人。买受人在合理期间内未通知或者自标的物收到之日起2年内未通知出卖人的，视为标的物数量或质量符合约定；但对标的物有质量保证期的，适用质量保证期，不适用该2年的规定。

4. 暂时保管及应急处置拒绝受领的标的物

在特定情况下，如出卖人多交付、提前交付、交付的标的物有瑕疵等，买受人有权拒绝接受。买受人对于出卖人所交付的标的物,虽可做出拒绝接受的意思表示,但有暂时保管并应急处置标的物的义务。

第三节　特殊买卖合同

特殊买卖合同是指法律对其种类或者内容有特别规定的买卖合同。我国法律规定的特殊买卖合同包括分期付款买卖合同、样品买卖合同、试用买卖合同、招标投标买卖合同、拍卖合同以及互易合同等。

一、分期付款买卖合同

分期付款买卖是一种特殊的买卖形式,是买受人将其应付的总价款按照一定期限分批向出卖人支付的买卖。分期付款买卖在我国常常用于房屋及高档消费品的买卖。

由于买受人的分期支付影响了出卖人的资金周转,故分期付款的总价款可略高于一次性付款的价款。在分期付款买卖中,为保护买受人的利益,只有当买受人未支付到期价款的金额达到全部价款 1/5 的,出卖人方可要求买受人支付全部价款或者解除合同。出卖人解除合同的,可以向买受人要求支付该标的物的使用费。

分期付款买卖中,出卖人须先交付标的物,买受人于受领标的物后分若干次付款,出卖人有收不到价款的风险,因此在交易实践中,当事人双方就分期付款买卖做所有权保留的特别约定。即在分期付款买卖合同中,买受人虽先占有、使用标的物,但在双方当事人约定的特定条件(通常是价款的一部分或全部清偿)成就之前,出卖人仍保留标的物所有权,待条件成就后,再将所有权转移给买受人。

二、样品买卖合同

样品买卖,又称货样买卖,是指当事人双方约定一定的样品,出卖人交付的标的物应与样品具有相同品质的买卖。所谓样品,又称货样,是指当事人选定的用以决定标的物品质的货物。

由于样品买卖是在普通买卖关系中附加了出卖人的一项"须按样品的品质

标准交付标的物"的担保,因此,样品买卖除适用普通买卖的规定外,还产生下列效力。

1.当事人应当封存样品,并且可以对样品质量予以说明。出卖人交付的标的物应当与样品及其说明的质量相同。

2.凭样品买卖的买受人不知道样品有隐蔽瑕疵的,即使交付的标的物与样品相同,出卖人交付的标的物的质量仍然应当符合同种物的通常标准。

三、试用买卖合同

试用买卖合同,又称为试验买卖合同,是指当事人双方约定,于合同成立时,出卖人将标的物交付买受人试验或检验,并以买受人在约定期限内对标的物的认可为生效要件的买卖合同。这种买卖常见于某些新产品的推销领域。

试用买卖合同的当事人可以约定标的物的试用期间。对试用期间没有约定或约定不明确的,可以协议补充;不能达成补充协议的,按照合同有关条款或者交易习惯确定;如仍不能确定,由出卖人确定。买受人在试用期内可以购买标的物,也可以拒绝购买。试用期间届满,买受人对是否购买标的物未作表示的,视为同意购买。

四、招标投标买卖合同

招标投标买卖合同,是指由招标人向数人或公众发出招标通知或招标公告,在诸多投标中选择自己最满意的投标人并与之订立买卖合同的方式。招标投标买卖一般分为以下几个阶段。

1.招标阶段。所谓招标,是指招标人采取招标通知或招标公告的形式,向不特定的数人或公众发出的投标邀请。

2.投标阶段。所谓投标是指投标人(出标人)按照招标文件的要求,在规定的期间内向招标人提出报价的行为。

3.开标、验标阶段。开标是指招标人在召开的投标人会议上,当众启封标书,公开标书内容的行为。验标是验证标书的效力,对不具备投标资格的标书、不符合招标文件规定的标书以及超过截止日期送达的标书,招标人可宣布其无效。

4.评标、定标阶段。招标人对有效标书进行评审,选择自己满意的投标人,决定其中标。该定标若是对投标的完全接受,就是承诺。

5.签订合同。中标人在接到中标通知后,在指定的期限与地点同招标人签订合同书。签订合同是对业已成立的合同关系的确认。

五、拍卖合同

拍卖有广义、狭义之分。狭义的拍卖,是指对物品的拍卖,即以公开竞价的方法,将标的物的所有权转移给最高应价者的买卖方式。广义的拍卖泛指以竞争方式的缔约,包括拍卖和招标,这里仅就狭义的拍卖进行阐述。

拍卖一般须经如下程序。

1.拍卖的表示。拍卖的表示,是指拍卖人发出的对标的物进行拍卖的意思表示,它包括拍卖公告和拍卖师在拍卖开始时所作的拍卖表示。

2.应买的表示。应买的表示是指参加竞买的竞买人发出的购买的意思表示。在拍卖时,是由参加购买的应买人竞争,由出价最高者购买。

3.卖定的表示。拍卖以拍卖人拍板或依其他惯用的方法,为卖定的表示。拍卖人做出卖定的表示,则买卖成交,竞争买卖结束。

六、互易合同

互易合同是指当事人双方约定互相移转金钱以外财产权的合同。互易合同的双方当事人均称为互易人。

互易合同的效力一般表现为以下内容。

1.互易人互负移转财产给对方的义务。有关一般买卖合同的同时履行抗辩、风险移转以及利益承受等规定或理论均适用于互易合同。

2.互易人对交付的财物互负瑕疵担保责任。

第十章　借款合同

第一节　借款合同概述

一、借款合同的概念和法律特征

1. 借款合同的概念

我国《民法典》第六百六十七条规定："借款合同是借款人向贷款人借款，到期返还借款并支付利息的合同。"在借款合同关系中，提供借款的一方称为出借人，接受借款的一方称为借款人。

2. 借款合同的法律特征

借款合同具有如下法律特征。

（1）借款合同的标的物具有特定性。借款合同的标的物只能是货币。这一特点将借款合同与租赁合同、借用合同区别开来。在借款合同中，货币属于种类物，在合同终止时，借款人只需要归还同等数额的货币并按照约定支付利息。在租赁合同、借用合同中，当事人需要归还原物。

（2）银行借款合同是诺成合同，自然人之间的借款合同是实践合同。银行借款合同是诺成合同，在借、贷双方意思表示一致时合同即成立并生效。但由于自然人之间的借款合同经常具有互助性质，多为无息借贷，因此《民法典》第六百七十九条规定："自然人之间的借款合同，自贷款人提供借款时生效。"也就是说，贷款人与借款人就借贷达成合意后合同成立，自提供借款时合同生效。

（3）银行借款合同是要式合同，自然人之间的借款合同是非要式合同。

二、借款合同的分类

在理论上，对借款合同有意义的划分主要有以下两种。

1.按照当事人的不同，可将借款合同分为金融机构借款合同与民间借款合同

银行借款合同是以金融机构为贷款人的借款合同，又称为信贷合同。在我国，金融机构包括政策性银行、商业银行、金融资产管理公司、信用合作社、邮政储蓄机构、信托投资公司、企业集团财务公司、金融租赁公司和外资金融机构等。法律、法规对信贷合同的要求比较严格。银行借款合同是有偿合同和诺成合同，并且应当采用书面形式。

民间借款合同是指合同双方当事人都是非金融机构的借款合同。民间借贷合同，既有自然人之间的借款合同，也有法人之间的借款合同，还有自然人与法人之间的借款合同。

关于民间借贷，我国法律经历了从只承认自然人之间借款合法，到承认企业之间拆借合法的过程。根据当前的司法解释，自然人与自然人、自然人与非金融机构、非金融机构与非金融机构之间的借款合同，原则上都是合法有效的。但是，需要注意的是，如果出借人为职业贷款人，未取得金融许可的，其所签署的借款合同，属于无效合同。

2.按照贷款的用途，可将借款合同分为工业贷款合同、农业贷款合同、基本建设贷款合同、外汇贷款合同、商业贷款合同、消费贷款合同等

此种标准的划分是对银行借款合同的进一步划分。而对于上述划分种类还可以再进行划分，如消费贷款合同还可以分为不动产贷款合同（如商品房贷款合同）和动产贷款合同（如汽车贷款合同）等。

第二节　金融机构借款合同

一、金融机构借款合同的概念和法律特征

1.金融机构借款合同的概念

金融机构借款合同也叫信贷合同，是指经依法批准经营贷款业务的商业银

行、信用合作社等金融机构将货币资金出借给法人、其他经济组织或者个人使用，贷款到期时借款人归还所借资金和利息的合同。金融机构借款合同的主体是贷款人和借款人，以贷款人出借的款项为客体，贷款人发放贷款的行为是贷款人以还本付息为条件出借货币资金的营业活动。

2.金融机构借款合同的法律特征

金融机构借款合同除了具有一般借款合同的特征外，还具有以下法律特征。

（1）金融机构借款合同的主体，即贷款人和借款人应当符合法律、法规或规章规定的条件。贷款人是依法能够经营贷款业务的金融机构。我国对经营金融业务实行特别许可制度，发放贷款属于经营金融业务。在我国经营金融业务必须获得中国银行业监督管理委员会依法颁发的金融许可证。金融机构须经依法批准才能经营贷款业务。

借款人是与贷款人建立贷款法律关系的法人、其他组织或自然人。借款人是法人、其他组织的，应当依法成立，有合法稳定的收入或收入来源，具备按期还本付息能力以及法规、规章规定的贷款人应当具备的条件。借款人是自然人的，应当具有合法身份证件或境内有效居住证明，具有完全民事行为能力，信用良好，有稳定的收入或资产，具备按期还本付息能力，或符合其他规定。

（2）金融机构借款合同是诺成合同。金融机构借款合同不是在贷款人提供借款时生效，而是双方依法签订借款合同就生效。

（3）金融机构借款合同是有偿合同。金融机构是从事金融业务的营利法人，贷款业务是金融机构所从事的以还本付息为条件出借货币资金使用权的营业活动。通过贷款获得利息是金融机构的一种营利方式，借款人从金融机构获得贷款需要支付利息。因此，主要调整金融机构与自然人、法人和其他组织之间的借款合同关系的《民法典》合同编"借款合同"一章中对借款合同是这样规定的，"借款合同是借款人向贷款人借款，到期返还借款并支付利息的合同"。

（4）合同内容受到限制。向金融机构贷款获得资金是我国经济生活中重要、主要的融资渠道，贷款是重要的金融活动。为了维护合同双方的正当权益，稳定国家金融秩序，保证国民经济健康有序发展，国家有必要约束金融机构借款合同双方当事人的行为，限制合同相关内容。如贷款利率不能由当事人任意约定，而要在国家相关部门规定的范围内进行约定。按照《民法典》合同编的规定，办理贷款业务的金融机构贷款的利率，应当按照中国人民银行规定的贷款利率的上下限确定。

二、金融机构贷款的种类

根据相关规章,金融机构贷款主要有以下种类。

1. 自营贷款、委托贷款和特定贷款

这是根据贷款资金来源和风险承担所作的分类。

自营贷款,是指金融机构以所筹集的资金自主发放的贷款。贷款人以合法方式筹集的资金自主发放的贷款,其风险由贷款人承担,并由贷款人收回本金和利息。金融机构发放贷款的种类主要为自营贷款。

委托贷款,是指委托人提供合法来源的资金,委托金融机构向委托人事先确定的贷款对象代为发放、监督使用并协助收回的贷款。

特定贷款,是指经国务院批准并对贷款可能造成的损失采取相应补救措施后责成国有独资商业银行发放的贷款。

2. 信用贷款、担保贷款和票据贴息

信用贷款,是指以借款人的信誉发放的贷款。

担保贷款,是指出借款项债权有担保的贷款,它包括保证贷款、抵押贷款和质押贷款。保证贷款,指按第三人承诺在借款人不能偿还贷款时,按约定承担一般保证责任或者连带责任而发放的贷款。抵押贷款,是指以借款人或第三人的财产作为抵押物而发放的贷款。质押贷款,是指以借款人或第三人的动产或权利作为质物而发放的贷款。

票据贴现,是指贷款人以购买借款人未到期商业票据的方式发放的贷款。

三、金融机构借款合同中的权利与义务

1. 贷款人的义务和责任

(1)按约定提供借款的义务。按约定提供借款是贷款人的主合同义务。贷款人应当按照约定的日期提供借款,未按照约定的日期提供借款,造成借款人损失的,应当赔偿损失。贷款人还应当按照合同约定的数额足额提供借款,借款的利息不得预先在本金中扣除。由于贷款人未足额提供借款,给借款人造成损失的,应当赔偿损失。而利息预先在本金中扣除的,借款人有权按照实际借款数额返还借款并计算利息。

（2）保密义务。为借款人保密是贷款人的附随义务。作为贷款人的金融机构，在合同订立和履行阶段，将有机会了解到借款人的商业秘密。对于所掌握的借款人的各项商业秘密，贷款人有保密的义务，不得泄密或进行不正当使用，否则将承担侵权责任或违约责任。

2.借款人的义务和责任

（1）借款人在订立合同时的如实告知义务。该项如实告知义务经常发生在借款合同的主要义务生效之前。按照我国《民法典》第六百六十九条的规定，订立借款合同，借款人应当按照贷款人的要求提供与借款有关的业务活动和财务状况的真实情况。

（2）按约定用途使用借款的义务。一般来说，是否按约定用途使用借款，涉及交易安全，如将贷款资金用于倒卖股票，就会危及贷款人的利益。因此，借款人应当按照约定的借款用途使用借款，借款人未按照约定的借款用途使用借款的，贷款人可以停止发放借款、提前收回借款或者解除合同。

（3）支付利息的义务。金融机构借款合同作为有偿合同，借款人有义务按照约定的期限支付利息。双方当事人对支付利息的期限没有约定或者约定不明确的，可以协议补充，不能达成补充协议的，按照合同有关条款或者交易习惯确定。如果依据前述方法仍不能确定，则借款期间不满1年的，应当在返还借款时一并支付；借款期间在1年以上的，应当在每届满1年时支付，剩余期间不满1年的，应当在返还借款时一并支付。利息数额的确定，应当按照中国人民银行规定的贷款利率的上下限确定。

（4）返还本金的义务。借款人应当按照约定的期限返还借款。双方当事人对借款期限没有约定或者约定不明确的，可以协议补充，不能达成补充协议的，按照合同有关条款或者交易习惯确定。依据前述方法仍不能确定的，借款人可以随时返还，贷款人可以催告借款人在合理期限内返还。借款人未按照约定的期限返还借款的，应当按照约定或者国家有关规定支付逾期利息。但借款人在还款期限届满之前向贷款人申请展期，贷款人同意的，可依照新确定的期限返还借款。借款人提前偿还借款的，除非当事人另有约定，借款人有权按照实际借款的期限计算利息。

第三节　民间借贷合同

一、民间借贷合同的概念

按照最高人民法院《关于审理民间借贷案件适用法律若干问题的规定》第一条的界定,民间借贷,是指自然人、法人和非法人组织之间进行资金融通的行为。它不包括出借人为金融机构的借款合同。

二、民间借贷合同的法律特征

与金融机构借款合同相比较,民间借贷合同赋予当事人更多的自由。我国对民间借贷的治理,主要是基于以下两个目标:其一,当事人双方遵循平等、自愿、诚实信用的原则,禁止高利行为;其二,不得利用民间借贷非法经营或者变相经营金融业务,扰乱金融秩序。

民间借贷合同的法律特征主要如下。

1.民间借贷合同是不要式合同

民间借贷合同,其形式由当事人自主决定,可以采取书面形式,也可以采取口头形式。

2.民间借贷合同可以有偿,也可以无偿

民间借贷合同中,有的是亲友之间的借贷,也有的是企业之间的拆借。当事人对于是否要支付利息,应自由决定。我国《民法典》第六百八十条第二、三款规定:"借款合同对支付利息没有约定的,视为没有利息。借款合同对支付利息约定不明确,当事人不能达成补充协议的,按照当地或者当事人的交易方式、交易习惯、市场利率等因素确定利息;自然人之间借款的,视为没有利息。"

3.自然人之间的借款合同为实践性合同

自然人之间的借款,多发生于亲友之间,法律允许当事人对借款事项做慎重考虑,允许当事人在交付款项前返回。《民法典》第六百七十九条规定:"自然人之间的借款合同,自贷款人提供借款时成立。"从该规定来看,自然人之间的借款合同为实践性合同。

另外，根据最高人民法院《关于审理民间借贷案件适用法律若干问题的规定》第九条的规定，"自然人之间的借款合同具有下列情形之一的，可以视为合同成立：(一)以现金支付的，自借款人收到借款时；(二)以银行转账、网上电子汇款等形式支付的，自资金到达借款人账户时；(三)以票据交付的，自借款人依法取得票据权利时；(四)出借人将特定资金账户支配权授权给借款人的，自借款人取得对该账户实际支配权时；(五)出借人以与借款人约定的其他方式提供借款并实际履行完成时"。

三、民间借贷合同的效力

民间借贷合同原则上有效，但是，具有下列情形之一的，该借贷合同无效：(1)套取金融机构贷款转贷的；(2)以向其他营利法人借贷、向本单位职工集资，或者以向公众非法吸收存款等方式取得的资金转贷的；(3)未依法取得放贷资格的出借人，以营利为目的向社会不特定对象提供借款的；(4)出借人事先知道或者应当知道借款人借款用于违法犯罪活动仍然提供借款的；(5)违反法律、行政法规强制性规定的；(6)违背公序良俗的。

为有效地规制高利贷行为，我国《民法典》第六百八十条规定："禁止高利放贷，借款的利率不得违反国家有关规定。"为贯彻这一精神，降低企业的融资成本，新修订的最高人民法院《关于审理民间借贷案件适用法律若干问题的规定》第二十六条规定："出借人请求借款人按照合同约定利率支付利息的，人民法院应予支持，但是双方约定的利率超过合同成立时一年期贷款市场报价利率四倍的除外。前款所称'一年期贷款市场报价利率'，是指中国人民银行授权全国银行间同业拆借中心自 2019 年 8 月 20 日起每月发布的一年期贷款市场报价利率。"换言之，民间借贷合同中，关于利息的约定，不得超过合同订立时一年期贷款市场报价利率的四倍，超过的部分无效。

第十一章　租赁合同与融资租赁合同

第一节　租赁合同概述

一、租赁合同的概念和法律特征

1.租赁合同的概念

租赁合同是出租人将租赁物交付承租人使用、收益，承租人支付租金的合同。在租赁合同关系中，交付租赁物供对方使用、收益的一方称为出租人；使用租赁物并支付租金的一方称为承租人。

2.租赁合同的法律特征

(1)租赁合同是转移财产使用权的合同。租赁合同以承租人使用、收益租赁物为直接目的，承租人所取得的仅是租赁物的使用、收益权，而非租赁物的所有权，这是租赁合同与买卖合同的根本区别。

(2)租赁合同为双务、有偿合同。在租赁合同中，出租人所负担的交付租赁物供承租人使用、收益的义务与承租人所负担的交付租金的义务互为对价，因此，租赁合同为双务、有偿合同。

(3)租赁合同为诺成合同。在租赁合同中，出租人与承租人双方意思表示达成一致时，合同即成立，因此，租赁合同为诺成合同。

(4)租赁合同是继续性合同。租赁合同的履行往往要经过一段时间，不是一次性交付即告完结的，因此，租赁合同具有继续性的特征。

二、租赁合同的分类

租赁合同依据不同的标准可以做出不同的分类，而实践中经常使用如下分类。

1. 动产租赁合同与不动产租赁合同

以租赁合同的标的物为标准，可将租赁合同分为动产租赁合同和不动产租赁合同。

2. 定期租赁合同与不定期租赁合同

以租赁合同是否有固定期限为标准，可将租赁合同分为定期租赁合同和不定期租赁合同。定期租赁合同是指合同约定有明确终止期限的租赁。不定期租赁合同的产生有三种情形：一是当事人在租赁合同中未约定租赁期限；二是当事人在租赁合同中将租赁期限约定为 6 个月以上，但未采用书面形式，双方当事人又就租赁期限产生争议的，租赁合同视为不定期租赁合同；三是租赁期届满，承租人继续使用租赁物，出租人没有提出异议的，原租赁合同继续有效，但租赁期限为不定期。这种区分的意义在于，在不定期租赁中，除非法律另有规定，双方当事人均可随时终止合同。

第二节　租赁合同的效力

一、出租人的主要义务

1. 交付租赁物并保持租赁物符合约定用途的义务

出租人应当按照约定将租赁物交付承租人。此外，承租人不仅应使交付的租赁物处于约定的使用、收益状态，而且在租赁关系存续期间也应保持租赁物符合约定的用途。承租人按照约定的方法或者租赁物的性质使用租赁物，致使租赁物受到损耗的，不承担损害赔偿责任。

2. 维修租赁物的义务

在租赁合同中，当事人可以就租赁物的维修义务做出约定，双方没有约定或者约定不明确的,则由出租人承担维修义务。

3. 瑕疵担保的义务

在租赁合同中,出租人所承担的瑕疵担保责任包括对租赁物的瑕疵担保责任和对权利的瑕疵担保责任两种。

所谓物的瑕疵担保责任,是指出租人应当担保所交付的租赁物能够为承租人依约正常使用、收益,如果租赁物有使承租人不能正常使用、收益的瑕疵,出租人即应承担违约责任,承租人可以解除合同或者请求减少租金。但是,在订立合同时承租人已知道租赁物存在瑕疵的,其后就不得解除合同。

所谓权利瑕疵担保责任,是指出租人应当担保不因第三人对租赁物主张权利而使承租人不能依约使用、收益。

二、承租人的义务

1. 按照约定的方法或租赁物的性质使用租赁物的义务

承租人在占有租赁物后,应当按照约定的方法使用租赁物,对使用租赁物的方法没有约定或者约定不明确的,双方当事人可以协议补充,不能达成补充协议的,应按照合同有关条款或者交易习惯确定。仍不能确定的,则应当按照租赁物的性质使用。

2. 妥善保管租赁物的义务

承租人作为租赁物的占有人,应当妥善保管租赁物。承租人未尽妥善保管义务,造成租赁物毁损、灭失的,应当承担损害赔偿责任。承租人应当以善良管理人的注意保管租赁物,租赁物有收益能力的,应保持其收益能力。

3. 不得随意转租的义务

所谓转租,是指承租人不退出租赁合同关系,而将租赁物出租给次承租人使用、收益。承租人未经出租人同意而进行转租的,出租人可以解除合同。

4. 支付租金的义务

支付租金的义务是承租人的主合同义务。承租人应当按照约定的期限支付租金,对支付期限没有约定或者约定不明确的,可以协议补充,不能达成补充协议的,按照合同有关条款或者交易习惯确定。

5. 返还租赁物的义务

租赁关系一般可以因租赁期限届满而终止,但也可以因一方当事人行使解除合同的权利及其他原因而终止。租赁关系终止后,只要租赁物仍然存在,承租人就应当返还租赁物。

三、租赁合同的特别效力:买卖不破租赁

《民法典》第七百二十五条规定:"租赁物在承租人按照租赁合同占有期限内发生所有权变动的,不影响租赁合同的效力。"承租人的租赁权虽为债权,但是为了保障承租人的居住权,法律赋予了承租人租赁合同的对抗效力。也就是说,在房屋等财产的租赁关系中,租赁物所有权在租赁期间内的转移并不影响承租人的权利,原租赁合同对受让租赁物的第三人仍然有效,该第三人不得解除租赁合同,此即"买卖不破租赁"原则。这一原则突破了传统的合同相对性原则,使租赁权具有了对抗第三人的效力,这种情况被称为"租赁权的物权化"或"债权的物权化"。

四、租赁合同的特别效力:承租人的优先购买权

《民法典》第七百二十六条规定:"出租人出卖租赁房屋的,应当在出卖之前的合理期限内通知承租人,承租人享有以同等条件优先购买的权利;但是,房屋按份共有人行使优先购买权或者出租人将房屋出卖给近亲属的除外。出租人履行通知义务后,承租人在十五日内未明确表示购买的,视为承租人放弃优先购买权。"

所谓房屋承租人的优先购买权,是指当出租人出卖房屋时,承租人在同等条件下,依法享有优先于其他人购买房屋的权利。优先购买权的权利属性为形成权,其实质是对出租人选择房屋买卖合同对方当事人自由的限制。

承租人行使优先购买权应注意以下四个问题。

1.承租人的优先购买权发生在出租人转让房屋所有权的时候,这是承租人享有优先购买权的前提和基础。

2.出租人出卖租赁房屋,应承担通知义务,这是承租人得以行使优先购买权的必要前提。

3.承租人仅在同等条件下享有优先购买权。

4.承租人应当在合理期限内行使优先购买权,这是承租人优先购买权的行使条件。

第三节 融资租赁合同

一、融资租赁合同的概念和法律特征

融资租赁合同是当事人之间约定,出租人根据承租人对出卖人、租赁物的选择,向出卖人购买租赁物,提供给承租人使用,承租人支付租金的合同。

与租赁合同相比较,融资租赁合同具有如下法律特征。

第一,融资租赁合同由三方当事人和两个合同构成。融资租赁合同是由三方当事人——出卖人、出租人、承租人,两个合同——买卖合同和融资性租赁合同有机结合在一起构成的新型独立合同。

第二,融资租赁合同中的出租人为专营融资租赁业务的租赁公司。融资租赁合同中的出租人只能是专营融资租赁业务的租赁公司,而不能是一般的自然人、法人或其他组织,这是融资租赁合同主体上的特征。

第三,融资租赁合同的租赁标的物是由出租人按照承租人的要求购买的。在融资租赁合同中,出租人必须按照承租人的要求购买标的物,即出租人购买物件的行为与出租物件的行为是联系在一起的,共同构成了融资租赁关系的内容。

第四,融资租赁合同中的出租人对租赁标的物不负瑕疵担保责任。

二、融资租赁合同的效力

1. 出租人的主要权利与义务

第一,租赁期间保持租赁物的所有权的权利。在融资租赁合同中,出租人享有租赁物的所有权,承租人只享有占有、使用和收益的权利,承租人破产时,租赁物不属于破产财产。租赁期间届满时,出租人和承租人可以约定租赁物的归属,对租赁物的归属没有约定或者约定不明确的,租赁物的所有权归出租人。

第二,收取租金的权利。收取租金是出租人的重要权利,也是其收回成本、获得利润的重要手段。只要出租人按照合同的约定,为承租人购买了租赁物,不管承租人是否继续租赁或是否盈利,承租人都应当按约定交纳租金。

第三,购买租赁物的义务。在出租人与承租人签订融资租赁合同时,租赁物还不存在，租赁物一般是在融资租赁合同签订后，且由出租人与出卖人订立买卖合同后，才能购买。因此，如果租赁物不能如期购买，则融资租赁合同将无法维持。

第四，对租赁物的瑕疵担保责任。融资租赁合同中的出租人一般不承担瑕疵担保责任。但是，出租人对租赁物的瑕疵担保责任并非在任何情况下都能免责，有下列情况之一的，出租人应承担瑕疵担保责任：(1)出租人根据租赁合同的约定，完全利用自己的技能和判断为承租人选择供货商或租赁物的；(2)出租人为承租人指定供货商或租赁物的；(3)出租人擅自变更承租人已选定的供货商或租赁物的。

2.承租人的主要权利和义务

第一，选择租赁物和出卖人的权利。在融资租赁合同中，承租人可以根据自己的知识、经验，选择与决定租赁物和出卖人，然后出租人再根据承租人的要求购买，只有这样，才能确保租赁物能够符合承租人的要求。

第二，对出卖人的请求权。在融资租赁合同订立的过程中，出租人要与出卖人就租赁物订立买卖合同，但由于出租人是根据承租人对租赁物和出卖人的选择而与出卖人订立买卖合同的，因此，出卖人应当按照约定向承租人交付标的物，而承租人享有与受领标的物有关的买受人的权利。当然，出租人、出卖人、承租人也可以约定，出卖人不履行买卖合同义务的，由承租人行使索赔的权利，而在此种情况下，承租人行使索赔权利的，出租人应当协助。

第三，租赁期满对租赁物处置方式的选择权。融资租赁合同到期后，租赁物的所有权归属可能会因承租人的选择权而有所不同。承租人有三种选择权以确定租赁物所有权的归属：一是承租人可以将租赁物退还给出租人；二是承租人可以行使续租权；三是承租人可以支付租赁物的残值为对价而获得租赁物的所有权。当承租人做出某种选择时，出租人不得拒绝。

第四，交付租金的义务。在融资租赁合同中，交付租金是承租人负担的最主要义务。

第五，占有租赁物期间对租赁物保管和维修的义务。与租赁合同不同，融资租赁合同具有较强的融资性，因此在融资租赁合同中，由承租人而非出租人履行占有租赁物期间对租赁物的保管和维修义务。同样，承租人占有租赁物期间，租赁物造成第三人的人身伤害或者财产损害的，也由承租人承担责任，而出租人不承担责任。

第十二章 承揽合同与建设工程合同

第一节 承揽合同

一、承揽合同的概念和法律特征

1.承揽合同的概念

承揽合同是承揽人按照定作人的要求完成工作,交付工作成果,定作人给付报酬的合同。在承揽合同中,完成工作并将工作成果交付给对方的一方当事人称为承揽人;接受工作成果并向对方给付报酬的一方当事人称为定作人;定作人要求完成的工作成果称为定作物。

2.承揽合同的法律特征

(1)承揽合同的标的是完成一定的工作。承揽合同中的承揽人应当按照与定作人约定的标准和要求完成工作,而定作人的主要目的是取得承揽人完成的工作成果。

(2)承揽合同中的承揽人完成工作具有独立性。定作人与承揽人之间订立承揽合同,一般是建立在对承揽人的能力、条件等信任的基础上。因此,只有承揽人自己完成工作才符合定作人的要求。

(3)承揽人可以用留置的方式作为合同的担保。定作人未向承揽人支付报酬或者材料费等价款的,承揽人对已完成的工作成果享有留置权,但当事人另有约定的除外。

二、承揽合同的种类

承揽合同的种类很多,根据《民法典》的规定,依承揽合同具体内容的不同,可以分为如下种类。

1. 加工合同

加工合同是承揽合同中很常见的一种,它是指定作人向承揽人提供原材料,承揽人以自己的技能、设备和工作,为定作人进行加工,将其加工成符合定作人要求的成品并交付给定作人,定作人接受该成品并向承揽人支付报酬的合同。在加工合同中,材料应当由定作人提供,而不能由承揽人自备。

2. 定作合同

定作合同是指依合同约定,由承揽人自己准备原料,并以自己的技术、设备和工作对该原料进行加工,按定作人的要求制成特定产品,将该产品交付给定作人,定作人接受该产品并向承揽人支付报酬的合同。定作合同与加工合同的区别在于材料提供人的不同。

3. 修理合同

修理合同是指定作人将损坏的物品交给承揽人,由承揽人负责将损坏的物品以自己的技术、工作修理好后归还给定作人,定作人接受该工作成果并向承揽人支付报酬的合同。

4. 复制合同

复制合同是指承揽人依定作人的要求,将定作人提供的样品重新依样制作成若干份,定作人接受该复制品并向承揽人支付报酬的合同。

5. 测试合同

测试合同是指承揽人依定作人的要求,以自己的技术、仪器设备和工作,对定作人指定的项目进行测试,并将测试结果交付给定作人,定作人接受其成果并向承揽人支付报酬的合同。

6. 检验合同

检验合同是指承揽人依定作人的要求,对定作人提出需要检验的内容,以自己的设备、仪器和技术进行检验,并向定作人提出关于该检验内容的相关问题的结论,定作人接受此结论并向承揽人支付报酬的合同。

除了以上几种比较典型的合同形式外,承揽合同还有资料翻译合同、工作成果鉴定合同、旅游合同和咨询合同等其他种类。

三、承揽人的义务和责任

1. 亲自完成承揽工作的义务

承揽人的主要义务是按照合同的约定，以自己的技术、设备完成所承揽的工作，因此，承揽人要在约定的期限内，以自己的工作，依定作人的要求完成工作。

如果承揽人将其承揽的主要工作交由第三人完成，就必须经过定作人同意，并且应当就该第三人完成的工作成果向定作人负责；未经定作人同意的，定作人可以解除合同。

2. 接受定作人提供的材料或依约提供材料的义务

在承揽合同中，按照双方当事人的约定，可以由定作人提供材料（即加工合同），也可以由承揽人自己准备材料（即定作合同），并由承揽人对此材料进行加工，以完成合同约定的工作。

3. 接受监督检查的义务

在承揽人工作期间，定作人可以对承揽人的工作进行检验和监督，承揽人不得拒绝。当然，定作人在监督检查的过程中，不得妨碍承揽人正常工作。

4. 交付工作成果的义务

承揽人不仅应当按照合同的约定完成工作，而且还应当将完成的工作成果交付给定作人，经定作人验收合格后，才算完成其合同的主要义务。

5. 保密和通知的义务

依据诚实信用原则，承揽人应当对定作人承担相应的保密义务，不得以任何方式泄露秘密，因其违反此义务给定作人造成损失的，定作人可以向其请求损害赔偿。承揽人对定作人提供的材料，应当及时检验，如果发现不符合约定，应当及时通知定作人更换、补齐或者采取其他补救措施；承揽人发现定作人提供的图纸或者技术要求不合理的，也应当及时通知定作人。

四、定作人的义务和责任

1. 支付报酬或价款的义务

定作人获得承揽人的工作成果后，应当按照约定的期限及时向承揽人支付报酬或价款,这是定作人最主要的合同义务。定作人拒不支付报酬或价款的,承揽人对工作成果可以行使留置权,通过留置工作成果以担保其报酬请求权的实现。

2. 协助的义务

合同的顺利履行往往是双方当事人互相协助的结果,因此,承揽工作也需要定作人的协助,定作人有协助的义务。

3. 受领工作成果的义务

定作人有受领的义务。定作人在受领工作成果的同时,还有义务对工作成果进行验收。但是验收本身并不能作为承揽人免除责任的理由。

五、承揽合同的协议终止

双方当事人可以约定承揽合同的期限,期限届满时合同当然终止;双方当事人也可以协议解除合同,合同因当事人达成协议而解除。

承揽合同因当事人行使解除权而终止,包括以下两种情况。

其一,因定作人的任意解除权的行使而致承揽合同解除。定作人可以随时解除承揽合同,因此造成承揽人损失的,应当赔偿损失。

其二,承揽合同因一方当事人严重违约,而另一方当事人行使解除权而解除。

第二节　建设工程合同

一、建设工程合同的概念

建设工程合同是建设工程的发包人为完成工程建设任务,与承包人签订的关于承包人按照发包人的要求完成工作,交付建设工程,并由发包人支付价款的合同。其中,发包人主要是指建设单位,有时也称为委托方;承包人一般包括勘察单位、设计单位和施工单位。

本质上,建设工程合同属于承揽合同的范围,建设工程合同纠纷应当适用承揽合同规则。但是,我国建设工程合同领域纠纷多发,且建设工程涉及国计民生,我国民事立法吸收了人民法院在处理建设工程纠纷中积累的经验,专设建设工程合同一章,为建设工程纠纷的处理提供更全面的裁判依据。

二、建设工程合同的法律特征

1.建设工程合同具有较强的国家管理性

由于建设工程的标的物为不动产,且工程建设对国家和社会生活的方方面面有重大影响。除《民法典》外,我国还制定了《建筑法》《招标投标法》《城市规划法》等一系列的法律、法规对建设工程合同进行监管。

为保证建设工程的质量,从事建筑活动的施工企业、勘察单位、设计单位、工程监理单位以及工程造价咨询单位等均须为法人,而且还应有符合规定的注册资本,有具备与从事建筑活动相适应的法定执业资格的专业技术人员,有从事相关建筑活动所必需的技术装备,以及应符合法律、行政法规规定的其他条件。

2.建设工程合同为要式合同

建设工程合同必须采用书面形式,这是由建设工程合同的特点决定的。建设工程周期长、内容复杂、涉及面广,需要通过书面的形式明确当事人的权利和义务。

三、建设工程合同的分类

1.勘察合同、设计合同和施工、安装合同

勘察合同是指承包人与发包人就建设地点的地理、地貌和水文等地质状况进行调查研究所签订的合同。

设计合同是指承包人与发包人就承包人按发包人的要求向发包人提供工程设计方案和施工图纸,并在施工过程中对有关设计的问题进行现场指导、督导和验收所签订的合同。

施工、安装合同是指承包人与发包人就工程项目的建筑施工和安装所签订的合同。

2.总承包合同与单项承包合同

总承包合同是指发包人将工程项目的勘察、设计、施工和安装等全部工作交给同一承包人承包所签订的合同,这里的承包人也称为总承包人。

单项承包合同是指发包人将工程项目分成若干不同的部分,分别就不同的部分与不同的承包人签订独立的承包合同,各承包人之间彼此不存在任何关系,各自对发包人负责。

3.承包合同、分包合同与转包合同

承包合同是指建设工程的发包人与总承包人或单项承包人所签订的合同。

分包合同是指总承包人或单项承包人作为发包方与分包人(承包合同的第三人)之间所签订的合同。总承包人或者承担勘察、设计、施工等任务的单项承包人经发包人同意,可以将自己承包的部分工作交由第三人完成,而第三人就其完成的工作成果与总承包人或者勘察、设计、施工承包人向发包人承担连带责任。

转包合同是指总承包人或单项承包人将其所应承担的权利义务转让给第三人,自己退出与建设单位所签订的承包合同而与第三人签订的合同。

需要注意的是,为保证质量,我国法律禁止转包。同时,禁止承包人将工程分包给不具备相应资质条件的单位;禁止分包单位将其承包的工程再分包,建设工程主体结构的施工必须由承包人自行完成。

四、建设工程合同审查的要点

1.发包人和承包人的资质

对于发包人的建设资格,主要是指一些重大的建设工程项目,发包人是否为计划机关批准的建设单位,发包人是否取得了有关部门的计划任务书,是否办理了项目、土地、规划审批。此外,属于法律规定必须招标投标的建设工程项目的,发包人是否为招标人。

对于承包人的施工资格,一要看法人营业执照,即其是否具备法人资格,是否具有履行合同的能力;二要看资质证书,即其所承包的工程是否与该企业的资质等级相符合;三要看施工许可证,即其是否按照《建筑法》的规定办理了施工许可手续。此外,需要通过招标投标签订合同的,承包人是否为中标人。不符合上述条件的当事人所签订的合同一般应认定无效。

2.建设工程合同的内容

首先,查看有关部门的批文,审查合同所约定的工程项目是否已由有关部门下达了计划任务书,因为按照法律规定,未经有关部门审批的工程项目,发包人不得发包,承包人不得施工,否则签订的合同无效。

其次,审查合同约定的合同总造价、建筑面积、规格标准、双方审查的施工图等是否与投资计划和批准的初步设计文件相符。

再次,审查合同约定的工程项目是否符合国家的产业政策,是否属于国家明令缓建、停建的项目。

最后,审查合同约定的工程项目是否属于违章建筑,有无规避法律的行为。

3.签订合同的程序

如应当通过招标投标承包的工程项目是否办理了招标投标手续。因为招标投标是我国法律规定的一些重大建设工程项目必须进行的程序,所以,对法律规定应当按照招标投标的方式选定承包人的建设工程项目,没有采用这种方式签订建设工程合同的,就应视为违反了法律规定的强制性生效条件,自然所签订的合同是无效的。

第十三章　委托合同与中介合同

第一节　委托合同

一、委托合同的概念和适用范围

委托合同,是指一方委托他方为自己处理事务,而他方允诺的合同。在委托合同关系中,委托他方为自己处理事务的人,为委托人;允诺为委托人处理事务的人,即接受委托的人,为受托人。

二、委托合同的法律特征

委托合同具有如下法律特征。

1.委托合同是为他人处理事务的合同

委托合同是一种典型的提供劳务的合同,合同订立后,受托人在委托的权限内所实施的行为,等同于委托人自己的行为,而受托人处理委托事务的费用由委托人承担。

2.委托合同的订立以委托人和受托人之间的相互信任为前提

委托人之所以选定某人作为受托人为其处理事务,是基于对受托人的办事能力和信誉的了解和信任;而受托人之所以接受委托为委托人处理事务,也是基于对委托人的了解和信任。

3.委托合同可以是有偿的,也可以是无偿的

委托合同究竟是有偿的还是无偿的,应当依法律规定或双方当事人之间的约定来确定。在现实生活中,法人之间或自然人与法人之间订立的委托合同,大多为有偿合同;而自然人之间基于亲友关系订立的委托合同,大多为无偿合同。

三、委托合同的效力

1.受托人的义务

(1)按照委托人的指示处理委托事务的义务。委托合同是受托人接受委托人的委托而订立的,所以受托人应当一丝不苟地按照委托人的指示,在委托人授权的范围内认真维护委托人的合法权益,想方设法地完成委托事务。因此,在委托合同中,受托人按照委托人的指示处理委托事务是受托人的首要义务或基本义务。

(2)亲自处理委托事务的义务。委托合同是建立在委托人和受托人之间相互了解和信任的基础上的,因此,委托合同强调当事人的人身属性。这就要求原则上受托人应当亲自处理委托事务,不得擅自将自己受托的事务转托他人处理。

受托人应亲自处理委托事务,但在符合法律规定的情况下,进行转委托也是允许的。转委托,又称复委托,是指受托人经委托人同意,将委托人委托的部分或全部事务转由第三人处理,在委托人与第三人之间直接发生委托合同关系的行为。

(3)报告的义务。在处理委托事务的过程中,如果委托人要求受托人履行报告义务,受托人就应当根据委托人的要求,向委托人报告事务处理的进展情况及存在的问题,委托合同约定了报告时间的,受托人还应按时进行报告;如果委托人没有要求受托人报告,但却有报告的必要,如事务处理进行有障碍、情势变更等,受托人也应当随时报告。

(4)转交财产的义务。此项义务是基于委托人的委托行为而产生的。对于处理委托事务产生的后果,自然应由委托人承担。因此,只要是因处理委托事务所取得的财产,受托人都应当及时转交给委托人。

2.委托人的义务

(1)支付费用的义务。支付费用,是指受托人为完成委托人委托的事务而必须支出的费用,如交通费、住宿费、手续费等。由于受托人是为委托人的利益处理委托事务的,因此,不论委托合同是否有偿,委托人都有支付费用的义

务。如果委托人不支付必要的费用，受托人就有可能因经济上的原因而解除合同。

（2）支付报酬的义务。支付报酬，这只是对有偿委托合同而言，其委托人应当按照约定向受托人支付报酬；而无偿委托合同因其本身是无偿的，则不存在支付报酬的情况。然而在现代市场经济社会中，委托合同多有约定报酬，即使未约定报酬，但依据习惯或者委托事务的性质应当由委托人支付报酬的，委托人仍应支付报酬，受托人则享有给付报酬请求权。

（3）赔偿损失的义务。首先，受托人在处理委托事务中因不可归责于自己的事由受到损失的，委托人应负赔偿损失的义务。其次，因再委托第三人处理委托事务使受托人受到损失的，委托人应负赔偿损失的义务。

第二节　中介合同

一、中介合同的概念和法律特征

1. 中介合同的概念

中介合同，是指中介向委托人报告订立合同的机会或者提供订立合同的媒介服务，委托人支付报酬的合同。

2. 中介合同的法律特征

（1）中介合同是独立有名合同。中介合同是一种独立的典型合同。中介有利于促进交易，在民间大量存在，因此，我国《民法典》明确把中介合同规定为一种独立的有名合同。

（2）中介合同是有偿合同。中介合同中的委托人须向中介人给付报酬，作为对中介人报告订立合同的机会或者提供订立合同的媒介服务活动的报偿，中介人以收取从事居间活动的报酬为其营业，如果没有报酬，就不是中介合同，所以说中介合同是有偿合同。

（3）中介合同标的是行为。中介合同的目的是中介人为委托人提供服务，这种服务表现为报告订约的机会，为订约提供媒介。

二、中介合同的种类

根据不同的标准,可将中介合同分为以下两类。

1.报告中介合同和媒介中介合同

居间业务根据中介人所受委托内容的不同,可分为报告中介合同(又称指示中介合同)和媒介中介合同。前者指中介人为委托人报告订约机会,由委托人自己与第三人协商订约的合同。后者指中介人除向委托人报告订约机会外,还要充任双方订约的媒介,努力促成双方达成协议的合同。

2.单方中介合同与双方中介合同

在一般的媒介居间活动中,中介人只接受委托人的委托,寻找符合条件的交易人并促成交易,中介人与第三人之间并不存在委托合同关系,这就是单方中介合同。但随着中介业务的发展,专门从事某一行业居间业务的人汇集了众多供求信息,往往同时接受了需求正好相反的双方的委托,出现了双方中介行为。所谓双方中介合同,就是中介人分别与两个委托人之间存在委托契约,两个委托人之间因中介人的媒介行为而订立交易契约。

三、中介合同的效力

1.中介人的义务

(1)报告订约机会或媒介订约的义务

此项义务是中介人的主要义务,中介人应忠实尽力地履行此项义务。在报告居间中,中介人对于订约事项,应就其所知,据实地报告给委托人。

(2)忠实和尽力的义务

中介合同的中介人就自己所为的居间活动,有忠实义务。中介人的忠实义务包括以下几方面的要求:其一,中介人应将所知道的有关订约的情况或商业信息如实告知给委托人。其二,不得对订立合同实施不利影响,影响合同的订立或者损害到委托人的利益。其三,中介人对于所提供的信息,成交机会以及后来的订约情况,负有向其他人保密的义务。

中介人在负有忠实义务的同时,还负有尽力义务。报告中介人的任务在于报告订约机会给委托人,媒介中介人的任务除向委托人报告订约信息外,应尽力促使将来可能订约的当事人双方达成合意,排除双方所持的不同意见,并依照约定准备合同，对于相对人与委托人之间所存障碍，加以说合和克服。

（3）负担居间活动费用的义务

中介人促成合同成立的，中介费用由中介人承担。

2.委托人的义务

（1）支付报酬的义务

在中介合同中，委托人的主要义务是支付报酬。我国立法对中介报酬的确定主要采取"约定报酬制度"，即中介人从事居间活动收取报酬的多少，主要依中介人和委托人的约定，在中介人促成合同有效成立后，委托人就应按约定支付报酬。

对中介人的报酬没有约定或者约定不明确，委托人应根据中介人的劳务合理确定报酬。因中介人提供订立合同的媒介服务而促成合同成立的，由该合同的当事人平均负担中介人的报酬。

（2）支付必要居间费用的义务

中介人进行居间活动所支出的费用，为居间费用。居间费用一般包含于报酬之中。在居间成功时，即中介人促成合同成立的，居间费用未经约定不得请求委托人支付，由中介人自己负担。即使中介人已尽了报告或媒介义务，但仍不能使合同成立，达不到委托人的预期目的，可以请求委托人支付从事居间活动支出的必要费用。

第二编

产品质量与消费者权益保护

第一章　产品质量法

第一节　产品质量法概述

任何产品从设计、生产到最终的消费,中间都要经过制造、加工、包装、运输、销售等很多环节,这些环节中的任何一环出现问题,都会导致产品的质量产生问题,从而直接损害消费者的利益。最初,产品责任的相关立法一直遵循无合同即无责任的原则,即使消费者受到损害,但由于与生产者之间无合同关系,而得不到应有的赔偿。随着商业竞争的不断加剧,消费者权益的保护问题变得更加突出。一方面,经营者为了争夺市场往往会利用广告等媒介推广自己的产品,并且通常情况下都会夸大优点,隐瞒缺点;另一方面,产品的使用变得日益复杂,产品标识不清或者不明确的现象层出不穷,消费者权益时常受到损害。因此,各国都纷纷加强了对产品质量的监管,不断完善产品质量和产品责任的相关立法。

一、产品

根据我国《产品质量法》第二条的规定,产品是指经过加工、制作,用于销售的物品。因此,属于我国《产品质量法》调整范围的产品应该具备以下特征。

1.产品必须是经过加工、制作并用于销售的物品

加工制作是指改变原材料、毛坯或物品的形状、性质或状态,从而使之达到规定的各种要求。因此,产品首先必须经过人工的加工,这样就将未经过加工的天然品和初级农产品排除在产品的范围之外。如石油、煤炭、农林牧副渔等初级农产品等,就不属于产品的范围。其次,产品还必须用于销售,即必须以营利为

目的。这两个条件必须同时具备,否则就不属于产品的范围。

2.产品包括进口产品

根据《产品质量法》第二条的规定,在我国境内从事产品生产和销售活动,必须遵守我国的产品质量法。也就是说,只要是在我国领域内销售的进口产品,同样属于我国产品质量法所调整的产品的范围,必须遵守我国产品质量法。

3.建设工程等不动产不属于产品范围

建设工程指的是工业建筑物和民用建筑物等建筑物。由于其属于不动产的范畴,有专门的不动产相关法律法规对其质量和责任等进行规范,因此建设工程等不动产不属于产品的范畴,不适用产品质量法的规定。但是需要注意的是,建设工程中所使用的建筑材料、建筑构件、建筑配件和建筑设备等,都属于产品的范围,适用产品质量法的规定。

4.水、电、天然气等无形产品及军工产品不属于产品范围

水、电、天然气等无形产品及军工产品的质量同样由其他专门法律法规予以规范,因此也不属于产品质量法所说的产品的范围,不适用产品质量法。

5.人体器官及其组织体不属于产品范围

人体的各器官及其组织体的买卖是各国严厉禁止的,因此人体的各器官及其组织体自然不属于产品的范围。

二、产品质量

所谓产品质量指的是,依据国家有关法律、法规、质量标准等的规定,以及合同的约定,对产品的适用性、安全性、可靠性、有效性、可维修性、经济性以及其他特性的要求。产品质量是产品的内在素质和外在形态等各种要素的综合体,缺少其中任何一个方面都将造成对产品质量的片面理解。不同产品的特征和特性各异,并且在不同的时期、不同的地域,人们对产品质量的要求是不同的;消费者生活水平的不同,也会影响到他们对产品质量的要求。因此,产品质量的要求是随着生产技术水平、社会生活等因素的不断变化而发展的。按照国际标准化组织对于产品质量的界定,影响产品质量的因素主要包括产品的结构、精度、纯度、机械物理指标和化学指标等内在质量,也包括产品的形状、色彩、光泽、手感等外观方面的质量。影响产品质量的既有物理因素,又有技术因素,甚至还有社会因素。

三、产品质量法

1.产品质量法的概念

产品质量法是调整产品在生产、流通、销售以及监督管理过程中,因产品质量而发生的各种经济关系的法律规范的总称,一般包括产品质量责任、产品质量监督管理、产品质量损害赔偿及处理质量争议等方面的法律规定。产品质量法主要调整三个方面的经济关系:一是产品质量监督管理关系,即国家在对企业的产品质量进行监督管理过程中所发生的经济关系;二是产品质量责任关系,即产品的制造者、销售者与产品的使用者、消费者之间发生的经济关系;三是产品质量检验、认证关系,即因中介服务所产生的中介机构与市场经营主体之间的关系,以及因产品质量的检验和认证失实,损害消费者权益而产生的关系。

产品质量法有广义和狭义之分,狭义的产品质量法是指 1993 年 2 月 22 日第七届全国人民代表大会常务委员会第三十次会议通过的《产品质量法》(自 1994 年 1 月 1 日正式实施)。2000 年 7 月 8 日,第九届全国人民代表大会常务委员会第十六次会议通过了《关于修改〈中华人民共和国产品质量法〉的决定》,对其做了修改。广义的产品质量法是指所有调整产品质量关系的相关法律法规,还包括《计量法》《标准化法》《食品卫生法》《药品管理法》《农产品质量安全法》《消费者权益保护法》以及其他法律法规中有关产品质量的相关规定。

2.产品质量立法的理论和原则

(1)"质量第一"原则。从这一宗旨出发,产品质量法既要保护用户、消费者的合法权益,又要平衡生产者、销售者与用户、消费者之间的利益关系;既要制裁违反产品质量法的行为,又要推进经济增长方式的转变,促进社会生产力的发展。

(2)无过错责任原则与过错责任原则并存模式。生产者、销售者应当保证产品的质量。凡是违反了产品质量法的要求,除法律规定的免责情况外,都应承担相应的法律责任。其中瑕疵产品的责任,不以造成损害为前提,也不论是否存在过错;产品因缺陷造成损害的法律后果,不论生产者有无过错,实行严格责任原则;同时对销售者实行过错责任原则,或过错推定原则。

3.产品质量法的调整对象和适用范围

(1)产品质量法的调整对象。产品质量法有两方面的调整对象:一是产品质量责任关系。它属于生产者、销售者、用户和消费者之间在生产、流通和消费领域所发生的经济关系。二是产品质量监督管理关系。它属于行政机关执行产品质量管理职能而发生的经济关系。

(2)产品质量法的适用范围。从空间上讲,在我国境内从事产品生产、销售活动,包括销售进口商品,必须遵守《产品质量法》。从主体上讲,该法适用于生产者、销售者、用户和消费者以及监督管理机关。从客体上讲,该法只适用于生产和流通的产品,即动产。

4. 产品质量法的意义

制定和实施产品质量法是建设社会主义市场经济的客观要求。产品质量法的制定和实施对于引导产品质量提升起着关键性的作用。产品质量法对产品质量达到什么标准,用户和消费者对产品质量享有哪些权利,经营者负有哪些义务,产品质量不合格造成损害应当如何承担责任,国家怎样加强对产品质量的监督管理以维护正常的社会经济秩序等问题,都从法律上进行了规定。同时,《产品质量法》在打击质量违法犯罪行为,加大监督、抽查、曝光、责令整改力度,强化生产者、经营者在产品质量方面的责任意识和国家对产品质量的监管职能,保护用户、消费者的合法权利,维护社会经济秩序方面也起到不可替代的作用。

第二节　生产者、销售者的产品质量义务

一、产品质量义务的概念

根据《产品质量法》的规定,生产者和销售者在产品生产和销售过程中应当履行保证产品质量的法定责任和义务,这既是生产者、销售者实施产品质量自我管理的重要内容,也是产品质量管理的重要方面。产品质量义务是指产品的生产者和销售者必须为一定质量行为或不为一定质量行为,以满足对方利益需要的责任。

二、生产者的产品质量义务

保证产品质量是生产者的首要义务,这不仅取决于生产者自身的社会地位

和性质,而且取决于为了满足消费者规定的或潜在的要求。

1.生产者生产的产品应符合四项内在的质量要求

不存在危及人体健康和人身、财产安全的不合理的危险;有保障人体健康以及人身、财产安全的国家标准、行业标准的,应当符合该标准;具备产品应当具备的使用性能,但对产品存在使用性能的瑕疵作出说明的除外;符合在产品或者其包装上注明的产品标准,符合以产品说明、实物样品等方式表明的质量状况。

2.生产者生产的产品或者其包装上的标识应当符合要求

产品标识是指表示产品的名称、产地、生产者名称和地址、产品质量状况、保存期限等信息情况的表述和指示。可以标注在产品上,也可以标注在产品的包装上。根据《产品质量法》的规定,产品标识应符合以下几方面的产品质量检验合格证明。

(1)有中文标明的产品名称、生产者名称和地址;

(2)根据产品的特点和使用要求,需要标明产品规格、等级、所含主要成分的名称和含量的,用中文相应予以标明;

(3)需要事先让消费者知道的,应在外包装上标明,或者预先向消费者提供有关资料;

(4)限期使用的产品,应当在显著位置清晰地标明生产日期和安全使用期或失效期;

(5)使用不当,容易造成产品本身损坏或者可能危及人身、财产安全的产品,应当有警示标志或者中文警示说明;

(6)食品和其他根据产品特点难以附加标识的包装产品,可以不附加产品标识。剧毒、危险、易碎、储运中不能倒置以及有其他特殊要求的产品,其包装必须符合相应要求,有警示标志或者中文警示说明,标明储运注意事项。

3.《产品质量法》还设置了对生产者的禁止性限制性规定

不得生产国家明令淘汰的产品;不得伪造或者冒用他人的厂名、厂址;不得伪造或者冒用认证标志、名优标志等质量标志;不得掺假、掺杂,不得以假充真、以次充好,不得以不合格产品冒充合格产品;不合格的产品不得出厂;不合格的原料、零部件不准投料、组装;没有产品质量标准、未经质量检验机检验的产品不准生产。

三、销售者的产品义务

销售者应当执行进货检查验收制度,验明产品合格证明及其标识;销售者应当采取措施,保持销售产品质量,执行产品质量检验制度。销售者不得销售国家明令淘汰并停止销售的产品和失效、变质的产品;不得伪造产品、伪造或者冒用他人的厂名、厂址;不得伪造或者冒用认证标志、名优标志等质量标志;销售产品,不得掺假、掺杂,不得以假充真,不得以不合格产品冒充合格产品。

第三节　产品责任

一、产品责任概述

1.产品责任的概念

产品责任是指生产者和销售者因其生产或销售的产品有缺陷,造成买主、用户、消费者或者其他人人身和财产的损害而应承担的责任。产品责任的主体是产品的生产者或者销售者,产品的生产者不仅包括制造者,而且包括任何将自己的姓名、名称、商标或者可识别的其他标识体现在产品上,表示其为产品制造者的企业或者个人。对于产品责任的受害人而言,可以向产品的生产者要求赔偿,也可以向产品的销售者要求赔偿。产品的生产者或销售者在向受害人赔偿之后,可以向有责任的生产者或销售者追偿。但是,销售者不能指明缺陷产品的生产者,也不能指明缺陷产品的供货者的,销售者应当承担赔偿责任。如果产品的运输者、仓储者对产品质量不合格负有责任的,产品生产者、销售者在向受害者赔偿后有权要求运输者、仓储者赔偿。

2.产品责任的构成条件

(1)生产或销售了不符合产品质量要求的产品。即产品存在危及人身、他人财产安全的不合理的危险,或产品不符合保障人体健康和人身、财产安全的国家标准、行业标准。这里所说的产品是指经过加工、制作,用于销售的产品。建设工程、初级农产品等不包括在内。

这里所说的产品缺陷包括设计缺陷、制造缺陷和警示说明缺陷。设计上的缺陷是指,产品在设计上存在着不安全、不合理的因素。例如结构设置不合理等可能造成使用者的人身、财产安全受损害。制造上的缺陷是指,产品的加工、制作、装配等制造过程,不符合设计规范,或者不符合加工工艺要求,没有完善的控制和检验手段,致使产品存在不安全的因素。

指示上的缺陷是指,在产品的警示说明上或在产品的使用指示标志上未能清楚地告知使用人应当注意的使用方法,以及应当引起警惕的注意事项;或者产品使用了不真实、不适当的甚至是虚假的说明,致使使用人遭受损害。

（2）不合格产品造成了他人财产、人身损害。这里所指的他人财产,是指缺陷产品以外的财产,至于缺陷产品自身的损害,购买者可以根据《民法典》的规定要求销售者承担违约责任,而非产品责任。遭受人身损害的受害者,可以是购买者、消费者,也可以是购买者、消费者之外的第三人。

（3）产品缺陷与受害人的损害事实间存在因果关系。确认该种因果关系,一般应由受害人举证,受害人举证的事项为缺陷产品被使用或被消费、使用或者消费缺陷产品导致了损害的发生,但是对于高科技产品,理论上认为应有条件地适用因果关系推定理论。

二、产品责任损害赔偿

1.产品责任的当事人

产品责任的当事人包括赔偿权利人和赔偿义务人。赔偿权利人是依法有权获得损害赔偿的人,即受害人。受害人因产品存在缺陷造成人身伤害、财产损失,有权要求赔偿。受害人又可分为缺陷产品的买受人、使用人和其他受害人。赔偿义务人包括产品的生产者和产品的销售者。

《产品质量法》第四十三条规定:"因产品存在缺陷造成人身、他人财产损害的,受害人可以向产品的生产者要求赔偿,也可以向产品的销售者要求赔偿。属于产品的生产者的责任,产品的销售者赔偿的,产品的销售者有权向产品的生产者追偿。属于产品的销售者的责任,产品的生产者赔偿的,产品的生产者有权向产品的销售者追偿。"《产品质量法》的这一规定给予了消费者选择起诉对象的权利,便于消费者行使权利。

2.产品责任的归责原则

（1）对生产者承担赔偿责任适用无过错责任原则。无过错责任原则即严格责任原则。根据《产品质量法》的规定,因产品存在缺陷,造成人身、缺陷产品以外的其他财产损害的,生产者应当承担赔偿责任。因此,生产者因其生产的缺陷产品致他人人身、财产损害的,应当承担无过错责任。无过错责任是一种严格责任,是指生产者对于生产的缺陷产品无论有无过错,只要造成了他人人身或财产损害,都应承担民事责任。但无过错责任并非绝对责任,并不意味着产品的生产者没有抗辩理由,他可以依据法律规定的条款免除责任。法律之所以规定生产者承担无过错责任是由生产者的特殊地位决定的,实行无过错责任原则的根本目的是保证产品质量,保护消费者的合法权益。因此,产品存在缺陷造成人身、缺陷产品以外的其他财产(简称他人财产)损害的,生产者应当承担赔偿责任。

(2)对销售者承担的赔偿责任实行"销售者先行负责制"。《产品质量法》第四十条规定,售出的产品有下列情形之一,销售者应当负责修理、更换、退货;给购买产品的消费者造成损失的,销售者应当赔偿损失:第一,不具备产品应当具备的使用性能而事先未作说明的;第二,不符合在产品或者其包装上注明的产品标准的;第三,不符合以产品说明、实物样品等方式表明的质量状况的。

由于销售者的过错使产品存在缺陷,造成他人人身、财产损害的,销售者应当承担赔偿责任。销售者不能指明缺陷产品的生产者也不能指明缺陷产品的供货者的,销售者应当承担赔偿责任。

3.产品责任的免责条款

《产品质量法》第四十二条第二款规定了生产者经过证明后能够免除赔偿责任的三种情形。

(1)生产者没有将产品流入市场。也就是说,该产品还在生产者的生产车间、仓库中存放,生产者还没有将产品提供给销售者或者消费者,其产品造成的损害不是生产者的责任,当然生产者可以免除赔偿责任。

(2)生产者将产品投入市场时,引起损害的缺陷尚不存在。生产者将自己生产的合格产品投入市场时,产品没有质量缺陷,其后来产生的质量缺陷是生产者以外的人造成的,责任在生产者以外的人而不在生产者,生产者因此而免赔也是理所当然的。

(3)将产品投入流通市场时的科学技术水平尚不能发现缺陷的存在。这是一种法定的原因,它是指在产品制作加工时的科学技术水平还未达到发现和解决这种质量缺陷的水平,不能对生产者求全责备,苛求其发现和解决这种质量缺陷,这是不公平、不现实,更是不科学的态度。因此,免除生产者的赔偿责任是科学的、实事求是的态度。

生产者能够提供证据证明产品质量责任的上述三种情形之一,可依法免除其赔偿责任。

4.诉讼时效和请求权

《产品质量法》明确规定:因产品存在缺陷造成损害要求赔偿的诉讼时效期限为2年。之所以这样规定,主要是因为产品缺陷致人损害有其特殊性,许多缺陷产品的损害很难立即发现,有一个潜伏期,为了使受害人有较长时间观察自己受害的程度和危害后果,有充分的时间准备诉讼。

《产品质量法》第四十五条第二款规定,因产品存在缺陷造成损害,要求赔偿的请求权,在造成损害的缺陷产品交付最初消费者满 10 年丧失,但是,尚未超过明示的安全使用期的除外。这一规定参照了国际惯例。这样规定的理由一是因产品设计、制造上存在的缺陷,在产品投入流通、使用后 10 年内一般都会表现出来,受害人对因此受到的损害,应当及时行使索赔权。二是产品投入流通、使用后,其物理、化学性能都会发生很大变化,生产者对产品的安全使用期的担保,一般不超过产品出厂之日起 10 年,而且在 10 年当中生产工艺、技术水平等都有了很大的发展,如果要让生产者或者销售者承担超过 10 年以上的产品责任,既不公平,也不利于他们生产积极性的发挥和自身的发展。当然,生产者明示产品的安全期在 10 年以上的,不适用这个规定。因此,在产品标识、产品说明等明示保证中,明确规定安全使用期超过 10 年的,在生产者明示担保的安全使用期内,受害人都有权要求赔偿。根据法律规定,请求权自"缺陷产品交付最初消费者满 10 年丧失"。据此,交付最初消费者之日就是请求权期限的起算日。

第四节 产品质量的监督管理

产品质量的监督管理是指国家产品质量的监督管理机关依照各自的法定职权和法定程序对产品质量进行监督、检验和管理;生产者和销售者自身按照《产品质量法》的要求对产品质量进行监督管理、社会公众以及其他的社会组织和团体对产品质量进行监督的活动总和,即包括行政监督、产品质量检验、认证机构等社会团体组织的监督,社会公众的监督和企业的自我监督。

一、产品质量行政监督管理机构

《产品质量法》确立了统一管理与分工管理,层次管理与地域管理相结合的原则。根据该法的规定,国务院产品质量监督部门主管全国产品质量监督工作。国务院有关部门在各自的职责范围内负责产品质量监督工作。

目前,负责全国范围内产品质量监督的机构是国家市场监督管理总局,县级以上各地方质量监督检验检疫局负责本行政区域内的产品质量监督,同时其他各有关行业的主管部门负责本行业的有关产品质量的监管工作。如县级以上人民政府农业行政主管部门负责农产品质量安全的监督管理工作；卫生行政部门主管食品卫生监督管理工作；工商行政管理部门负责查处生产、销售假冒伪劣产品，掺杂，掺假等违法行为等。

二、产品质量监督管理制度

1.标准化制度

产品质量实行标准化管理。标准化管理是对产品质量进行管理的一项基本措施，一定标准代表了一定的产品质量。《标准化法》（自1989年4月1日起施行，2017年修订）是我国产品标准化制度的基本依据。该法规定：工业产品的品种、规格、质量、等级或安全、卫生要求，工业产品的设计、生产、检验、包装、储存、运输、使用的方法或生产、储存、运输过程中的安全、卫生要求应当制定标准。标准化工作的任务是制定标准、组织实施标准和对标准的实施进行监督。

2.国家标准

国家标准由国务院标准化行政主管部门制定，对没有国家标准而又需要在全国某个行业范围内统一的技术要求，可以制定行业标准。行业标准由国务院有关行政主管部门制定，报国务院标准化行政主管部门备案，在公布国家标准之后，该项行业标准即行废止。如果没有国家标准和行业标准而又需要在省、自治区、直辖市设置统一的工业产品的安全、卫生要求的，可以制定地方标准。地方标准由省、自治区、直辖市标准化行政主管部门制定，并报国务院标准化行政主管部门和国务院有关行政主管部门备案，在公布国家标准或行业标准之后，该项地方标准即行废止。企业生产的产品没有国家标准和行业标准的，企业应当制定企业标准，作为组织生产的依据。企业的产品标准必须报当地政府标准化主管部门和有关行政主管部门备案。已有国家标准或行业标准的，国家鼓励企业制定严于国家标准或行业标准的企业标准，在企业内部适用。

国家标准、行业标准分为强制性标准和推荐性标准。保障人体健康，人身、财产安全的标准和法律、行政法规规定强制执行的标准是强制性标准。省、自治区、直辖市标准化行政主管部门制定的工业产品的安全、卫生要求的地方标准，在本行政区域内是强制性标准，必须强制执行。不符合强制性标准的产品，禁止生产、销售和进口。推荐性标准则是国家鼓励企业自愿采用。生产、销售、进口不符合强制性标准的产品的，由法律、行政法规规定的行政主管部门依法处理，法律、行政法规未做规定的,由工商行政管理部门没收产品和违法所得,并处罚款;造成严重后果构成犯罪的,对直接责任人员依法追究刑事责任。

3.生产许可证制度

生产许可证制度是我国政府根据国家有关法律法规,对实施生产许可证管理产品的企业,进行生产条件审查和产品质量检验、确认其具备持续生产合格产品能力的一种资格许可制度。生产许可证制度具有强制性、核准性、评价性和准入性,发放生产许可证对规范行业健康发展、推动行业技术进步、引导企业调整产品结构有着积极的促进作用。

1984年4月,国务院颁布了《工业产品生产许可证试行条例》对相关工业产品的生产实施行政许可。《工业产品生产许可证管理条例》于2005年9月1日实施,这是在总结试行条例实施经验的基础上对该条例进行修正的成果,其最大特点就是四个严格:"严格产品范围、严格发证程序、严格监督管理和严格法律责任。"首先,在市场准入时就由相应的职能部门严格把关。严格规定发证的条件、程序,即使是个体工商户生产或销售列入目录产品的,也应当依照条例的规定执行,在产品的生产源头上做好监管工作。其次,在赋予其行政许可权的同时也要承担相应的职责,即按照"谁许可,谁监督"的原则。这样可以加强对被许可人的监督,保证企业的产品质量持续稳定合格,同时又能严厉打击无证生产,加强事后监督。

通过严格实施生产许可证制度,发挥生产许可证制度的作用,保证直接关系公共安全、人体健康、生命财产安全的重要工业产品的质量安全,对于解决当前工业产品质量安全特别是食品质量安全突出的问题尤为重要。目前国内的食品生产加工环节,假冒伪劣尤其突出:使用非食品原料加工食品;滥用或超量使用各种添加剂加工食品;掺杂制假,生产假烟假酒等现象屡见不鲜。近几年,"洋品牌"也接连出现意外,如亨氏的食品被查出含有致病的苏丹红;雀巢奶粉碘超标;天津的星巴克月饼被指细菌超标;麦当劳卷入致癌薯条风波;沃尔玛被查出销售铝超标的虾条;有冰淇淋贵族之称的哈根达斯,竟被发现在深圳一个没有食品卫生许可证的黑作坊里加工。这都说明目前在食品质量安全方面的监管还有待进一步加强和完善,尤其是对于已经取得生产许可证的企业,经监督检查不能保障产品质量且达到一定标准者,可以注销或收回生产许可证。

4.质量认证制度

质量认证制度,包括企业质量体系认证制度和产品质量认证制度。

（1）企业质量体系认证

企业质量体系认证是指根据一定的标准，由相关的认证机构对企业的质量体系进行审核、评定，对符合标准的，颁发认证证书，从而证明该企业的质量体系达到了相应的标准。

企业质量体系认证是目前国际上通行的一种产品质量监督管理制度，作为一项独立的认证制度，自 20 世纪 70 年代由国际标准化组织（ISO）推出以来迅速得到各国认同，以至于有人将其称为进入国际市场的"护照"。现在国际通用的"质量管理和质量保证系列"是国际标准化组织于 1987 年发布的 ISO9000 质量管理和质量保证系列国际标准（俗称 ISO9000 系列）。中国从 1981 年起正式开展质量认证工作，1991 年 5 月国务院发布了《产品质量认证管理条例》，标志着中国的产品质量认证工作走入了法制的轨道。1993 年 1 月 1 日，中国正式由等效采用改为等同采用 ISO9000 系列标准，建立了符合国际惯例的认证制度，中国的企业质量认证工作取得了长足的发展。虽然 ISO9000 系列标准认证的对象是企业，但作为产品的制造者或销售者，当企业自身的质量管理和质量保证能力等整体素质提高了之后，其产品质量自然也会得到加强和保证，推行企业质量体系认证，引导企业逐步走向国际市场，有利于促进企业改善经营管理，提高国际竞争力。我国《产品质量法》第十四条对此做出了规定，采取企业自愿提出申请进行认证的原则，即国家根据国际通用的质量管理标准，推行企业质量体系认证制度。企业根据自愿原则可以向国务院产品质量监督部门认可或其授权的部门认证的认证机构申请企业质量体系认证。经认证合格的，由认证机构颁发企业质量体系认证证书。

（2）产品质量认证

产品质量认证是指依据一定的产品标准或相应的技术规范要求，经过权威、公正的第三方对产品的质量进行检验、测试、确认通过，最后颁发认证证书和标志以证明该产品质量的活动。

其一，第三方认证。我国在产品质量认证上实行第三方认证制度，即产品质量认证组织须为从事产品质量认证的社会中介机构，不得与行政机关和其他国家机关存在隶属关系或其他利益关系，必须依法按照有关标准，客观、公正地出具认证证明。同时产品质量认证机构也不得以对产品进行监制、监销等方式参与产品经营活动，依据《认证认可条例》的规定，产品质量认证机构也禁止接受企业的任何赞助、资助。产品质量认证机构应当依照国家规定对准许使用认证标志的产品进行认证：对不符合认证标准而使用认证标志的，要求其改正；情节严重的，取消其申请认证标志的资格。

其二,产品质量认证方式。我国对产品质量认证实行自愿认证和强制认证相结合的制度。

实行产品质量自愿认证的,由企业根据自愿原则向国务院产品质量监督部门认可的或其授权的部门认可的认证机构申请产品质量认证。经认证合格的,由认证机构颁发产品质量认证证书,准许企业在产品或其包装上使用产品质量认证标志。

产品质量强制认证,则必须执行。国家认证认可监督委员会(简称国家认监委),统一负责国家强制性产品认证制度的管理和实施工作,由国家认监委对强制性产品认证实施统一目录;统一标准、技术法规和合格评定程序;统一标志;统一收费标准。"四个统一"是我国政府在入世谈判时所做出的郑重承诺,是我国认证认可监督管理体制改革的重要内容。新的国家强制性认证称为"中国强制认证"。强制性产品认证制度已于 2002 年 5 月 1 日起实施,为保证新、旧制度的顺利过渡,原有的产品安全认证制度和进口安全质量许可制度自 2003 年 5 月 1 日起废止。此后,国家定期发布《强制性认证产品目录》。凡是列入了国家《强制性认证产品目录》内的产品,必须经过国家的认证机构认证合格、取得相应的证书和标志后,方能出厂销售、进口以及在经营性活动中使用。

5.生产许可证制度与认证、认可制度的关系

随着认证制度的不断发展,欧盟、英国等对于重要工业产品的质量安全管理逐渐从许可证制度转向认证或认可制度,政府只保留对一小部分重要工业产品的生产许可。我国于 2003 年颁布了《认证认可条例》,逐步将原来由生产许可证管理的一些产品纳入认证认可制度管理,实行生产许可证管理的产品越来越少,已由最初的 487 类产品压缩到如今的 86 类产品,并且也规定了一旦工业产品的质量安全通过认证认可制度能够有效保证的,将不再实行生产许可证制度的基本原则。随着改革的不断深化、市场秩序的规范和好转,政府职能的进一步转变,实行生产许可证管理的产品范围将逐步缩小,大部分工业产品的质量安全管理都将纳入认证认可制度。

6.产品质量检查制度

产品质量检查制度是指国家相关的职能部门对产品的质量进行监督的一种制度,对依法进行的产品质量监督检查,生产者、销售者不得拒绝。

(1)产品质量检查的方式。《产品质量法》第十五条规定,国家对产品质量实行以抽查为主要方式的监督检查制度,对可能危及人体健康和人身、财产安全的产品,影响国计民生的重要工业产品以及消费者、有关组织反映有质量问题的产

品进行抽查。抽查的样品应当在市场或企业成品仓库内的待销产品随机抽取。监督抽查工作由国务院产品质量监督部门规划和组织。县级以上地方产品质量监督部门在本行政区域内也可以组织监督抽查。

（2）抽查产品的质量检验。根据监督抽查的需要，可以对产品进行检验。

从事产品质量检验的社会中介机构必须依法设立，不得与行政机关和其他国家机关存在隶属关系或其他利益关系。产品质量检验机构必须具备相应的检测条件和能力，经省级以上人民政府产品质量监督部门或其授权的部门考核合格后，方可承担产品质量检验工作。产品质量检验机构必须依法按照有关标准，客观、公正地出具检验结果，检验抽取样品的数量不得超过检验的合理需要，并不得向被检查人收取检验费用。产品质量检验机构不得向社会推荐生产者的产品，不得参与产品经营活动。

如果生产者、销售者对抽查检验的结果有异议，可以自收到检验结果之日起15日内向实施监督抽查的产品质量监督部门或其上级产品质量监督部门申请复检，由受理复检的产品质量监督部门做出复检结论。

7.质量状况信息发布制度

国务院和省、自治区、直辖市人民政府的产品质量监督部门应当定期发布其监督抽查的产品的质量状况公告，引导和督促市场主体切实提高产品质量。如果进行监督抽查的产品质量不合格的，由实施监督抽查的产品质量监督部门责令生产者、销售者限期改正。逾期不改正的，由省级以上人民政府产品质量监督部门予以公示；公示后经复查仍不合格的，责令停业，限期整顿；整顿期满后经产品质量检验仍不合格的，吊销营业执照。

8.企业内部的质量管理制度

《产品质量法》第三条规定："生产者、销售者应当建立健全内部产品质量管理制度，严格实施岗位质量规范、质量责任以及相应的考核办法。"企业内部的产品质量管理制度，由各个企业根据各自具体的情况，建立起相应的质量管理制度，采取责任到岗、责任到人以及与之相配套的督促检查制度和具体的考核办法，将企业的质量管理最终落到实处。

9.产品质量的社会监督

产品质量的振兴，是全社会的共同责任，必须依靠全社会的力量。产品质量的社会监督包括公民个人、社会组织以及社会舆论的监督。社会公众作为产品的直接受用者，同时也最有可能成为不合格产品的受害者。《产品质量法》第十条规定："任何单位和个人有权对违反本法规定的行为，向产品质量监督部门或其他有关部门检举。产品质量监督部门和有关部门应当为检举人保密,并按照省、自治区、直辖市人民政府的规定给予奖励。"第二十二条规定:"消费者有权就产品质量问题,向产品的生产者、销售者查询;向产品质量监督部门、工商行政管理部门及有关部门申诉,接受申诉的部门应当负责处理。"第十五条也规定,消费者享有监督批评权。因此,消费者有权对产品的质量进行监督,同时也可以依靠报刊、广播、电视、网络等新闻媒介,对产品质量问题进行社会舆论的监督。此外,保护消费者权益的社会组织也可以就消费者反映的产品质量问题建议有关部门负责处理,支持消费者对因产品质量造成的损害向人民法院起诉。

第五节　违反《产品质量法》的法律责任及争议处理

一、违反《产品质量法》的法律责任

违反《产品质量法》的法律责任,是指生产者、销售者生产或销售不符合产品质量标准的产品,给用户、消费者造成伤害的,根据《产品质量法》和其他法律规定,应当承担的法律责任。违反产品质量法的法律责任有损害赔偿责任、行政责任和刑事责任三种形式。

因产品存在缺陷造成受害人财产损失的,侵害人应当恢复原状或者折价赔偿。受害人因此遭受其他重大损失的,侵害人应当赔偿损失。

产品生产者、销售者有下列情形的,承担行政责任:生产、销售不符合保障人体健康和人身、财产安全的国家标准、行业标准的产品的;在产品中掺杂、掺假,以假充真,以次充好,或者以不合格产品冒充合格产品的;生产国家明令淘汰的产品的,销售国家明令淘汰并停止销售的产品的;销售失效、变质的产品的,责令停止销售的;伪造产品产地的,伪造或者冒用他人厂名、厂址的,伪造或者冒用认证标志等质量标志的;产品标识、包装的产品标识不符合《产品质量法》第二十七条要求的;拒绝接受依法进行的产品质量监督检查的;伪造检验结果或者出具虚假证明的,出具的检验结果或者证明不实,造成损失的;不符合认证标准而使用认证标志的产品,未依法要求其改正或者取消其使用认证标志资格的;对产品质量作出承诺、保证,而该产品又不符合其承诺、保证的质量要求,给消费者造成损失的;在广告中对产品质量作虚假宣传,欺骗和误导消费者的。产品质量技术监督部门、工商行政管理部门依照其管理职责,对违反产品质量法的行为,根据其情节严重程度作出如下责令改正、停业整顿、警告、罚款、没收违法生产销售的产品及违法所得、停止生产销售、吊销营业执照、撤销检验资格认证资格等处罚。

承担刑事责任的如生产不符合或销售明知不符合保障人体健康和人身、财产安全的国家标准、行业标准的产品，如医用卫生材料、家用电器、易燃易爆产品、饮料、食品或者其他不符合上述标准的产品，对人体健康造成严重危害构成犯罪的，依法追究刑事责任。生产者、销售者在产品中掺杂、掺假，以假充真，以次充好，或者以不合格产品冒充合格产品，如生产销售假药、过期食品、假种子、不符合卫生标准的化妆品等，使人体健康、财产、生产等造成严重危害构成犯罪的，依法追究刑事责任。

二、争议处理

因产品质量发生民事纠纷时，当事人可以通过协商或者调解解决。当事人不愿通过协商、调解解决或者协商、调解不成的，可以根据当事人各方的协议向仲裁机构申请仲裁；当事人各方没有达成仲裁协议或者仲裁协议无效的，可以直接向人民法院起诉。仲裁机构或人民法院对产品质量无法确定时，可以委托省级以上人民政府产品质量监督管理部门或者授权的部门考核合格的产品质量检验机构，对有关产品质量进行检验。

第二章　消费者权益保护法

第一节　消费者权益保护法概述

一、消费者权益保护法的概念

消费者权益保护法是调整在保护消费者权益过程中发生的经济关系的法律规范的总称。消费者权益保护法是经济法的重要组成部分。消费者权益保护法的主体是消费者,核心是消费者的权益。消费者的权益与基本人权息息相关,是生存权的重要组成内容。人的生活消费,不管是物质消费还是精神消费,都是实现人权的基本方式。因此,法律必须保障人在消费过程中应享有的权利。狭义的消费者权益保护法是指 1993 年 10 月 31 日颁布,1994 年 1 月 1 日起施行的《中华人民共和国消费者权益保护法》。该法于 2009 年 8 月 27 日第十一届全国人民代表大会常务委员会第十次会议进行了第一次修正,2013 年 10 月 25 日十二届全国人大常委会第五次会议进行了第二次修正。2014 年 3 月 15 日,由全国人大修订的新版《消费者权益保护法》(简称"新消法")正式实施。广义的消费者权益保护法还包括《广告法》《反不正当竞争法》《食品卫生法》《产品质量法》《药品管理法》等诸多有关消费者权益保护的法律。消费者为生活消费需要购买、使用商品或者接受服务,其权益受本法保护;本法未作规定的,受其他有关法律、法规保护。

二、消费者权益保护法的产生

随着市场经济的发展，垄断、不正当竞争和信息不对称等问题严重损害了竞争的公平性和消费者利益。首先，垄断的不断发展使得标准合同等大量存在，传统的合同自由原则受到破坏。对此，处于弱者地位的消费者无能为力，消费者不得不屈从于实力雄厚的各种组织体所制定的不利于自己的合同条件。其次，不正当竞争的加剧使得经营者竞相采取不公平的商业行为或限制性商业行为，在质量、价格、计量和商标等各个方面竭尽欺诈手段，损害消费者利益。再次，科技进步使人们不可能对所有商品的结构、性能、品质等诸多方面有明确和深刻的了解，因而消费者对商品的信息知之甚少或者存在认识错误。最后，促销手段不断丰富，宣传媒介越来越无孔不入，无时无刻不在向消费者传递不真实的信息，这些都会使消费者受到损害。同时，生产与经营的社会化、专业化，常常使消费者难以靠自己的力量去寻找和追究侵害消费者权利的具体责任者。如果依一般民事诉讼程序进行诉讼，则费时耗力，费用高昂，因而诉讼救济常常使消费者望而却步，默认受损。所以，在解决日益严重的消费者问题方面，传统的民商法规范在实体法和程序法领域都是有缺陷的。正是由于单靠传统民商法无法解决日益广泛复杂的消费者问题，因而各国纷纷通过专门立法来解决这一经济问题和社会问题。

消费者权益保护最早产生于资本主义垄断阶段，而后波及世界各国成为全球性运动。1960 年成立的国际消费者联盟就是具有代表性的国际非营利性组织。美国总统肯尼迪于 1962 年 3 月 15 日提出了消费者四项权利，即：安全权利、了解情况的权利、选择权利和意见被听取的权利。1963 年尼克松总统又补充了"索取赔偿的权利"。1983 年国际消费者联盟将每年的 3 月 15 日确定为"国际消费者权益日"。我国消费者权益保护运动则起步较晚。1984 年 9 月广州消费者委员会作为中国第一个消费者组织率先成立。1984 年 12 月中国消费者协会由国务院批准成立。之后，各省市县等各级消费者协会相继成立。随着消费者权益保护组织的发展和"3·15"宣传活动的深入，消费者权益保护意识和能力日益增强。消费者权益保护相关法律法规不断完善，消费者权益合法化、规范化和扩展化。

三、消费者权益保护法的基本原则

消费者权益保护法的基本原则是该法的指导思想，是处理有关消费者问题并对相关社会关系进行法律调整的基本准则。它贯穿于整个消费者权益保护立法、司法以及消费活动的每一个环节，反映市场经济条件下国家保护消费者权益的根本宗旨。我国《消费者权益保护法》体现的基本原则如下。

1. 特别保护原则

从法律地位上看，消费者和经营者是平等的民事活动主体，可是在实际生活中，在商品交易以及服务的过程中，消费者经常处于相对弱势的地位。消费者是分散的个体，而经营者多数是有组织的经济实体，有些甚至是经济实力非常雄厚的企业，而消费者经济能力相对较弱又缺乏专业的辨别商品或服务的技术知识。为消除这种地位上不合理的差异，抑制不法经营行为，有效保护作为弱者的消费者的合法权益，《消费者权益保护法》规定了消费者的权利，对经营者设定了明确的义务，同时也规定了国家机关在保护消费者权益方面的职责。另外，在消费争议的解决、消费者权益受到损害的救济问题上，还规定了一系列有利于消费者的程序和措施，对消费给予了特别保护。

2. 社会共同保护原则

《消费者权益保护法》第六条规定："保护消费者的合法权益是全社会共同的责任。国家鼓励、支持一切组织和个人对损害消费者合法权益的行为进行社会监督。大众传播媒介应当做好维护消费者合法权益的宣传，对损害消费合法权益的行为进行舆论监督。"这一规定确立了在消费者权益保护上的社会共同保护原则。即基于消费者的相对弱势地位，对其权益保护需国家、组织、个人共同监督以及大众传媒的有力支持。

3. 全面保护原则

消费者权益的全面保护原则即消费者权益要得到及时、有效、充分的保护，主要体现在如下几个方面。每个消费者的权益均受《消费者权益保护法》保护，《消费者权益保护法》未作规定的，受其他法律保护。每个消费者都享有全面的消费权利，《消费者权益保护法》规定了消费者的九大权利，基本上概括了消费者在社会生活不同领域、不同方面应当享有的权利。行政职能机关、消费者权益保护组织和司机关等，发现损害消费者合法权益的行为应及时立案查处。经营者对消费者承担修理、重作、更换、退货、补足商品数量的责任，退货款和服务费用或者赔偿的责任,经营者还要承担其产品和服务所造成的人身、财产损害赔偿责任,承担因欺诈行为造成损害的加倍赔偿责任。

4. 平等自愿、诚实信用原则

《消费者权益保护法》第四条明确规定:"经营者与消费者进行交易,应当遵循自愿、平等、公平、诚实信用的原则。"另外,在"消费者的权利"部分又明确了消费者的自主选择权、公平交易权、受尊重权等,在"经营者的义务"中也明确了经营者应当诚实信用的一些具体义务。

5. 无过错责任原则

消费者权益保护法的重要原则是无过错责任。民商法一般实行过错责任,而消费者权益保护法则更多采取严格的无过错责任。即产品如有缺陷并使消费者的人身和财产受到损失时,即使生产者在制造或销售过程中已经尽到了一切可能的注意,仍需对消费者承担责任,而消费者无须承担举证责任。此外,这种归责原则还扩大了合同效力的所及范围,即承担责任的卖方不仅包括零售商,还包括批发商、制造商以及为制造该产品提供零部件的供应商等;而作为消费者的买方不仅包括直接购买者,还包括其亲属、亲友以及受到该产品伤害的其他人。在消费过程中若因质量缺陷而遭受损害,消费者可自由选择向有直接合同关系或没有直接合同关系的生产商、销售商(含批发商与零售商)提出赔偿。也就是说,经营者也应当承担质量责任。当然,销售者赔偿后,属于生产者责任的,销售者有权向生产者或者其他销售者追偿;属于销售者责任的,生产者赔偿后,也有权向销售者追偿。

四、消费者权益保护法的特征

1. 保护范围广泛

消费者权益保护法是以消费者权益为保护对象的法律。基于消费者的弱者地位,消费者权益保护法特别保护消费者权益,而给予经营者一定限制。消费者权益保护的范围从一般日用品到高档消费品,直到服务领域,不仅涉及消费者的人身健康与安全,也涉及消费交易的公平、消费环境的改善和消费者的社会角色等各方面,还涉及生活消费的各个领域。

2. 以强制性、禁止性规范为主

在规范方式上,消费者权益保护法体现了国家对市场经济进行规制的倾向,即对"契约自由"进行限制,因此多为强制性、禁止性规范。许多国家的消费者权益保护法规定了生产经营者的义务,以及对标准合同条款的限制。这类规定即为禁止性规范,如有违反则对其追究法律责任。这与传统民商法以任意性规范为主,倡导契约自由、意思自治不同。在责任形式上,消费者权益保护法往往直接明确行政责任、刑事责任。如《消费者权益保护法》《产品质量法》《刑法》等规定,生产者、销售者如果在产品中掺杂、掺假,以假充真、以次充好,除应给予消费者民事赔偿外,有关主管行政部门可予以罚款、没收违法所得、吊销许可证或营业执照等行政处罚,并针对严重危害消费者人身的犯罪行为规定了刑罚。而民商法一般不涉及行政责任和刑事责任。

3. 消费者权益保护法调整的社会关系广泛

消费者权益保护法调整的对象是围绕保护消费者利益而产生的各种社会关系。主要包括国家机关与经营者之间的关系、国家与消费者之间的关系、生产经营者与消费者之间的关系。

(1)国家机关与经营者之间的关系

国家机关与经营者之间的关系是一种管理与被管理的关系,其实质内容就是为了保护消费者而产生的监督管理与被监督管理的关系。在我国,为履行保护消费者的职责而与生产经营者之间产生监督与被监督关系的国家机关主要有工商行政管理机关、标准管理机关、商品检验机关、计量管理机关、物价管理机关、药品管理机关、卫生防疫机关等。此外,还有各种生产、经营和服务行业的主管机关,如工业主管机关、商业主管机关、交通主管机关、科学技术主管机关等。这些国家机关主要监督生产经营者按照国家各项规定进行生产和经营,不得有损害消费者利益的行为。

(2)国家与消费者之间的关系

国家与消费者之间的关系,这是一种指导和被指导的关系。负有保护消费者利益职责的国家机关,通过各种手段为消费者提供信息和消费知识方面的教育等。《日本保护消费者基本法》规定,国家机关为使消费者能自主进行安全的消费生活,除了对消费者普及有关商品服务方面以及有关生活设计的知识等启发活动的同时,还采取必要的措施完善有关消费生活的教育。国家与消费者之间的关系也体现在国家机关接受消费者的投诉、申诉、起诉及帮助消费者恢复被侵犯的权利等方面。

(3)生产经营者与消费者之间的关系

生产经营者与消费者之间的关系,是在自愿、平等、公平、诚实信用基础上的等价有偿的商品交换关系。这种关系具有一般民事法律关系所具有的特征,也具有国家干预的强烈色彩。在这种关系中,生产经营者不仅要根据合同,而且要根据国家保护消费者利益的法律,对消费者承担责任。为了使消费者的正当权益得到有效保护,许多国家的法律还赋予消费者群众组织监督的权利。可见,消费者和生产经营者之间还存在着一种特定的监督和被监督的关系。

五、消费者权益保护法的性质和地位

1. 消费者权益保护法是经济法

(1)消费者利益作为社会大多数成员的利益,属于社会公共利益。消费者问题已成为普遍的社会问题,经营者的侵权行为所侵害的消费者往往已不是消费者或使用者单个主体,经营者的侵权范围涉及广大消费者社会阶层。作为消费者权益保护法以社会责任为本位,对涉及消费者权益这类特定经济关系予以调整,体现了经济法维护社会公共利益的社会责任本位特质。

(2)消费者在市场交易中处于弱者地位。消费者权益保护法从消费者利益出发,着重规定了消费者的权利和经营者的义务,从形式上看完全不同于传统民商法的形式特征,但正是这种形式的"不平等"却实现了法律上的实质公平。实质公平在交易中不可能自然实现,它要求国家对特定经济生活的适度干预,国家对消费者权益的特殊保护体现了国家对经济运行的协调,而这正是经济法的实质所在。

(3)在保护消费者权益方面,经济法在一定程度上弥补了民商法保护之不足。侵害消费者权利的问题单靠传统的民商法是无法解决的,由于市场本身不能有效解决"信息偏在"问题,传统的民商法不能对处于弱者地位的消费者给予倾斜性的保护,以求得实质上的平等;另外,消费者问题是现代市场经济高度发展的结果,它只有通过国家进行法律规制和市场的不断完善才可能全面解决。对市场进行规制的任务由经济法来承担,经济法一方面对正当经营者予以鼓励和促进并保护他们的合法权益,另一方面对不正当经营者予以法律的制裁。我国《消费者权益保护法》作为市场管理法的一个重要内容与《反不正当竞争法》《产品质量法》《价格法》《广告法》等相互配合、相互支持、相互补充,共同规制市场。

2. 消费者权益保护法是经济法尤其是市场管理法的重要组成部分

消费者权益保护法针对的不是特定的消费者,而是对消费者阶层整体的保护,体现了社会本位、消费者本位的立法理念;消费者权益保护法在立法基础、调整对象、法域、调整方法等方面已突破了传统民商法体系,成为解决"信息偏在"、不正当竞争等造成市场失灵的重要手段,体现了国家对经济运行的协调,因此应当成为经济法律体系的重要组成部分。

3.消费者权益保护法与反不正当竞争法、产品质量法的关系

消费者权益保护法与反垄断法、反不正当竞争法、产品质量法等有着天然的内在联系和许多共通之处,只是在立法的角度和侧重点方面各不相同而已。消费者权益保护法从对消费者权益的保护入手,体现对消费者权益最直接的保护,侧重对消费者权利的规定;产品质量法则从产品的质量规制入手,以提供合格产品来保护消费者的生命、健康权利;而反不正当竞争法则从竞争秩序的规范入手,在规范经营者的行为中体现对消费者的保护。此外,反不正当竞争法中只规定了受损害的经营者的救济程序,而消费者因不正当竞争而受损害的救济则规定在消费者权益保护法中。

第二节　消费者的权利

一、消费者概述

1.消费者的概念

所谓消费者,是指为生活消费需要而购买、使用经营者提供的商品或接受经营者提供的服务的市场主体。任何人不论其自身的具体情况如何,都可以成为消费者,主要包括为了生活需要而购买商品或接受服务的人;另外,消费者还包括某种生活消费商品的使用人或服务的接受人,即使用他人购买的商品或接受他人付费服务的人。例如,在商店购买食品的人,他自己是交易过程中消费者各项权利的享有者,而消费该食品的子女、亲友、同事等也是在使用过程中享有各项权利的消费者。

2.消费者的特征

(1)消费者的消费是生活性消费。任何人只有在其进行消费活动时才是消费者。其目的是满足个人或家庭生活需要,而不是为了生产经营需要。

(2)消费者消费的客体是商品和服务。我国《消费者权益保护法》所规定的消费行为的客体是指用于生活消费的那部分商品和服务。这里应当指出两点:

一是商品和服务必须是合法的经营者在法律规定的商品和服务范围之内提供的，法律禁止购买、使用的商品和禁止接受的服务，不属于《消费者权益保护法》规定的商品和服务；二是必须是消费者通过公开的市场交易而购买使用的商品或接受的服务，如果是私下的交易，即使是为生活消费而购买使用商品或接受服务，也不能作为"消费者"受到《消费者权益保护法》的保护。因该种交易缺乏公开性，难以用法律进行规制。

（3）消费者的消费方式包括购买、使用（商品）和接受（服务）。这些消费方式一般是通过支付等同于商品、服务价格的货币而实现的，同时还可以通过提供其他形式的代价（如劳力、提供便利条件等）来实现消费目的，至于不支付任何代价而由经营者赠与的商品或服务，也属于受《消费者权益保护法》保护的消费方式。

二、消费者的权利

消费者和消费者权益是《消费者权益保护法》存在的基础。消费者权益是指依法享有的以消费为目的，购买、使用或者接受的权利以及该权利受到保护时给消费者带来的应得利益。其核心是消费者权利，它的有效实现是消费者权益由应然状态转化为实然状态的前提和基础。《消费者权益保护法》规定了消费者的九项权利。

1. 安全保障权

安全保障权是消费者在购买、使用商品和接受服务时享有的人身、财产安全不受侵害的权利。在现代科技条件下，技术密集的新工艺、新产品层出不穷，即使是成熟、定型的产品，也可能由于制造、运输或其他方面的原因而给消费者的健康或生命安全造成威胁乃至实际损害。特别是食品、药品、化妆品直接关系到人的生存安全和健康，也最容易使消费者生命健康受到损害。凡重大的损害消费者事件，几乎都与这些特殊商品有关。如我国近年来多次发生的毒酒事件及劣质药品和化妆品事件。

安全权，包括人身安全权和财产安全权。人身权利范围广泛，这里的人身安全仅指生命和健康安全。财产安全不仅指交易标的财产安全，也包括消费者其他财产的安全。基于安全权，消费者有权要求经营者提供的商品和服务符合保障人身、财产安全的要求。经营者提供的商品和服务，应符合法定规范的要求，没有达到上述要求的，消费者有权要求经营者采取补救措施。

2.知情权

知情权,也称知悉真相权,是消费者享有的知悉其购买、使用商品或接受服务的真实情况的权利。知情是消费决策的前提,在社会化生产和科技发达的时代,保证消费者能够正确了解市场提供的各种商品和服务的信息具有十分重要的意义。随着生产和市场规模的扩大,产品和服务日益复杂化。消费者很难就产品或服务及其真实的使用价值和价值作出较为准确的判断,在这种情形下,生产者和销售者掌握着市场信息的主动权,消费者则处于十分不利的地位,往往成为厂商的广告和促销手段的牺牲品。而基于知情权,消费者有权对商品和服务真实情况进行全面了解,以使自己购买商品或服务的意思表示真实。消费者有权根据商品和服务的不同情况,要求经营者提供商品的价格、产地、生产者、用途、性能、规格、等级、主要成分、生产日期、有效期限、检验合格证明、使用方法说明书、售后服务或者服务的内容、规格、费用等有关情况。

3.自主选择权

选择权是消费者享有的自主选择商品或服务的权利。获得充分的信息是消费者进行有利选择的前提,而最终抉择——购买或不购买、购买何种商品或接受不接受、接受何种服务应取决于消费者的自由意志。一般来说,消费者的自由选择权利包括两方面的含义:一是对于商品品种、服务方式及其提供者应有充分选择的余地;二是对于选择商品和服务及其提供者应有自由决定的权利而不受强制。

4.公平交易权

公平交易权,是消费者享有的在购买商品或者接受服务时,获得质量保障、价格合理、计量正确等公平交易条件,拒绝经营者强制交易的权利。关于商品和服务的质量,消费者有权要求生产经营者提供符合国家规定的标准或与生产经营者约定的标准,不致因质量低劣而妨碍消费。质量问题涉及消费者的利益,因此消费者必须增强权利意识,把获得合格的商品和服务当作不可放弃的神圣权利。关于商品和服务的价格,消费者要求生产经营者执行国家的法律、法规、政策或按质论价,不致因乱涨价或乱收费而蒙受经济利益的损失。关于商品和服务的计量,消费者有权要求生产经营者计量准确,不致因短斤少两而遭受经济损失。

5.依法求偿权

求偿权是消费者享有在购买、使用商品或者接受服务受到人身、财产损害时,依法获得赔偿的权利,是消费者合法权益受到侵害后的救济措施。人身权受到损害,包括生命健康权、姓名权、名誉权等受到损害;财产损失包括财物灭失、被盗等,以及伤、残、死亡等支付的费用等。享有求偿权的主体除消费者外还包括第三人,这里所说的第三人,主要是指偶然到事故现场受到损害的人。

6.依法结社权

结社权是消费者享有依法成立维护自身合法权益的社会团体的权利。我国《宪法》明确规定,公民享有结社的权利。消费者享有依法成立维护自己合法权益的社会团体的权利是宪法规定的具体化。与生产经营者相比较,消费者处于弱者的地位。因此建立组织、壮大力量,通过组织交流信息、代表其共同利益、反映其共同意见和心声,也是符合消费者的利益的。消费者可以通过"自治"的组织和活动,维护自身的权益,并参与国家消费政策、法律的制定,以及对国家和生产经营者进行社会监督。

7.知识获得权

知识获得权,是指消费者享有获得有关消费和消费权益保护方面知识的权利。消费者在消费经济关系中处于弱者地位,在技术发展日新月异和五花八门的商品世界中,尤其容易受到伤害。许多消费者由于受到教育程度和个人所处环境的局限,对其毫无所知。即使是知识分子,由于其专业范围和个人兴趣,也无法学习和了解各种必要的消费知识和法律知识。因此,国家和社会就应该在一定程度上承担消费知识宣传教育的义务,消费者则有从国家、社会、厂商处得到消费知识的权利。而知识获得权的具体内容包括两个方面:其一,获得有关消费方面的知识,如有关商品和服务的知识、有关市场的知识;其二,获得有关消费者权益保护方面的知识。而作为消费者,应当努力掌握所需商品或者服务的知识和使用技能,正确使用商品,提高自我保护意识,更好地实现消费目标,不断增强自我保护能力。

8.人格尊严和风俗习惯受尊重权、个人信息受保护权

人格尊严和风俗习惯受尊重权,是消费者享有的在购买、使用商品和接受服务时,人格尊严、民族风俗习惯得到尊重的权利。人格尊严作为公民的一项基本权利是指公民的姓名权、名誉权、肖像权、人身自由权等应当受到高度的尊重和重视。在消费领域中,消费者的人格尊严受到尊重是消费者应当享有的最起码的权利,这也是我国《宪法》赋予公民的基本权利。但由于各方面条件的限制,侵犯消费者人格尊严的行为还是常有发生。如消费者反复比较、反复挑选商品导致经营者不耐烦或者挖苦、讽刺谩骂,非法盘查、扣留消费者的行为也时有发生。

这些都说明消费者人格尊严不受侵犯是不容忽视的问题。我国是一个统一的多民族国家,每个民族都有自己的服饰、饮食、居住、礼节等风俗习惯。而这些风俗习惯也必然在生活消费的过程中表现出来,作为经营者和其他消费者应当自觉地尊重这些风俗习惯,不能对少数民族的一些习俗进行嘲讽,在为少数民族消费者提供商品和服务时不准有伤害民族感情的行为发生。另外,"新消法"增加了消费者"享有个人信息依法得到保护的权利"的内容。

9.监督批评权

监督批评权是消费者享有对商品和服务以及保护消费者权益工作进行监督的权利。社会监督是国家保护消费者合法利益的重要手段,而消费者的监督权是社会监督的重要组成部分,也是实现社会监督的重要途径。该项权利依照《消费者权益保护法》的规定,包括三个方面的内容:其一,消费者有权对经营者提供商品和服务的全过程进行监督,有权检举、控告侵害消费者权益的行为;其二,消费者有权检举、控告国家机关及其工作人员在保护消费者权益工作中的违法失职行为,促进其改进工作作风,提高工作效率,全心全意为广大消费者服务;其三,消费者有权对消费者权益工作提出批评、建议,督促消费者保护机构或组织纠正工作中的错误,完善各项制度。

第三节　经营者义务

一、经营者义务的概念

经营者义务指经营者在生产经营活动中应当依照法律为一定行为或不为一定行为。经营者的义务是一种法律上的义务,即法律规范所规定的,法律关系主体所承担的某种必须履行的责任。经营者义务的主体包括生产者、销售者和服务者。消费者的权利和经营者的义务是相对应的,消费者享有的权利就是经营者的义务。《消费者权益保护法》只规定了经营者的义务,而未规定经营者的权利,并不意味着经营者不享有权利,其意义在于明确经营者的义务,通过国家法律的约束性和强制性,督促经营者履行应尽的义务,确保消费者权利的真正实现。

二、经营者义务的内容

《消费者权益保护法》根据我国的具体情况，针对消费者权利的有关规定，确定了经营者的 14 项义务。

1. 依照法定或约定提供商品和服务的义务

《消费者权益保护法》第十六条规定，经营者向消费者提供商品或者服务，应当依照《中华人民共和国产品质量法》和其他有关法律、法规的规定履行义务。经营者和消费者有约定的，应当按照约定履行义务，但双方的约定不得违背法律、法规的规定。

经营者向消费者提供商品或者服务，应当恪守社会公德，诚信经营，保障消费者的合法权益；不得设定不公平、不合理的交易条件，不得强制交易。由此可知，经营者应承担的义务包括法定义务和约定义务。

第一，履行法定义务。经营者向消费者提供商品和服务，应当遵守有关法律、法规规定的义务。这里主要指履行《产品质量法》《食品卫生法》《计量法》《商标法》《广告法》《反不正当竞争法》《环境保护法》等有关法律、法规规定的义务。法定义务是对经营者履行各项义务的概括性、原则性的规定，起着统率各项具体义务的作用。

第二，履行约定义务。在消费领域，经营者提供商品或者服务的活动是纷繁复杂，形式多样的，法律法规不可能对每一种经营活动的内容作出全面、具体的规定。在这种情况下，经营者与消费者之间的关系实质上是一种合同关系。此外，法律基于消费者处于弱者的地位，强调了经营者要依约履行义务。需要进一步明确的是，经营者与消费者的约定必须以不违背法律、法规的规定为前提，经营者与消费者之间违背法律、法规的约定是无效的。

2. 接受监督的义务

《消费者权益保护法》第十七条规定："经营者应当听取消费者对其提供的商品或者服务的意见，接受消费者的监督。"经营者应尊重消费者的权益，认真听取消费者对商品和服务的意见，接受消费者监督，不得以任何方式拒绝消费者的监督。为便于监督和追偿，明确责任，经营者向消费者提供商品和服务时，应按国家规定或商业惯例向消费者出具购货凭证或服务单据。如果说消费者要求交涉、投诉和起诉的权利是事后权利的话，那么批评与监督则属于事前的权利，它是一种更为积极的预防措施，是减少损害和纠纷发生的有效手段。

3. 保证商品和服务安全及提供安全保障的义务

《消费者权益保护法》第十八条规定,经营者应当保证其提供的商品或者服务符合保障人身、财产安全的要求。对可能危及人身、财产安全的商品和服务,应当向消费者作出真实的说明和明确的警示,并说明和标明正确使用商品或者接受服务的方法以及防止危害发生的方法。宾馆、商场、餐馆、银行、机场、车站、港口、影剧院等经营场所的经营者,应当对消费者尽到安全保障义务。经营者向消费者所作的商品或者服务潜在危险的说明,可以用语言形式,也可以用文字形式,但不论用什么方式,都要求做到真实、充分、准确、恰当。

4. 消除商品或者服务存在的危险及支付必要费用的义务

《消费者权益保护法》第十九条规定,经营者发现其提供的商品或者服务存在缺陷,有危及人身、财产安全危险的,应当立即向有关行政部门报告和告知消费者,并采取停止销售、警示、召回、无害化处理、销毁、停止生产或者服务等措施。采取召回措施的,经营者应当承担消费者因商品被召回支出的必要费用。

5. 提供商品和服务真实信息的义务

经营者有义务向消费者提供商品或者服务的真实情况,这是诚实守信原则在消费领域的具体要求,也是实现消费者知情权的有力保障。经营者履行向消费者提供商品和服务真实信息的义务包括以下几点。

其一,经营者向消费者提供有关商品或者服务的质量、性能、用途、有效期限等信息,应当真实、全面,不得作虚假或者引人误解的宣传。当前的商品宣传具有很大的诱惑性和指导性。宣传的真实性是消费者的知情权、选择权的保障。引人误解的宣传实际上是对消费者的愚弄,虚假的宣传实际上是对消费者的欺骗。这两种错误的宣传都会误导消费者的消费方向,侵犯消费者的合法权益。

其二,经营者对消费者就其提供的商品或者服务的质量和使用方法等问题提出的询问,应当作出真实、明确的答复。这表明了经营者对消费者询问的答复不是可有可无,而是必须履行的一项法定义务,也是保障消费者知情权实现的一个途径。

其三,经营者提供商品或者服务应当明码标价。商品的价格是影响消费者购买决策的重要信息,商店里实行明码标价,使消费者得到真实的价格信息,既可以避免经营者逃避有关机关对价格是否合理的监督检查,也可以避免消费者因缺乏交易经验而吃亏上当。

6. 标明真实名称和标记的义务

企业名称和营业标记的主要功能就是区别商品和服务的经营主体,区别商品和服务的来源。经营者的名称和标记一方面代表着经营者的商业信誉,另一方面代表着经营者的法律身份。依照法律的规定,经营者应当标明其真实名称和标记,不得假冒或仿冒其他企业的名称和商业标记。租赁他人柜台或者场地的经营者也应当标明真实名称和标记,以防止消费者发生误解或误认。经营者只有切实履行这项义务,才能使消费者能够正确地进行消费决策和准确地确定求偿主体。

7. 出具购货凭证或服务单据的义务

为了有利于解决经营者和消费者之间发生的纠纷,使经营者和消费者之间的交易行为有据可查,《消费者权益保护法》将经营者向消费者出具购货凭证和服务单据作为经营者必须履行的义务:其一,经营者提供商品或者服务,应当按照国家有关规定或者商业惯例向消费者出具发票等购货凭证或者服务单据;其二,消费者索要发票等购货凭证或者服务单据的,经营者必须出具。

8. 保证商品和服务质量的义务

商品、服务的质量是否符合法定和约定条件,直接关系到消费者的利益。因此,保证商品和服务的质量是消费者对经营者的基本要求,是经营者必须履行的义务。此项义务包括:其一,经营者应当保证在正常使用商品或者接受服务的情况下其提供的商品或者服务应当具有的质量、性能、用途和有效期限;但消费者在购买该商品或者接受该服务前已经知道其存在瑕疵,且存在该瑕疵不违反法律强制性规定的除外。其二,经营者以广告、产品说明、实物样品或者其他方式表明商品或者服务的质量状况的,应当保证其提供的商品或者服务的实际质量与表明的质量状况相符。其三,经营者提供的机动车、计算机、电视机、电冰箱、空调器、洗衣机等耐用商品或者装饰装修等服务,消费者自接受商品或者服务之日起六个月内发现瑕疵,发生争议的,由经营者承担有关瑕疵的举证责任。

9. 履行"三包"或相应责任的义务

《消费者权益保护法》第二十四条规定,经营者提供的商品或者服务不符合质量要求的,消费者可以依照国家规定、当事人约定退货,或者要求经营者履行更换、修理等义务。没有国家规定和当事人约定的,消费者可以自收到商品之日起七日内退货;七日后符合法定解除合同条件的,消费者可以及时退货,不符合法定解除合同条件的,可以要求经营者履行更换、修理等义务。依照前款规定进行退货、更换、修理的,经营者应当承担运输等必要费用。

10.无理由退货的义务

《消费者权益保护法》第二十五条规定,经营者采用网络、电视、电话、邮购等方式销售商品,消费者有权自收到商品之日起七日内退货,且无须说明理由,但下列商品除外:(一)消费者定作的;(二)鲜活易腐的;(三)在线下载或者消费者拆封的音像制品、计算机软件等数字化商品;(四)交付的报纸、期刊。除前款所列商品外,其他根据商品性质并经消费者在购买时确认不宜退货的商品,不适用无理由退货。消费者退货的商品应当完好。经营者应当自收到退回商品之日起七日内返还消费者支付的商品价款。退回商品的运费由消费者承担;经营者和消费者另有约定的,按照约定。

11.不得从事不公平、不合理的交易

为了保障消费者的公平交易权,经营者在经营活动中使用格式条款的,应当以显著方式提请消费者注意商品或者服务的数量和质量、价款或者费用、履行期限和方式、安全注意事项和风险警示、售后服务、民事责任等与消费者有重大利害关系的内容,并按照消费者的要求予以说明。经营者不得以格式条款、通知、声明、店堂告示等方式,作出排除或者限制消费者权利、减轻或者免除经营者责任、加重消费者责任等对消费者不公平、不合理的规定,不得利用格式条款并借助技术手段强制交易。格式条款、通知、声明、店堂告示等含有前款所列内容的,其内容无效。

12.不得侵犯消费者人格权的义务

人格权作为民事主体的基本权利,历来受到法律的高度重视和保护。消费者权益保护法在赋予消费者人格尊严必须受到尊重的权利的同时,进一步规定了经营者负有尊重消费者人格尊严的义务。这一义务包括以下三个方面:一是经营者不得对消费者进行侮辱、诽谤;二是不得搜查消费者的身体及其携带的物品;三是不得侵犯消费者的人身自由。

13.向消费者提供相关信息及提醒义务

采用网络、电视、电话、邮购等方式提供商品或者服务的经营者,以及提供证券、保险、银行等金融服务的经营者,应当向消费者提供经营地址、联系方式、商品或者服务的数量和质量、价款或者费用、履行期限和方式、安全注意事项和风险警示、售后服务、民事责任等信息。

14.合理收集、使用消费者个人信息的义务

经营者收集、使用消费者个人信息，应当遵循合法、正当、必要的原则，明示收集、使用信息的目的、方式和范围，并经消费者同意。经营者收集、使用消费者个人信息，应当公开其收集、使用规则，不得违反法律、法规的规定和双方对收集、使用信息的约定。经营者及其工作人员对收集的消费者个人信息必须严格保密，不得泄露、出售或者非法向他人提供。经营者应当采取技术措施和其他必要措施，确保信息安全，防止消费者个人信息泄露、丢失。在发生或者可能发生信息泄露、丢失的情况时，应当立即采取补救措施。经营者未经消费者同意或者请求，或者消费者明确表示拒绝的，不得向其发送商业性信息。

第四节　消费者权益的保护

一、消费者权益保护的机构和组织

各级人民政府工商行政管理部门和其他有关行政部门，如技术监督部门、卫生监督部门、物价管理监督部门、进出口商品检验部门等，依照法律、法规的规定，在各自的职责范围内，保护消费者的合法权益。此外，消费者协会和其他消费者组织是依法成立的对商品和服务进行社会监督的保护消费者合法权益的社会组织。消费者协会履行下列公益性职责。

1.向消费者提供消费信息和咨询服务，提高消费者维护自身合法权益的能力，引导文明、健康、节约资源和保护环境的消费方式；

2.参与制定有关消费者权益的法律、法规、规章和强制性标准；

3.参与有关行政部门对商品和服务的监督、检查；

4.就有关消费者合法权益的问题，向有关部门反映、查询，提出建议；

5.受理消费者的投诉，并对投诉事项进行调查、调解；

6.投诉事项涉及商品和服务质量问题的，可以委托具备资格的鉴定人鉴定，鉴定人应当告知鉴定意见；

7.就损害消费者合法权益的行为，支持受损害的消费者提起诉讼或者依照本法提起诉讼；

8.对损害消费者合法权益的行为，通过大众传播媒介予以揭露、批评。

各级人民政府对消费者协会履行职责应当予以必要的经费等支持。消费者协会应当认真履行保护消费者合法权益的职责,听取消费者的意见和建议,接受社会监督。依法成立的其他消费者组织依照法律、法规及其章程的规定,开展保护消费者合法权益的活动。消费者组织不得从事商品经营和营利性服务,不得以收取费用或者其他牟取利益的方式向消费者推荐商品和服务。

二、消费者权益保护的途径

根据《消费者权益保护法》规定,消费者和经营者发生消费者权益争议的,可以通过下列途径解决。

(一)与经营者协商和解:是指消费者与经营者发生争议后,双方本着公平合理解决问题的态度与诚意,在平等自愿的原则基础上,通过摆事实,讲道理,充分交换意见,取得沟通,从而使矛盾得到化解,问题得到解决的方法。

(二)请求消费者协会或者依法成立的其他调解组织调解:是指发生消费者权益争议后,在消费者协会等组织的主持下,当事人双方通过协商,使纠纷得到解决的方法。

(三)向有关行政部门投诉:是指消费者权益争议发生后,依靠行政手段解决纠纷的方法。消费者向有关行政部门投诉的,该部门应当自收到投诉之日起七个工作日内,予以处理并告知消费者。

(四)根据与经营者达成的仲裁协议提请仲裁机构仲裁:是指消费者权益争议发生后,双方通过仲裁机构仲裁解决纠纷的方法。

(五)向人民法院提起诉讼:这是在通过协商、调解、仲裁等方法未解决消费者权益争议的情况下,依靠司法审判程序解决问题的一种最有权威、最有力度的方式。对侵害众多消费者合法权益的行为,中国消费者协会以及在省、自治区、直辖市设立的消费者协会,可以向人民法院提起诉讼。

三、消费赔偿责任的确定

1. 生产者、销售者和服务者的责任

消费者在购买、使用商品时,其合法权益受到损害的,可以向销售者要求赔偿。销售者赔偿后，属于生产者的责任或者属于向销售者提供商品的其他销售者的责任的，销售者有权向生产者或者其他销售者追偿。

消费者或者其他受害人因商品缺陷造成人身、财产损害的，可以向销售者要求赔偿，也可以向生产者要求赔偿。属于生产者责任的，销售者赔偿后，有权向生产者追偿。属于销售者责任的，生产者赔偿后，有权向销售者追偿。

消费者在接受服务时，其合法权益受到损害的，可以向服务者要求赔偿。

2. 变更后的企业责任

消费者在购买、使用商品或者接受服务时，其合法权益受到损害，因原企业分立、合并的，可以向变更后承受其权利义务的企业要求赔偿。

3. 营业执照使用人和持有人的责任

使用他人营业执照的违法经营者提供商品或者服务，损害消费者合法权益的，消费者可以向其要求赔偿，也可以向营业执照的持有人要求赔偿。

4. 展销会举办者、租赁柜台出租者的责任

消费者在展销会、租赁柜台购买商品或者接受服务，其合法权益受到损害的，可以向销售者或者服务者要求赔偿。展销会结束或者柜台租赁期满后，也可以向展销会的举办者、柜台的出租者要求赔偿。展销会的举办者、柜台的出租者赔偿后，有权向销售者或者服务者追偿。

5. 网络交易平台的责任

消费者通过网络交易平台购买商品或者接受服务，其合法权益受到损害的，可以向销售者或者服务者要求赔偿。网络交易平台提供者不能提供销售者或者服务者的真实名称、地址和有效联系方式的，消费者也可以向网络交易平台提供者要求赔偿；网络交易平台提供者作出更有利于消费者的承诺的，应当履行承诺。网络交易平台提供者赔偿后，有权向销售者或者服务者追偿。

网络交易平台提供者明知或者应知销售者或者服务者利用其平台侵害消费者合法权益，未采取必要措施的，依法与该销售者或者服务者承担连带责任。

6. 广告经营者的责任

消费者因经营者利用虚假广告或者其他虚假宣传方式提供商品或者服务，其合法权益受到损害的，可以向经营者要求赔偿。广告经营者、发布者发布虚假广告的，消费者可以请求行政主管部门予以惩处。广告经营者、发布者不能提供经营者的真实名称、地址和有效联系方式的，应当承担赔偿责任。

广告经营者、发布者设计、制作、发布关系消费者生命健康商品或者服务的

虚假广告,造成消费者损害的,应当与提供该商品或者服务的经营者承担连带责任。

社会团体或者其他组织、个人在关系消费者生命健康商品或者服务的虚假广告或者其他虚假宣传中向消费者推荐商品或者服务,造成消费者损害的,应当与提供该商品或者服务的经营者承担连带责任。

四、侵犯消费者权益的法律责任

民事责任包括如下。

1. 承担民事责任的法定情形

经营者提供商品或者服务有下列情形之一的,除本法另有规定外,应当依照其他有关法律、法规的规定,承担民事责任:(1)商品或者服务存在缺陷的;(2)不具备商品应当具备的使用性能而出售时未作说明的;(3)不符合在商品或者其包装上注明采用的商品标准的;(4)不符合商品说明、实物样品等方式表明的质量状况的;(5)生产国家明令淘汰的商品或者销售失效、变质的商品的;(6)销售的商品数量不足的;(7)服务的内容和费用违反约定的;(8)对消费者提出的修理、重作、更换、退货、补足商品数量、退还货款和服务费用或者赔偿损失的要求,故意拖延或者无理拒绝的;(9)法律、法规规定的其他损害消费者权益的情形。

经营者对消费者未尽到安全保障义务,造成消费者损害的,应当承担侵权责任。

2. 特殊规定

(1)"三包"责任。《消费者权益保护法》第二十四条明确规定,经营者提供的商品或者服务不符合质量要求的,消费者可以依照国家规定、当事人约定退货,或者要求经营者履行更换、修理等义务。没有国家规定和当事人约定的,消费者可以自收到商品之日起七日内退货;七日后符合法定解除合同条件的,消费者可以及时退货,不符合法定解除合同条件的,可以要求经营者履行更换、修理等义务。依照前款规定进行退货、更换、修理的,经营者应当承担运输等必要费用。

(2)预收款方式提供商品或服务的责任。在某些情况下,经营者先预收部分款项,提供商品或服务后再与消费者进行结算。《消费者权益保护法》第五十三条规定,经营者以预收款方式提供商品或者服务的,应当按照约定提供。未按照约定提供的,应当按照消费者的要求履行约定或者退回预付款;并应当承担预付款的利息、消费者必须支付的合理费用。

(3)消费者购买的商品,依法经有关行政部门认定为不合格的商品,消费者要求退货的,经营者应当负责退货。根据这一规定,一般商品发现问题后应经过修理、更换,仍无法使用的再予以退货;对不合格商品,只要消费者要求退货,经营者即应负责办理,不得以修理、更换或者其他借口延迟或者拒绝消费者退货要求。

3.因提供商品或服务造成人身伤害、人格受损、财产损失的民事责任及赔偿范围

(1)人身伤害的民事责任。经营者提供商品或者服务,造成消费者或其他人受伤、残疾、死亡的,应承担下列责任:①造成消费者或者其他受害人人身伤害的,应当赔偿医疗费、护理费、交通费等为治疗和康复支出的合理费用,以及因误工减少的收入。②造成残疾的,应当赔偿残疾生活辅助具费和残疾赔偿金。③造成死亡的,应当赔偿丧葬费和死亡赔偿金。

(2)侵犯消费者人格尊严、人身自由的民事责任。经营者侵害消费者的人格尊严、侵犯消费者人身自由或者侵害消费者个人信息依法得到保护的权利的,应当停止侵害、恢复名誉、消除影响、赔礼道歉,并赔偿损失。经营者有侮辱诽谤、搜查身体、侵犯人身自由等侵害消费者或者其他受害人人身权益的行为,造成严重精神损害的,受害人可以要求精神损害赔偿。

(3)财产损害的民事责任。经营者提供商品或者服务,造成消费者财产损害的,应当依照法律规定或者当事人约定承担修理、重作、更换、退货、补足商品数量、退还货款和服务费用或者赔偿损失等民事责任。

4.对欺诈行为的惩罚性规定

《消费者权益保护法》第五十五条规定:经营者提供商品或者服务有欺诈行为的,应当按照消费者的要求增加赔偿其受到的损失,增加赔偿的金额为消费者购买商品的价款或者接受服务的费用的三倍;增加赔偿的金额不足五百元的,为五百元。法律另有规定的,依照其规定。

经营者明知商品或者服务存在缺陷,仍然向消费者提供,造成消费者或者其他受害人死亡或者健康严重损害的,受害人有权要求经营者依照本法第四十九条、第五十一条等法律规定赔偿损失,并有权要求所受损失二倍以下的惩罚性赔偿。

该条规定的惩罚性赔偿,属于特别法上的责任规则。设定这一规则的目的,一是惩罚性地制止损害消费者的欺诈行为人,特别是制造、销售假货的经营者;二是鼓励消费者同欺诈行为和假货做斗争。关于欺诈消费者行为的概念及判断

标准,这里所说的欺诈行为,是指经营者故意在提供的商品或服务中,以虚假陈述或者其他不正当手段欺骗、误导消费者,致使消费者权益受到损害的行为。实践中,对"欺诈行为"应当以客观的方法检验和认定,即根据经营者在出售商品或提供服务时所采用的手段来加以判断。所以,只要证明下列事实存在,即可认定经营者构成欺诈行为:第一,经营者对其商品或服务的说明行为是虚假的,足以使一般消费者受到欺骗或误导。第二,消费者因受误导而接受了经营者的商品或服务,即经营者的虚假说明与消费者的消费行为之间存在因果关系。

1996 年 3 月,国家工商行政管理局发布的《欺诈消费者行为处罚办法》第三条和第四条列举了一些典型的欺诈行为,例如,销售掺杂、掺假,以假充真,以次充好的商品;以虚假的"清仓价""甩卖价""最低价""优惠价"或者其他欺骗性价格表示销售商品;以虚假的商品说明、商品标准、实物样品等方式销售商品;不以自己的真实名称和标记销售商品;采取雇佣他人等方式进行欺骗性的销售诱导;利用广播、电视、电影、报刊等大众传播媒介对商品作虚假宣传;销售假冒商品和失效、变质商品,等等。在实践中,所有这些行为都可以根据客观的事实(或者说,经营行为的外观)加以确定。

行政责任包括如下。

1.法定情形

根据《消费者权益保护法》第五十六条的规定:

经营者有下列情形之一,除承担相应的民事责任外,其他有关法律、法规对处罚机关和处罚方式有规定的,依照法律、法规的规定执行;法律、法规未作规定的,由工商行政管理部门或者其他有关行政部门责令改正,可以根据情节单处或者并处警告、没收违法所得、处以违法所得一倍以上十倍以下的罚款,没有违法所得的,处以五十万元以下的罚款;情节严重的,责令停业整顿、吊销营业执照:

(一)提供的商品或者服务不符合保障人身、财产安全要求的;

(二)在商品中掺杂、掺假,以假充真,以次充好,或者以不合格商品冒充合格商品的;

(三)生产国家明令淘汰的商品或者销售失效、变质的商品的;

(四)伪造商品的产地,伪造或者冒用他人的厂名、厂址,篡改生产日期,伪造或者冒用认证标志等质量标志的;

(五)销售的商品应当检验、检疫而未检验、检疫或者伪造检验、检疫结果的;

（六）对商品或者服务作虚假或者引人误解的宣传的；

（七）拒绝或者拖延有关行政部门责令对缺陷商品或者服务采取停止销售、警示、召回、无害化处理、销毁、停止生产或者服务等措施的；

（八）对消费者提出的修理、重作、更换、退货、补足商品数量、退还货款和服务费用或者赔偿损失的要求，故意拖延或者无理拒绝的；

（九）侵害消费者人格尊严、侵犯消费者人身自由或者侵害消费者个人信息依法得到保护的权利的；

（十）法律、法规规定的对损害消费者权益应当予以处罚的其他情形。

经营者有前款规定情形的，除依照法律、法规规定予以处罚外，处罚机关应当记入信用档案，向社会公布。

2.程序规定

《消费者权益保护法》第五十九条的规定:经营者对行政处罚决定不服的，可以依法申请行政复议或者提起行政诉讼。

刑事责任包括如下。

《消费者权益保护法》第五十七条、第六十条对经营者侵犯消费者权益相关刑事责任作出了规定:经营者违反本法规定提供商品或者服务，侵害消费者合法权益，构成犯罪的，依法追究刑事责任。以暴力、威胁等方法阻碍有关行政部门工作人员依法执行职务的，依法追究刑事责任；拒绝、阻碍有关行政部门工作人员依法执行职务，未使用暴力、威胁方法的，由公安机关依照《中华人民共和国治安管理处罚法》的规定处罚。

另外，国家机关工作人员玩忽职守或者包庇经营者侵害消费者合法权益的行为的，由其所在单位或者上级机关给予行政处分；情节严重，构成犯罪的，依法追究刑事责任。

民事责任、行政责任、刑事责任的适用条件不同，所起的作用也不同。对消费者而言，强制经营者承担民事责任对其更为直接有效。当消费纠纷发生时或受到消费者权益受到损害之后，如何获得最充分、最有效、最迅捷的补偿，是消费者最关心的问题。民事责任的基本特征是补偿性和赔偿性，即通过一方当事人承担相应的民事责任，使对方当事人受到的财产损害、人身损害、精神损害得以赔偿和弥补。所以，对侵犯消费者合法权益的行为，承担民事责任为先。即经营者违反本法规定，应当承担民事赔偿责任和缴纳罚款、罚金，其财产不足以同时支付的，先承担民事赔偿责任。

第三编

专利法

第一章　专利和专利法概述

第一节　专利的含义

"专利"一词从英文 patent 翻译而来,patent 来自拉丁文 litterae patents,是中世纪英国国王对人们封以爵位、任命官职及授予各种特权所常用的一种文书。这种文书盖有国王御玺,没有封口,人人可以打开阅读。也就是说,这种证书的内容是公开的。自 1623 年英国颁布垄断法以后,英国对发明人授予垄断权所用的这种文件改用英国专利局的印章,表明国家对某一发明创造已授予垄断权。这种文件在当今被称为专利证书,其所授予的权利被称为专利权,亦可简称专利。这种证书的内容也是公开的。这两大特点构成了专利的最基本特征——垄断和公开。公开是指将智力成果和技术内容让全社会都知道和了解,垄断是指对这种已经公开的技术的独占使用。汉语中,"专利"一词的字面意思为"专有利益"。在我国专利理论和实践中,"专利"有三层含义。

其一,专利就是专利权的简称。它是一种法定权利,是行政机关代表国家对该技术进行审查后赋予权利人以专有权。这也是专利一词在现代的最基本含义。本书在涉及"专利"概念时一般也是指专利权。

其二,专利是指专利权的客体。即取得专利权的发明创造。从此意义上理解,专利是具有独占权的公开技术。

其三,专利是指记载发明创造内容的专利文献。如说明书及其摘要、权利要求书等,即专利又可理解为公开的专利文献。

第二节　专利权的概念

专利权,是公民、法人或者其他组织对其发明创造在一定期限内依法享有的独占使用权。专利权的主体是依法享有专利权的公民、法人或者其他组织;客体是被批准为专利的发明创造;权利内容是专利权人可自己实施或者授权他人实施其专利,并禁止他人未经许可实施其专利。

作为知识产权三大支柱之一的专利权,与著作权、商标权一样,具有独占性、时间性和地域性。这些知识产权的特征在专利权中的具体体现为:就独占性而言,在同一法域内,相同主题的发明创造只能被授予一项专利权,且只能由专利权人行使该权利,其他任何人未经许可不得实施该专利技术;就时间性而言,专利权的保护期确定,发明专利保护期限为 20 年,实用新型和外观设计专利权的保护期限为 10 年,都从申请日起算,且不可续延;就地域性而言,所授予的专利权只能在该法域内有效,对其他法域没有效力。

第三节　专利法的概念和特征

专利法是以专利为核心的知识产权法。专利法具有其他知识产权法的一些共性,但又具有区别于其他知识产权法的本质特点。专利法是国家制定的用以调整由发明创造活动而引起的各种社会关系的法律规范的总称。专利法的调整对象是一种特殊的社会关系。概言之,有以下三种:其一,专利法调整因发明创造的归属而产生的社会关系;其二,因授予发明创造以专利权而产生的社会关系;其三,因发明创造的利用和保护而产生的社会关系。

专利法具有以下特征。

其一,专利法是社会规范与科学技术规范相结合的法律规范。专利法是保护发明创造的法律规范,发明创造本身属于科学技术范畴,没有发明创造,也就没有专利法。

其二,专利法既是实体法,又是行政程序法,是以实体法为主,与程序法相结合的法律规范,这特别表现在专利法不仅规定发明创造的权利人(即专利权人)的权利,而且规定了有关专利权的申请、审查、取得与行使的程序等内容。

其三,专利法采用行政和民事相结合的调整方式。这两种调整方式是相辅相成的。

第四节 专利制度的概念和特征

关于专利制度的概念,国内外有不同的理解和表述。在我国,最具代表性的专利制度的概念是 1983 年《关于〈中华人民共和国专利法(草案)〉的说明》所下的定义:"专利制度是国际上通行的一种利用法律的和经济的手段推动技术进步的管理制度。这个制度的基本内容是依据专利法,对申请专利的发明创造,经过审查和批准,授予专利权。同时把申请专利的发明创造的内容公开,以便进行技术情报交流和技术有偿转让。"专利制度是依照专利法,通过授予专利权和公开发明创造,推动技术进步和创新以及经济发展的法律制度。

专利制度的特征有以下五点。

1. 法律保护

专利制度是以专利法律制度为核心形成的一种专利授予、实施、流转、保护和管理的制度。专利制度最本质的特征在于它是一种法律制度。因此,专利制度和专利法的关系十分密切。专利法是专利制度的基础及其赖以建立的前提条件,是国家专利制度实施和专利工作顺利进行的保障,是专利制度的核心。专利法通过调整专利工作中的各种法律关系,保障专利制度的实施和专利工作的顺利进行。

2. 科学审查

要获得专利权,需经过科学审查。国家专利主管机关依法对申请专利的发明创造进行专利条件的审查。这种审查是建立在对已有技术充分检索的基础上的,具有法定的程序性。专利制度中的科学审查是现代科学技术发展的客观要求,也是保证专利质量的重要举措。

3. 技术公开

发明创造通过专利申请的公布或专利的颁布将技术内容向社会公开、传播。这是专利制度进步性的重要表现。

4. 国际交流

这是针对专利制度在国际范围内进行科学技术、贸易和经济等方面的交往而言的。专利制度对于推动国际技术交流起着重要的作用。在以上四个特征中，法律保护与技术公开是专利制度的两大支柱。专利制度的关键是在依法授予并保护专利权人对发明创造独占权（即以法律的手段实现对技术实施的垄断）的同时，通过法律手段和经济手段促进发明创造内容尽早公开和实施。允许独占与强调公开和实施，集中体现了专利制度的特色和目的。

5. 保护和鼓励发明创造

专利制度作用的基点在于通过授予发明创造专利权而达到保护发明创造的目的。通过专利制度，能够在市场上建立起公平的竞争机制，激励个人和社会组织进行发明创造活动，激发企业和其他经济组织加大对科技研发活动的投资热情，从而达到推动整个国家技术进步和经济发展的目的。同时，由于专利技术一旦申请即公开，可以避免相关研发人员和机构在相同主题上进行重复研发和投入，避免了资源浪费，提高了技术和资金的使用效能。

第五节　专利制度的起源与发展

专利制度最早的萌芽是在公元前 10 世纪的雅典，政府授予一个厨师独占使用其烹调方法的特权。该独占使用烹调方法的特权已经包含了近现代专利制度的内容。1236 年，英国国王亨利三世授予一位市民拥有色布制作技术 15 年的专有技术垄断权。1623 年，英国议会制定了《垄断法案》，该法案被认为是世界上第一部具有现代意义的专利法。该法废除了英王已经授予的所有垄断权，并规定了发明专利权的主体、客体、取得专利的条件、专利的有效期以及专利无效等制度。该法中的一些基本制度、原则、定义一直沿用至今，为后世各国专利法的立法奠定了基础，被后世许多国家的专利立法所仿效。法国 1791 年通过的《专利法》第一条明确规定："各种工业中的每一项新发现或者新发明都是创造者的财产"，从法律角度确认了专利权的财产属性。发明人的权利不再是封建君主恩赐的结果，而是国家法律所承认的利益。

英美法系国家专利制度的发展与大陆法系有所不同。英美法系国家专利制度的基础理论是功利主义理论，其主要内容是：国家通过建立专利法律制度，赋予发明人在一定期限内独占的实施权，以鼓励发明人将其发明创造尽早向社会公开。由于专利制度的存在，这种公开不会使他人在不付出任何对价的前提下自由地、无限制地使用。作为对发明人公开其发明创造的回报，专利法律制度允许发明人以有偿的方式许可他人使用,或者通过一定期限的独占使用,使发明人在进行发明创造时所付出的时间、费用和心血得到回报。

总而言之,在 19 世纪,世界上大多数资本主义国家都颁布实施了各自的专利法。从 19 世纪初到 19 世纪末,荷兰、奥地利、俄罗斯、普鲁士、瑞典、西班牙、英国、加拿大、德国、日本都制定了专利法。甚至现在仍是发展中国家的巴西、印度、阿根廷也分别先后在 1859 年(巴西和印度同在 1859 年)和 1864 年颁布了专利法。

现代社会中,国际专利合作制度进一步发展。《保护工业产权巴黎公约》(以下简称《巴黎公约》)经过多次修改,至今已有 177 个成员国。国际上还签署了多个国际和区域间的专利合作条约。特别是到了 20 世纪 90 年代,在世界贸易组织(原来的关贸总协定)的推动下,知识产权被纳入世界贸易体制,成为世界贸易体系中的三大支柱之一。在《建立世界贸易组织协定》(WTO 协议)的框架中,专门有一项关于知识产权的协定,即《与贸易(包括假冒商品贸易在内)有关的知识产权协议》(TRIPS 协议)。专利制度也属于 TRIPS 协议的重要内容之一。现代专利制度的发展还表现出专利权的主体多元化、客体不断扩大、内容更加丰富等特点。

专利制度经过数百年的发展,专利权从封建皇室特权逐渐演变成为一种私权,同时也努力在私权和国家公益之间达到了一个大致的平衡。但是由于专利权的客体还必将随着社会的进步、科技的发展而不断增多;各利益集团的利益冲突也会不断发生,并出现新的冲突形态。因此,专利制度的发展不会就此停顿,必将会进一步向前发展和变化,以回应新的社会问题和社会关系调整需求。

第六节　我国专利制度的历史演进

我国最早授予的专利权是 1882 年光绪皇帝批准郑观应的上海机器织布局采用的机器织布技术,该技术可享受 10 年的专利。光绪皇帝还在 1898 年"戊戌变法"中颁布了中国第一部专利法《振兴工艺给奖章程》,但是也因为戊戌变法的失败而未能实施。1912 年,辛亥革命后的民国政府颁布了《奖励工艺品暂行章程》。1932 年民国政府颁布的《奖励工业技术暂行条例》及其实施细则和《奖励工业技术审查委员会规则》,构成了中国第一个比较完整的专利保护法律制度。1944 年 5 月 4 日,抗战中的中华民国政府在重庆颁布了一部《专利法》,这是中国第一部真正的"专利法"。

新中国成立后，我国政府于 1950 年颁布了《保障发明权与专利权暂行条例》。同年，政务院财政经济委员会颁发了该条例的实施细则以及《发明审查委员会规程》。该暂行条例将授予权利分为发明权和专利权。发明的实施和处理权归属国家，发明权人享有署名、领取奖金、奖状等奖励的权利，奖金可以继承。获得专利权的人，享有自己实施专利、转让、许可他人使用、制止他人使用以及可以将专利权作为遗产由其继承人继承的权利。根据上述条例、细则及规程的规定，新中国政府共授予了六项发明权和四项专利权。1963 年，《发明奖励条例》的颁布，《保障发明权与专利权暂行条例》即被废止。自此，我国专利法律制度中断了 20 多年。

1978 年底，党的十一届三中全会以后，党的工作重心转移，经济建设步伐加快。1979 年 3 月，原国家科委受国务院委托成立专利法起草小组，开始起草专利法。在起草过程中，有关部门对我国是否应当建立专利制度产生了激烈的争论，起草工作曾因此一度搁置。1982 年 9 月，国务院在听取专门汇报后作出决定："从全局和发展的观点上看，我国应该建立专利制度。"1984 年 3 月，《中华人民共和国专利法》在第六届全国人大常委会第四次会议上通过。

第七节　我国《专利法》的制定与完善

一、我国第一部专利法及其特点

我国于 1984 年 3 月 12 日通过了《中华人民共和国专利法》（下称 1984 年《专利法》），该法于 1985 年 4 月 1 日正式实施。1985 年 1 月国务院又批准了《中华人民共和国专利法实施细则》。

我国 1984 年《专利法》具有以下特点。

第一，立法的重要目的之一是推广和应用发明创造。1984 年《专利法》第一条："保护发明创造专利权、鼓励发明创造，有利于发明创造的推广应用，促进科学技术的发展，适应社会主义现代化建设的需要。"

第二，实行专门的专利保护制度。为与当时的国际规则相协调，专利法采取了单一的专利保护制度，确立了对发明创造这种无形财富的工业产权保护。

第三，三种专利合为一法保护。我国专利法将发明、实用新型与外观设计三种专利形式合在一部法律文件中加以保护。

第四,实行计划许可与强制许可并用的制度。专利法强调发明创造的实施,规定了强制许可制度。同时,专利法将社会整体利益与专利权人局部利益结合起来,规定了国家计划许可制。

第五,根据不同的专利分类,实行专利形式审查和实质审查制,保证授权专利的技术质量。

第六,实行行政执法与司法审判相结合的双轨制,解决专利纠纷。

二、《专利法》的第一次修改

为进一步加强专利制度的作用,1992年9月4日第七届全国人大常委会第二十七次会议通过了《关于修改中华人民共和国专利法的决定》,于1993年1月1日正式实施(以下称1992年《专利法》)。

《专利法》第一次修改的主要内容如下。

1.扩大了专利保护范围

修改1984年《专利法》对药品和用化学方法获得的物质以及食品、饮料和调味品不授予专利权的规定,允许上述产品授予专利权,这是我国知识产权制度与国际接轨的重大举措,有利于我国医药、化工行业从仿制为主的窘迫境况中走出来。

2.延长了专利权保护期限

发明专利保护期从15年延长到20年,实用新型和外观设计的专利保护期从原来5年加3年续展期改为10年,不再续展。

3.改进了专利审批制度

(1)将授权前异议程序改为授权后撤销程序;(2)增设本国优先权;(3)扩大了专利复审范围,对国务院专利行政部门撤销或维持专利权的决定不服的,也可以请求复审;(4)对无效宣告请求的时间及被宣告无效的专利权的追溯效力作了进一步规定;(5)明确了发明专利申请公布的时间以及专利复审委员会和专利管理局审理案件的性质等。

4.进一步加强了专利权的保护

(1)依国际惯例增加了进口权的规定;(2)对方法专利的保护延及依该方法直接获得的产品;(3)对强制许可条件作了重新规定,补充了强制许可的类型;(4)补充冒充专利的处罚,增加了对冒充专利产品或方法的管理和制裁的规定。

为与修改后的 1992 年《专利法》相协调，1992 年 12 月 12 日国务院公布了修订后的《专利法实施细则》，该实施细则于 1993 年 1 月 1 日起施行。

三、《专利法》的第二次修改

2000 年 8 月 25 日，第九届全国人大常委会表决通过了《关于修改〈中华人民共和国专利法〉的决定》（下称 2000 年《专利法》），并于 2001 年 7 月 1 日起施行。2000 年《专利法》修改的范围涉及 35 条，包括新增 4 条，删除 4 条，修改 27 条。具体包括以下方面。

1. 明确专利立法为促进科技进步与创新服务

在第一条立法宗旨中，将"促进科学技术的发展"改成"促进科学技术的进步和创新"。2000 年《专利法》将专利制度置于国家科技创新体系建设的大背景下，明确企业和其他科研组织的技术创新主体地位，平衡好专利与技术创新的关系。

2. 不再区分"持有"与"所有"

原《专利法》规定国有单位只享有对专利权的"持有权"，而专利权为国家"所有"。本次修法取消了二者的区分，有利于激励国有企事业单位增强创新意识和创新动力，参与市场竞争，促进国有企业的技术发展。

3. 合理界定了职务发明的范围以及职务发明人获得报酬的权利

（1）合理界定职务发明创造的范围，将"主要利用本单位的物质条件"修改为"主要利用本单位的物质技术条件"。如果单位与发明人或设计人对申请专利的权利和专利权的归属作出约定的，从其约定。（2）在职务发明创造中发明人或设计人权利部分，将单位"应当给予奖励"改为"应当给予报酬"，以调动科研人员从事和实施发明创造的积极性。

4. 对外观设计的专利性的修改

将原《专利法》第二十三条修改为"授予专利权的外观设计，应当同申请日以前在国内外出版物上公开过或者国内公开使用过的外观设计不相同和不相似"，表明只有既不相同也不相似的外观设计才具有专利性。

5. 进一步完善专利审批和维权程序

（1）简化向外国申请专利的手续，不再需要行政主管部门的同意。（2）实用新型专利申请审批制度的改进。2000 年《专利法》除维持原有的初步审查制外，还规定了"检索报告制"。(3)专利申请权与专利权转让手续的简化。

6. 修改了对专利权限制的内容

(1)对第三人善意使用、销售专利产品,2000年《专利法》明确其仍为侵权行为,但能证明其产品合法来源,可以免除赔偿责任。(2)对于国有企业、事业单位的发明专利,取消国家计划许可,实行指定许可。(3)强制许可的改进。将后一发明或实用新型比前一发明或实用新型"在技术上先进"的条件改为"具有显著经济意义的重大技术进步"。

7. 加大行政执法和司法的保护力度

(1)增加了许诺销售权的规定。(2)增加了有关侵权损失赔偿额的计算规定。(3)规定了专利侵权的诉前临时措施。(4)修改了对发明专利临时保护纠纷案件诉讼时效的规定。(5)方法专利侵权诉讼举证责任改为"应当提供其制造方法不同于专利方法的证明"。

8. 进一步与国际接轨

(1)取消专利复审委员会对实用新型和外观设计的复审与无效审查决定是终局决定的规定。(2)与《专利合作条约》协调,增加了有关专利国际申请的规定。

此外,为了与2000年《专利法》的实施相配套,对《专利法实施细则》也作了相应修改,修改后的"细则"于2001年7月1日起开始实施。

四、《专利法》的第三次修改

随着国内、国际形势的发展,我国提出了提高自主创新能力、建设创新型国家的目标。2008年6月5日,在历经数年研究、起草、论证的基础上,国务院制定颁布了《国家知识产权战略纲要》。在这种新的时代背景下,我国专利法经历了第三次修改。

2008年12月27日,根据第十一届全国人民代表大会常务委员会第六次会议《关于修改〈中华人民共和国专利法〉的决定》。修订后的《专利法》于2009年10月1日起施行。此次修改的内容主要体现在以下几方面。

1. 关于立法宗旨。《专利法》增加了"提高创新能力"的内容,强化专利法在促进发明创造应用方面的功能和作用。

2. 深化行政审批改革、建设服务型政府的举措,取消向外国申请专利须先申请中国专利的规定,取消对涉外代理机构指定,增加国务院专利行政部门在传播专利信息职责方面的规定等。

3. 关于专利申请权的归属和管理。完善了在中国完成的发明创造向国外申请专利的审批程序;对同一申请人同日对同样的发明创造既申请实用新型专利又申请发明专利的处理作了针对性规定。

4. 关于专利权的授予,采用绝对新颖性标准,即取消对现有技术和现有设计的地域限制。

5. 增加了对遗传资源的保护和遗传资源来源披露要求的规定。

6. 进一步完善外观设计制度,包括限定外观设计的授权范围、提高授予外观设计权的实质性条件、关联外观设计的合案申请、外观设计检索报告制度、赋予外观设计专利权人许诺销售权等。

7. 加大专利行政执法力度和行政处罚力度,完善侵权赔偿数额的计算方式以及法定赔偿额,增加诉前证据保全措施,完善财产保全措施等。

8. 促进技术推广应用的举措,包括增加专利权共有人实施或者许可他人实施共有专利的制度,增加不视为侵犯专利权的情形、完善善意侵权制度等。

9. 制止知识产权滥用、维护公共利益的举措,包括对强制许可制度进一步完善,增加现有技术抗辩的规定等。

五、《专利法》的第四次修改

随着我国知识产权事业发展的不断深入和国内外经济和社会形势的不断变化,专利法的再次修改需求又逐步凸显。2014年,《专利法》的第四次修改工作正式启动。2018年12月,国务院常务会议通过了专利法第四次修正案草案。2020年10月17日,第十三届全国人大常委会第二十二次会议通过了《关于修改〈中华人民共和国专利法〉的决定》。此次修改主要内容包括:(1)加强对专利权人合法权益的保护,包括加大对侵犯专利权的赔偿力度,对故意侵权行为规定了一到五倍的惩罚性赔偿,将法定赔偿额上限提高到五百万元,完善举证责任,完善专利行政保护,新增诚实信用原则,新增专利权期限补偿制度和药品专利纠纷早期解决程度有关条款等;(2)促进专利实施和运用,包括完善职务发明制度,新增专利开放许可制度,加强专利转化服务等;(3)完善专利授权制度,包括进一步完善外观设计保护相关制度,增加新颖性宽限期的适用情形,完善专利权评价报告制度等。

第二章　专利保护的客体

专利权的客体也即专利法的保护对象。《巴黎公约》第一条第二款要求缔约国将专利、实用新型和外观设计纳入工业产权的保护对象，同时允许缔约国自行对"专利"进行定义。很多国家的《专利法》只保护发明，而对实用新型和外观设计通过单独立法加以保护。我国《专利法》则同时将发明、实用新型和外观设计列为保护对象。这意味着在我国存在发明专利、实用新型专利和外观设计专利。

发明、实用新型和外观设计都是我国《专利法》保护的客体。发明包括产品发明和方法发明两类，对现有发明的改进则称为改进发明。与发明相比，实用新型的创造性较低，同时只针对产品而不涉及方法。外观设计则与发明和实用新型存在实质性区别，它并非一项用于解决技术问题的技术方案，而只是具有美感并能在产品上应用的设计。

第一节　发明

一、发明的概念

专利法意义上的发明比一般意义上的发明要严格得多，后者是指经过实践证明能够直接应用于工业生产的技术成果。专利法所说的发明仅是一种解决技术问题的具体方案或一种技术构思，它并不要求"经过实践证明可以直接应用于工业生产"。当然，它应具有在工业上应用的可能性。

专利法上的发明是指发明人利用自然规律为解决某一技术领域存在的问题而提出的具有创造性水平的技术方案。所谓技术方案，是利用自然规律解决人类生产、生活中某一特定技术问题的构思。我国《专利法》第二条第二款规定：

"发明，是指对产品、方法或者其改进所提出的新的技术方案。"

二、发明的属性

作为专利客体的发明必须具备两个属性：技术属性和法律属性。

1.技术属性

（1）发明是一种技术方案。专利法上的发明并不要求发明是技术本身，它只要求是技术方案即可。这使我国《专利法》与《发明奖励条例》在"发明"的概念上区别开来。

（2）发明是利用自然规律在技术应用上的创造和革新，而不是单纯地揭示自然规律。首先，发明是利用自然规律的结果，违背自然规律或不是利用自然规律的"技术方案"或其他方案不是发明。其次，发明是一种技术应用上的创造和革新，不是认识自然规律的理论创新。

（3）发明是解决特定技术课题的技术方案，而不是单纯提出课题。单纯提出课题，是发明还停留在构思阶段，而没有表现为一种针对特定技术课题的技术方案，不构成专利法上的发明。当然，提出课题、发明构思往往是发明的先导。

（4）发明必须通过物品表现出来，或是在作用于物品的方法中表现出来。这是因为技术思想与技术方案本身都是观念性的东西，具体物品才是技术思想的载体。

2.法律属性

专利法保护的发明具有一定的法律意义。因为被称为发明的新技术方案并不能自动成为专利保护的客体。它们要经过主管专利机关的审查，确认其符合专利法的条件才能取得专利权。技术上的发明要成为法律上的发明必须具备一些法定条件。

三、发明的种类

我国专利法确认的发明种类有产品发明、方法发明和改进发明。

1.产品发明

产品发明是指人类经过创造性智力活动，制造出自然界和人类社会之前没有的有形制成品。如某物品未经过人类加工，如农业初级产品，则不能成为产品，也不列入产品发明。产品发明可以分为以下几种类别：（1）制成品发明，例如最终消费物、完整的机器、设备、装置等；(2)材料、化学物质的发明；(3)有新功能的产品。产品发明专利保护产品本身，不涉及制造方法。

2.方法发明

方法发明则是将某一种符合自然规律的方法、技巧、工艺、手段、步骤、程序等作用于生产物质，使之发生物理、化学或者功能性改变，从而满足了人类的某种需要。方法发明类型多样，一般包括以下几种类型：产品制造方法、化学方法、生物方法、将某产品用于新用途的方法。

3.改进发明

改进发明是在前面两类发明基础上提出的有实质性改进的技术方案。例如使用某种材料能够将某灯具产品的使用寿命显著延长，就可称之为改进发明。

第二节　实用新型

一、实用新型的概念与特点

1.实用新型的概念

《专利法》第二条第三款规定："实用新型，是指对产品的形状、构造或者其结合所提出的适于实用的新的技术方案。"实用新型也是发明，但与发明专利相比，其难度较小、技术水平较低，因此法律将之单独分类，保护范围和力度标准随之降低。

2.实用新型的特点

第一，实用新型专利必须以产品为载体。该产品为有形制成物，例如电器类、仪器设备类、日用品类等；也可以是零部件、半成品等。但制造这种产品的工艺方法不受实用新型专利保护。发明既可以是产品也可以是方法，而实用新型仅针对产品，而不能是方法。

第二，实用新型必须是具有一定立体形状和结构或者是两者相结合的产品。形状是指产品外部固定的主体外形，该外形具有技术性的效果和功能，而非装饰审美目的。

第三，实用新型具有实用性，其在生产上应有实际产业应用价值。

第四，实用新型的创造性较发明低。专利法一般仅要求实用新型具有实质性特点和进步，而不要求如发明那样有突出的实质性特点和显著进步。专利行政机关对实用新型的申请并不进行实质审查，授权程序相对简单、迅捷。

二、各国对实用新型的法律保护

就纵向范围来说，实用新型相关法律制度的建立晚于发明、外观设计的法律制度。1843 年英国制定了《实用新型法》，这是世界上最早的实用新型法。将实用新型作为一种单独的工业产权加以保护则首先是德国于 1891 年通过立法确立的。1911 年《巴黎公约》正式确立了实用新型保护制度。目前世界上采用实用新型保护制度的只有中、德、日、法、葡等 20 个国家和地区。

在采取实用新型制度的国家中，对实用新型的保护方式也不同。部分国家以专利法加以保护，如巴西、菲律宾等国。部分国家则以专门的实用新型法加以保护，如日本、德国、意大利、乌拉圭等。在称谓上也不相同，如日本称"实用新案"，德国称"实用证书"，其他国家称"实用新型"或"新型"。此外，有些国家如英国和美国虽未规定实用新型专利，但实际上是把实用新型作为小发明纳入发明中一起保护的。我国实用新型的发明创造的数量很大。建立实用新型制度有利于激励社会各界进行发明创造活动，从而推动社会整体科学技术的进步，这已为实践所证明。

第三节　外观设计

一、外观设计的概念与特点

1. 外观设计的概念

外观设计，又称工业品外观设计。《专利法》第二条第四款规定："外观设计，是指对产品的整体或者局部的形状、图案或者其结合以及色彩与形状、图案的结合所作出的富有美感并适于工业应用的新设计。"外观设计涉及的不是技术上的发明创造，而是一种工业品的装饰性或艺术性外观式样。

2.外观设计的特点

一是对产品外表所作的设计,其必须与产品有关。外观设计涉及的是产品的外观,而非产品的构造、性能、制造工艺和方法。

二是关于产品形状、图案或其结合以及色彩与形状、图案相结合的设计。这里的形状是指具有三维空间的产品造型;图案是指二维的平面设计,或用线条、不同色彩形成的图形。外观设计往往是形状与色彩、图案与色彩或形状、图案、色彩三者的结合。

三是应富有美感。授予外观设计专利的目的主要是为促进商品外观的改进,增加产品竞争力,满足消费者的审美需求和消费心理需求。外观设计美感应以消费者的眼光来衡量,只要多数消费者认为是美观的,就可以认为是富有美感的外观设计。

四是适合于工业上应用的新设计。产品能够产业化大批量复制。这使得外观设计与艺术创作相区别。新设计是指该外观设计具有新颖性,与现有技术不相同或相近。

二、外观设计与实用新型的区别

外观设计是一个美学设计,它是技术和艺术、自然科学和美学创作与生产、创造等综合起来的一种新设计。因此,外观设计专利的保护范围是产品的外观形状、美感效果。实用新型专利的保护范围则是产品功能和技术效果。外观设计和实用新型都可能涉及产品的外部形状,但外观设计仅涉及产品的外部形状,实用新型则不仅涉及产品的外形和外部结构,还可能涉及产品的内部形状和构造,具有一定的功能目的。可以说,外观设计是物的美化上的创作,实用新型则是物的功能上的创作。

当然,也有一部分产品设计既有美感效果又有技术效果,此时则应分析哪一种效果是主要的。如果两种效果不可分开,而技术效果只能通过特定造型才能体现出来,就不宜申请外观设计专利;如果产品外形设计具有明显美感效果,对产品形状、构造有较强的制约作用,而该产品外表具有明显外部效果的,则应申请外观设计专利。

三、各国对外观设计的法律保护

以英、美为代表的多数国家采用专利保护形式。理由是外观设计代表设计者的创作活动，具有发明性质，其显著性特点是同样的外观设计可为很多人制造出来，其新颖性具有关键意义，应以专利形式保护。不过以专利形式保护并非都在专利法中予以规范，如日本和英国是在外观设计法中予以规定的。一些国家采用外观设计和著作权的双重保护制度，如德国工业品外观设计版权法与外观设计注册法并存。以西班牙为代表的一些国家则采取注册保护的方式。

不论对外观设计采取何种保护方式，其保护效果是基本一致的，即外观设计所有人对其外观设计享有独占权，未经其许可或法律特别规定，其他任何人不得复制或模仿受保护的外观设计。

第四节　不受专利法保护的对象

并非一切发明创造都能够获得法律保护。各国专利法一般要对授予专利的发明创造作出严格的法律界定，将某些类型的发明和非发明的项目排除在专利客体之外。我国《专利法》对不授予专利的客体也作了明确规定。

一、违反法律、社会公德或妨害公共利益的发明创造

《专利法》第五条第一款规定："对违反法律、社会公德或者妨害公共利益的发明创造，不授予专利权。"

1.违反法律的发明创造

违反法律的发明创造如用于赌博的设备、机器，伪造公文、印章、文物的设备等，不能被授予专利权。《专利法实施细则》第十条规定："专利法第五条所称违反国家法律的发明创造，不包括仅其实施为国家法律所禁止的发明创造。"也就是说，发明创造本身的目的并没有违反国家法律，但是由于被滥用而违反国家法律的，则不属于不授予专利权的范围。换言之，有些发明创造的目的本身并不违法，但其技术特征决定了它可以成为违法犯罪的手段时，应具体分析。如电子游戏机本以娱乐为目的，但也能用于赌博。如专利申请中包含了这方面用途，就应

将这方面内容删掉。

2.违反社会公德的发明创造

违反社会公德的发明创造不利于我国精神文明建设,不能取得专利权。社会公德可以理解为公众普遍认同和接受的道德观念、行为准则。发明创造在客观上与社会公德相违背的,不能被授予专利权。

3.妨害公共利益的发明创造

妨害公共利益,是指发明创造的实施或使用会给公众或社会造成危害,或者会使国家和社会的正常秩序受到影响。例如某发明创造会严重污染环境、破坏生态平衡的,就不应授予专利权。

二、违法获取或利用遗传资源,并依赖该遗传资源完成的发明创造

《专利法》第五条第二款规定:"对违反法律、行政法规的规定获取或者利用遗传资源,并依赖该遗传资源完成的发明创造,不授予专利权。"

专利法所称遗传资源,是指取自人体、动物、植物或者微生物等含有遗传功能单位并具有实际或者潜在价值的材料;专利法所称依赖遗传资源完成的发明创造,是指利用了遗传资源的遗传功能完成的发明创造。该规定旨在建立一种机制,防止违反我国遗传资源管理法律、法规而完成的发明创造获得专利权。规定对于防止非法窃取我国遗传资源进行技术开发并申请专利,保护我国遗传资源具有重要意义。

三、科学发现

科学发现是对客观世界存在的未知物质、现象、变化过程及其特征和规律的揭示和认识,不是专利法意义上的发明创造,不能授予专利权。但是,将新的发现付诸使用则可能取得专利。如将新发现的元素与其他化学元素或化合物用特殊方法结合起来产生一种新化合物,即是一种可以取得专利的发明。而且,科学发现仍可受专利法以外形式的法律保护,如我国的《自然科学奖励条例》。发明和科学发现两者关系密切。通常,很多发明是建立在科学发现的基础之上的,进而发明又促进了发现。

发明与发现的这种密切关系在化学物质的"用途发明"上表现最为突出,当

发现某种化学物质的特殊性质之后，利用这种性质的"用途发明"则应运而生。同时，科学发现与发明之间也具有重要区别。科学发现是揭示自然界本身的存在，而不是从无到有创造以前并不存在的东西。发明则不同，它是利用自然规律解决技术问题的新的技术方案。

四、智力活动的规则和方法

智力活动是人的思维运动，它源于人的思维，经过推理、分析和判断产生出抽象的结果，或者必须经过人的思维运动作为媒介才能间接地作用于自然、产生结果。智力活动的规则和方法是人们进行推理、分析、判断、记忆等思维活动的规则和方法，如计算方法、统计方法、速记方法。它不是利用自然规律的过程；不能在工业上使用，因而不是专利保护的客体。如果一项发明仅涉及智力活动的规则和方法，亦即智力活动的规则和方法本身，则不应当被授予专利权。例如仪器和设备的操作说明，计算机的语言及计算规则，计算机程序本身。

五、疾病的诊断和治疗方法

这是指确定或消除有生命的人体和动物体病灶及病因的步骤过程。它不能在工业上应用，也不适用于专利保护。从社会人伦的角度考虑，也不允许垄断疾病诊断和治疗方法。如西医外科手术的方法、中医的针灸和脉诊方法都不能被授予专利权。但在疾病诊断和治疗中所使用的器械、仪器等医疗设备可以获得专利权。

诊断方法，是指为识别、研究和确定有生命的人体或动物体病因或病灶状态的全过程。治疗方法，是指为使有生命的人体、动物体恢复或获得健康或者减少痛苦，进行阻断、缓解或消除病因或病灶的过程。它包括以治疗为目的或者具有治疗性质的各种方法。预防疾病或免疫的方法视为治疗方法。

六、动物和植物品种

这种发明是针对动物和植物品种本身而言的。对于动物、植物品种的发明是否授予专利，目前国际上有两种不同的做法。一是授予专利。美国、法国等国对植物品种授予发明专利，匈牙利等国对动物品种授予专利。二是不授予发明专利。这是多数国家的做法。从国际趋势看，动植物品种发明专利有可能从专利法中分离出来,赋予特别法的保护。1961 年签订的《国际植物新品种保护公约》就规定,各成员国应以特别证书或专利的方式对植物培育者给予保护。我国专利法规定对动物和植物品种不给予专利保护。但是动物和植物品种的生产方法与一般的方法发明一样可以取得专利。这里的生产方法,即生物方法以外的方法。此外,微生物不属于动物或植物范畴,微生物方法也不是生物方法。微生物品种以及微生物方法可以依照我国专利法给予保护。

我国专利法不保护动植物品种,并不意味着动植物品种不受其他知识产权法的保护。为有效保护植物品种,我国已制定实施了一系列鼓励植物新品种开发、应用的法规、规章,如《中华人民共和国种子法》《主要农作物品种审定办法》等。特别是 1997 年颁布了《植物新品种保护条例》(2014 年修订),这对于建立我国植物新品种知识产权保护制度具有重要的意义。

七、原子核变换方法和用该方法获得的物质

原子核变换方法是指使一个或几个原子核经分裂或者聚合形成一个或几个新原子核的过程、步骤。用原子核变换方法获得的物质是指用核裂变或核聚变的方法获得的元素或化合物。对这类物质的发明,除极少数国家外,大多数国家都不授予专利权。这主要是因为用原子核变换方法获得的物质关系到国防、科研和公共生活的重大利益,不宜为单位或私人垄断,所以不能被授予专利权。为实现核变换方法的各种设备、仪器及其部件可以被授予专利权。为实现原子核变换而增加粒子能量的粒子加速方法,如电子行波加速法、电子驻波加速法等因其不属于原子核变换方法,属于可授予发明专利权的客体,可以被授予专利权。

八、对平面印刷品的图案、色彩或二者的结合作出的主要起标识作用的设计

《专利法》第二十五条第六项规定,对平面印刷品的图案、色彩或二者的结合作出的主要起标识作用的设计,不授予专利权。与该法第二十三条第一款和第二款增加外观设计绝对新颖性标准和创造性标准一样,其主要目的是提高外观设计专利的质量,促进外观设计的创新。近年来,中国外观设计专利申请和授权数量增长迅速,但其中也不乏仅涉及起主要标识作用的、以瓶贴和平面包装为主要特色的图案设计,属于对平面印刷品的图案、色彩或二者的结合作出的起主要标识作用的设计。这类设计固然有一定的新颖性和创造性,但与外观设计专利

保护的本质不够协调，需要通过立法修改引导外观设计的创造者重视对产品本身外观的创新活动，以提高中国外观设计专利产品的国际竞争力。另外，将瓶贴和平面包装为主要特色的图案设计申请专利，容易产生外观设计专利权与他人的注册商标权、著作权的冲突。这类设计在满足独创性的条件下，可以获得著作权。基于这些考虑，2008年《专利法》作出了上述修改，这一修改有利于鼓励设计人对产品本身的外观设计创新，提高外观设计创新水平。

第三章　专利权的主体

第一节　专利权主体概述

一、专利权主体的概念

广义的专利权主体包括在发明创造及专利权产生的整个过程中对发明创造与专利权享有一定利益的主体。其中包括发明人、设计人、专利申请人、先用权人、职务发明人及其单位和外国人。狭义的专利权主体仅指专利获得批准后,对专利权享有受益、使用和处分权利的人。我国《专利法》规定,发明人和设计人及其合法受让人,发明人和设计人工作单位以及外国的单位和个人可以成为专利权的主体。

二、专利申请权人与专利权人

专利申请权是指依照专利法的规定有资格提出专利申请的权利。专利申请权人即享有专利申请权的人。申请专利的权利与专利申请权是两个不同的概念,我国《专利法》对此作了区分,即前者是指提出专利申请的资格,后者则是指提出专利申请后享有的参与专利审批程序的当事人的资格。

同时,申请专利的权利与获得专利的权利也是两个不同的概念。申请专利的权利是解决提出专利申请阶段申请权的归属问题,即申请人的资格问题;获得专利的权利解决的则是专利权授予阶段专利权的归属问题,即专利权人的资格问题。在有些情况下,享有、行使申请专利的权利并不一定能最终获得专利权。

专利权可以通过转让、赠与或继承等方式取得。可见，享有申请专利的权利并非取得专利权的充分条件，专利权人取得专利权的方式并不限于专利申请这一途径。

三、专利权的继受主体

专利权的继受主体是指通过转让、继承或赠与方式而依法获得专利权的人。专利申请权和专利权均为民法上的财产权，故其转让已为各国法律所肯定。我国《专利法》第十条明确规定，专利申请权和专利权可以转让。

发明创造人的继承人通过继承亦可以取得发明创造的专利申请权和专利权。在继受取得中，合法受让人无论通过何种方式取得专利申请权或专利权，其仅能取得专利权中的财产权，因为发明人和设计人的人身权是不可转让和继承的。同时，合法继受人在申请专利时，应向国务院专利行政部门提供合法受让该发明创造所有权的证明。

四、确定相同发明创造专利权主体的原则

1. 授予发明创造专利权的两种不同模式

专利权具有独占性，同样的发明创造只能被授予一项专利。若两个专利申请人就相同发明创造向国务院专利行政部门分别提出专利申请，如何确定专利权人？国际上通行两种不同的原则，即先发明原则和先申请原则。

先发明原则，指两个以上的申请人就同样的发明创造分别向国务院专利行政部门申请专利，专利权授予最先完成发明创造的人的原则。这一原则虽符合专利制度鼓励发明创造的宗旨，但缺乏实际可操作性。

先申请原则，也称优先申请原则，是指两个以上的申请人分别就同样的发明创造申请专利，专利权授予最先申请人的原则。这一原则为大多数国家所采用。我国《专利法》第九条第二款规定，两个以上的申请人分别就同样的发明创造申请专利的，专利权授予最先申请的人。《专利法实施细则》第四十一条规定，两个以上的申请人在同一日分别就同样的发明创造申请专利的，应当在收到国务院专利行政部门的通知后自行协商确定申请人。应注意，在实行先申请原则的国家，判断申请先后的时间标准有两种：一是以申请日为判断标准；二是以申请时刻为判断标准。我国采用第一种标准，即以申请日期确定先申请人。

2.禁止重复授权

《专利法》第九条第一款规定,同样的发明创造只能授予一项专利权。但是,同一申请人同日对同样的发明创造既申请实用新型专利又申请发明专利,先获得的实用新型专利权尚未终止,且申请人声明放弃该实用新型专利权的,可以授予发明专利权。这一规定确立了禁止重复授权原则。

第二节　发明人或设计人

一、发明人或设计人的定义

确认发明人或设计人的身份是确定专利申请权人和专利权人资格的主要依据。所谓发明人,是指对产品、方法或其改进提出新技术方案的人,或者对产品的形状、构造或其结合提出适于实用的新方案的人。所谓设计人,是指对产品的形状、图案或其结合以及色彩与形状、图案的结合所作出的富有美感,并适用于工业应用的新设计的人。

发明人或设计人只能是自然人,不能是法人或其他组织。在各种专利文件上,都要求填写发明人或设计人的姓名,这是对发明人或设计人身份权的一种确认和保护。

二、发明人或设计人的判断规则

《专利法实施细则》第十三条:"发明人或设计人应当是对发明创造的实质性特点作出创造性贡献的人。在完成发明创造的过程中,只负责组织工作的人、为物质技术条件的利用提供方便的人或从事其他辅助工作的人,不是发明人或者设计人。"发明人应当使用本人真实姓名,不得使用笔名或其他非正式的姓名。

三、发明人或设计人的署名权

《专利法》第十六条规定,发明人或设计人有在专利文件中写明自己是发明人或设计人的权利。这一规定确立了发明人或设计人的署名权。发明人可以请求国务院专利行政部门不公布其姓名。

四、共同发明人或设计人

共同发明人或设计人，是指两个或两个以上的人对同一发明创造共同构思，并都对其实质性特点作出了创造性贡献之人。此项发明创造称为共同发明创造。

正确认定共同发明人或共同设计人，对于确定专利权的归属具有重要意义。共同发明人或设计人不是几个挂名的形式上合作的人，而是指在实质上参与了发明创造活动的人。《专利法实施细则》规定，在完成发明创造的过程中，只负责组织工作的人、为物质条件利用提供方便的人或从事其他辅助工作的人，不是发明人或者设计人。

《专利法》第八条规定："两个以上单位或者个人合作完成的发明创造、一个单位或者个人接受其他单位或者个人委托所完成的发明创造，除另有协议的以外，申请专利的权利属于完成或者共同完成的单位或者个人；申请被批准后，申请的单位或者个人为专利权人。"

就共同非职务发明创造申请专利和获得专利的权利属于共同发明人或共同设计人共同所有。至于专利申请被批准后，共同专利权人对专利权的转让有优先受让权，但如果转让或许可给专利权人以外的人，共同专利权人应事先约定。

《专利法》第十四条规定："专利申请权或者专利权的共有人对权利的行使有约定的，从其约定。没有约定的，共有人可以单独实施或者以普通许可方式许可他人实施该专利；许可他人实施该专利的，收取的使用费应当在共有人之间分配。除前款规定的情形外，行使共有的专利申请权或者专利权应当取得全体共有人的同意。"上述规定，既有利于充分保障共有人的合法权益，又有利于促进共有专利的实施，实现专利法既要充分保护权利人的专有权，又要促进专利技术推广应用的双重价值目标。

五、发明人或设计人的工作单位

《专利法》第六条规定，执行本单位的任务或主要是利用本单位的物质技术条件所完成的发明创造为职务发明创造。与此相对的概念是非职务发明创造。

正确区分这两种发明创造极为重要。我国专利制度实践中最突出的问题之一就是有关职务发明创造与非职务发明创造的界限问题。根据《专利法》第六条和《专利法实施细则》第十二条的规定,职务发明创造分为以下几种类型。

1.在本职工作中作出的发明创造

它既可以是因完成单位下达的本职工作范围的任务,也可以是作为日常本职工作的一部分由发明人或创造人主动完成的发明创造。即完成发明创造的行为是发生在职务范围以内。"职务"是指个人从事的本职工作或本岗位职责;职务范围,即工作责任、工作职责的范围。这是根据发明人或设计人所从事的工作性质和业务范围来确定职务发明创造的基本依据。从范围上讲,应注意它不是指个人的专业范围,也不是指单位的业务范围,而是个人的具体工作岗位;从时间上讲,不应以"工作时间"而论。判断是否在本职工作范围内,除了工作性质和业务范围外,还可以从实施行为方面考虑。发明人或设计人为某项发明创造所实施的具体行为就其性质而言是执行所承担的本职工作,其行为所导致的发明创造就是职务发明创造。

2.履行本单位交付的本职工作之外的任务所作出的发明创造

具体地说,有两种情况:一是发明人或设计人在单位内部执行本单位临时下达的任务所作的发明创造,二是发明人或设计人被所在单位派往外单位解决某一技术问题所作出的发明创造。

3.退休、调离原单位后或者劳动、人事关系终止后1年内作出的发明创造

与原单位承担的本职工作或者原单位分配的任务有关的发明创造,是从发明创造本身的特征判定职务发明创造。这种类型的发明创造应具备以下条件。

(1)该发明创造是在退休、调离原单位后或者劳动、人事关系终止后1年内作出的。"1年内"应以正式办理调离或退职、退休手续之日起计算。

(2)该发明创造须与其在原单位承担的本职工作或分配的任务有关。"有关"是指与其在原单位承担的本职工作或分配任务的工作性质、业务范围和专业技术有联系。这一规定有利于防止个别人利用退职、退休等机会侵吞国家、集体的无形财产。对于辞职、停薪留职、内部调动工作的职工,也可以适用这一规定。

4.主要利用本单位的物质技术条件完成的发明创造

本单位的物质技术条件,包括本单位的资金、设备、零部件、原材料等或不对外公开的技术资料。主要利用,是指本单位提供的物质条件是完成发明创

造不可缺少的，它对发明创造的完成起了决定作用。如果仅仅是利用单位少量的物质条件，这种利用对发明创造的完成只起辅助作用，就不能认定是"主要利用"。

对于利用本单位的物质技术条件所完成的发明创造，单位与发明人或设计人订有合同，对申请专利的权利和专利权的归属作出约定的，从其约定。

《专利法》规定，职务发明创造申请专利的权利属于该单位。申请被批准后，该单位为专利权人，这里所称的单位，包括临时工作单位。

职务发明创造的发明人或设计人仍存在以下两项权利：一是署名权，即有权在该项职务发明创造上标明其是发明人或设计人。二是获得奖励和报酬的权利。《专利法》第十五条规定："被授予专利权的单位应当对职务发明创造的发明人或者设计人给予奖励；发明创造专利实施后，根据其推广应用的范围和取得的经济效益，对发明人或者设计人给予合理的报酬。"《专利法实施细则》第六章对职务发明创造的发明人或设计人的奖励和报酬作了进一步规定。

（1）被授予专利权的单位可以与发明人、设计人约定或者在其依法制定的规章制度中确定《专利法》第十六条规定的奖励、报酬的方式和数额。

（2）企业、事业单位给予发明人或者设计人的奖励、报酬，按照国家有关财务、会计制度的规定进行处理。

（3）被授予专利权的单位未与发明人、设计人约定也未在其依法制定的规章制度中确定《专利法》第十六条规定的奖励的方式和数额的，应当自专利权公告之日起 3 个月内发给发明人或者设计人奖金。一项发明专利的奖金最低不少于3000 元；一项实用新型专利或者外观设计专利的奖金最低不少于 1000 元。

（4）由于发明人或者设计人的建议被其所属单位采纳而完成的发明创造，被授予专利权的单位应当从优发给奖金。

（5）被授予专利权的单位未与发明人、设计人约定也未在其依法制定的规章制度中确定《专利法》第十六条规定的报酬的方式和数额的，在专利权有效期限内，实施发明创造专利后，每年应当从实施该项发明或者实用新型专利的营业利润中提取不低于 2% 或者从实施该项外观设计专利的营业利润中提取不低于 0.2%，作为报酬给予发明人或者设计人，或者参照上述比例，给予发明人或者设计人一次性报酬；被授予专利权的单位许可其他单位或者个人实施其专利的，应当从收取的使用费中提取不低于 10%，作为报酬给予发明人或者设计人。

第三节　专利申请人

一、专利申请人的概念

专利申请人是指按照法律规定有权对发明创造或者设计提出专利申请的人。一般情况下，专利申请人包括发明人或者设计人、共同完成发明创造或者设计的人、职务发明中的单位、完成发明创造的外国人，以及继受取得申请权的人等。通常，申请人与发明人是同一人，但有时不是。

二、专利申请人的种类

根据我国《专利法》的规定，可以将专利申请人分为以下几种类型。

1. 非职务发明的专利申请人。对发明创造做出实质性贡献的发明人有申请专利的权利，即申请人与发明人是同一人。根据完成非职务发明的人数，非职务发明的专利申请人可以分为单独申请人和共同申请人。如果对于已经完成的发明创造的实质性特点作出创造性贡献的人有两个以上，他们有权作为共同申请人向国务院专利行政部门提出专利申请。

2. 通过合同等方式继受取得申请权的专利申请人。通过合同取得申请权的情况又分为两种：一是通过委托合同取得，二是通过专利申请权转让合同取得。通过委托合同取得是指双方在合同中约定，一方提供研究的经费等物质条件，另一方进行发明创造，发明创造的专利申请权归属于提供经费等物质条件的一方。通过专利申请权转让合同取得是指对于已经完成的发明创造，双方当事人在合同中约定发明人将其已经完成的发明创造的专利申请权转让给对方。根据我国专利法的规定，发明人有权将其发明创造申请专利的权利转让给他人。因此，通过合同取得专利申请权的人也属于专利法上的专利申请人。

3. 通过继承取得专利申请权的专利申请人。一个自然人完成一项发明创造以后，法律就赋予其申请专利的权利。这种申请专利的权利虽然不是现实的财产权，但是包含将来实现财产利益的可能性，因此专利申请权也是自然人的一种财产性权益。按照民法的一般原理，财产性权益可以被继承。世界各国立法几乎都承认这一权利的可继承性。在我国，专利权中的财产权亦可以被继承。因此，通过继承而获得专利申请权的人也属于专利法上的申请人。

4.职务发明的单位申请人。在劳动、雇佣关系中形成的发明创造，原则上申请专利的权利归属于雇佣单位。但是，职务发明的含义、申请权的归属以及发明人的权利等问题比较复杂，还需要视具体情况认定。

三、专利申请人的权利

专利申请人依法提出专利申请并被国务院专利行政部门受理后享有以下权利。

1.取得在先申请人的地位

由于我国实行在先申请原则，即有两个相同的发明创造向国务院专利行政部门提出专利申请时，只能将专利权授予最先提出申请的人。因此，完成发明创造的发明人在他人之前向国务院专利行政部门提出专利申请的，就取得了在先申请人的地位。

2.要求优先权的权利

所谓优先权，是指专利申请人就其发明创造自第一次提出专利申请以后，在法定期限内又就相同主题的发明创造提出专利申请的，在后的申请以第一次申请的日期为其申请日。专利申请人所享有的这种权利即为优先权。

3.受到临时保护的权利

发明创造自申请之日起到最后的授权需要经历一段时期，而在授权之前须将技术公开。按照专利法的规定，在公开专利技术的说明书中技术公开应当达到清楚、完整的程度，并以所属技术领域的技术人员能够实现为准；必要时，还应当有附图。例如，根据我国《专利法》规定，发明专利申请后，国务院专利行政部门经初步审查认为符合专利法要求的，自申请起满18个月，即行公布，也可以根据申请人的请求早日公布其申请。发明专利申请自申请日起3年内，可以根据申请人随时提出的请求，对其进行实质审查；发明专利申请经实质审查没有发现驳回理由的，国务院专利行政部门才作出授予发明专利权的决定，颁发发明专利证书，同时予以登记和公告。发明专利权自公告之日起生效。这个期限短则两三年，长则八九年，甚至十年以上。即使是实用新型和外观设计从提出申请到授权也都有一定的期限。实用新型和外观设计专利提出申请后，要经过初步审查，没有发现驳回理由的，国务院专利行政部门才作出授予实用新型专利权或者外观设计专利权的决定，颁发相应的专利证书，同时予以登记和公告。实用新型专利权和外观设计专利权也是自公告之日起生效。

在专利申请公开以后到专利权被授予之前,其他人完全有可能按照公开的说明书的内容来与申请的发明创造相同的技术进行生产活动。为保护申请人的权益,专利法规定,在发明专利申请公布后,申请人有权要求实施其发明的单位或者个人支付适当的费用。

4.转让专利申请权

专利申请在被批准、驳回或者撤回以前,专利申请人有权将其专利申请权转让给他人。但是专利申请权向国外转让的则受到限制。根据我国《专利法》第十条规定,中国单位或者个人向外国人、外国企业或者外国其他组织转让专利申请权或者专利权的,应当依照有关法律、行政法规的规定办理手续。转让专利申请权或者专利权的,当事人应当订立书面合同,并向国务院专利行政部门登记,由国务院专利行政部门予以公告。专利申请权或者专利权的转让自登记之日起生效。

5.其他权利

在专利审查过程中,申请人有权撤回其专利申请、修改专利内容及专利文件、向国务院专利行政部门陈述意见、请求实质审查、放弃专利申请,此外还享有不受他人非法干涉的权利等。

第四节　专利权人

一、专利权人的概念

所谓专利权人是指对于国务院专利行政部门授予的专利享有独占使用、收益和处分权的人。专利权人与发明人、申请人是三个不同的概念。发明人是对发明创造的实质性特点作出创造性贡献的人;申请人是向国务院专利行政部门提出专利申请的人;专利权人是获得国务院专利行政部门授予专利权的人。这三类主体可以是同一人,也可以是不同的人。例如,发明人自己申请专利,并获得国务院专利行政部门的批准,那么,发明人、专利申请人和专利权人就是同一人;如果是职务发明或者发明人将专利申请权转让给他人,由单位或者专利申请权受让人申请并获得专利授权,那么专利申请人和专利权人是同一人,而发明人是另一人;如果职务发明的单位或者受让人提出专利申请以后,将专利申请权转让给他人,那么发明人、专利申请人和专利权人就是三个人。

二、专利权人的权利

在早期的专利法中,专利权人的权利比较单一,仅限于对发明创造所享有的专有制造权。但是经过数百年的发展,专利权内容得到了极大丰富。专利权的客体从单一的产品专利发展到现在的产品专利和方法专利两大类;专利权人的专利实施权从早期单一的制造权发展到现在的制造权、销售权、许诺销售权、使用权和进口权等多种权利。

1.专利权人权利的类型

从学理上划分,专利权人的权利可以分为专利实施权、禁止权(也叫许可权)、处分权和注明专利标记权四大类型。

(1)实施权

实施权是指把获得专利权的发明创造应用于工业生产的权利。例如,对于产品专利,实施即指制造专利产品;对于方法专利,实施就是使用专利方法,或者直接使用专利方法制造产品。由于专利权人的利益与专利的实施紧密相连,因此,各国专利法都规定,实施专利是专利权人的权利。

(2)禁止权(许可权)

禁止权是指专利权人有权禁止他人实施自己专利的权利。许可权是指专利权人许可他人实施其专利技术的权利。专利权是一种垄断的权利,只有专利权人有权实施自己的专利,除特殊情况外,其他任何人未经专利权人许可均不得实施该专利。反之,如果经过专利权人的许可,其他人就可以实施该项专利。因此,专利权中的禁止权与许可权其实是一个问题两个方面的不同表述。实质上,禁止权就是许可权。许可权与专利转让权的最本质区别在于专利转让权行使以后,专利权不再属于原来的专利权人,而转移至受让人手中;但专利许可权行使后专利权本身仍然归属于专利权人,被许可人仅仅获得了在一定期限、地域范围内实施该项专利的权利,被许可人并未获得专利权本身,无权允许合同规定以外的任何单位或者个人实施该专利。

根据许可合同的内容,可以将专利实施许可分为普通许可、排他许可和独占许可。所谓普通许可,是指专利权人许可被许可人实施其专利技术,但是专利权人仍然有权自己实施该专利技术,也有权许可被许可人之外的第三人实施。所谓排他许可,是指专利权人除许可被许可人实施其专利技术外,只有专利权人自己能实施该项专利技术,不得再许可其他任何第三人实施。所谓独占许可,是指专利权人在许可被许可人实施其专利后,包括专利权人自己在内的任何人都不得再实施该项专利技术,只有被许可人一人能够实施。

（3）处分权

处分权是指专利权人有权对自己的专利权进行处分。处分的方式既可以是将专利权转让给他人,也可以是放弃专利,使之进入共有领域。

（4）注明专利标记权

注明专利标记权是指专利权人有权在其专利产品或者以专利方法生产的产品上标明是专利产品或者是以专利方法生产的产品。该项权利的功能主要有两个方面:一是向公众表明该产品是专利产品或者是用专利方法制造的产品,其含有一定的高科技内容。这项功能类似于商标的广告功能。二是提醒公众,该产品是专利产品,不可仿冒,否则构成侵权。这是此项权利的警示功能,也是此项权利的主要功能。

2.共有专利权人的权利

共有专利权人是指两个或者两个以上的人共同拥有同一项专利权,即该项专利权的主体是两人或者两人以上,但是其权利的客体是同一的。

共有专利权人在行使其共有的专利申请权或者专利权时,如果有约定,按照约定的方式行使。如果没有约定,共有人可以单独实施或者以普通许可方式许可他人实施该专利。以普通许可方式许可他人实施该专利的,收取的使用费应当在共有人之间分配。除上述情形外,行使共有的专利申请权或者专利权应当取得全体共有人的同意。

3.我国专利法中专利权人的权利

我国《专利法》第十一条规定,发明和实用新型专利权被授予后,除本法另有规定的以外,任何单位或者个人未经专利权人许可,都不得实施其专利,即不得为生产经营目的制造、使用、许诺销售、销售、进口其专利产品,或者使用其专利方法以及使用、许诺销售、销售、进口依照该专利方法直接获得的产品。外观设计专利权被授予后,任何单位或者个人未经专利权人许可,都不得实施其专利,即不得为生产经营目的制造、许诺销售、销售、进口其外观设计专利产品。

根据上述规定,发明和实用新型专利权人的权利比外观设计专利权人多了一项,即未经专利权人许可,发明和实用新型专利权人有权禁止他人使用专利产品或者使用其专利方法以及使用依照该专利方法直接获得的产品。而外观设计专利权人无权禁止他人使用其专利产品。

三、专利权人的义务

专利权人在享有专利权的同时，还承担着相应的义务，主要包括以下几个方面。

1. 按期缴纳专利年费的义务

我国专利法规定，专利权人在获得专利权后，每年应当向国务院专利行政部门缴纳年费。除授予专利权当年的年费应当在办理登记手续的同时缴纳外，以后的年费应当在上一年度期满前预缴。专利权人未按时缴纳授予专利权当年以后的年费或者缴纳的数额不足的，国务院专利行政部门应当通知专利权人自应当缴纳年费期满之日起 6 个月内补缴，同时缴纳滞纳金；滞纳金的金额按照每超过规定的缴费时间 1 个月，加收当年全额年费的 5% 计算；期满未缴纳的，专利权自应当缴纳年费期满之日起终止。

专利费按照专利年度缴纳。专利年度从申请日起算，与优先权日、授权日无关，与自然年度也没有必然联系。例如，一件专利申请的申请日是 1999 年 6 月 1 日，该专利申请的第一年度是 1999 年 6 月 1 日至 2000 年 6 月 1 日，第二年度是 2000 年 6 月 2 日至 2001 年 6 月 1 日，以此类推。专利年费逐年递增。

专利年费的作用主要表现在两个方面：一是用于国务院专利行政部门的日常管理和服务；二是促使专利权人对那些没有市场价值的专利尽早放弃专利权，从而使该技术尽早进入共有领域。

2. 公开发明创造的义务

专利制度就是赋予将其发明创造的内容公开的人在一定期限内对该发明创造的垄断权利。国家赋予了发明人或者其他继受者对该发明创造一定期限的垄断权，换得发明创造人将发明创造的内容公开。因此，专利权人获得专利权，同时就要承担公开发明创造的义务。如果发明人及其继受人没有将其发明创造的内容公开，就会破坏专利制度设计的权利义务架构，即专利权人只享有权利而没有尽到应尽的义务，因而是不公平的。

公开发明创造的义务从申请专利时就存在，而且这一义务一直延续到被授予专利以后的整个专利存续期间。没有充分公开的法律后果就是专利无效。这一效力也会一直延续到整个专利存续期间。如果申请人没有充分公开发明创造内容,专利申请就会被驳回;即使被授予了专利权也会被宣告无效。按照我国《专利法》的规定,对于没有充分公开的专利,任何人都有权利向国家知识产权局提出专利无效的请求。

第五节　外国申请人

外国申请人一般包括具有外国国籍的自然人、法人和非法人组织。由于专利的地域性效力,外国人在外国的专利权对本国没有法律效力。但是随着国际经济、技术交流的扩大,对于外国人的发明创造的保护显得格外重要。为解决专利的地域性效力所带来的问题,世界各国一般都给予外国人在国内申请专利的权利。

对于哪些外国人可以申请专利,各国立法不尽相同。概括起来,主要有两种类型:一是无条件地给予外国人国民待遇,如美国、德国、英国等;二是在互惠的基础上给予外国人以国民待遇,如法国、日本、意大利等。

我国《专利法》原则上承认外国自然人和法人在我国有申请专利和取得专利权的权利。我国《专利法》关于外国人的规定基本上采用的是在互惠基础上给予外国人国民待遇的原则。具体而言包括以下几种情况。

1. 在中国有经常居所或者营业所的外国人,与中国公民、法人和其他组织享有同等的权利和义务。这主要是指在我国境内长期居住、生活、工作的外国自然人和在我国设有机构、长期营业的外国公司、企业和其他组织。营业所必须是真实有效的。我国《专利法》对这部分外国人给予与中国单位和个人完全相同的待遇,不附加任何条件或限制。这也是落实《巴黎公约》所规定的国民待遇原则的体现。

2. 在中国没有经常居所或者营业所的外国人在中国申请专利的,依照其所属国同中国签订的协议内容来确定其权利和义务的内容。如我国政府与美国政府在 1992 年签署了《中美政府关于保护知识产权的谅解备忘录》,因此,如果某个美国人拟在中国申请专利,应当按照该备忘录的内容确定其权利义务。

3. 在中国没有经常居所或者营业所的外国人在中国申请专利的,如果其所属国与中国共同参加了某个国际公约或条约,则按照共同参加的国际条约或条约的内容确定该外国人的权利义务。例如,我国参加了《巴黎公约》,该公约的成员有 100 多个。如果这些成员国的国民来我国申请专利,按照《巴黎公约》,他们在我国应当享有国民待遇。

4. 如果拟在中国申请专利的外国人所属国既没有与中国签订双边条约，也没有与中国共同参加国际条约或公约，则按照互惠原则来办理。即如果该外国人所属国在申请专利方面给予中国公民国民待遇，中国就给予该外国人国民待遇；如果该外国人所属国不给予中国公民国民待遇，中国也不给予该外国人国民待遇。

5. 在中国没有经常居所或者营业所的外国人、外国企业或者外国其他组织在中国申请专利和办理其他专利事务的，应当委托依法设立的专利代理机构办理。

《专利法》第十七条规定："在中国没有经常居所或者营业所的外国人、外国企业或者外国其他组织在中国申请专利的，依照其所属国同中国签订的协议或者共同参加的国际条约，或者依照互惠原则，根据本法办理。"

2000 年《专利法》第十九条规定："在中国没有经常居所或者营业所的外国人、外国企业或者外国其他组织在中国申请专利和办理其他专利事务的，应当委托国务院专利行政部门指定的专利代理机构办理。中国单位或者个人在国内申请专利和办理其他专利事务的，可以委托专利代理机构办理。"2008 年《专利法》第十九条则将之修改为："在中国没有经常居所或者营业所的外国人、外国企业或者外国其他组织在中国申请专利和办理其他专利事务的，应当委托依法设立的专利代理机构办理。中国单位或者个人在国内申请专利和办理其他专利事务的，可以委托依法设立的专利代理机构办理。"

第四章　授予专利权的条件

　　一项发明创造要取得专利,必须具备一定的条件,包括形式条件和实质条件。形式条件将在第六章阐述。本节讨论的是授予专利权的实质条件,即申请专利的发明创造本身有无专利性,通常又称专利性或专利条件。

第一节　发明、实用新型的专利条件

一、新颖性

1.新颖性的含义

　　一项技术方案之所以被授予专利,首先因为它是一种新技术。只有对前所未有的发明创造给予专利保护,才符合专利法保护和促进发明创造的宗旨。因此新颖性是发明和实用新型专利授权的最基本条件。各国专利法对此都作了规定。

　　2000年《专利法》第二十二条第一款规定,新颖性,是指在申请日以前没有同样的发明或实用新型在国内外出版物上公开发表过、在国内公开使用过或以其他方式为公众所知,也没有同样的发明或实用新型由他人向国务院专利行政部门提出过申请并且记载在申请日以后公布的专利申请文件中。2008年《专利法》第二十二条将上述规定修改为:"新颖性,是指该发明或者实用新型不属于现有技术;也没有任何单位或者个人就同样的发明或者实用新型在申请日以前向国务院专利行政部门提出过申请,并记载在申请日以后公布的专利申请文件或者公告的专利文件中。"

由此可见,2008 年《专利法》采用了绝对新颖性标准。这一规定首先是为防止一些专利申请人将没有在我国公开使用过或者以其他方式为公众所知,但在国外已经被公开使用或者已经有相应的产品出售的技术或设计申请专利,妨碍了国外已有技术或设计在我国的应用。其次,从现有技术或现有设计标准的现实看,原来规定的"地域性标准"逐渐丧失了意义。2000 年《专利法》规定的新颖性标准在出版物公开方面采用全球标准,在使用或其他方式公开方面则限于国内范围。随着科学技术的发展,特别是网络技术的发展,加之经济全球化的急速变化,出版物与非出版物之间的界限变得模糊,将现有技术或现有设计的非出版物公开的地域范围限于我国国内已显得过时。最后,对现有技术或现有设计取消地域范围限制,是目前大多数国家专利法的通例,采用绝对新颖性标准是遵循国际通行的做法。

2.现有技术的界定

专利法意义上的现有技术应当是在申请日以前公众能够得知的技术内容。换言之,现有技术应当在申请日以前处于能够为公众获得的状态,并包含有能够使公众从中得知实质性的技术知识的内容。现有技术指的是一种客观状态,而是否在客观上真正为公众所获知则在所不问。

《专利法》第二十二条第五款将现有技术界定为申请日以前在国内外为公众所知的技术。现有技术对于判断发明、实用新型的新颖性和创造性具有基础性作用。现有技术公开的方式很多,但是,无论通过什么方式公开技术内容,只要其产生的效果是使技术内容脱离了保密状况使公众能够得知,就可以认为该技术是专利法意义上的现有技术。换言之,现有技术应当是有关知识、信息内容处于向公众公开的状态,而且所属领域的技术人员能够通过正常的途径从公众领域中获取该知识、信息。

(1)现有技术的时间界限。现有技术的时间界限是指确定发明或实用新型的实质性内容是现有技术还是不为人所知的新技术的时间界限,也是用以划分新技术发明与已知技术的时间界限。根据《专利法》第二十二条第二款的规定,现有技术的时间界限是申请日,享有优先权的,则指优先权日。广义上说,申请日以前公开的技术内容都属于现有技术。以申请日为时间界限判断现有技术,即发明人提出专利申请之前的技术都属于现有技术,在申请之前不为人知的技术则具有新颖性。《专利法》第二十八条规定,国务院专利行政部门收到专利申请文件之日为申请日。如果申请文件是邮寄的,以寄出的邮戳日为申请日。以优先权日为时间界限判断现有技术,如果申请人在申请日期前已在外国或本国提出过要求优先权的申请并且符合优先权条件的,应以优先权日作为判断现有技术和新颖性的时间标准。专利法上的优先权有外国优先权和本国优先权两种情况。

(2)现有技术的公开方式。现有技术的公开方式有出版物公开、使用公开和以其他方式公开三种。

第一,出版物公开。现有技术通过在国内外出版物上公开发表,也就是通过出版物使技术内容为公众所知,是技术最主要的公开方式。专利法所指的出版物是记载有技术或设计内容的独立存在的有形传播载体,并且应当表明其发表者或出版者以及公开发表或出版的时间。这些出版物可以是印刷的、打字的纸件,还包括采用其他方法制成的各种有形载体。出版物不受地理位置的限制,不论是在国内还是在国外出版或发表。但对于印有"内部发行"等字样的出版物,确系特定范围内要求保密的,如对阅览范围或对象作了限制,或仅仅提供给特定的人,则不属于出版物公开这一方式。

第二,使用公开。使用公开是通过公开实施使公众能了解和掌握该技术方案。由于使用导致一项或者多项技术方案的公开,或者导致该技术方案处于公众中任何一个人都可以得知的状态,这种公开方式就是使用公开。这种公开不仅包括通过制造、使用、销售、进口,还包括通过模型演示使公众能够了解其技术内容,如对新方法的展示与操作表演,但未给出任何有关技术内容的说明,以致所属技术领域的技术人员无法得知其结构和功能或材料成分的产品展示,不属于使用公开。

第三,以其他方式公开。以其他方式公开,主要是指口头公开以及除出版物公开和使用公开以外的其他任何可能的公开方式。例如,口头交谈、报告、讨论会发言等能使公众得知技术内容的方式。应强调的是,以报告或讨论会方式的公开是否符合专利法上的公开,应当考虑报告人与听众之间是否存在特定的保密义务,如果不存在特定的保密义务,则可能由不特定的人所获知,从而可认定为已公开。

(3)现有技术的地域界线。现有技术的地域界线视具体的公开方式而确定。只有在规定地域内未公知、公用的发明创造才具有新颖性。目前各国对地域标准的规定主要有以下三种做法。

第一,世界地域标准。这是指一项发明或实用新型在全世界范围内未在出版物上公开过、在全世界范围内未公开使用过或以其他形式为公众所知,才认为具有新颖性。一般被称为"绝对新颖性"。这种新颖性要求很高。也就是说,就出版物公开而言,现有技术是指在全世界范围内出版或发表的技术内容,没有被出版或发表的则是具有新颖性的技术。我国《专利法》2008 年修订时已采用该标准。

第二，本国地域标准。也就是发明创造只要在本国地域内未被公开、使用或以其他方式为公众所知，就不是现有技术。

第三，混合性标准。该标准是指出版物公开采用世界地域标准，而使用以及其他方式的公开采用本国地域标准。我国 2008 年《专利法》实施前即一直采用这一标准。

3. 抵触申请

在一件专利申请的新颖性判断中，在该申请的申请日以前向国务院专利行政部门提出并且在申请日以后（含申请日）公布的同样的发明或实用新型专利申请，将会损害该申请日提出的专利申请的新颖性。为描述简便，在判断新颖性时，将这种损害在后申请新颖性的专利申请，称为抵触申请。

抵触申请对新颖性具有影响，这是指如果在一项申请（后申请）的申请日以前，另外有人就同样的发明或实用新型向国务院专利行政部门提出了一项申请（前申请），只要该申请在后申请的申请日以后公布了，或者根据该申请授予了专利，尽管该申请的内容在后申请的申请日前没有公开过，仍以为它是现有技术的一部分而破坏后申请的新颖性。在确定专利新颖性、进行新颖性检索时不仅要查阅在先申请原始文本的权利要求，而且要查阅其说明书（包括附图），以其全文内容为准。又因抵触申请不属于《专利法》第二十二条规定的现有技术，所以抵触申请只在确定发明或实用新型的新颖性时才予以考虑，而在确定其创造性时，不予考虑。实际上，抵触申请中所含技术方案可能不属于现有技术，但在判断新颖性时作为现有技术来考虑，可以避免对同样的发明或实用新型专利申请重复授权。抵触申请仅指由任何单位或个人在申请日以前提出的申请，不包含由任何单位或个人在申请日提出的同样的发明或实用新型。

4. 不丧失新颖性的例外

为了公正、合理地保护发明创造者的合法权益，促进新技术尽早公开，各国专利法几乎都规定了发明创造在一定情况、一定期限内不破坏新颖性效力的例外规定，即新颖性宽限期。它是申请专利的发明创造在公开后至申请日以前不丧失新颖性的法定期限。我国《专利法》规定的宽限期是 6 个月，适用宽限期的情形如下。

（1）在国家出现紧急状态或者非常情况时，为公共利益目的首次公开的。此种情形为 2020 年新增内容，鼓励发明人在国家紧急情况下，为了公益目的，在申请专利之前公开发明创造,不论公开方式如何,都可以享受6个月的宽限期。

(2)在中国政府主办或承认的国际展览会上首次展出的发明创造。《专利法》第二十四条第二项规定,申请专利的发明创造在申请日以前6个月内,在中国政府主办或承认的国际展览会上首次展出的,不丧失新颖性。这里所说的中国政府主办的国际展览会,包括国务院、各部委主办或者国务院批准由其他机关或地方政府举办的国际展览会。中国政府承认的国际展览会,包括国务院、各部委承认的在外国举办的展览会。所谓国际展览会,即展出的展品除了举办国的产品以外,还有来自外国的展品。

(3)在规定的学术会议或技术会议上首次发表的发明创造。《专利法》第二十四条第三项规定,申请专利的发明创造在申请日以前6个月内,在规定的学术会议或技术会议上首次发表的,不丧失新颖性。规定的学术会议或技术会议,是指国务院有关主管部门或全国性学术团体组织召开的学术会议或技术会议,不包括省级以下或受国务院各部委、全国性学会委托或者以其名义组织召开的学术会议或技术会议。在后者所述的会议上的公开导致丧失新颖性,除非这些会议本身有保密约定。应注意,这一规定只适用于我国,许多国家专利法对此未作规定。申请人若想到国外申请专利,不宜将这种会议上发表的内容泄露到没有这种规定的国家中去。这里的发表是以何种形式,相关法律未作出明确规定。

(4)他人违反申请人本意的公开。《专利法》第二十四条第四项规定,申请专利的发明创造在申请日以前6个月内,他人未经申请人同意而泄露其内容的,不丧失新颖性。这是一种非本意的公开。作出这一规定在于保护申请人不因违背其本意的公开而致损失。

他人未经申请人同意对发明创造所作的公开,包括他人未遵守明示的或默示的保密信约而将发明创造的内容公开,也包括他人用威胁、欺诈或间谍活动等手段从发明人或申请人那里得知发明创造的内容而后公开。

申请专利的发明创造在申请日以前6个月内,发生上述三种法定情形之一的,该申请不丧失新颖性。

实际上,这种公开只是指在一定期限内对申请人的专利申请来说不视为影响其新颖性和创造性的现有技术,并不是将发明创造的公开日看作是专利申请的申请日。因此,从公开之日至提出申请期间,如果第三人独立地作出了同样的发明创造,而且在申请人提出专利申请以前提出了专利申请,那么根据先申请原则,申请人就不能取得专利权。当然,由于申请人(包括发明人)的公开,使该发明创造成为现有技术,因此第三人的申请没有新颖性,也不能取得专利权。

由此,上述宽限期并不是作为申请日,而仅仅是对首次展出或发表的有限保护。发明人不能因为有宽限期的保护而随意公开其发明创造。最好的选择应是首先将发明创造申请专利，然后参加有关国际展览会或在学术会议、技术会议上发表。

二、创造性

1. 创造性的概念

创造性是从质的方面反映发明创造的本质特征，解决发明创造的技术水平问题。何为"创造性"？我国《专利法》第二十二条第三款规定："创造性，是指与现有技术相比，该发明具有突出的实质性特点和显著的进步，该实用新型具有实质性特点和进步。"

（1）这里的现有技术，是指申请日以前在国内外为公众所知的技术。

（2）发明有突出的实质性特点，是指发明相对于现有技术，对所属技术领域的技术人员来说，是非显而易见的。如果发明是其所属技术领域的技术人员在现有技术的基础上通过逻辑分析、推理或有限的试验可以得到的，则该发明是显而易见的，也就不具备突出的实质性特点。

（3）发明有显著的进步，是指发明与最接近的现有技术相比能够产生有益的技术效果；如发明克服了现有技术中存在的缺点和不足，或者为解决某一技术问题提供了一种不同构思的技术方案，或者代表某种新的技术发展趋势。

发明是否具备创造性，应当基于所属技术领域的技术人员的知识和能力进行评价。所属技术领域的技术人员，也可称为本领域的技术人员，是指一种假设的"人"，假定他知晓申请日或者优先权日之前发明所属技术领域所有的普通技术知识，能够获知该领域中所有的现有技术，并且具有应用该日期之前常规实验的手段和能力，但他不具有创造能力。如果所要解决的技术问题能够促使本领域的技术人员在其他技术领域寻找技术手段，他也应具有从该其他技术领域中获知该申请日或优先权日之前的相关现有技术、普通技术知识和常规实验手段的能力。作出这一假设的目的在于统一创造性的评价标准。

2. 发明的创造性审查

一件发明专利申请是否具备创造性，只有在该发明具备新颖性的条件下才予以考虑。这是创造性审查的前提与基准。审查发明是否具备创造性，应当审查发明是否具有突出的实质性特点，同时还应当审查发明是否具有显著的进步。

在评价发明是否具有创造性时，审查员不仅要考虑发明技术解决方案本身，而且还要考虑发明要解决的技术问题和所产生的技术效果,将其作为一个整体来看待。与新颖性"单独对比"的审查原则不同,审查创造性时,将一份或多份对比文件中不同的技术内容组合在一起进行评定。就申请的权利要求而言,如果一项独立权利要求具备创造性,则不再审查该独立权利要求的从属权利要求的创造性。

在评价发明是否具有显著的进步时,主要应当考虑发明是否具有有益的技术效果。以下情况,通常应当认为发明具有有益的技术效果,具有显著的进步:(1)发明与最接近的现有技术相比具有更好的技术效果,例如,产量提高、节约能源、防治环境污染等;(2)发明提供了一种技术构思不同的技术方案,其技术效果能够基本上达到现有技术的水平;(3)发明代表某种新技术发展趋势;(4)尽管发明在某些方面有负面效果,但在其他方面具有明显积极的技术效果。

3. 实用新型的创造性

发明与实用新型都要求具有实质性特点与进步,但其程度不同,实用新型的创造性程度要求要低。因此,实用新型同样也应具有创造性,尽管我国《专利法》对实用新型不进行实质审查,但授权后的专利无效宣告程序中仍可能对其创造性审查。在进行创造性判断时,应参照有关实用新型所属技术领域的技术人员的知识水平,将实用新型同申请日以前已公开的技术相比,判断其是否具有实质性特点和进步。

三、实用性

1. 实用性的含义

实用性又称工业实用性或产业实用性。它既是发明或实用新型的技术属性,又是其社会属性。因为专利法的宗旨在于促进技术和经济发展,没有实用性的技术方案自然不能被授予专利权。实用性也可以说是对发明或实用新型授予专利权的社会理由。《专利法》第二十二条第四款规定:"实用性,是指发明或者实用新型能够制造或者使用,并且能够产生积极效果。"

实用性涉及发明或实用新型能够在工业上制造或使用,而与发明或实用新型的产生方式或是否已实施无关,只与它们的可能应用有关。据此,下列创造不具有实用性:违背自然规律的;不属于工业范畴的,如美学或艺术创作、疾病的诊断和治疗方法;缺乏技术手段的;需要利用独一无二的自然条件的产物,如固定建筑物;抽象性的方法体系,如统计制度。

2.实用性的判断依据

(1)可实施性。这是指发明或实用新型能够在实践中实施,也就是能够制造或使用。制造即能够在生产中生产、加工、制成;使用即方法发明在生产中的使用。可实施性并不意味着已经制造或使用,它强调发明或实用新型在工业中实用的现实可能性,即它具有潜在的制造或使用的可能性。一般来说,发明或实用新型在申请专利前已在工业中实施,就会丧失新颖性,故从新颖性的角度也不能要求发明或实用新型在申请前就在工业中实施。另外,方法发明的实用领域比产品发明的实用领域要广一些。

(2)再现性。这是指所属技术领域的普通技术人员按照公开的技术内容能够重复实施专利申请中所采用的技术方案。即发明或实用新型的实施能够多次重复的可能性,包括重复制造和重复使用。利用创造者本身的特殊条件才能实施的发明、只有在独一无二的自然条件下才能实现的发明都不具备实用性。

(3)有益性。这是指发明或实用新型的实施能够产生积极的技术、经济和社会效果。有益性表明了发明或实用新型的社会属性:发明创造要能满足社会需要,促进科技和经济发展。那些脱离社会需要的发明、严重污染环境的发明等都是不具备有益性、不能取得专利的发明。当然,有益性并不要求发明或实用新型完美无缺,有些缺陷存在是允许的,只要它无碍于在整体上使有益性占主导地位。

第二节　外观设计的专利条件

外观设计是工业产品的外表式样,多数国家实行注册方式保护。我国对外观设计采取专利方式保护。外观设计涉及的是产品外观的美学内容,归根到底是一种外形或式样设计,与作为技术方案的发明和实用新型不同,故而其专利条件也不同。2008 年《专利法》第二十三条规定:"授予专利权的外观设计,应当不属于现有设计;也没有任何单位或者个人就同样的外观设计在申请日以前向国务院专利行政部门提出过申请,并记载在申请日以后公告的专利文件中。授予专利权的外观设计与现有设计或者现有设计特征的组合相比,应当具有明显区别。授予专利权的外观设计不得与他人在申请日以前已经取得的合法权利相冲突。本法所称现有设计,是指申请日以前在国内外为公众所知的设计。"由此可见,外观设计的专利条件包括新颖性、创造性(独创性)、美感性和工业实用性以及不得与他人在先取得的合法权利冲突。

一、外观设计专利申请授权的积极条件

1.新颖性

新颖性是指申请专利的外观设计与已经公开的外观设计不相同,即外观设计是前所未有的。在判断外观设计时,也要把握一定的公开标准、时间标准和地域标准。外观设计的公开包括书面公开和使用公开。书面公开指将外观设计的图片或照片在公开发行的出版物上发表,单纯以文字形式对外观设计进行描述不构成书面公开。使用公开指外观设计被用于公开销售或流通的工业品的外表上。在外观设计公开的地域标准上,2008年《专利法》规定了绝对新颖性标准,即授予外观设计专利权的设计在国内外都没有为公众所知。外观设计必须与产品融为一体,应用于具体产品上,这种依附产品的特点决定了外观设计不存在口头公开。至于时间标准,仍然采取申请日标准。前面提到的不丧失新颖性的例外规定同样适用于外观设计。

2.创造性

2000年《专利法》规定,授予外观设计专利权仅有新颖性要求。这使得外观设计授权条件较低,现实中外观设计专利申请的数量远远高于发明专利和实用新型专利。为改变这种局面,2008年《专利法》补充了与发明、实用新型相似的创造性要求:授予专利权的外观设计与现有设计或现有设计特征的组合相比,应当具有明显区别,即要求外观设计具有创造性。

形成我国工业品外观设计知识产权优势是构建我国知识产权优势的重要组成部分。借鉴国外立法经验,提高外观设计质量、促进外观设计创新是外观设计专利改革的方向。上述规定提高外观设计专利的授权标准,有利于提高我国外观设计专利的质量,促进我国外观设计创新。

3.美感性

外观设计的美感是一种视觉审美享受,是认知活动的一种主观结果,无法确定一个客观标准。但它需要依赖于客观载体来展现,即外观设计的形状、图案、色彩或有机结合。

4.适于工业上应用

外观设计专利保护的目的在于促进经济的发展。授予专利权的外观设计必须适于工业上应用。即外观设计能够用于产品的制造，而且这种产品能够用工业生产方法（包括手工业）批量生产出来。

二、外观设计是否相同或相近似的判断

1.判断客体

在判断外观设计是否相同或相近似时，将进行比较的对象称为判断客体。判断客体分为在后客体和在先客体。在后客体是指被请求宣告无效的授予专利权的外观设计（简称为被比外观设计）；在先客体是指在被比外观设计的申请日以前的现有设计，或在被比外观设计申请日以前申请并且在该申请日以后（含申请日）公布的外观设计。

2.判断主体

在判断外观设计是否相同或相近似时，应当对基于被比外观设计产品的一般消费者的知识水平和认知能力进行评价，对相同或类似产品有常识性了解和一定的分辨力。

3.判断原则

如果一般消费者在试图购买被比外观设计产品时，在只能凭其购买和使用所留印象而不能见到被比外观设计的情况下，会将在先设计误认为是被比外观设计，即产生混同，则可认为被比外观设计与在先设计相同或者与在先设计相近似；否则，两者既不相同也不相近似。如果一般消费者会将被比外观设计与在先外观设计误认、混同，则二者的差别对于产品的整体视觉效果显然不具有显著的影响。

三、与在先权利非冲突性判断

外观设计的新颖性关注的是其不与已在国内外公开发表过或国内公开使用过的外观设计相同或近似。但它不足以避免外观设计专利与在先权利的冲突。例如，将他人已经注册的商标或享有著作权的作品的图案或造型申请外观设计专利，给他人行使自己的合法权利造成了一定的障碍。所以，《专利法》第二十三条第三款规定："授予专利权的外观设计不得与他人在申请日以前已经取得的合

法权利相冲突。"这也可理解为外观设计专利授权的消极条件，只是因不进行实质审查而仅仅体现在申请宣告外观设计专利无效程序中。

外观设计是由产品的形状、图案或其结合以及色彩与形状、图案的结合这些要素构成。外观设计申请人可能基于自身利益或不正当目的，在其外观设计中使用他人的美术作品、商标、肖像以及知名商品特有包装等，如含有这些内容的设计被使用，将构成对他人著作权、商标权、肖像权以及知名商品特有包装使用权的侵权。

第五章　专利的申请和审查

第一节　专利的申请

一、专利申请的原则

专利申请的原则是专利申请中具有指导性的准则。我国专利申请的原则主要有书面原则和单一性原则。

书面原则是指一项发明创造要申请专利,必须按照专利法的规定,以书面形式提交国务院专利行政部门。不仅是申请,以后整个审批程序中的所有手续都必须以书面形式办理,而且提交的申请文件必须按照法律规定和国务院专利行政部门要求的格式书写。《专利法实施细则》第二条对此作了明确规定。之所以要规定严格的书面形式,是因为发明创造是一种知识形态的劳动产品,本身是无形的,唯书面描述才能体现其技术构思、水平和要求。

单一性原则是指一项专利申请只限于一项发明创造。如果两项或两项以上的发明创造要取得专利,就应分别提出专利申请,不能将其放在一个申请案中办理申请手续。《专利法》第三十一条规定:一件发明或实用新型专利申请应当限于一项发明或实用新型。一件外观设计专利申请应当限于一项外观设计。实行单一性原则,便于对专利申请进行分类、检索、审查和进行现代化的信息处理。

但《专利法》第三十一条也规定:属于一个总的发明构思的两项以上的发明或实用新型,可以作为一件申请提出;同一产品两项以上的相似外观设计,或用于同一类别并且成套出售、使用的产品的两项以上外观设计,可以作为一件申请提出。这通常称为合案申请。这种具有特定关系并属于一个总的发明构思的两项以上的发明或实用新型,是指具有共同发明目的、在技术上相互关联、包含一个或多个相同或相应特定技术特征的两项或两项以上的发明或实用新型。对于一个总的发明构思的一组发明申请专利,可以提出多个独立权利要求的申请。就属于一个总的发明构思的两项以上的实用新型提出专利申请,其权利要求可以是不能包括在一项权利要求内的两项以上产品的独立权利要求。

关于外观设计的合案申请,以前一项外观设计专利申请只能涉及同一类别成套出售或使用的产品。如成套茶具、组合家具就可以提出合案申请。2008 年《专利法》对此作了修改,规定允许对关联外观设计的合案申请。即围绕一个基本的外观设计可能会形成一系列接近、相似的外观设计方案,对成套的外观设计产品可以在提出一件申请之外,允许对相似、关联的外观设计方案提出一件申请。这一修改,大大便利了关联外观设计人申请外观设计,避免竞争对手在对现有基本设计进行修正后轻而易举地绕开外观设计专利权的保护范围,从而有利于充分地保护外观设计专利权人的合法权益。

二、专利申请文件的种类与要求

1. 发明和实用新型专利申请文件

《专利法》第二十六条第一款规定:"申请发明或者实用新型专利的,应当提交请求书、说明书及其摘要和权利要求书等文件。"

第一,请求书。

它是申请人向国务院专利行政部门递交的请求授予专利权的申请文件,一般放在申请案的最前面。请求书应简明扼要,说明申请所要达到的目的。

2000 年《专利法》第二十六条第二款规定:"请求书应当写明发明或者实用新型的名称,发明人或者设计人的姓名,申请人姓名或者名称、地址,以及其他事项。"2008 年《专利法》第二十六条第二款则将"发明人或者设计人的姓名"改为"发明人的姓名"。这样规定一来与外观设计的创造者被称为"设计人"作了区分,二来从术语表达上体现了实用新型与发明一样,都属于发明创造范畴,本质上也是发明。

第二,说明书。

说明书是具体阐述发明创造内容的文件。《专利法》第二十六条第三款规定:"说明书应当对发明或者实用新型作出清楚、完整的说明,以所属技术领域的技术人员能够实现为准;必要的时候,应当有附图。摘要应当简要说明发明或者实用新型的技术要点。"

说明书及其附图主要用于清楚、完整地公开发明或实用新型，以使所属技术领域的技术人员能够理解和实施该发明或实用新型。说明书及其附图还用于支持权利要求，并可在确定发明或实用新型专利权的保护范围时，用于解释权利要求。凡是所属技术领域的技术人员不能从现有技术中直接、唯一地得出的有关内容，均应当在说明书中描述。

如果说明书的格式或内容不符合法律、法规的要求以及专利公开性的要求，而申请人又拒绝就说明书中有缺陷的内容进行修改，那么该项申请将会被驳回。依《专利法实施细则》第十七条，说明书应当包括下列内容：技术领域、背景技术、发明内容、附图说明及具体实施方式。

第三，权利要求书。

（1）权利要求书的法律效力与类型。权利要求书，是专利申请人向国务院专利行政主管部门提交的用以确定专利保护范围的文件。《专利法》第二十六条第四款规定："权利要求书应当以说明书为依据，清楚、简要地限定要求专利保护的范围。"权利要求书应当有独立权利要求，也可以有从属权利要求。一旦专利申请被批准，权利要求书就成为具体表明专利权限范围的书面文件。它框定了纳入专利权保护范围的技术特征，是判定他人是否侵犯专利权的根据，具有直接的法律效力。

按照内容划分，权利要求可以分为独立权利要求和从属权利要求。权利要求书通过对技术特征的具体描述来划定权利保护的范围，而一项发明创造的技术特征可以分为必要技术特征和附加技术特征。必要技术特征是指一项技术为达到效果或目的而不可欠缺的技术特征，缺少必要技术特征的任何一项将使该项发明创造无法实现。附加技术特征则是指与发明或实用新型的目的有关，进一步限定或增加必要技术特征的那些技术特征。独立权利要求应当从整体上反映发明或实用新型的技术方案，记载解决技术问题的必要技术特征。从属权利要求应当用附加技术特征，对引用的权利要求作进一步限定。

（2）独立权利要求。记载解决技术问题的必要技术特征的权利要求为独立权利要求。在一件申请的权利要求书中，独立权利要求所限定的一项发明或实用新型的保护范围最宽。独立权利要求应当从整体上反映发明或实用新型的技术方案；除必须用其他方式表达的以外，独立权利要求应当包括前序部分和特征部分。

一件申请的权利要求书中，应当至少有一项独立权利要求。权利要求书中有两项或两项以上独立权利要求的，写在最前面的独立权利要求称为第一独立权利要求,其他独立权利要求称为并列独立权利要求。

（3）从属权利要求。如果一项权利要求包含了另一项同类型权利要求中的所有技术特征,且对该另一项权利要求的技术方案作了进一步的限定,则该权利要求为从属权利要求。从属权利要求用附加的技术特征对所引用的权利要求作了进一步的限定,因此其保护范围落在其所引用的权利要求的保护范围之内。

第四,摘要。

即说明书摘要,是对说明书公开内容的概括,应写明发明或实用新型专利申请所公开内容的概要,即写明发明或实用新型的名称和所属技术领域,并清楚地反映所要解决的技术问题、解决该问题的技术方案的要点以及主要用途。摘要与说明书不同,它不具有法律作用,与专利权的授予和保护没有直接关系。摘要内容也不同于说明书与附图,它不属于专利申请文件的原始公开。

第五,遗传资源专利申请的特别要求。

2008 年《专利法》在 2000 年《专利法》第二十六条中增加一款,作为第五款,规定了依赖遗传资源完成的发明创造申请专利的信息披露义务。该款规定:"依赖遗传资源完成的发明创造,申请人应当在专利申请文件中说明该遗传资源的直接来源和原始来源;申请人无法说明原始来源的,应当陈述理由。"

2008 年《专利法》的这一规定有利于我国主管部门了解遗传资源的获取与利用是否符合国际上规定的知情同意原则和惠益分享原则,便于保护来自我国的遗传资源的提供者的利益,促进遗传资源惠益分享。

2.外观设计专利申请文件

《专利法》第二十七条规定:"申请外观设计专利的,应当提交请求书、该外观设计的图片或者照片以及对该外观设计的简要说明等文件。申请人提交的有关图片或者照片应当清楚地显示要求专利保护的产品的外观设计。"

第一,请求书。

申请人应当使用国务院专利行政部门现行规定格式的请求书。请求书的内容大体上与发明专利请求书相同,只是应当专门注明外观设计所使用的产品及其所属类别。申请人应当按照表格规定的格式以及填表注意事项中的要求填写,否则申请将被要求补正或被驳回。

第二,图片或照片。

《专利法实施细则》第二十七条第三款规定,申请人应当就每件外观设计产品所需要保护的内容提交有关图片或者照片。外观设计的图片或照片相当于发明或实用新型的权利要求书的作用,通过图片或照片确定专利授权的范围和内容。如果图片不清楚，则可能导致保护范围过窄或不被授予专利。2008 年《专利法》修订时增加了"申请人提交的有关图片或者照片应当清楚地显示要求专利保护的产品的外观设计"这一要求。

第三，简要说明。

《专利法》规定，申请外观设计专利必须提交简要说明。简要说明是对外观设计图片或照片中没有表达的部分或其他内容进行文字性阐明，旨在便于理解外观设计专利保护的内涵，因而能够起到解释、限定和说明的作用。

三、专利申请的提出

1. 专利申请的提出和申请日的确定

专利申请人向专利主管机关提交前述文件后，即表明专利申请人正式提出了专利申请。专利申请人可以直接把申请文件递交到国家知识产权局专利局及其各地代办处。对于保密专利的申请及受理，还有一些特别规定，如国防系统单位申请专利，涉及国防方面的国家秘密需要保密的，由国家科技主管部门设立的专利机关受理。另外，根据国家知识产权局 2004 年颁布的新规定，发明、实用新型和外观设计专利申请均可采用电子文件形式提出。

知识产权局专利局在收到专利申请文件后，应当明确申请日，给予申请号，并且通知申请人。知识产权局收到专利申请文件之日为申请日。如果文件是邮寄的，以寄出的邮戳日为申请日。申请日和申请号确定后，就取得一定的法律地位，对其后提出的同样的发明创造专利申请来说，该申请取得了先申请地位。

2. 专利申请优先权

与专利申请日密切相关的概念是优先权日和优先权。为方便申请人申请专利，《巴黎公约》和绝大多数国家都建立了优先权制度。优先权分为外国优先权和本国优先权。

（1）外国优先权。外国优先权是指申请人在外国首次提出正式的专利申请后，在一定期限内就同一主题向我国提出专利申请，可以要求享有其在先申请的优先权，即以其第一次在国外提出申请的日期作为申请日。在我国，外国申请人和向外国提出首次申请的中国人都可以享有优先权。《专利法》第二十九条规定：申请人自发明或实用新型在外国第一次提出专利申请之日起 12 个月内，或外观设计在外国第一次提出专利申请之日起 6 个月内，又在中国就相同主题提出专利申请的,依照该外国同中国签订的协议或共同参加的国际条约,或依照互相承认优先权的原则,可以享有优先权。

优先权制度使外国人在我国申请发明或实用新型专利时,以其在本国的首次申请作为向我国在后申请的申请日,较好地保护了外国人的权益。因为在优先权期间,即使公布了相同的发明或实用新型,或他人就相同主题提出了申请,也不损害该外国人申请的新颖性,仍以其第一次提出申请的时间作为在后申请的申请日,首次申请的申请日即优先权日。在判断新颖性时,应以优先权日作为申请日。在享有优先权的情况下,只有在首次申请以前存在的技术,才是现有技术。

享有外国优先权应具备一定的条件。这些条件可分为实质要件和形式要件。实质要件包括如下。

其一,申请人所属国与我国共同参加了有专利申请优先权规定的国际条约,或者与我国签订了相互承认优先权的双边协议,或者承认我国公民在该国的优先权。

其二,作为优先权根据的第一次申请是外国专利主管机关已正式受理并给予了申请日的正式申请。

其三,前后两个申请的主题相同。如果后一申请的内容超出了前一申请的内容,那么只能就其中相同内容部分享有优先权,而不相同的部分仍以其在我国的申请之日为申请日,但不能享有优先权。此即部分优先权。在合案申请中则可能存在多重优先权,专利审查部门将根据不同的优先权日判断发明创造的新颖性与创造性。

其四,必须在优先权期间内向我国提出专利申请。优先权期间是指首次申请的申请日与在后申请的申请日之间的时间。

其五,向我国提出专利申请的后申请人应当是第一次提出申请的申请人或其权利受让人或合法继承人。至于受让或继承方式,依国际私法原则,由当地法律决定。

在形式要件上,要求外国优先权的申请人应提交书面的优先权声明和第一次提出的专利申请文件副本。《专利法》第三十条规定:"申请人要求发明、实用新型专利优先权的,应当在申请的时候提出书面声明,并且在第一次提出申请之日起十六个月内,提交第一次提出的专利申请文件的副本。申请人要求外观设计专利优先权的,应当在申请的时候提出书面声明,并且在三个月内提交第一次提出的专利申请文件的副本。申请人未提出书面声明或者逾期未提交专利申请文件副本的,视为未要求优先权。"上述规定同样适用于下文所述的本国优先权。

（2）本国优先权。外国优先权制度有利于国际专利申请，但在一国内部，外国优先权表面上仅仅有利于外国人申请专利，并没给在本国首次提出专利申请的人带来直接利益。因此，为实现本国国民与外国人之间利益的对等，《专利法》第二十九条第二款及《专利法实施细则》第三十二条规定了本国优先权（又称国内优先权）制度，即申请人就相同主题的发明或实用新型在中国第一次提出专利申请之日起 12 个月内，又以该发明专利申请为基础向国务院专利行政部门提出发明专利申请或实用新型专利申请的，或者又以该实用新型专利申请为基础向国务院专利行政部门提出实用新型专利申请或发明专利申请的，可以享有优先权。

本国优先权，是基于一个本国申请所产生的优先权。即申请人在本国第一次提出申请后的法定期限内，又在国内就相同主题提出专利申请时，专利申请人享有以首次申请的申请日作为在后申请的申请日的权利。本国优先权利于本国申请人在保持相同主题的情况下，在发明和实用新型专利申请之间互相转换。

申请人要求本国优先权应慎重，应当在对于提出享有本国优先权的要求有成功的把握。因为根据《专利法实施细则》第三十二条第二款的规定，申请人要求本国优先权的，其在先申请自在后申请提出之日起视为撤回。

四、专利申请的修改、分案与撤回

1.专利申请的修改

专利申请提出后，各国专利法一般允许对申请文件进行更正或修改。专利申请文件的修改可以由申请人主动提出，也可以应国务院专利行政部门的要求进行。对专利申请文件的修改必须在法定范围内进行。在内容的修改上，不能与原申请的内容有出入或增加新内容。《专利法》第三十三条规定："申请人可以对其专利申请文件进行修改，但是，对发明和实用新型专利申请文件的修改不得超出原说明书和权利要求书记载的范围，对外观设计专利申请文件的修改不得超出原图片或者照片表示的范围。"

2.专利申请的分案

专利申请的分案又称分案申请，它是指申请人将包含两个以上发明创造的专利申请中的某一部分或几部分分割出来，另外提出一项或多项专利申请。专利申请缺乏单一性是分案申请中最常见的原因。除此之外，还可能因为其他原因而需要对申请分案,如:申请人认为原合案申请不如分案申请有利;多项优先权的存在;原申请说明书中有的技术特征未写入权利要求书,申请人想增加保护内容等。

分案申请应符合的要求有:

(1)分案申请不能改变原申请的类别。

(2)原申请确系包括两个或两个以上不属于一个总的发明构思的独立的发明或实用新型。

(3)提出的分案申请的技术内容,应属于原申请案记载的范围之内。

分案申请也有时间限制和内容限制。《专利法实施细则》第四十二条规定,一件专利申请包括两项以上发明、实用新型或外观设计的,申请人可以在国务院专利行政部门发出授予专利权的通知前,向国务院专利行政部门提出分案申请。由于分案申请实质上也是对原申请的一种修改,专利法对"内容限制"等修改专利申请的规定也适用于分案申请。

3.专利申请的撤回

《专利法》第三十二条规定:"申请人可以在被授予专利权之前随时撤回其专利申请。"申请人提出专利申请后,在被授予专利权之前,可以随时撤回其申请。

专利申请的撤回必须符合一定的条件,主要有:

(1)只有当对申请人的专利申请权无争议时,国务院专利行政部门才会批准,公告其撤回请求。

(2)申请人申请专利后随即向第三方出让了实施许可证,而且该许可证的出让已公告,那么其撤回申请的请求应当附该被许可人的书面同意证明。

(3)履行书面形式要求,即应当向国务院专利行政部门提出书面声明。

(4)撤回专利的申请不得附加任何条件。

当撤回专利申请的声明是在国务院专利行政部门已经做好公布该专利申请文件印刷准备工作以后提出时,申请文件仍予公布,然后终止审查程序。

专利申请撤回的效力一般从国务院专利行政部门公告撤回决定之日起计算。申请如果是在公布前撤回,申请人还可以重新提出申请,若是在公布后撤回,《专利法》第十三条规定的请求权将视为自始即不存在。

为敦促申请人履行义务,《专利法》还规定了推定撤回的情形,即"视为撤回"。如要求申请人在指定期限内修改申请内容,在期限届满前,申请人未作回复的,视为撤回申请。视为撤回与主动撤回具有相同的法律后果。

第二节 专利申请的审查

一、专利申请的三种审查制度

1.形式审查制

形式审查制也称登记制或不审查制。即专利主管部门只对专利申请的法定形式要求进行审查,如申请文件是否齐备、所提交文件是否符合规定的格式要求、申请费是否缴纳等,申请案只要符合这些形式上的要求,就批准授予专利权,国务院专利行政部门对发明创造的专利性并不进行审查。

形式审查制是一种历史上沿袭下来的古老的审查制度。其优点是:专利申请案手续简单,审查批准迅速;不需要设置庞大的审查机构和资料文献库;费用较少。但实行这种制度也有很大的缺点,如专利质量不可靠、专利价值不高、专利保护范围不明确。因此,采用形式审查制的国家不多。

2.实质审查制

实质审查制又称完全审查制。即对专利申请不仅要进行形式上的审查,还要进行实质内容的审查。美国 1836 年开实质审查制的先河。

在实行实质审查制度的情况下,国务院专利行政部门对提交的专利申请按照法定程序进行严格的审查,只是各国对申请案中所述的技术特点审查的范围不尽相同。实行实质审查制的优点是能保证所批准的专利质量,促进发明的推广和应用,并有利于减少专利争议和诉讼,缺点是要建立庞大的专利机构,耗费大量人力物力来进行这一工作,而且无法解决申请案大量积压的问题。于是延迟审查制应运而生。

3.延迟审查制

延迟审查制又称请求审查制或早期公开、请求审查制。它是指申请人提出专利申请后,国务院专利行政部门先进行形式审查,并在一定时期内将申请案予以公开,申请人为获得专利权,必须在一定期限内请求实质审查,国务院专利行政部门将应申请人的请求对其申请进行实质审查。如果申请人不在规定时间内请求实质审查,其申请将被视为撤回。延迟审查制是针对实质审查制造成申请案大量积压而改进的一种审查制度,现已成为各国普遍采用的审查制度。

延迟审查制的优点主要有：减轻了国务院专利行政部门的审查工作负担，使国务院专利行政部门能集中时间和精力审查那些应当审查的申请案；专利申请内容公布较早，有利于促进科技情报交流，启迪新的发明思想；能够为申请人减轻费用负担提供机会。不过，延迟审查制也并非十全十美，其缺点在于：审查程序繁杂，专利申请要公布两次（不请求实质审查的除外）；申请在法律上存在一个相当长的不确定期限，影响到发明的利用和推广。该制度于1964年在荷兰确立，此后为德国、瑞典等多数国家及《专利合作条约》《欧洲专利公约》所采用。

二、我国发明专利申请的审查

我国对发明专利申请实行延迟审查制，其审批程序包括初步审查、申请的公布、请求实质审查、实质审查以及专利权的授予。必要时还会存在复审程序。《专利法》第二十一条第一款规定："国务院专利行政部门应当按照客观、公正、准确、及时的要求，依法处理有关专利的申请和请求。"

1. 初步审查

这主要是国务院专利行政部门对专利申请文件进行的形式审查，也包括一定程度上的实质条件的审查，它对专利申请是否符合《专利法》《专利法实施细则》规定的形式要求及明显实质性缺陷进行审查。

初步审查的主要内容有：申请手续是否完备，文件是否齐备，填写是否符合规定；申请专利各种必备的证件是否完备；申请专利的主题是否明显不符合发明的定义；专利申请是否明显违反国家法律、社会公德或妨碍公共利益；专利申请的内容是否明显不属于专利保护范围；申请人是否已缴纳申请费；是否明显不符合单一性原则；申请人对申请文件的修改是否明显超出原说明书和权利要求书所记载的范围等。

国务院专利行政部门对上述内容进行初步审查后，应当将审查意见通知申请人，要求其在指定期限内陈述意见或补正；申请人期满未答复的，其申请将被视为撤回。专利申请经补正后，仍不符合有关规定的，应当予以驳回。申请被驳回后，如申请人不服，可以请求专利行政部门进行复审。

此外，如申请涉及国家安全或重大利益的，还应进行保密审查。

2. 申请的公布

《专利法》第三十四条规定："国务院专利行政部门收到发明专利申请后，经初步审查认为符合本法要求的，自申请日起满十八个月，即行公布。国务院专行政部门可以根据申请人的请求早日公布其申请。"申请一旦公布,就会产生一定的法律效果和意义:第一,公布申请意味着该发明已成为公开发表的技术,该申请人依法获得了优先申请并取得专利的权利。第二,申请公布后,该发明即获得了一定程度的临时保护。发明专利申请公布后,申请人可以要求实施其发明的单位或个人支付适当的费用。

3.请求实质审查

这是指申请人依专利法的规定在法定期间内对其申请专利的发明的专利性请求进行审查。它是启动实质审查程序的前提条件。大多数国家规定请求审查的法定期间(延迟期间)为2—7年,自申请日起算。要求优先权的,从优先权日起算。《专利法》第三十五条第一款规定:"发明专利申请自申请日起三年内,国务院专利行政部门可以根据申请人随时提出的请求,对其申请进行实质审查;申请人无正当理由逾期不请求实质审查的,该申请即被视为撤回。"

不过,对一些有重大意义的发明,国务院专利行政部门认为必要时,可以自行对发明专利申请进行实质审查。这里的"必要",一般指国务院专利行政部门初步审查后,认为该发明专利申请的技术内容,是涉及国家、社会重大利益的非常有价值的发明。《专利法》第三十五条第二款规定:"国务院专利行政部门认为必要的时候,可以自行对发明专利申请进行实质审查。"

《专利法》第三十六条规定:"发明专利的申请人请求实质审查的时候,应当提交在申请日前与其发明有关的参考资料。发明专利已经在外国提出过申请的,国务院专利行政部门可以要求申请人在指定期限内提交该国为审查其申请进行检索的资料或者审查结果的资料;无正当理由逾期不提交的,该申请即被视为撤回。"这主要是指在完成发明创造过程中所参考过的背景技术资料,如专利文献、科技期刊等。申请人除提交有关资料外,还应当缴纳审查费,否则将视为未提出过实质审查请求。

4.实质审查

实质审查是国务院专利行政部门对发明专利申请的实质性条件所作的审查,是从技术角度审查发明的专利性,其任务是解决能否授予专利权的问题。审查工作由国务院专利行政部门的审查员担任,在严格保密的情况下也可以请国务院专利行政部门以外的专家进行。实质审查一般是世界性文献检索,据此判断新颖性,然后判断发明的创造性和实用性。在此基础上审查员将提出审查意见,并通知申请人修改或陈述意见,最后由审查员作出审查决定。

实质审查主要审查以下问题:申请专利的发明是否为专利法所称的发明;是

否违反国家法律、社会公德或妨碍公共利益;是否属于不能取得专利的发明;申请的公开是否充分;是否符合发明单一性原则;合案申请是否符合专利法的规定;申请专利的发明是否具备授予专利权的"专利三性"条件;说明书的撰写是否符合要求;权利要求书是否以说明书为依据,其撰写是否符合专利法的规定;申请人的修改或分案申请,是否超出原说明书和权利要求书记载的范围;申请专利的发明主题是否曾被授予专利权等。

上述问题中有些在初步审查中只解决了明显的实质性缺陷,在实质审查中仍然要进一步审查。《专利法》第三十七条规定:"国务院专利行政部门对发明专利申请进行实质审查后,认为不符合本法规定的,应当通知申请人,要求其在指定的期限内陈述意见,或者对其申请进行修改;无正当理由逾期不答复的,该申请即被视为撤回。"第三十八条规定:"发明专利申请经申请人陈述意见或者进行修改后,国务院专利行政部门仍然认为不符合本法规定的,应当予以驳回。"

三、我国实用新型和外观设计专利申请的审查

关于实用新型和外观设计专利申请的审查,多数国家采用形式审查制,只进行初步审查,不进行实质审查,我国也不例外。国务院专利行政部门对实用新型和外观设计专利申请初步审查的内容与对发明专利申请初步审查大体相同,包括形式审查、明显性缺陷审查、合法性审查,但不涉及保密审查。主要内容有:申请的主题是否为专利法所说的实用新型或外观设计;请求书是否符合规定的格式和填写要求;实用新型的说明书及其附图和权利要求书的撰写是否符合专利法的要求;外观设计专利申请的图片或照片是否符合要求。

国务院专利行政部门经初步审查认为申请不符合上述形式要求和一定程度的实质要求,应通知申请人,要求其在指定期限内陈述意见或对其申请进行修改。经申请人陈述或修改后仍不符合要求的,应将申请驳回。

四、复审程序

《专利法》第四十一条规定:"专利申请人对国务院专利行政部门驳回申请的决定不服的,可以自收到通知之日起三个月内,向国务院专利行政部门请求复审。"

复审程序的启动必须以专利申请人、宣告专利权无效请求的任何单位和个

人依法提出复审请求为前提，所以复审程序并不是专利审批程序的必经程序，而是一个具有监督性质的独立的法律程序。复审程序除适用于受理和审查专利权无效请求外，只适用于专利申请被国务院专利行政部门驳回的情况，对国务院专利行政部门不予受理、视为撤回之类的通知或决定不服的，只能按国务院专利行政部门行政复议规程请求国务院专利行政部门行政复议机关进行复议。

经复审后，国务院专利行政部门应依法作出复审决定，以书面形式通知专利申请人、宣告专利权无效请求人和专利权人。《专利法》第四十一条第二款规定："专利申请人对国务院专利行政部门的复审决定不服的，可以自收到通知之日起三个月内向人民法院起诉。"

五、专利权的授予

《专利法》第三十九条规定："发明专利申请经实质审查没有发现驳回理由的，由国务院专利行政部门作出授予发明专利权的决定，发给发明专利证书，同时予以登记和公告。发明专利权自公告之日起生效。"第四十条规定："实用新型和外观设计专利申请经初步审查没有发现驳回理由的，由国务院专利行政部门作出授予实用新型专利权或者外观设计专利权的决定，发给相应的专利证书，同时予以登记和公告。实用新型专利权和外观设计专利权自公告之日起生效。"国务院专利行政部门发出授予专利权的通知后，申请人应当自收到通知之日起2个月内办理登记手续。申请人按期办理登记手续的，国务院专利行政部门应当授予专利权，颁发专利证书，并予以公告。期满未办理登记手续的，视为放弃取得专利权的权利。

第六章 专利权的内容

专利权的内容是指专利权人依法享有的权利及应承担的义务,是专利法律关系的构成要素之一。

第一节 专利权人的权利和义务

一、专利权人的权利

1. 自己实施专利的权利

关于专利权的内容,很多国家是从禁止的角度规定的。我国《专利法》也只是规定专利权人有权禁止他人实施其专利,没有规定专利权人有独占实施权。在一般情况下,专利权人自己实施其专利的权利是不言而喻的。因为专利技术的价值是通过实施得以实现的,专利权人申请专利的直接目的就是为了垄断该项技术的实施权,凭借这种垄断性权利获取独占性利益。

2. 禁止他人未经许可实施其专利的权利

专利权人有权禁止他人未经许可制造、使用、许诺销售、销售或进口其专利产品,或者使用其专利方法以及使用、许诺销售、销售、进口依该专利方法直接获得的产品。其中,专利产品是专利说明书和权利要求书内写明的产品。这一权能是前项垄断性的实施权的补充。

3. 许可他人实施其专利的权利

这是专利权人允许他人在一定条件下使用其取得专利权的发明创造的全部或部分技术的权利。依我国《专利法》的规定,除法律另有规定外,任何单位或个人使用专利产品或实施专利方法都必须得到专利权人的许可。许可权的实质在于专利权人同意被许可人从事只能由专利权人进行的行为,这些行为是专利权人本来有权禁止他人实施的。

4. 转让其专利的权利

专利权人有权将其专利的所有权转让给其他单位或个人。转让权和许可权不同,它涉及的是专利所有权的转移,而不仅是专利使用权的转移。转让权的行使原则上是自由的,但它也要受到一定的限制。

5. 在专利产品上缀附标记的权利

这一权利简称标记权,是专利权人在专利产品或专利产品的包装上标明专利标记和专利号的权利。《专利法》第十六条第二款规定:"专利权人有权在其专利产品或者该产品的包装上标明专利标识。"专利标记是指"专利"或"中国专利"字样,专利号是授予专利的号码。

6. 从专利实施中获取经济收益的权利

专利权人可以通过自己实施专利而获得报酬,也可以通过许可他人实施而获得专利使用费,还可以通过转让专利权而获得转让费。

7. 放弃其专利的权利

根据《专利法》的规定,放弃专利权也应登记和公告。

二、专利权人的义务

1. 缴纳专利年费的义务

年费,是专利权人为维持专利权的效力,从授予专利的当年开始,在专利权有效期内逐年向国务院专利行政部门缴纳的费用。目前绝大多数国家都规定了专利权人的这种义务。征收年费,主要有以下两个目的:一是可以补偿国务院专利行政部门从事专利工作的开支,增加国务院专利行政部门的财政收入,减轻国家负担。二是年费的征收为维持专利权的效力起调节作用。专利权的维持要付出代价,专利权人就需要认真考虑有无必要支出逐渐增多的年费来继续维持专利权的效力。这样可以淘汰价值不大或长期不实施的专利,使其早日成为社会公有财产。

关于年费的缴纳方法,《专利法》第四十三条规定:"专利权人应当自被授予专利权的当年开始缴纳年费。"

不过,《专利法实施细则》第六条对权利恢复制度作了规定。专利权人因不可抗拒的事由未按时缴纳专利年费,从而造成权利丧失的,可在不可抗拒的事由消除之日起 2 个月内,请求恢复专利权。这是对因客观原因造成的专利权丧失的一种补救。

2.实施专利的义务

世界上多数国家的专利法都规定,实施取得专利的发明创造是专利权人应尽的义务。所谓实施专利,是指将获得专利的发明创造应用于工业生产中,即制造取得专利的产品、应用取得专利的方法或在生产中使用取得专利的产品,其通常意义就是制造专利产品或使用专利方法。

2000 年《专利法》第五十一条规定,专利权人负有自己在中国制造其专利产品、使用其专利方法或许可他人在中国制造其专利产品、使用其专利方法的义务。现行《专利法》删除了这一条。但这并不意味着专利权人不存在专利实施的义务。

第二节　专利权的限制

专利权是一种具有排他性的独占权,但它不是一种绝对的、无限制的权利,为了维护国家和社会利益,防止专利权人滥用专利权,各国专利法都对专利权进行了一定形式和程度的限制。

一、不视为侵犯专利权的行为

在有些情况下,制造、使用、许诺销售或销售专利产品、使用专利方法等行为虽未经专利权人许可,但仍不视为侵犯专利权。这也被称为侵权例外。这种侵权例外一般是由法律直接规定的。

1.专利权用尽以后的行为

《专利法》第七十五条第一项规定:专利产品或依照专利方法直接获得的产品,由专利权人或经其许可的单位、个人售出后,使用、许诺销售、销售、进口该产品的,不视为侵权。这一规定确立了专利穷竭原则与允许平行进口原则。

专利权穷竭的含义是指专利产品只要是被合法地投入商业流通领域,就不再受专利权人的控制。专利权人在制造或许可他人制造有关产品时,一次便"用完"了自己享有的独占权，或者说专利权的效力已经耗尽。这一原则无疑有利于商品的自由流通，防止专利权人滥用权利，造成妨碍专利产品分销与使用的后果。

《专利法》的上述规定，主要是在一般意义上的权利穷竭制度上允许"平行进口"。由于权利穷竭原则不仅是一个法律问题，而且关系到一个国家或地区专利政策导向问题，TRIPS协议等国际公约对成员的法律没有统一的要求。从我国的现实情况看，为发展民族产业，提高市场竞争能力，2008年修改《专利法》时引进了平行进口制度。

2. 先用权人的利用

《专利法》第七十五条第二项规定：在专利申请日前已经制造相同产品、使用相同方法或已经做好制造、使用的必要准备，并且仅在原有范围内继续制造、使用的，不视为侵权。这是所谓的"先用权"。这一规定着眼于保护没有取得专利权的另一发明创造人的最低利益。在实践中，相同发明创造分别由两个不同的人完成是常有的事。如果其中一个人没有申请专利或申请日在另一个人之后，从而使该发明创造专利由另一个人享有时，获得专利权的那个人对于在其提出专利申请以前已利用其发明创造的人也行使专有权，就势必使其丧失全部投资，这是很不合理的。所以许多国家基于公平原则，规定了先用权制度。这是给予没有取得专利权的发明创造人的一种特殊权利，即享有先用权的人可以继续制造专利产品或使用专利方法。

先用权原则在专利侵权认定中常被沿用，被告人也常常以此作为抗辩。因此正确界定享有先用权的条件是很重要的。这些条件主要如下。

一是享有先用权的人先使用的技术必须是自己独立完成或通过其他合法途径取得的。此外，享有先用权的人不能是专利权人的某种特定关系人。

二是先用权成立的时间条件在我国是以申请日为准的。在他人专利申请日之后，哪怕是在申请公布前善意使用或准备使用，都不能享有先用权。

三是先用权人必须在他人专利申请日前已制造了相同产品或使用相同方法，或者已经做好了制造、使用的必要准备。这里的"必要准备"一般可理解为"制造相同产品、使用相同方法"所必不可少的各种物质、资金和人员条件。

四是先用权人在他人取得专利权后，只能在原有范围内继续制造原有的相同产品或使用相同的方法，不得扩大使用范围。

需要注意，先用权是相对专利权而言的，是对专利权的一种抗辩权，只有在专利侵权诉讼中确认才具有实际意义。并且，先用权是依赖专利权而存在的一种不完整的无形财产权。具体表现为:先用权不是独立的交易对象,不能成为转让合同的唯一标的,不过它可以成为转让合同客体的一部分;先用权不能成为许可贸易对象,不能就先用权订立许可实施合同;先用权不具有独占性,它可以为不同的单位或个人同时享有,而且互不排斥。总之,先用权是一种只能由先用权人自己行使,不能单独转让给他人且不具有排他性的权利。

3.临时过境的外国运输工具运行中的使用

《专利法》第七十五条第三项规定,临时通过中国领陆、领水、领空的外国运输工具,依照其所属国同中国签订的协议或共同参加的国际条约,或者依照互惠原则,为运输工具自身需要而在其装置和设备中使用有关专利的,不视为侵犯专利权。这一规定的目的在于便利国际交通运输。

4.非营利性质的科学研究和实验活动

《专利法》第七十五条第四项规定:专为科学研究和实验而使用有关专利的,不视为侵犯专利权。

专利法的宗旨是促进技术进步与创新,法律应当允许人们在专利技术的基础上从事改进。这种非营利性质的科学研究和实验活动,是为了考察验证取得专利的发明创造有无技术效果或经济效果,或者为了在该发明创造基础上作进一步的改进,它不以营利为目的,与专利权人之间不存在竞争关系,对专利权人的市场利益也不会构成侵害;同时有利于推动科学技术进步,因而无须征得专利权人的许可。但应注意,不能将供科学研究和实验使用的专利产品的制造和销售包括在内。对以教育为目的的使用有关专利的行为是否属于侵权应具体分析。如果是直接利用专利技术方案产生的功能和效果,属于专利法禁止的范畴;如果是通过讲解某专利产品或方法来阐述某一科学道理,则不受专利权的约束。

5.博拉(Bolar)例外

博拉例外是指仅为获得和提供药品或医疗器械行政审批所需要的信息而以特定方式实施专利时,不构成专利权侵权。该例外可以从美国1984年专利法中找到渊源。该例外来自美国联邦上诉法院对 Roche Products 公司和 Bolar Pharmaceutical 公司一案的判决,故有博拉例外之说。

药品和医疗器械在上市前需要履行审批手续,而为达到审批要求,申请者需要提供该药品或医疗器械的各种试验数据和资料,以证明其产品符合规定的要求。如果是对享有专利权的药品或医疗器械进行仿制,那么在正常情况下需要等到专利权届满后才能进行试验。这样就势必推迟仿制药品或医疗器械上市时间,从而影响公众在专利权届满后及时获得价格较低的仿制药品或医疗器械。为此,美国、日本、加拿大、澳大利亚等国家均在其专利法中规定了博拉例外。

2008年《专利法》借鉴了美国《药品价格竞争与专利期补偿法》法案(*Hatch-Waxman Act*),增加了以下规定,为提供行政审批所需要的信息,制造、使用、进口专利药品或者专利医疗器械的,以及专门为其制造、进口专利药品或者专利医疗器械的,不视为侵犯专利权。通过实施这一规定,既有利于与我国有关行政审批制度相衔接,促进药品或专利医疗器械的生产尽快实施,同时也有利于平衡专利权人的利益与社会公众利益之间的关系,防止专利权滥用。

另外,2000年《专利法》按照TRIPS协议的要求确立了"善意侵权"原则,其第六十三条第二款规定:"为生产经营目的使用或者销售不知道是未经专利权人许可而制造并售出的专利产品或者依照专利方法直接获得的产品,能证明其产品合法来源的,不承担赔偿责任。"2008年《专利法》保留了这一原则,只是对行为人实施行为的范围作了扩大。该法第七十条(现第七十七条)规定:"为生产经营目的使用、许诺销售或者销售不知道是未经专利权人许可而制造并售出的专利侵权产品,能证明该产品合法来源的,不承担赔偿责任。"这一修改,有利于平衡专利权人与社会公众之间的利益关系,促进专利产品的正常利用。

二、强制许可

1.强制许可的概念

专利实施的强制许可是法律介入私权的一种特殊形式。国家专利主管机关可以不经专利权人的同意,通过行政程序直接允许第三者实施专利权人取得专利权的发明或实用新型,并向其颁布实施该专利的强制许可证的法律行为。

实施强制许可的目的是防止和限制专利权人滥用其专利权,保护本国和社会公众利益,促进发明创造的实施和推广应用。

2.强制许可的类型和条件

我国专利法规定的强制许可类型如下。

其一,滥用专利权的强制许可。《专利法》第五十三条规定:"有下列情形之一的,国务院专利行政部门根据具备实施条件的单位或者个人的申请,可以给予实施发明专利或者实用新型专利的强制许可:(一)专利权人自专利权被授予之日起满三年,且自提出专利申请之日起满四年,无正当理由未实施或者未充分实施其专利的;(二)专利权人行使专利权的行为被依法认定为垄断行为,为消除或者减少该行为对竞争产生的不利影响的。"

上述第一种情形实施强制许可的条件是：(1)申请强制许可的单位或个人具备实施条件，即具备制造、使用、销售专利产品或使用专利方法等条件；(2)专利权人自专利权被授予之日起满 3 年，且自提出专利申请之日起满 4 年，无正当理由未实施或未充分实施其专利。

上述第二种情形是针对构成垄断的滥用专利权的行为，其出发点是为消除或减少该行为对竞争产生的不利影响。至于什么样的行为应被认定是垄断行为，由反垄断法及相关法律予以规定。通过专利法与反垄断法的配套、协调实施，防止专利权人"合法"地滥用其专利权。

其二，从属专利的强制许可。从属专利又称依存专利，是指前后两个专利之间在技术上存在着依存关系，不实施前一个专利所保护的发明或实用新型，后一个发明或实用新型专利就无法实施。

《专利法》第五十六条规定："一项取得专利权的发明或者实用新型比前已经取得专利权的发明或者实用新型具有显著经济意义的重大技术进步，其实施又有赖于前一发明或者实用新型的实施的，国务院专利行政部门根据后一专利权人的申请，可以给予实施前一发明或者实用新型的强制许可。在依照前款规定给予实施强制许可的情形下，国务院专利行政部门根据前一专利权人的申请，也可以给予实施后一发明或者实用新型的强制许可。"这一规定有利于促进改进的技术或先进的技术的推广应用，防止专利权人滥用专利权而妨碍技术进步。

根据《专利法》的规定，实施从属专利的强制许可应具备以下条件：(1)必须有两个取得专利权的发明或者实用新型，其中后一取得专利权的发明或实用新型在技术上比前者更为先进；(2)后一发明或实用新型在技术上从属于前者，不实施前者，后者就无法实施；(3)后一发明或实用新型专利权人曾与前一发明或实用新型专利权人就许可证事宜进行谈判，但后一专利权人未能以合理条件签订专利实施合同；(4)首先申请强制许可的只能是后一专利权人。

其三，根据公共利益的强制许可。《专利法》第五十四条规定："在国家出现紧急状态或者非常情况时，或者为了公共利益的目的，国务院专利行政部门可以给予实施发明专利或者实用新型专利的强制许可。"这类特殊的强制许可，没有时间限制和其他附属条件，也无须经过任何单位的请求。

《专利法》第五十五条规定："为了公共健康目的，对取得专利权的药品，国务院专利行政部门可以给予制造并将其出口到符合中华人民共和国参加的有关国际条约规定的国家或者地区的强制许可。"

上述条文是 2008 年修订《专利法》时完全新增的内容。该规定涉及的药品强制许可是基于 2001 年世界贸易组织通过的《多哈宣言》和《议定书》的规定而增加的。《议定书》规定了在一定条件下药品专利的强制许可，从而打破了 TRIPS 协议第三十一条关于强制许可只能主要用于供应国内市场需要的限制性规定。这一规定，有利于帮助缺乏制药能力或制药能力不足的发展中国家和最不发达国家解决其面临的公共健康问题，允许我国制药企业制造有关专利药品并将其出口到这些国家。

3. 强制许可决定的内容

（1）强制许可的范围。包括强制许可的期间和强制许可受益人行为的范围。强制许可期间可以是专利权的整个期间，也可以比专利权期限短。在这个时间内应注意维护专利权的有效性，防止专利权人以任何方式终止专利权。强制许可受益人行为的范围可以是专利权人能做的一切，也可以只是其中的某些行为。不管怎样，应限定强制许可实施主要是为供应国内市场的需要，不得用于出口目的。《专利法》第五十八条明确规定："除依照本法第五十三条第（二）项、第五十五条规定给予的强制许可外，强制许可的实施应当主要为了供应国内市场。"

（2）强制许可实施与终止时间。这个时间应视具体情况来确定。如强制许可受益人实施的准备比较充分，这个时间就可以定得短一些。《专利法》第六十条规定："国务院专利行政部门作出的给予实施强制许可的决定，应当及时通知专利权人，并予以登记和公告。给予实施强制许可的决定，应当根据强制许可的理由规定实施的范围和时间。强制许可的理由消除并不再发生时，国务院专利行政部门应当根据专利权人的请求，经审查后作出终止实施强制许可的决定。"

（3）使用费的数额。《专利法》第六十二条规定："取得实施强制许可的单位或者个人应当付给专利权人合理的使用费，或者依照中华人民共和国参加的有关国际条约的规定处理使用费问题。付给使用费的，其数额由第六十三条规定："专利权人对国务院专利行政部门关于实施强制许可的决定不服的，专利权人和取得实施强制许可的单位或者个人对国务院专利行政部门关于实施强制许可的使用费的裁决不服的，可以自收到通知之日起三个月内向人民法院起诉。"

4. 强制许可的权利范围

强制许可的权利范围涉及强制许可是独占许可还是非独占许可、是否可以转让和实施分许可等内容。关于强制许可的独占性，《专利法》第五十六条规定："取得实施强制许可的单位或者个人不享有独占的实施权，并且无权允许他人实施。"这就是说,强制许可受益人取得的仅是一种普通实施权,专利权人仍然有权自己实施或允许他人实施,国务院专利行政部门也可以就同一发明或实用新型实施第二个强制许可。在目前我国需要大量引进技术和外资的情况下,为使在我国获得的专利权有可靠的保障措施,实行非独占性的强制许可是适宜的。从《专利法》的规定还可以看出,强制许可受益人不得授予他人分许可证。

三、国家指定许可

《专利法》第四十九条规定:"国有企业事业单位的发明专利,对国家利益或者公共利益具有重大意义的,国务院有关主管部门和省、自治区、直辖市人民政府报经国务院批准,可以决定在批准的范围内推广应用,允许指定的单位实施,由实施单位按照国家规定向专利权人支付使用费。"指定许可制度,包括以下内容。

第一,被指定许可的专利限于发明专利。因为发明专利的技术进步意义最大、技术难度最大,其社会、经济价值往往也最大。

第二,被指定许可的发明专利,限于由国有企事业单位所有的专利。国有企事业单位财产的最终所有者是国家,国家有权根据其代表的国家利益和社会公共利益的需要,决定其作为终极所有人的发明专利权的实施。

第三,指定许可是对专利权人享有的自愿许可权的一种例外,需要严格的条件限制。其条件包括:一是被采取指定许可的专利,必须是对国家利益或公共利益具有重大意义的发明专利;二是指定许可的决定权,只能由国务院有关主管部门和省级人民政府在报国务院批准后才能行使,其他任何机关都无权决定指定许可;三是指定许可限于在批准推广应用的范围内,由指定实施的单位实施。

第四,被指定单位的专利实施权不是无偿的,而需按规定向专利权人支付专利实施费。

此外,还应注意,国家指定许可只适用于中国单位和个人的专利,不适用于外国人、外国企业和外国其他组织在中国取得的专利。这有利于更好地贯彻对外开放的政策,吸引外国人来华申请并取得专利。

国家指定许可和强制许可都是对专利权的限制形式,但它们之间也有明显的区别。国家指定许可是授权的国家机关根据国家指定主动采取的推广应用发明创造的措施,而不是由于专利权人滥用专利权而导致的消极法律后果。

第三节　专利权的期限、终止和无效

一、专利权的期限

专利权的期限是国务院专利行政部门授予专利权从发生法律效力到失效之间的这段时间，是专利权受法律保护的期限。期限届满后，专利权不再受到法律保护，专利发明创造成为任何人可以自由利用的公共财富。

《专利法》第四十二条规定："发明专利权的期限为二十年，实用新型专利权的期限为十年，外观设计专利权的期限为十五年，均自申请日起计算。"不过，规定从申请日起算并不意味着专利权从申请日起即获得保护，其保护要等到专利权授予之日才开始。当然，如前所述，从申请日到授权日的这段时间内，发明专利还是可以获得临时保护的。

二、专利权的终止

专利权的终止是指专利权在保护期届满以及保护期届满前因法律规定的某种原因而失去效力。专利权因保护期届满而终止是一种自然终止。从实际情况看，大多数是由于法律规定的其他原因而终止的。《专利法》第四十四条规定："有下列情形之一的，专利权在期限届满前终止：（一）没有按照规定缴纳年费的；（二）专利权人以书面声明放弃其专利权的。专利权在期限届满前终止的，由国务院专利行政部门登记和公告。"

1. 因没有按期缴纳年费而终止

专利权因专利权人未按规定缴纳年费而终止的，由国务院专利行政部门登记和公告。终止的起算时间应从未缴年费的当年起算。同时，应注意：专利权人在宽限期内补缴，专利权仍然有效；专利权人缴纳年费有困难的，可以申请缓缴或减缴；专利权人因不可抗力的事由而耽误缴纳年费导致专利权丧失的，可以请求恢复其专利权。

2. 因专利权人自动放弃专利权而终止

专利权人放弃专利权，其放弃部分是从其宣布放弃之日起计算的。

3.因专利权人死亡后无人继承而终止

三、专利权的无效

1.专利权无效的含义

专利权的无效是指被授予的专利权因其不符合专利法的有关规定,而由有关单位或个人请求国务院专利行政部门通过行政审理程序宣告无效。《专利法》第四十五条规定:"自国务院专利行政部门公告授予专利权之日起,任何单位或者个人认为该专利权的授予不符合本法有关规定的,可以请求国务院专利行政部门宣告该专利权无效。"设置专利无效宣告程序是为了纠正专利权工作中的错误,保证专利法的正确执行和维护公众的正当权益。

2.请求宣告专利权无效的条件

请求宣告专利权无效是对一种具有法律效力的无形财产权进行剥夺或重新确认的重要法律行为。对此应注意以下条件要求。

(1)请求宣告专利权无效的可以是任何单位或个人,当然主要是与被请求宣告无效的专利权有利害关系的单位和个人;

(2)提出无效请求的法定时间是自国务院专利行政部门公告授予专利权之日起;

(3)请求人应向国务院专利行政部门提交专利权无效宣告请求书和有关文件,说明请求宣告无效所依据的事实和理由;

(4)请求人应按照规定缴纳无效宣告请求费,即应当自无效宣告请求之日起1个月内缴纳无效宣告请求费,期满未缴纳或未缴足的,被视为未提出请求。

另外,无效宣告请求应以书面形式提出,请求人如委托专利代理机构代理,应提交委托书并载明委托权限。

3.请求宣告专利权无效的理由

请求宣告专利权无效的理由,依照《专利法实施细则》第六十五条的规定,主要有:

(1)不属于专利法所称的发明创造;

(2)取得专利权的发明或实用新型不符合《专利法》第二十二条关于专利"三性"的要求;

(3)取得专利权的外观设计不符合《专利法》第二十三条关于不相同的或不

相近似的要求；

（4）说明书公开不充分，权利要求书得不到说明书的支持；

（5）外观设计申请时提交的图片或者照片未清楚地显示要求专利保护的产品；

（6）取得专利的发明创造或其利用违反国家法律、社会公德或妨碍公共利益；

（7）取得专利的发明创造属于《专利法》第二十五条规定的不授予专利权的领域；

（8）取得专利权的发明创造不符合先申请的原则；

（9）属于重复授权；

（10）取得专利的发明或实用新型的专利申请文件的修改或分案超出了原说明书和权利要求书记载的范围，外观设计专利申请文件的修改超出了原图片或照片表示的范围；

（11）分案申请超出了原记载申请的范围。

专利权无效的理由可能只源于几个或某一个权利要求，也可能只源于某一个权利要求的某些部分。因而，请求宣告专利权部分无效也是可以的。

请求宣告专利权无效的理由只涉及专利权客体的理由，不包括专利权主体的理由。《专利法实施细则》第六十六条规定，专利权无效宣告请求书不符合专利法第十九条第一款或者该细则第六十六条规定的，国务院专利行政部门不予受理。

4.无效宣告申请的审查

无效宣告程序的审查流程可分为形式审查、合议审查和无效决定三个阶段。请求人应向国务院专利行政部门提出请求书并说明理由。经形式审查合格后，国务院专利行政部门即将无效请求书副本和有关文件副本送交专利权人，并向双方当事人发出受理通知书。专利权人收到上述文件后应在指定期限内陈述意见。期满未答复的，不影响国务院专利行政部门的审理。此后，国务院专利行政部门将组成合议组进行合议审理。

无效宣告决定可以有以下几种情况：无效宣告请求理由成立的，宣告专利权无效；否则，驳回无效宣告请求，维持专利权继续有效。如果理由部分成立，则宣告专利权部分无效。《专利法》第四十六条规定："国务院专利行政部门对宣告专利权无效的请求应当及时审查和作出决定，并通知请求人和专利权人。宣告专利权无效的决定，由国务院专利行政部门登记和公告。对国务院专利行政部门宣告专利权无效或者维持专利权的决定不服的,可以自收到通知之日起三个月内向人民法院起诉。人民法院应当通知无效宣告请求程序的对方当事人作为第三人参加诉讼。"

5.宣告专利权无效的效力

宣告专利权无效的效力包括社会性效力、一事不再理的效力和追溯力三方面的内容。其中追溯力比较复杂,我国《专利法》规定,被宣告无效的专利权视为自始不存在。从理论上讲,被宣告无效的专利权本来是不应当被授权的,因而宣告无效的效力应溯及专利权效力的开始。

《专利法》第四十七条规定:"宣告无效的专利权视为自始即不存在。宣告专利权无效的决定,对在宣告专利权无效前人民法院作出并已执行的专利侵权的判决、调解书,已经履行或者强制执行的专利侵权纠纷处理决定,以及已经履行的专利实施许可合同和专利权转让合同,不具有追溯力。但是因专利权人的恶意给他人造成的损失,应当给予赔偿。依照前款规定不返还专利侵权赔偿金、专利使用费、专利权转让费,明显违反公平原则的,应当全部或者部分返还。"

宣告专利权无效决定的追溯力应不适用于人民法院作出的民事裁定,这可以从民事诉讼裁定的本意作出理解。最高人民法院《关于对诉前停止侵犯专利权行为适用法律问题的若干规定》第十三条规定:"申请人不起诉或者申请错误造成被申请人损失的,被申请人可以向有管辖权的人民法院起诉请求申请人赔偿,也可以在专利权人或者利害关系人提起的专利权侵权诉讼中提出损害赔偿的请求,人民法院可以一并处理。"由此可见,在原告申请裁定有误,给被告造成损害时,原告须承担损害赔偿责任。从理论上说,即使该裁定已经执行,亦应当具有追溯力。实际上,法律要求请求人在申请裁定措施时提供一定的担保,主要目的是保证在申请有误而给对方造成损害时能够给对方以赔偿。

第四节　专利权的实施许可与转让

专利权的利用是专利工作的生命线。贯彻专利法的最终目的,是要通过利用取得专利权的技术促进技术进步和经济发展。专利权的利用主要涉及专利的实施许可及其相关的专利许可贸易、专利权的转让等问题。

一、专利的实施许可

1. 专利实施许可的概念与特点

专利实施许可，是专利权人或其授权的人作为许可方许可他人在一定范围内实施专利，被许可方支付约定使用费的一种法律行为。专利实施许可具有以下特点：

（1）它是专利使用权的转让，而不是专利所有权的转让；

（2）被许可人应当支付专利使用费；

（3）应通过签订合同的方式实现；

（4）被许可人实施专利有一定时间、地点、范围的限制，不得超过合同约定的范围；

（5）被许可人依法取得的使用权受法律保护，包括专利权人在内的任何人不得侵犯。

2. 专利实施许可合同的含义

许可其他单位与个人实施专利，是通过签订专利实施许可合同的方式实现的。这种合同又叫许可证合同，通过发放许可证合同的方式实施专利又被称为专利许可证贸易。专利许可证贸易是专利制度的重要组成部分，是连接发明创造专利与其实际应用的桥梁。

专利实施许可合同，是专利权人或其授权的人作为转让方，许可受让方在一定的范围实施专利，受让方支付约定使用费所订立的合同。《专利法实施细则》规定，专利权人与他人订立的专利实施许可合同，应当自合同生效之日起3个月内向国务院专利行政部门备案。

3. 专利实施许可合同的类型

根据专利转让的范围和权限的不同，专利实施许可合同可分为以下几种类型。

（1）独占实施许可合同。根据这种合同，被许可方在约定的时间和地域内对许可方的专利享有独占使用权，包括许可方在内的其他任何人都不得在上述范围内使用该专利，许可方也不得在上述范围内就该专利技术与第三方签订许可合同。这种合同授予被许可方的权利很广，相应地，许可方获得的专利使用费也较高。应注意，独占实施许可合同的订立不得影响国家按照专利法的规定实施指定许可。

（2）排他实施许可合同。这类合同又称为独家实施许可合同、独家许可证。根据这种合同，被许可方在合同约定的条件和范围内享有对该专利技术的独家使用权,许可方不得再向第三方发放同样的许可证,但许可方仍保留在上述范围内实施其专利的权利。这种合同的主要特点就是被许可方排除了许可方以外的其他任何人的竞争,可以独占专利产品市场。排他实施许可合同的订立,也不得影响国家按照专利法的规定实施指定许可。

(3)普通实施许可合同。这类合同又称为一般实施许可合同、一般许可证或非独占许可证。根据这种合同,被许可人在约定的条件和范围内可以实施专利并取得利益,专利权人自己仍有使用其专利的权利,并且可就相同的条件和范围向第三方发放这种许可证,将专利的使用权转移给其他人。这是一种最常见的许可合同。在这种合同中,许可方保留较多的权利,但获得的使用费较低。

(4)从属实施许可合同。这类合同又称为分实施许可合同、从属许可证、分许可证。它是与基本实施许可合同相对而言的。如果实施许可合同中允许被许可方再与第三方签订许可合同,那么被许可方与第三方签订的实施许可合同就是从属实施许可合同。实际上,它就是独占许可证或独家许可证的被许可人再向其他人发放的许可证。一般来说,从属实施许可合同的订立要以原实施许可合同的授权条款为前提。从属实施许可合同本身只能是普通实施许可合同。如果许可人允许被许可人签订这种合同,那么许可人有权获得分实施许可合同的部分使用费。转售分许可证的目的一般是许可人为了充分有效地使用专利许可项目。

(5)交叉实施许可合同。这类合同又称为交叉许可证、相互许可证。一般是指当事人之间以专利技术作为合同标的进行对等交换的协议。如就改进发明和原发明,从属发明与基本发明有必要相互许可对方利用自己的专利,签订交叉实施许可合同。还有一种情况是就互不关联的两项专利技术也可以实施交叉许可。如企业之间订立的技术协议规定,各方的发明创造取得专利权后,相互之间都可以自由使用。发达国家一些大企业为合作垄断技术市场,就常常利用这种形式达到对专利实施的垄断。

4.专利实施许可合同的内容

专利实施许可合同一般应包括以下条款:合同序言;有关术语的定义;合同范围;技术情报和资料、保密事项;技术服务和人员培训;验收标准和方式;合同担保;违约金及损害赔偿额的计算方法;技术的改进和发展;争议解决办法和适用的法律;合同生效、有效期等。其中,明确专利实施许可合同中双方当事人的义务是其主要内容。

其一,许可方的主要义务。这些义务包括:(1)许可受让方在约定的范围内实施专利;(2)维持专利有效性的义务,许可方应在合同有效期内维持专利的有效性；(3)向被许可方支付实施专利有关的技术资料、提供必要的技术指导；(4)承担合同约定的技术性能担保；(5)担保专利权的完整性。

合同还可以明确规定在合同成立后遇到专利权被宣告无效或引起侵权诉讼时，许可方承担的义务。

其二，被许可方的主要义务。这些义务主要有：(1)按照合同的约定支付使用费；(2)在合同约定的范围内实施专利，并不得许可合同约定以外的第三人实施该专利。之所以要求被许可方实施专利，是因为许可方使用费的取得多半与专利实施状况有直接关系。

二、专利权的转让

专利权的转让是指专利权人将其专利权转让给受让人所有，受让人支付一定报酬或价款，成为新的专利权人的行为。专利权转让使专利权的主体发生了变更，它涉及专利所有权的转移。

专利转让原则上是自由的，但根据有关规定，中国单位或个人向外国人转让专利申请权或专利权的，由国务院对外经济贸易主管部门会同国务院科学技术行政部门批准。这是为了保护国家利益，不致于将我国具有重大意义的发明创造转移给外国而对中国单位或个人向外国人转让专利设立的一种限制。

专利权的转让应采取书面合同的方式，并要履行一定的手续。《专利法》第十条第三款规定："转让专利申请权或者专利权的，当事人应当订立书面合同，并向国务院专利行政部门登记，由国务院专利行政部门予以公告。专利申请权或者专利权的转让自登记之日起生效。"可见，在我国专利申请权和专利权的转让属于要式行为，转让一旦生效，受让人即可依法获得专利申请权或专利权主体资格。专利转让合同的形式要求包括：审批要求、书面形式要求及登记和公告的要求。转让合同仅凭当事人签名或盖章不会发生效力，须经过国务院专利行政部门登记和公告后才能实现。这样可使第三人了解该专利权法律状况的变化。

专利权转让合同通常应包括以下条款：项目名称；发明创造的名称和内容；专利申请日、申请号、专利号和专利权的有效期限；专利实施和许可实施的情况；价款及支付方式；违约金或损害赔偿额的计算方法；争议解决方法。在转让合同中，转让方的主要义务是，将合同约定的专利权移交给受让方所有，保证专利权真实、有效。受让方的主要义务则是按照合同约定向转让方支付约定的价款。专利权转让合同依法成立后，就受到专利法的保护。

第七章 专利权的保护

第一节 专利侵权行为

一、专利侵权行为的含义与构成特征

《专利法》第十一条规定："发明和实用新型专利权被授予后,除本法另有规定的以外,任何单位或者个人未经专利权人许可,都不得实施其专利,即不得为生产经营目的制造、使用、许诺销售、销售、进口其专利产品,或者使用其专利方法以及使用、许诺销售、销售、进口依照该专利方法直接获得的产品。外观设计专利权被授予后,任何单位或者个人未经专利权人许可,都不得实施其专利,即不得为生产经营目的制造、许诺销售、销售、进口其外观设计专利产品。"违反上述规定,即构成专利侵权行为。

具体地说,专利侵权行为是指在专利权保护期或有效期内,行为人未经专利权人许可,也没有取得法律的特别授权,以营利为目的实施专利的行为。或者说,是未经专利权人许可,以生产经营为目的,制造、使用、许诺销售、销售、进口其专利产品,使用其专利方法,以及使用、许诺销售、销售、进口依照专利方法直接获得的产品,制造、许诺销售、销售、进口外观设计的专利产品的行为。

从专利侵权行为的含义出发,专利侵权行为的构成特征有以下几点。

1. 它是针对一项有效的专利权

专利权的前提是专利权合法有效,包括取得与存续两个方面的合法有效。既然是专利侵权,侵害对象必须是受专利法保护的有效的专利权。对被宣告无

效、已过保护期或由专利权人放弃的专利的实施行为,不能认定为侵权。

2.有实施行为

这是指行为人有制造、使用、许诺销售、销售、进口专利产品,或者使用专利方法;使用、许诺销售、销售、进口依该方法直接获得的产品;制造、许诺销售、销售、进口外观设计专利产品的行为。

3.所实施的侵害行为具有违法性

侵犯专利权的违法行为可以理解为法律所禁止的侵害专利权的行为。这可以从以下三方面把握。

(1)以生产经营为目的。专利侵权行为是以营利为目的而实施专利的行为。从《专利法》第十一条的规定可以看出,非生产经营目的的实施,不构成侵权。不过,有的实施行为在表面上属于不以营利为目的的行为,如某公司未经专利权人许可仿制他人专利产品,免费分发给本公司职工,并将其一部分做礼品赠送给有关单位或个人,但由于对仿制品进行了使用和扩散,损害了专利权人的利益,仍应认定为专利侵权。

(2)未经专利权人的许可。如果实施行为已经专利权人许可,自然谈不上侵权。但是超越授权范围而实施的行为仍构成侵权行为。"经专利权人许可"包括明示许可与暗示许可(默许)。例如,某人长期无偿地使用专利权人的一项专利技术,专利权人明知却始终未出面干预,应视为默示同意。当然,如系对方隐蔽实施而专利权人不知,就构成了专利侵权。在判定是否经专利权人许可而构成侵权时应注意以下几点:一是在共有专利权的场合,未经全体共有人同意,当被许可人实施该专利时,仍构成侵权;二是如果专利实施许可证是由普通实施许可证持有者签发的,除许可证有特殊规定外,该实施行为仍构成侵权。

(3)侵权人所实施的行为没有取得法律特别授权。换言之,实施法律许可的行为不构成专利侵权。

二、专利侵权行为的判断

1.专利保护范围的确定

判断某一具体实施行为是否为专利侵权时,关键的问题是判断和确定专利权的保护范围,实施行为落在保护范围之内时才构成侵权。所谓专利权保护范围是指专利权的法律效力所及的发明创造的技术范围,是专利权所覆盖的发明创造的技术特征和技术幅度。作为专利权客体的发明创造是知识形态的劳动产品,不能依据发明创造本身来确定专利保护范围。同时,专利产品与申请保护的范围也不一致,不能依专利产品来确定专利保护范围。

(1)发明和实用新型的专利保护范围。发明和实用新型受专利保护的技术范围以权利要求的内容为准。权利要求决定了专利保护范围,集中地体现了专利权的实质内容。权利要求中各个技术特征的总和构成了一个不可分割的整体,相应地限定了一个明确的保护范围。

我国《专利法》第六十四条规定,"发明或者实用新型专利权的保护范围以其权利要求的内容为准,说明书及附图可以用于解释权利要求的内容"。

专利保护范围因发明类型不同而异。发明可分为产品发明、方法发明。实用新型只能是产品,可以归入产品发明。

产品专利的保护范围一般应包括具有同样特征、同样结构和同样性能的产品,而不论产品的制造方法。但是,依附于方法发明专利的产品,若该产品也取得了专利,那么该产品专利的保护范围就要受到制造方法的限制。亦即这种产品只有用非专利方法制造时,才不构成侵权。

方法专利的保护范围一般应包括所有具有相同特征、相同参数和相同效果的方法。方法专利的保护范围不受实施过程中所使用的设备、工具、仪器、装置等的限制。此外,方法专利权的保护范围及于用该方法直接获得的产品。

(2)外观设计的专利保护范围。2000年《专利法》第五十六条第二款规定:"外观设计专利权保护范围以表示在图片或照片中的该外观设计专利产品为准。"2008年《专利法》第五十九条第二款除维持上述规定外,还增补了以下规定:"简要说明可以用于解释图片或者照片所表示的该产品的外观设计。"

2.判断专利侵权行为的基本方法

判断专利权是否受到侵犯的基本方法是比较方法,即如果被控侵权的技术全面覆盖专利保护的发明创造的必要技术特征,就构成专利侵权。但是,在侵权诉讼中,侵权人所实施的技术往往是经过改头换面的,以偷梁换柱的方法对专利技术进行修改,实现专利技术能够达到的优点、目的。这种"修改"与技术解决方案无关,其结构变化、形状变化不会影响专利技术的必要技术特征。于是在专利侵权理论上产生了"等同原则"或"等同论",它现已被各国所普遍采用。

所谓等同,是指侵权人以实质上相同的方式或手段,替换属于专利保护的部分或全部必要技术特征,产生实质上相同的效果。按照等同论,当某一可能侵权物以一个或一个以上的等效手段替代独立权利要求中的相应技术特征,起到了实质上相同的作用,获得了实质上相同的效果时,它仍会落在专利权保护范围之内,构成专利侵权。

等同原则的适用有利于保护专利权人对其发明创造的合法独占权、防止专利欺诈。同时,等同原则不仅能充分保护专利权人,而且有利于平衡专利权人和社会公众的利益,实现专利法的追求公平和正义的目的。

在专利侵权判断中,还应注意禁止反悔原则的适用。禁止反悔原则是指在专利的获得、宣告无效的程序中,专利人通过署名的声明或对文件的修改,对专利权利要求的保护范围作了限制或放弃部分权利。在获得专利权后,在专利侵权诉讼中适用等同原则界定专利的保护范围时,专利权人不能将已经被排除或限制的内容再重新纳入专利权的保护范围。

三、专利侵权的处理机关

《专利法》第六十五条规定,未经专利权人许可,实施其专利,即侵犯其专利权,引起纠纷的,由当事人协商解决;不愿协商或者协商不成的,专利权人或者利害关系人可以向人民法院起诉,也可以请求管理专利工作的部门处理。由此可见,我国负责解决专利侵权纠纷的机关是管理专利工作的部门和人民法院。

1. 管理专利工作的部门

我国管理专利工作的部门是国务院有关主管部门和各省、自治区、直辖市、开放城市与经济特区人民政府设立的管理专利工作的部门。前者可称为部委管理专利工作的部门,后者可称为地方管理专利工作的部门。

管理专利工作的部门是主管专利事务的行政机关,具有执法和管理的双重职能。处理本地区、本部门的专利纠纷是专利管理机构的基本职责之一。凡属于某部门或某地区范围内的专利侵权案件,当事人可以向该地区或者各部门的管理专利工作的部门请求处理。凡属于跨地区或跨部门的侵权案件,当事人可以向发生侵权行为地的管理专利工作的部门或侵权单位的上级主管部门的管理专利工作的部门请求处理。对管理专利工作的部门的处理决定不服的,可以向人民法院起诉。根据最高人民法院关于专利案件的管辖规定,如果作出处理决定的管理专利工作部门所在地的中级人民法院对专利案件有管辖权,当事人不服处理决定的,可以向该中级人民法院起诉;如果无管辖权,当事人不服处理决定的,可以向管理专利工作部门所属省、自治区、直辖市人民政府所在地的中级人民法院起诉。如果在规定时间内不起诉又不履行管理专利工作部门决定的,管理专利工作的部门可以请求法院强制执行。

关于专利侵权纠纷调处的管辖,专利侵权纠纷由侵权行为发生地的管理专利工作的部门调处;专利申请权纠纷案件由被请求人所在地的管理专利工作的部门调处;临时保护纠纷案件由实施行为发生地的管理专利工作的部门调处;对两个以上的管理专利工作的部门都享有管辖权的专利纠纷案件,由最先接到调处请求的管理专利工作的部门调处。管理专利工作的部门对管辖权发生争议的,由其共同的上级人民政府管理专利工作的部门指定管辖;无共同上级人民政府管理专利工作的部门的,由国务院专利行政部门指定管辖。

2.人民法院

《专利法》规定,管理专利工作的部门处理专利纠纷案件不是人民法院审理专利案件的必经程序,专利权人或利害关系人对于专利侵权行为可以直接向人民法院起诉。专利侵权案件具有很强的技术性,为保证审判质量,最高人民法院规定,专利侵权案件分别由各省、自治区、直辖市人民政府所在地的中级人民法院和各经济特区的中级人民法院作为第一审法院,各省、自治区、直辖市人民政府所在地的高级人民法院作为第二审法院。各省、自治区、直辖市的高级人民法院根据实际工作需要,经最高人民法院同意,可以指定本省、自治区内的开放城市或设有管理专利工作部门的较大城市的中级人民法院作为审理其辖区内的专利侵权纠纷的第一审法院。2013年,《中共中央关于全面深化改革若干重大问题的决定》公布,决定提出,为了加强知识产权运用和保护,要求健全技术创新激励机制而设立的审判机构。2014年8月31日,第十二届全国人大常委会第十次会议表决通过了全国人大常委会关于在北京、上海、广州设立知识产权法院的决定,各地法院也相继成立知识产权法庭。

第二节　专利侵权的法律责任

一、专利侵权的民事责任

专利法对专利侵权主要追究侵权人的民事责任。管理专利工作的部门或人民法院处理侵权时,主要采用责令侵权人停止侵权和赔偿损失等措施。

1.停止侵权

停止侵权一般是在认定侵权行为以后采取的,但也可以作为一种预防措施采用，即为了防止侵权活动给专利权人或利害关系人造成更大的损失，管理专利工作的部门或人民法院可以应其要求和客观需要责令停止侵权活动。但因作出停止侵权的决定对被告人的利益关系重大，一旦侵权不成立，就会损害被告人的利益。所以，对此应采取谨慎的态度。而且，专利权人或利害关系人申请法院作出查封、扣押、冻结或其他停止侵权措施的决定时，应提供担保。

2. 赔偿损失

这是指由侵权人赔偿专利权人及其利害关系人因其侵权行为所遭受的损失。2000 年《专利法》第六十条规定，侵犯专利权的赔偿数额，按照权利人因被侵权所受到的损失或侵权人因侵权所获得的利益确定；被侵权人的损失或侵权人获得的利益难以确定的，参照该专利许可使用费的倍数合理确定。但是，该规定存在以下两个问题：一是没有明确对权利人因被侵权所受到的损失或侵权人因侵权所获得的利益，应选择哪一个作为优先的计算方式；二是没有考虑在其规定的三种方式均难以计算的情况下，如何确定专利侵权损害赔偿额。为克服这两个问题，2008 年《专利法》将第六十条改为第六十五条，分两款："侵犯专利权的赔偿数额按照权利人因被侵权所受到的实际损失确定；实际损失难以确定的，可以按照侵权人因侵权所获得的利益确定。权利人的损失或者侵权人获得的利益难以确定的，参照该专利许可使用费的倍数合理确定。赔偿数额还应当包括权利人为制止侵权行为所支付的合理开支。权利人的损失、侵权人获得的利益和专利许可使用费均难以确定的，人民法院可以根据专利权的类型、侵权行为的性质和情节等因素，确定给予一万元以上一百万元以下的赔偿。"

2008 年《专利法》的上述规定有以下两个特点：一是明确在界定损害赔偿额时，先考虑权利人因被侵权所受到的实际损失，只有在该损失难以确定时，才考虑按照侵权人因侵权所获得的利益确定。应当说，这一修改更符合民法上损害赔偿的本意。二是参照《著作权法》《商标法》、最高人民法院有关司法解释的规定以及国际上的通例，明确建立了专利侵权损害的法定赔偿制度。

2020 年"新专利法"对该规定又做了新的修改，将权利人的实际损失以及侵权人的侵权获益作为损害赔偿额的并列优选计算方式。专利权人可以选择基于其自身的实际损失或者侵权人的侵权获益来计算损害赔偿额，同时提高了赔偿标准的上下限。该条（新法第七十一条）规定内容如下：侵犯专利权的赔偿数额按照权利人因被侵权所受到的实际损失或者侵权人因侵权所获得的利益确定；权利人的损失或者侵权人获得的利益难以确定的，参照该专利许可使用费的倍数合理确定。对故意侵犯专利权，情节严重的，可以在按照上述方法确定数额的一倍以上五倍以下确定赔偿数额。权利人的损失、侵权人获得的利益和专利许可使用费均难以确定的,人民法院可以根据专利权的类型、侵权行为的性质和情节等因素,确定给予三万元以上五百万元以下的赔偿。

3.消除影响

专利侵权不仅会给专利权人带来经济上的损失,往往也会给专利权人的业务信誉带来损害。因此,专利权人在请求赔偿损失时,要求消除因侵权造成的不良影响是有必要的。原则上说,侵权人在何种范围内造成的损害,就应在何种范围内消除影响。除上述承担民事责任的形式外,还可以采取赔礼道歉等民事责任方式。

二、专利侵权及其他违法行为的刑事责任

不少国家的专利法对包括假冒他人专利行为在内的许多严重侵犯专利权的行为规定了刑事制裁措施。TRIPS 协议在"刑事程序"一节也规定了包括侵犯专利权在内的知识产权案件可适用刑事处罚。我国《专利法》在 2000 年修订后,进一步完善了刑事制裁的范围,据此,需要承担刑事责任的情形包括假冒他人专利、泄露国家机密、徇私舞弊等类型。另外,2004 年 12 月 22 日实施的《关于办理侵犯知识产权刑事案件具体应用法律若干问题的司法解释》也对假冒他人专利犯罪作了具体规定。以下将以《专利法》《刑法》及该司法解释的规定为基础,对假冒他人专利犯罪等问题加以介绍。

1.假冒他人专利

假冒他人专利,是指行为人以欺骗消费者为目的,违背专利权人的意志,通过在产品或者产品的包装、广告或其他宣传材料、合同等载体上附上专利权人的专利标记或专利号等形式,冒充为他人的专利,使社会公众相信该他人的专利属于自己所有,或者伪造、变造有关专利文件的违法行为。假冒他人专利以一项有效的专利权的存在为基础。

假冒他人专利行为的构成特征如下。

第一,行为人实施的行为具有欺骗性。假冒他人专利的行为,表现为在自己的产品上标明是他人的专利产品,或直接标明他人专利的专利号、专利标记或者在广告宣传或合同中宣称自己的产品是他人的专利产品。《关于办理侵犯知识产权刑事案件具体应用法律若干问题的司法解释》的规定,实施下列行为之一的,属于《刑法》第二百一十六条规定的"假冒他人专利"的行为:(1)未经许可,在

其制造或销售的产品、产品包装上标注他人专利号；(2)未经许可，在广告或其他宣传材料中使用他人的专利号，使人将所涉及的技术误认为是他人专利技术；(3)未经许可，在合同中使用他人的专利号，使人将合同涉及的技术误认为是他人的专利技术；(4)伪造或变造他人的专利证书、专利文件或专利申请文件的。

第二，行为人有主观上的故意。

第三，行为人侵犯专利权的情节严重。《刑法》第二百一十六条规定，假冒他人专利构成犯罪，须达到"情节严重"的程度。又根据《关于办理侵犯知识产权刑事案件具体应用法律若干问题的司法解释》的规定，假冒他人专利，具有下列情形之一的，属于上述"情节严重"：(1)非法经营数额在 20 万元以上或违法所得数额在 10 万元以上的；(2)给专利权人造成直接经济损失 50 万元以上的；(3)假冒两项以上他人专利，非法经营数额在 10 万元以上或违法所得数额在 5 万元以上的；(4)其他情节严重的情形。

上述"非法经营数额"，根据《关于办理侵犯知识产权刑事案件具体应用法律若干问题的司法解释》的规定，是指行为人在实施侵犯专利权行为过程中，制造、储存、运输、销售侵权产品的价值。已销售的侵权产品的价值，按照实际销售的价格计算。制造、储存、运输和未销售的侵权产品的价值，按照标价或已经查清的侵权产品的实际销售平均价格计算。侵权产品没有标价或无法查清其实际销售价格的，按照被侵权产品的市场中间价格计算。多次实施侵犯专利权行为，未经行政处理或刑事处罚的，非法经营数额、违法所得数额或销售金额累计计算。

在实践中，应注意仿制他人专利产品不是这里讨论的假冒他人专利的犯罪行为，而是一般专利侵权行为。

《刑法》第二百一十六条规定，假冒他人专利，情节严重的，处 3 年以下有期徒刑或拘役，并处或单处罚款。单位犯本罪的，对单位判处罚金。此外，受害人还可依《刑事诉讼法》的规定提起附带民事诉讼，请求赔偿，也可以另行起诉。另外，依《关于办理侵犯知识产权刑事案件具体应用法律若干问题的解释》规定，明知他人实施侵犯专利权犯罪，而为其提供贷款、资金、账号、发票、证明、许可证件，或者提供生产、经营场所或者运输、储存、代理进出口等便利条件、帮助的，以侵犯专利权罪的共犯论处。

2.泄露国家机密

各国对申请专利的发明创造，凡属于涉及国家安全或重大利益需要保密的，将其视为国家机密而不予公开。我国《专利法》也不例外。该法第四条规定："申请专利的发明创造涉及国家安全或者重大利益需要保密的，按照国家有关规定办理。"第十九条第一款规定:"任何单位或者个人将在中国完成的发明或者实用新型向外国申请专利的,应当事先报经国务院专利行政部门进行保密审查。保密审查的程序、期限等按照国务院的规定执行。"第十九条第四款规定:"对违反本条第一款规定向外国申请专利的发明或者实用新型,在中国申请专利的,不授予专利权。"第七十八条进一步规定:"违反本法第二十条规定向外国申请专利,泄露国家秘密的,由所在单位或者上级主管机关给予行政处分;构成犯罪的,依法追究刑事责任。"

3. 徇私舞弊

徇私舞弊是指在受理、审批专利申请中或在接受申请人委托办理专利事务的工作中,或者在处理专利纠纷中,明知不具有授予专利权条件的而授予专利权,或明知符合专利权条件的而驳回申请,或者剽窃申请人的技术申请专利的行为。《专利法》第八十条规定:"从事专利管理工作的国家机关工作人员以及其他有关国家机关工作人员玩忽职守、滥用职权、徇私舞弊,构成犯罪的,依法追究刑事责任;尚不构成犯罪的,依法给予行政处分。"

三、专利侵权及其他违法行为的行政责任

专利权还可以通过行政法律程序进行保护。在我国,作为国家行政机关一部分的管理专利工作的部门有权处理专利侵权纠纷和其他纠纷。管理专利工作的部门在处理侵权纠纷时,有权责令侵权人停止某些侵权行为。专利法对违反专利法的某些行为规定了行政责任。《专利法》第七十九条规定:"管理专利工作的部门不得参与向社会推荐专利产品等经营活动。管理专利工作的部门违反前款规定的,由其上级机关或者监察机关责令改正,消除影响,有违法收入的予以没收;情节严重的,对直接负责的主管人员和其他直接责任人员依法给予行政处分。"

由于专利行政执法在中国专利权保护中一直占有重要地位,2008年第三次修改《专利法》时不但保留了这一模式,而且提高了行政处罚标准,并参照其他知识产权专门法的规定,强化了专利行政执法权限。具体地说,体现在以下两方面。

一是整合了对假冒他人专利和冒充专利的处罚,并提高了行政处罚标准。2008年《专利法》将2000年《专利法》第五十八条、第五十九条合并为第六十三条,修改为:"假冒专利的,除依法承担民事责任外,由管理专利工作的部门责令

改正并予公告，没收违法所得，可以并处违法所得四倍以下的罚款；没有违法所得的，可以处二十万元以下的罚款；构成犯罪的，依法追究刑事责任。"2008年《专利法》鉴于假冒他人专利和冒充专利都是作假并欺骗公众的违法行为，因此没有像2000年《专利法》一样在行政处罚力度上予以区分，因而将原有的不同规定统一为一个处罚标准，并且在措辞上也统一改为"假冒专利"。同时，基于假冒专利行为后果的严重性，该法提高了原来规定的处罚标准，即罚款的标准由3倍以下提高到4倍以下，由5万元以下提高到20万元以下，提高的幅度是相当大的。无疑，通过加强对假冒专利行为的行政打击力度，有利于维护专利权人的合法权益，净化专利市场。2020年专利法则又进一步加大了处罚力度，2020年《专利法》第六十八条规定："假冒专利的，除依法承担民事责任外，由负责专利执法的部门责令改正并予公告，没收违法所得，可以处违法所得五倍以下的罚款；没有违法所得或者违法所得在五万元以下的，可以处二十五万元以下的罚款；构成犯罪的，依法追究刑事责任。"

二是赋予管理专利工作的部门查处假冒专利行为的行政职权。2008年《专利法》增加一条，作为第六十四条："管理专利工作的部门根据已经取得的证据，对涉嫌假冒专利行为进行查处时，可以询问有关当事人，调查与涉嫌违法行为有关的情况；对当事人涉嫌违法行为的场所实施现场检查；查阅、复制与涉嫌违法行为有关的合同、发票、账簿以及其他有关资料；检查与涉嫌违法行为有关的产品，对有证据证明是假冒专利的产品，可以查封或者扣押。管理专利工作的部门依法行使前款规定的职权时，当事人应当予以协助、配合，不得拒绝、阻挠。"这一条与《商标法》第五十五条的规定有相似之处，旨在通过赋予管理专利部门查处假冒专利行为的行政职权，强化专利行政执法力度，进一步加强对专利权的保护。2020年"新专利法"第六十九条在2008年规定基础上又在职能部门和工作程序上进行了完善。

第八章 专利相关国际公约

第一节 《保护工业产权巴黎公约》

一、公约概述

《保护工业产权巴黎公约》(*Paris Convention on the Protection of Industrial Property*)简称《巴黎公约》,于1883年3月20日在巴黎签订,1884年7月7日生效。《巴黎公约》的调整对象即保护范围是工业产权,包括发明专利权、实用新型、工业品外观设计、商标权、服务标记、厂商名称、产地标记或原产地名称以及制止不正当竞争等。《巴黎公约》的基本目的是保证一成员国的工业产权在所有其他成员国都得到保护。1985年3月19日中国成为该公约成员国。

二、公约的基本原则

1.国民待遇原则

在工业产权保护方面,公约各成员必须在法律上给予公约其他成员国与该国国民相同的待遇;即使是非成员国国民,只要他在公约某一成员国内有住所,或有真实有效的工商营业所,亦应给予与该国国民相同的待遇。

2.优先权原则

《巴黎公约》规定凡在一个缔约国申请注册的商标,可以享受自初次申请之日起一定时间段的优先权,即在这个优先权期限内,如申请人再向其他成员国提出同样的申请，其后来申请的日期可视同首次申请的日期。

3. 独立性原则

申请和注册商标的条件，由每个成员国的法律决定，各自独立。对成员国国民所提出的商标注册申请，不能以申请人未在其该国申请、注册或续展为由而加以拒绝或使其注册失效。同一发明在不同国家所获得的专利权彼此无关，即各成员国独立地按该国的法律规定给予或拒绝、或撤销、或终止某项发明专利权，不受其他成员国对该专利权处理的影响。

三、与专利相关的规定

1. 成员国必须遵守的专利权最低标准

主要包括：(1)发明人有姓名记载权；(2)不得以法律限制销售为理由拒绝授予专利或使专利无效；(3)给予专利在国际展览会上的临时保护；(4)给予交纳专利权利维持费的宽限期；(5)规定临时过境的运输工具使用专利不构成侵权；(6)规定进口权。

2. 强制许可专利

《巴黎公约》规定：各成员国可以采取立法措施，在一定条件下可以核准强制许可，以防止专利权人可能对专利权的滥用。某一项专利自申请日起的四年期间，或者自批准专利日起三年期内(两者以期限较长者为准)，专利权人未予实施或未充分实施，有关成员国有权采取立法措施，核准强制许可证，允许第三者实施此项专利。如在第一次核准强制许可特许满两年后，仍不能防止赋予专利权而产生的弊端，可以提出撤销专利的程序。公约还规定强制许可，不得专有，不得转让；但如果连同使用这种许可的那部分企业或牌号一起转让，则是允许的。

第二节　专利合作条约(PCT)

一、《专利合作条约》的产生与发展

《专利合作条约》(*Patent Cooperation Treaty*，PCT)是继《巴黎公约》之后专利领域最重要的国际条约。该条约于 1970 年 6 月 19 日由 35 个国家在华盛顿签订,旨在建立统一的专利申请、检索及审查标准和程序,以避免和减少各成员国之间对发明的重复审查。条约于 1978 年 1 月生效,根据该条约成立的"国际专利合作联盟"从 1978 年 6 月 1 日起正式受理国际专利申请,对专利申请的提出、检索和审查提供特殊的技术服务和合作。该条约由总部设在日内瓦的世界知识产权组织管辖,曾于 1979 年 10 月 2 日和 1984 年 2 月 3 日两次修改。1970 年 6 月 19 日在华盛顿签署的《专利合作条约实施细则》对《专利合作条约》作了进一步的解释和具体说明。该实施细则于 1993 年 9 月 29 日进行了修改,修订后的实施细则于 1994 年 1 月 1 日生效。

我国于 1994 年 1 月 1 日正式成为《专利合作条约》成员国。国家知识产权局成为该条约的受理局、国际检索和国际审查单位,中文成为《专利合作条约》的工作语言。

《专利合作条约》为那些希望在几个国家就同一发明得到专利保护的申请人提供了许多便利,而且,条约规定的统一检索、统一审查程序,避免了各国专利局的重复劳动。因此,条约的订立和不断完善大大促进了专利制度的国际化进程。

二、《专利合作条约》的主要内容

《专利合作条约》的主要程序分别规定在第一章和第二章,每章分为国际阶段和国内阶段两个阶段。第一章规定的国际阶段是每一个国际申请的必经程序,包括国际申请的提出、国际检索和国际公布。第二章规定的国际阶段主要是国际初步审查,它不是必经程序。申请人在第一章完成国际阶段以后可以选择进入指定国的国内阶段,也可以选择利用第二章,要求对其国际申请进行初步审查,然后再进入选定国的国内阶段。

1.第一章的主要内容

(1)国际阶段

其一,国际申请。缔约国的任何居民和国民均可按照条约的规定提出国际申请。国际申请由申请人选择,向其作为居民的缔约国专利局提交,或者向其作为国民的缔约国专利局提交,或者向国际局提交。受理局应按条约和实施细则的规定对国际申请进行检查和处理,对于符合规定条件的国际申请授予国际申请日。被授予国际申请日的国际申请,在每个指定国内自国际申请日起具有正规的国家申请的效力。国际申请日应认为是在每一指定国的实际申请日。

其二,国际检索。每一国际申请都应经过国际检索,以便判定申请主题是否具有新颖性、创造性和工业实用性。国际检索由国际检索单位担任，目前的国际检索单位有：欧洲专利局、美国专利与商标局及中国国务院专利行政部门等。

国际检索单位经过检索后，要作出不表示意见和评价的国际检索报告。报告作出后，检索单位应尽快将报告分送给申请人和世界知识产权组织国际局。申请人在看了国际检索报告以后，可以选择撤回申请或继续申请。

其三，国际公布。国际申请自优先权日起满 18 个月时，由国际局立即公布。申请人也可以要求国际局提前公布国际申请。国际公布是将申请的全文以小册子形式全文公布。

国际公布在指定国的效力，原则上应与指定国的本国法对未经审查的国内申请在国内依法公布所规定的效力相同。但如国际公布所用的文字和在指定国按本国法公布所用的文字不同，则从本国文字译本公布日起产生上述效力。

（2）国内阶段

申请人从国际检索单位得到检索报告，经过 3 个月左右时间的考虑后，如果决定进入指定国的国内阶段，则应当在自优先权日起第 20 个月届满之前，向他希望得到保护的指定国提供国际申请的译文，并缴纳国家费用。

2.第二章的主要内容

国际专利申请人在收到国际检索报告后，可自行决定是否要进入国际初步审查阶段。

（1）国际阶段。申请人在接到对其申请的国际检索报告后，可以选择要求对其申请进行国际初步审查，使其申请在国际公布后不立即进入指定国国内阶段。

国际初步审查，是依据申请人的请求对发明的新颖性、创造性和工业实用性进行审查的实质阶段。此阶段审查的意义是便于申请人了解自己的申请案是否有专利性，以便对是否提出申请译文，是否坚持申请国际专利作出最后决定。条约规定，国际初步审查单位为美国以外的全部国际检索单位和英国专利局。

国际初步审查报告应在审查后的 6—8 个月内制定。该审查结果对于被指定国的专利审查无拘束力，是否授予其专利权，最终由被指定国的专利局决定。国际初步审查通过后，国际初步审查单位要将申请的原件和国际初步审查报告送交国际局，国际局再通知各被指定国告知他们已被选定，由国际局和申请人将其译文送交指定局，由指定局对合作专利依照本国专利法进行审查，最后作出是否授予专利权的决定。

（2）国内阶段。如果申请人决定进入选定国的国内阶段，他应当在自优先权日起第 30 个月届满之前向其选定的国务院专利行政部门提供国际申请译文,并缴纳国家费用。

第三节 《国际专利分类协定》(IPC)

《国际专利分类斯特拉斯堡协定》(*International Patent classification Agreement*,IPCA),简称《斯特拉斯堡协定》(*Strasbourg Agreement*,SA),是《巴黎公约》成员国间缔结的有关建立专利国际分类的专门协定之一。1971 年 3 月 24 日在法国斯特拉斯堡签订。

《斯特拉斯堡协定》共 17 条。其主要内容包括:专门联盟的建立;国际分类法的采用;分类法的定义、语言、使用;专家委员会;专门联盟的大会;国际局;财务;修订;缔约国;生效;有效期;退出;签字、语言、通知、保存职责;过渡条款。

该协定目的是采用统一的专利、发明人证书、实用新型和实用证书的分类系统,在工业产权领域建立较为密切的国际合作,协调各国在该领域的立法工作。该协定建立了国际专利分类系统,把技术分为 8 个部和 6.9 万个小类。每 1 个小类有 1 个标志符,由各国家或地区工业产权局标注。

《斯特拉斯堡协定》是根据 1954 年的发明专利国际分类欧洲公约创建的发明专利国际分类法制订的。这一分类法不但对《保护工业产权巴黎公约》的全体缔约国很重要,而且对发展中国家同样重要。该协定由世界知识产权组织管理,并向《保护工业产权巴黎公约》的所有成员国开放。协定规定缔约国对一切专利文件都应标注适当的国际专利符号。任何国家,不论是否协定的缔约国,均可使用该分类法。国际专利分类系统每 5 年修订一次。只有参加《斯特拉斯堡协定》的巴黎联盟成员国才有权参与国际专利分类系统的修订工作。

1996 年 6 月 17 日,中国政府向世界知识产权组织递交加入书,1997 年 6 月 19 日中国成为该协定成员国。

第四节 《建立工业品外观设计国际分类洛迦诺协定》

《建立工业品外观设计国际分类洛迦诺协定》(*Locarno Agreement on Establishing an International Classification for Industrial Design*),简称《洛迦诺协定》,《巴黎公约》成员国间签订的专门协定之一,1968 年 10 月 4 日在洛

迦诺签订,1971 年起生效。

《洛迦诺协定》共 15 条,1 个附件。其主要内容有:专门联盟的建立;国际分类法的采用;国际分类法的使用和法定范围;专家委员会;国际分类法及其修正和补充的通知与公布;专门联盟大会;国际局;财务;修正;批准和加入;生效;效力和有效期;修订;退出;领地;签字、语言、通知;过渡条款;附件,国际分类的大类和小类表。

协定对 32 个大类和 223 个小类的不同类型产品建立了外观设计分类。它包括一个依字母顺序排列的商品目录,并有商品所属分类的说明。该目录还包括对 6600 个不同类型商品的分类说明。协定规定,每个缔约国的主要机关必须在记载工业品外观设计备案或注册的官方文件中,和在该主管机关发行的有关备案和注册的任何出版物里,标上适用的国际分类号。

《洛迦诺协定》的参加国组成了"洛迦诺联盟",在联盟的国家中,采用统一的工业品外观设计分类法。该联盟的执行机构是世界知识产权组织国际局。联盟除大会外,还设有一个国家委员会,定期修改国际分类法。

1996 年 6 月 17 日,中国政府向世界知识产权组织递交加入书,1996 年 9 月 19 日中国成为该协定成员国。

第五节 《与贸易有关的知识产权协议》(TRIPS)

一、TRIPS 协议概述

TRIPS(*Agreement on Trade-Related Aspects of Intellectual Property Rights*)协议是 WTO 的基本法律文件之一,任何成员必须接受其规定,不能对其中的条款作出任何形式的保留和例外。各成员可以但不是必须在其法律中实施比其要求更广泛的保护,只要这类保护不与其规定相抵触。同时,该协议允许各成员依其自身的法律制度及惯例自由决定采取的适当方法,而不统一规定实施的具体模式。成员可选择立法,也可选择通过制定行政条例来实施。如果成员不遵守最低标准,相关方可以向 WTO 的争端解决机构(DSB)起诉。协议确定了成员适用的最低标准,是一部"最低标准法"。从总体来看,这套"最低标准"又普遍高于世界知识产权组织下各项主要公约所规定的保护标准,因而可以说,TRIPS 协议又是一套"高水准"的保护标准。

二、TRIPS 协议的基本原则

1.国民待遇原则

TRIPS 协议第三条规定了国民待遇原则。TRIPS 协议所指的"国民"有其特定的含义,在成员是一个单独关税区的政府时,国民是指在该关税区内有住所或有实际和有效的工业或商业营业所的自然人或法人;在成员是一个主权国家政府时,国民是指符合四个国际保护公约所规定之保护标准的自然人和法人,即上述条约成员与 WTO 所有成员的公民。

TRIPS 协议第三条规定,国民待遇原则有适用上的限制,限制主要为:(1)《巴黎公约》1967 年文本、《伯尔尼公约》1971 年文本、《罗马公约》及《关于集成电路的知识产权条约》已有的对国民待遇的例外规定仍能适用。(2)可以利用《伯尔尼公约》第六条或《罗马公约》第十六条第一款第二项的 WTO 成员,有权选择以互惠原则取代国民待遇原则,但须通知"与贸易有关的知识产权理事会"。(3)有关司法与行政程序方面的例外。但是这些例外不能对正常贸易构成变相的限制,也不能与知识产权协定的义务相抵触。

2.最惠国待遇原则

最惠国待遇是指任何一成员就知识产权保护提供给另一成员公民的利益、优惠、特权或豁免应当立即、无条件地给予所有其他成员的公民。TRIPS 协议第四条对该原则作出了规定。最惠国待遇原是《关贸总协定》的基本原则,知识产权协定要求在其管辖的知识产权范畴内,在四个重要的知识产权国际公约已有的国民待遇基础上,将最惠国待遇原则移植于知识产权保护领域之中,这是知识产权领域国际保护方面的首创。

最惠国条款包含两方面内容。一方面,在知识产权保护上,一个成员给予任何另一个成员的利益、优惠、特权、豁免之类,均须立即无条件地给予所有其他成员。另一方面,在四种特例下,可以不实行最惠国待遇原则。这些特例为:(1)原已签订的司法协助及法律实施的双边或多边国际协议,而且并非专为保护知识产权而签订,其所产生的优惠、利益、豁免或特权;(2)按《伯尔尼公约》(1971 年)及《罗马公约》有关双边互惠性的规定而提供的优惠待遇;(3)与知识产权协定未加规定的表演者权、录音制品制作者权及广播组织权相关的优惠待遇;(4)TRIPS协议生效前已有的知识产权保护国际协议提供的优惠待遇。根据TRIPS 协议第五条,最惠国待遇原则和国民待遇原则均不适用于由世界知识产权组织主持下缔结的多边协议中有关获得及维持知识产权的程序。

3. 权利穷竭原则

TRIPS 协议第六条规定了该原则，要求成员"在根据本协议进行争端解决时，符合第三条和第四条规定的前提下，不得借助本协议的任何条款涉及知识产权用尽问题"。知识产权的权利穷竭问题是引起争议较多的尚需进一步探讨的问题。各国知识产权法律对此规定差异较大，对知识产权的不同方面规定不同，世界贸易组织无意在此方面统一各国的规定，因此 TRIPS 协议不允许成员在解决彼此间发生的知识产权争端时，用本协议中的有关条款肯定或否定权利穷竭问题。否则，成员间的知识产权冲突会更多。

4. 防止滥用权利原则

TRIPS 协议第七条规定了知识产权保护与权利行使的目的在于推动技术革新和技术的传播与转让，有助于技术开发者与使用者的互利，有助于社会及经济的发展和实施权利与义务的平衡。为了实现这个目的，协定的成员可以：（1）采取必要的措施以保护公众健康和发展的需要，以促进对其社会经济和技术发展至关重要的领域的公共利益，只要这些措施符合协定的要求；（2）以合适的措施防止知识产权的权利人滥用权利、凭借不正当竞争手段限制贸易等。

三、TRIPS 协议有关专利权保护的规定

TRIPS 协议第二部分第五章对此作了规定，主要有以下几方面内容。

1. 可授予专利的客体

世界各国立法对于可授予专利的客体的规定，存在两种不同的立法模式：一种是直接规定哪些智力成果不能授予专利，另一种是只规定符合哪些条件的智力成果可以授予专利。TRIPS 协议则采取折中的方法，在第二十七条既规定了可以获得专利权的客体，又同时规定了不能获得专利权的情形。

第一，可获得专利权的客体及实质条件。TRIPS 协议规定，一切技术领域的任何发明，无论是产品发明还是方法发明，只要符合条件，都可以成为获得专利权的客体。这些发明获得专利的实质条件是：具有新颖性、创造性并且可以付诸工业应用。对于"新颖性"，考虑到各国国内立法对其要求的差异，协定未作出任何强制性的规定，而由各成员方依据各自的立法来确定。"创造性"在 TRIPS 协议的注释中则被解释为"非显而易见性"。各国在立法实践上对创造性的要求存在着差异，TRIPS 协议本身也没有对"非显而易见性"进行任何解释。所谓的

"可付诸工业应用"，按照 TRIPS 协议的解释，即人们常说的"实用性"。

第二，不能获得专利的情形。协议第二十七条第二、三款规定了不能获得专利的情形，包括：（1）为维护公共秩序、社会公德，如保护人类、动物或植物的生命或健康或避免对环境造成严重损害；（2）对人或动物的诊断、治疗和外科手术方法；（3）除微生物外的植物和动物，以及非生物和微生物方法之外的生产动物和植物的主要生物方法。但是，各成员应规定通过专利制度或有效的专门制度，或通过相应的制度组合来保护植物新品种。

2.专利权的内容

TRIPS 协议第二十八条规定了专利权的权利内容。

（1）如果专利的客体是产品，专利权人有权禁止第三方未经其许可而制造、使用、许诺销售、销售该产品，或为这些目的而进口该产品。

（2）如果专利的客体是方法，专利所有权人有权禁止第三方未经其许可而使用该方法，以及从事使用、许诺销售、销售，或为这些目的而进口至少是依该方法直接获得产品的行为。

（3）除了上述专利所有权人的独占权外，专利所有权人应有权转让或以继承方式转移其专利并订立许可合同。

3.对专利申请人的要求

TRIPS 协议第二十九条规定成员应要求专利申请人以足够清楚与完整的方式披露其发明，以使同一领域的技术人员能够实施该发明，并可要求指明在申请日或在优先权日（如提出优先权要求）该发明的发明人所知的最佳实施方案；成员可要求专利申请人提供其相应的外国申请及批准情况的信息。

4.对权利的限制

关于所授予权利的例外及强制许可使用问题，任何国家或地区的知识产权立法都不可能给予权利人无约束的权利，都会对权利的使用规定一定的限制或例外情形。知识产权协议也不例外。

第一，权利限制的一般要求。TRIPS 协议第三十条规定各成员可对授予的专利权规定有限的例外，但必须满足以下条件：（1）此类例外不会对专利的正常利用产生不合理冲突；（2）不会不合理地损害专利所有权人的合法权益；（3）同时顾及第三方的合法权益。

第二，强制许可使用及其要求。TRIPS 协议第三十一条是关于"未经权利人许可的其他使用"的规定。这是一条关于强制许可使用的规定。强制许可使用必须遵守以下规定。

（1）这种使用只能根据个案考虑。

（2）使用前，拟使用人按合理的商业条款或条件已经努力争取获取权利人的许可，但在合理的期限内该努力没有成功，才可以允许这种使用。但是，如果在全国处于紧急状态或其他极端紧急的情况下，可豁免本项要求，但应尽快通知权利人。

（3）半导体技术专利，只能进行非商业的公共使用，或作为合法反竞争行为的救济。

（4）这种使用应当是非专有使用。

（5）这种使用不得转让，除非与使用的企业或企业的商誉一起转让。

（6）这种使用的授权均应主要满足授权成员的国内市场需求。

（7）一旦使用授权的条件消失并且不会再发生，则应终止该使用授权。

（8）应向权利人支付合理的补偿。

（9）使用授权决定的合法性以及支付补偿的决定均应当接受司法审查或接受上级主管机关的独立审查。

（10）出于司法或行政程序下对限制竞争行为的救济而采用这种使用时，不必满足上述的第 b 项和第 f 项所涉及的条件或要求。补偿数额可视纠正限制竞争行为的需要而定。如导致授权的条件再次出现，则主管机关有权拒绝终止该授权。

（11）如果这种使用是为了利用在后专利，而该专利若不侵犯在前专利即无法利用，则应当符合下列条件：一是在后专利与在前专利相比，应具有相当经济意义的重大技术进步；二是在前专利所有人有权按合理条件取得在后专利的交叉使用许可；三是除非与在后专利一并转让，否则在前专利的使用不得转让。

5.专利权的保护期限

根据 TRIPS 协议第三十三条，专利保护期应不少于自提交申请日之日起的 20 年年终。TRIPS 协议第三十三条的注释同时说明：对于没有原始批准制度的成员，保护期应自原始批准制度的提交申请之日起算。

6.方法专利侵权中的举证责任

（1）在有关侵犯专利权的民事诉讼中，如果专利的内容是获得产品的方法，司法机关应有权责令被告证明其获得相同产品的方法不同于该专利方法。所以，在下列情况中，如无相反证据，未经专利所有人许可而制造的任何相同产品，均应视为使用该专利方法而获得：如果使用该专利方法而获得的产品是新产品；如果该相同产品极似使用该专利方法所制造，而专利权人经合理努力仍未能确定其所使用的方法。

（2）只有满足上述规定的条件，被指控为侵权人的一方，才应承担上述规定所说的举证责任。

（3）在引用相反证据时，应顾及被告保护其制造秘密及商业秘密的合法利益。

7.无效与撤销程序的司法审查

由于各成员方的专利立法及司法制度存在较大的差异，协议对专利的无效与撤销程序规定了最起码的要求：任何一项专利的无效和撤销的决定都应提交司法审查。这对保障有关权利人的权利起到了积极的作用。

第四编

金融法

第一章　金融法总论

第一节　金融法理论框架

一、基本概念厘清

离开了强有力的金融的支撑，即使是那些看上去固若金汤的产业帝国，其足下也不过是一片暗流涌动的沙丘。金融不仅帮助企业发展壮大，也是社会大众日常生活不可或缺的部分，例如我们去饭店就餐后常常使用支付宝进行结账，而支付宝结账就是典型的资金支付结算金融业务。从法律视角看，金融的重要意义更在于它是金融法的调整对象，只有金融才能被纳入金融法的调整范围。

从社会融资结构图（见图1）中可见，商业银行、证券公司和保险公司等金融机构从金融市场主体（包括储户、证券投资者或者投保人等）募集资金，并借贷、投资给其他市场主体，这种资产资金转换的经济活动被称为金融。因此，金融概念可以抽象地表述为以金融机构为中心的各种形式的信用活动以及在信用基础上组织起来的货币流通。更简而言之，金融即货币资金融通，简称融资，是与货币流通和信用有关的一切活动。其中，金融机构是资金盈余者与资金需求者之间融通资金的信用中介，即资产转换媒介，而非信息（撮合）中介，其只扮演居间角色。

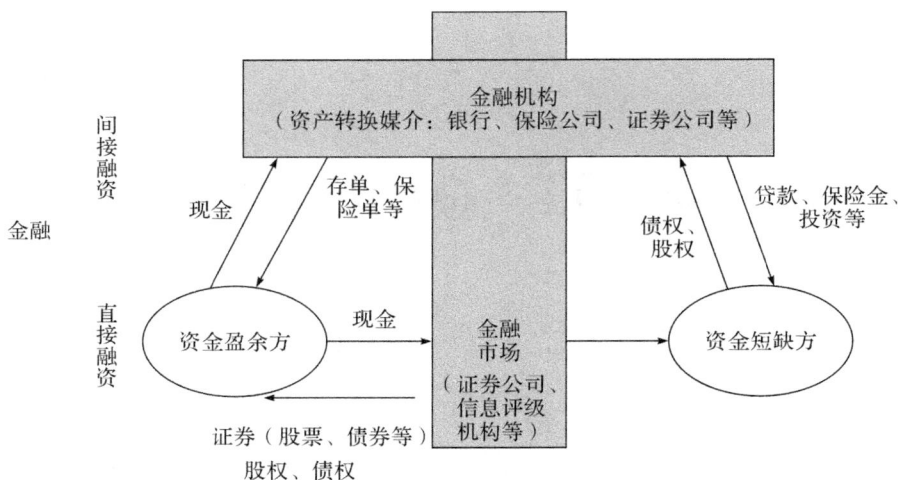

图 1　社会融资结构

从金融活动类型的角度来看,金融主要包括:有价证券的发行、交易与管理;存款的吸收和提取、贷款的发放与回收、银行的支付结算、国内外的汇兑往来;保险;信托投资;货币的发行、回笼、流通及管理;金融期货、期权、互换等金融衍生业务的开展与管理;资产证券化。这些金融类型所对应的法律分别为证券法、商业银行法、保险法、信托法、人民银行法、金融衍生业务规则和资产证券化规则。

二、金融法的理论框架

从融资关系的角度来看,金融可以分为间接融资和直接融资。直接融资以投资者概念为中心,而投资者的行为适用买者自负原则,以解决信息不对称问题。因此,调整直接融资法律关系的直接融资法主要是建立在投资者买者自负原则的基础上,为解决信息不对称问题而建构起来的。证券法是典型的直接融资法。与直接融资相对,间接融资的起点是金融消费者概念,适用消费者"买者自负原则的否定"原则,在此基础上建构起来的间接融资法主要包括保险法和商业银行法。

1.直接融资法

(1)投资者"买者自负"原则

依据通说,投资者是指资本市场中有价证券的购买者,其以直接获利为目的,对投资收益享有所有权并承担投资风险,可分为机构投资者与自然人投资者。投资者"买者自负"是指具有充分理性和独立人格、自律性的市场主体对自己行为的后果负责。"买者自负"背后的市场逻辑,在于直接融资(证券)市场运行机制中,投资必然伴随着风险,收益是风险的补偿,而风险则是收益的代价。平等的民事主体之间通过市场活动实现自身利益最大化。因此,在投资活动中期望获利者理所应当地为自己的投资行为负担风险,接受由市场机制决定的任何投资结果,无论是盈利还是亏损。

从法理上说,"买者自负"原则与传统民法中的"自己责任"具有相通性,两者的制度建构理念与功能设计都是基于同样的人性假定和市场交易(或社会交往)机制。在近代民法上,作为法律基本建构要素的人,被假定为"具有充分理性和意思、自律性开拓自己命运的经济人"。既然法律范畴的人都是理性的,就顺理成章地要为自己理性决定的行为后果承担责任。同理,在直接融资(证券)市场,具有经济理性与独立人格的市场主体依照其自由意志作出的证券交易行为,由行为人自担其交易后果是最顺理成章的,既合乎市场理性,也是市场规则对市场主体的基本道德要求。

"自己责任"从一个理念原点衍生出两个基本法律原则:一是主体行为给他人造成不利后果,应就自己行为所造成损害向他人承担法律责任,如赔偿责任;二是主体行为给自己造成不利后果,则应自己负担不利后果而不能归咎于他人。根据这两个原则建构的法律规范构成民事责任和风险承担体系,从而把市场行为及其风险后果的经济规则与法律规则融为一体。

"买者自负"原则在证券市场交易中得以贯彻,并演化成分配证券市场交易风险、划分证券市场各主体责任的基本法律规范。基于该原则,非出于法定情形和正当理由,投资者不得将证券交易损失归结于证券发行人、证券交易代理人、其他证券交易参与人、证券市场行政及自律监管机构,不能将交易损失归结于其他主体和外部因素。可以说,"买者自负"原则以及根据这一原则制定的有关风险分配和责任承担的证券法律制度,划清了投资者与证券监管机构、上市公司及证券公司等中介机构的责任界限。

"买者自负"原则具有三大前提性假设。第一个前提假设认为投资者是适格的,他们是理性的经济人,具有一定的分析判断能力、话语权和风险抵御能力。第二个前提假设是监管具有正当性,即民事责任豁免原则,监管机构善意履行公共职能,无须承担民事责任。第三个前提假设是信息具有一定的对称性。由于直接融资市场中,投资者被视为理性的经济人,当然地被推定为具备必要的分析判断能力、话语权和风险抵御能力,而任何市场经济国家都视监管具有正当性,因此三大前提性假设中只有信息对称性是变量。也正因此,"买者自负"原则下的直接融资(证券)法是围绕解决信息不对称问题建构起来的。

（2）"买者自负"原则下的证券法制度架构

"买者自负"原则下，证券法对公众融资（例如公司首次公开发行证券并上市）要解决的核心问题是信息不对称，所以，证券法是围绕解决信息不对称问题建构起来的。具体而言，证券法由五大制度构成，其核心理念是信息披露和风险自担。第一个制度是强制信息披露制度。而强制信息披露需要发行的行政许可程序（核准制或注册制），以实现信息披露的统一和规范，这是第二个制度。披露出来的信息需要消化，而消化信息的任务主要由金融中介机构来承担，故对其采特许制和严密监管，这是第三个制度。第四个制度是反欺诈制度，以确保信息披露的真实、准确、完整。第五个制度从源头入手，强化上市公司的公司治理，包括但不限于公司架构、风险管理、内部控制、财务会计制度等。"买者自负"原则下，证券法对私募采豁免的制度设计，而私募是指针对合格投资者的非公开的证券发行。

2. 间接融资法——买者自负原则的否定

（1）金融消费者

金融消费者是指为满足非营业性的个体金融需要而购买或使用金融产品或者享受金融服务的自然人，主要涵盖银行客户的存款人、信用卡持有人、作为保险公司客户的投保人等间接融资市场的自然人参与者。因此，机构投资者、采取营业方式的专业个人投资者被排除在外。该概念亦对非专业性的个人投资者作了划分，个人投资者购买股票时，其相对上市公司而言是投资者，但相对证券经纪机构或交易所而言则是金融消费者，因为金融消费者向证券公司支付佣金，以获取通过证券公司买卖股票的金融服务。

（2）金融消费者"买者自负原则的否定"原则

在金融消费者的情境下，买者自负原则两大前提性假设被推翻了。相较于投资者而言，金融消费者具有更为严重的信息不对称，同时普通自然人投资者对金融产品的理解力、谈判能力、抵御风险能力愈加接近于消费者。例如在"宝万之争"中（见图2），浙商银行理财资金认购"华福浙商 2015－003 号定向资管计划"将从自然人投资者处所募集的资金投资华福证券，而华福证券直接投资钜盛华公司，并且还通过其所投资的华福证券投资宝能产业投资合伙，进而间接投资钜盛华公司，然后钜盛华公司入股上市公司万科。这一条资金链的最原初的资管计划的投资者无从得知其所投资的资金最终入股万科，因为依据证券法的信息披露规则，该资管计划并无义务也无合理理由告知募集资金的最终去向。退一步讲，即使投资者通过资管计划的信息披露得知其所投资的资金最终入股了万科，他们对万科所存在的风险，特别是破产风险缺乏必要的分析判断能力、话语权和风险抵御能力。在这种情形下,这些自然人投资者已经嬗变为金融消费者。

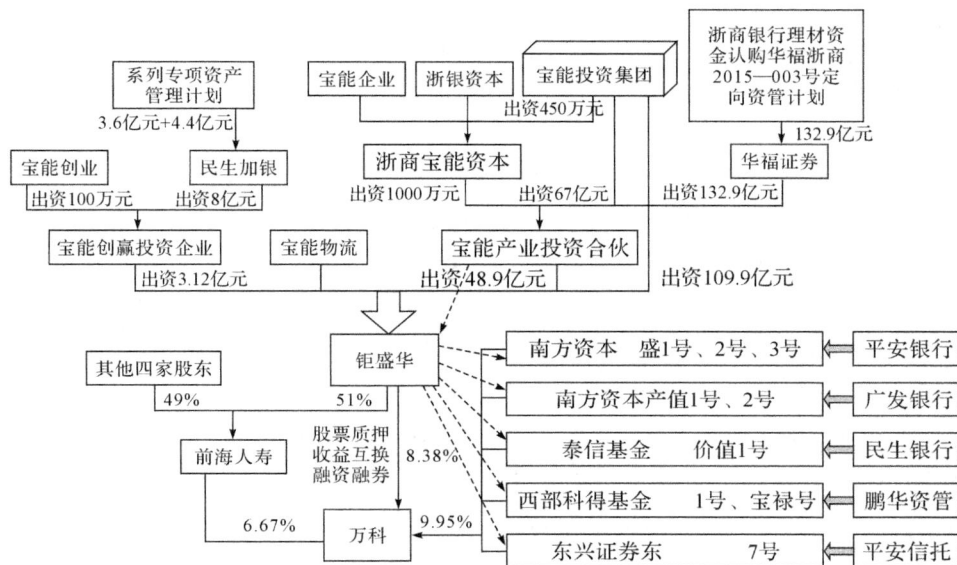

图 2　宝能投资万科结构

(3)间接融资法架构

建立在"买者自负原则的否定"原则基础上的间接融资法强调对金融中介机构的严格规制与监管,以及对金融消费者的密切保护。其具体制度主要包括严格的金融机构市场准入制度、金融机构审慎经营和监管要求、金融机构安全的市场退出安排、严格的金融机构业务规范以及金融消费者保护制度。

就金融消费者保护制度试举两例。示例一从保险法的角度谈保险消费者保护。《保险法》第十七条第二款规定,"对保险合同中免除保险人责任的条款,保险人在订立合同时应当在投保单、保险单或者其他保险凭证上作出足以引起投保人注意的提示,并对该条款的内容以书面或者口头形式向投保人作出明确说明;未作提示或者明确说明的,该条款不产生效力"。这一条款规定了保险人的提示说明义务,从条文结构而言,该条款从行为模式和法律后果两方面对保险合同中免除责任条款的效力予以规定。从法理逻辑和制度功能的角度视之,保险合同的缔结强调意思自治原理。信息对称,理性人才能将主观预期效用最大化,进而使社会利益最大化。而信息严重不对称使保险消费者难以做出利益最大化的决定,并诱发道德风险和逆向选择,扭曲市场有效配置资源功能,同时使消费者丧失分析判断能力、话语权。因此，立法者创设了保险人提示说明义务以确保投保人的知情权和以之为基础的选择权。值得强调的是，提示说明义务系属规制市场失灵的信息工具，它仍把交易决策权留给市场主体，是市场友好型规制工具。

示例二从商业银行法的角度谈银行消费者保护。储户在银行营业厅内，银行卡被偷，存款被窃取。银行是否违反《商业银行法》第六条所规定的保障存款人合法权益不受侵犯的义务？这一问题涉及对该义务的法律解释，而从特征角度看，该义务属于不确定概念，需要对其进行具体化，或称为类型化，即以对象的根本特征为标准进行类属划分。不确定概念类型化的适用程序如下：第一步，考量个案所涉各项因素，包括立法目的和立法意图，社会生活经验（例如交易习惯、日常生活经验），以及社会发展的需要。在本例中，该条款的立法意图是为了保护银行消费者的合法权益，这也是储户在当下的具体社会生活体验以及社会发展的具体需要。在后工业时代，商业银行业务已渗透到社会大众生活的方方面面，成为他们生活的不可分割的一部分，那些使用存款账户、信用卡、支付宝的普通社会大众已从投资者的角色嬗变为金融消费者，在与商业银行的关系中越发缺乏必要的风险判断能力、话语权和风险分担能力。

第二步，对该概念不确定的义务进行类型化，通过共性归类、体系化整理、相似性比较等方式把握共性。从银行消费者权益的视角，可以将商业银行的义务和对应的银行消费者的权利进行体系化整理，具体涉及支付义务（求偿权）、告知义务（知情权）、保密义务（金融隐私权）、安全保障义务（安全权）、公平交易义务（公平交易权）等（见图3）。本例主要涉及商业银行的安全保障义务，对应的是银行消费者的安全权。

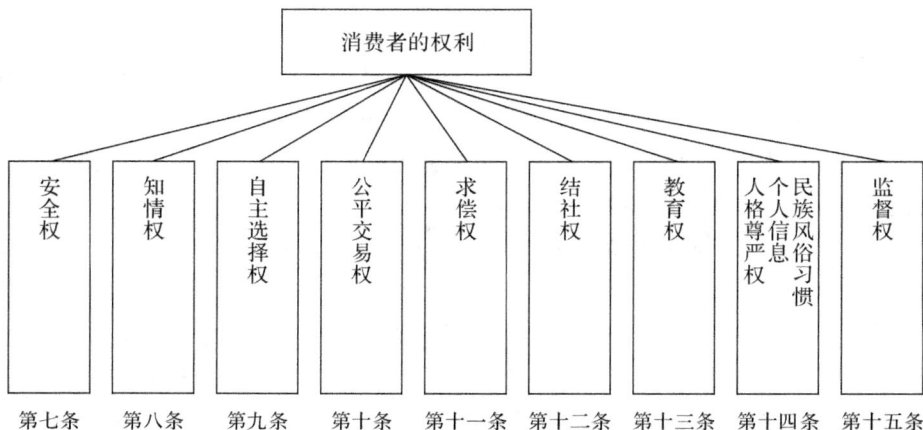

图 3　银行消费者的权利类型

第三步,将安全保障义务(安全权)概念与本例事实进行连接,将本例进一步具体化为主要涉及交易场所的安全保障义务。

最后一步是说理与论证。

在本案中,既可以选择合同之诉,亦可以选择侵权责任之诉,而在现实中,相关诉讼多采后者。从侵权责任的视角来看,银行消费者可以主张商业银行违反《商业银行法》第六条所规定的涉及交易场所的安全保障义务,侵犯其安全权,对造成的损失主张赔偿责任。

第二节　金融法三足定理

一、三足定理概论

金融安全、金融公平和金融效率之间的博弈和纳什均衡,构成金融法的"三足定理"。其中,金融效率是指金融市场的相对市场化,这也是金融市场状态的前提预设。在市场经济中,若没有任何"有形的手"的干预,金融市场在"无形的手"的调控下是最有效率的。但是,在金融市场中,"无形的手"存在失灵的情形,包括系统性风险和金融消费者(投资者)的弱势地位。因此,金融法为了解决金融领域的市场失灵问题,以金融安全和金融公平为使命,试图降低系统性风险和保护金融消费者(投资者)的合法权益。由此可见,金融领域之市场失灵,即系统性风险和金融消费者(投资者)弱势地位,构成了金融法的合理性和合法性基础。

市场失灵是指市场力量的自发作用不能产生令人满意的结果。金融领域的市场失灵可以通过"囚徒困境"理论来进一步理解。假设两个嫌疑犯作案后被警察抓住,分别被关在不同的房间进行审讯。警察告诉他们:如果两人都坦白,各判 10 年;如果两人都抵赖,因证据不足各判 2 年;如果其中一人坦白,另一人抵赖,坦白的人将处 1 年监禁,抵赖的人将被判刑 20 年。那么最优战略将是双方都坦白。囚徒困境表明,博弈中的"理性经济人"都从自己得益多少出发来考虑问题,在特定的规则下,最终落得利益都受损。所以,金融领域的公共产品〔即金融体系所涉及的系统性风险和金融消费者(投资者)弱势地位〕的问题私人无法解决,一定要有政府干预,包括金融规制和监管。

1. 金融消费者(投资者)弱势地位

如第一章第一节所述,金融消费者是指为满足非营业性的个体金融需要而购买或使用金融产品或者享受金融服务的自然人,主要涵盖银行客户的存款人、信用卡持有人、作为保险公司客户的投保人等间接融资市场的参与者。相较于投资者而言,金融消费者面临更为严重的信息不对称,同时普通自然人投资者对金融产品的理解力、谈判能力、抵御风险能力愈加接近于消费者。在金融消费者的情境下,买者自负原则两大前提性假设被推翻,所以投资者"买者自负"原则对其不再适用,适用的原则被称为"买者自负原则的否定"原则。

2. 系统性风险

系统性风险是指市场失灵或机构失灵引发其他市场失灵或机构失灵,或引发金融机构重大损失,进而导致经常以金融市场价格巨幅波动形式表现出来的融资成本上升或资本可得性降低的风险。

为什么金融机构会产生系统性风险呢?以银行挤兑为例,作为依赖短期负债(例如储蓄、同业拆借、资产证券化)的信用中介,商业银行因其金融活动存在期限错配、高杠杆、流动性风险等内生缺陷而引发系统性风险。商业银行具有高杠杆性,其只有8%左右的自有资金,而股东却仅就其出资对公司的债务承担有限责任,其潜在的投资收益是无限的,但投资损失却以其出资为限。这导致商业银行为了股东利益最大化而采取过度的风险性行为,在经济下行的时候,可能会出现无法及时应对储户的取款需求而产生银行挤兑现象。同时,商业银行存在借短还长的期限错配问题,在经济下行时期,容易导致流动性风险,造成资金链断裂,从而诱发银行挤兑。2007年英国北石银行挤兑风波就是一则典型的案例。

为什么金融市场也会引发系统性风险?我们可以从两方面来予以回答。首先,金融市场存在严重的金融投机问题。金融工具的创新主要聚焦在具体的模式构思、法律规则运用和运作方式。这一特点使得金融工具可以根据投融资的需要自由地加以创造,例如为了对冲风险的传统期权合约。但是,人的贪婪本性导致该风险对冲工具变成了金融投机工具,结构化的金融产品越来越脱离现实物质基础,中信泰富事件便是一例。在中信泰富事件中,中信泰富为投资磁铁矿项目,本只需缔结传统的期权合约来对冲风险,但是却选择了结构性期权合约。该合约的基本结构包括中信泰富享有的1个看涨期权,对手方享有的2个看跌期权以及针对看涨期权的敲出障碍。这样的期权结构存在显失公平之倾向,但是却被金融投机冲昏头脑的中信泰富所无视,最终对其造成了极为巨大的损失(见图4)。

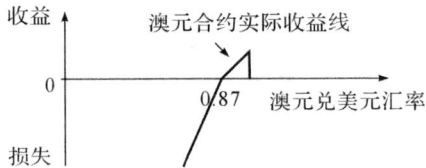

图 4　中信泰富期权结构

其次,金融市场存在协同共振效应和金融全球化趋势。一个市场或一种产品的价格波动易被传导到其他市场或产品,甚至跨地域性的传导。例如,在2008 年全球金融危机中,美英房市崩盘导致了资产证券化市场冻结,进而引发银行间同业拆借市场的冻结,从而促使美英金融危机的爆发,并最终形成可怕的全球金融危机。

二、三足定理视角下的金融监管架构

作为"有形的手"的金融监管,其核心目标在于解决金融领域的市场失灵问题,所以其着重关注金融安全和金融公平。基于金融安全和金融公平理念建构起来的金融监管的基本框架包括审慎监管和行为监管。其中,审慎监管关注金融风险(包括系统性风险和金融机构的个体风险)。需要强调的是,因为金融机构的失灵会引发系统性风险,所以审慎监管金融机构的个体金融风险,其最终目的亦是为了最小化系统性风险。审慎监管又细分为宏观审慎监管(macro-prudential supervision)和微观审慎监管(micro-prudential supervision)。前者只要关注系统性风险,包括宏观审慎分析、政策工具和组织安排,而后者着重解决金融机构个体风险(具体包括市场风险、信用风险、流动性风险和操作风险)。与审慎监管相对的是行为监管,其关注金融消费者(投资者)权益的保护。我国的金融监管架构便是建构在三足定理思维之上,金融稳定委员会总领财政部、中国人民银行、银保监会和证监会。中国人民银行负责宏观审慎监管、最后贷款人、存款保险公司、外汇管理局和货币政策,而银保监会和证监会负责微观审慎监管以及合规行为监管。此外,金融消费者保护的行政责任主体尚未统一,存在多头监管的状况。从长远来看,集中统一监管是大势所起。像如,有学者主张设立金融消费者保护局负责金融消费者保护(见图 5)。

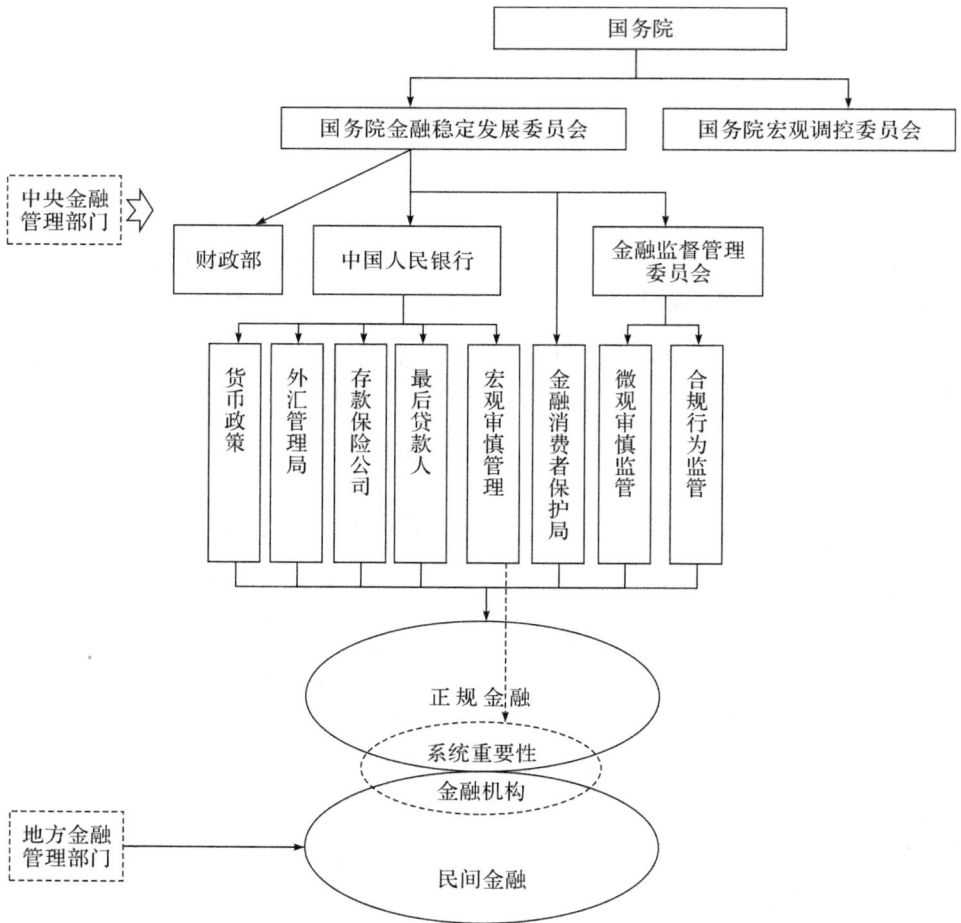

图 5　金融监管结构

三、三足定理在金融科技监管中的应用示例

金融科技（Fintech）是技术驱动的金融创新，能够形成新的商业模式、应用、流程或产品，并对金融服务提供产生重大影响。金融科技在我国的一个典型例子是基于互联网及移动通信、大数据、云计算、社交平台、搜索引擎等信息技术，实现资金融通、支付、结算等金融相关服务的互联网金融。

从三足定理的视角来看，金融科技促进金融公平。首先，金融科技能够降低获得金融服务的门槛。例如，互联网和智能手机的普及使得投资者和金融消费者能够更加便捷、更低成本地获得金融服务,从而降低了金融消费的入场门槛。其次,金融科技能够降低提供金融服务的门槛。借助互联网特别是移动互联网,金融机构可以在更广的范围内、向更多偏远地区的客户、以更快捷的方式提供服务。最后,金融科技扩大了金融服务的边界。非传统金融机构(如支付宝)跨界进入传统金融机构专属领域,增强金融市场的良性竞争。

金融科技提高金融效率。以区块链技术为例。区块链技术在一定程度上改变了金融交易的基础。传统上,金融交易乃至一切交易的前提是信任,只有基于信任才能进行交易、签订合约。信任不仅体现为交易达成之前双方的相互信任,还体现在合约签订之后,在履行过程中若发生分歧或争议,需要通过双方共同信任的第三方——监管部门、仲裁机构或法院——来对合约的内容和效力进行解释、判断和认定。区块链技术所具有的分布记账、全员参与、公开透明、不可篡改等特点,颠覆了传统意义上的信任与信用机制,使得交易无须信任亦可安全达成并如约履行。换言之,区块链技术提供了一种去中心化、去信任化的交易机制,或者说将传统上的对交易对方及权威第三方的信任,转化为基于共识机制的、对于技术本身的信任。建立在区块链技术基础上的智能合约以计算机语言(代码)替代法律语言来记录约定条款的合约。通过将人类语言写就的合约条款转化为计算机代码,并简化为"如果……则"的程序运行模式,智能合约可以由计算机系统在条件成就时自动、自我执行,而无须第三方来强制执行。智能合约大大简化了合同内容的证明(对于计算机而言,除了事先输入的不可更改的代码,不可能存在其他约定,这就避免了口头证据问题)及合同条款的执行等问题,有助于提高交易的效率和确定性。

金融科技具有风险性,同样会危及金融安全。金融科技本质仍属于金融,并没有改变金融风险隐蔽性、传染性、广泛性和突发性的特点。以建立在机器学习算法基础上的高频交易为例,高频交易作为金融科技创新的代表,是指一种基于高速度和高频率的自动化证券交易方法或策略,其报单速度快至以微秒(百万分之一秒)计,持仓时间短至以秒计,目前为包括我国在内的众多市场经济国家的证券市场广泛使用。但是,高频交易系统会产生技术操作风险。2010 年,道琼斯指数"闪电崩盘"事件,导致道琼斯指数盘中重挫近千点。2012 年的"骑士资本"事件,导致华尔街最著名的高频交易公司之一骑士资本在 45 分钟交易时间内损失 4.6 亿美元。2013 年,在中国"光大乌龙指"事件中,光大证券在进行股指期货套利交易时,所使用的策略交易系统出错,2 秒内瞬间生成 26082 笔市价委托订单,以 234 亿元的巨量资金申购 180ETF 成分股,导致 A 股骤然拉升;异常交易数据进而触发其他机构的高频交易系统,引发追随交易,导致上证指数在短短 2 分钟内上涨 117.27 点,涨幅达 5.65%。

第二章　证券法

第一节　证券界定

一、证券界定的意义

证券界定的意义在于被界定为证券的金融工具将被纳入证券法的调整范围。从金融公平的角度来分析，一旦特定金融工具被界定为证券，则该证券的发行者要承担注册和信息披露义务（除非获得豁免），而它的投资者有权获得证券法的民事、行政和刑事等保护。其次，从金融安全的视角观之，通过界定证券，将特定金融工具纳入监管，有助于防范化解金融风险。如果 2010 年前后，金融监管机构就将 P2P 网贷视为证券或其他类型的金融业务，从而纳入金融监管的范畴，可能就不会出现后来的 P2P 网贷平台倒闭、实际控制人跑路、投资者血本无归的惨剧和局部性系统性风险的爆发。再者，从金融效率的角度来看，证券界定能够为本被部门规章所禁止的金融活动提供合法化空间，从而容许金融创新。P2P 网贷平台业务是为解决中小企业融资难问题而出现的，如果能够被界定为证券或其他类型的金融业务，P2P 网贷市场就不会沦落到名存实亡的境地。

但是，在我国《证券法》修订的过程中，证券概念的界定争议巨大，尚未在立法者、司法实践者、学者之间达成普遍共识。2019 年初的《证券法（修订草案）》（"三读稿"）第二条规定，"在中华人民共和国境内，股票、公司债券、存托凭证和国务院依法认定的其他证券的发行和交易，适用本法；本法未规定的，适用《中华人民共和国公司法》和其他法律、行政法规的规定。政府债券、证券投资基金份额的上市交易，适用本法；其他法律、行政法规另有规定的，适用其规定。证券衍生品种发行、交易的管理办法,由国务院依照本法的原则规定。"与之前的一读稿和二读稿的主要区别在于:首先,删除了前两稿的证券定义,即"本法所称证券是指代表特定的财产权益,可均分且可转让或者交易的凭证或者投资性合同";其次,删除了之前"资产支持证券……的发行和交易……适用本法"的规定;最后,增加了"证券衍生品种发行、交易的管理办法,由国务院依照本法的原则规定"的条款。

同时,由于《证券法(修订草案)》就证券概念的界定问题僵持不下,这导致了受证券法调整的证券类型亦存在巨大的不确定性。例如,三读稿中的"证券衍生品种"概念的具体内容,与金融衍生品[远期、期货、掉期(互换)和期权]的边界为何? 资产支持证券是不是证券? 其他债券品种(包括企业债券、非金融企业债务融资工具、金融债券)是否是证券? 资产管理产品(包括银行非保本理财产品,资金信托计划,证券公司、证券公司子公司、基金管理公司、基金管理子公司、期货公司、期货公司子公司和保险资产管理机构发行的定向或集合资产管理产品)是否是证券? 企业发行的类金融产品[例如安康模式(经络仪买卖合同+委托租赁合同+承诺每日固定收益)、有限合伙份额,通过各种优惠推销的商业预付卡、各种公开发售的"计划""基金""收益权凭证"]是不是证券? 特定债权(艺术品份额化交易、P2P平台债权拆分转让)是不是证券? 比特币等数字货币是不是证券? 可见,如何界定证券法所调整的证券概念,以及如何明确证券类型成为亟待解决的重要问题。

二、证券法所调整的证券概念的界定路径

证券概念界定的起点应是直接融资法理论框架。如第一章所述,金融是指具有社会性(即涉众性)的转换资金资产的资金融通。从融资关系的角度来看,金融可以分为间接融资和直接融资。直接融资的原点是投资者概念,而投资者所适用的原则是买者自负原则,其所面临的主要问题是信息不对称问题,因此调整直接融资法律关系的直接融资法主要是建立在投资者买者自负原则的基础上,为解决信息不对称问题而建构起来的。证券法是典型的直接融资法。

由此可见,证券概念的界定仅涉及投资者的投资性产品,从而排除消费者购买的消费性产品;适用投资者买者自负原则,从而排除消费者"买者自负原则的否定"原则的适用空间。从而衍生出证券界定的以下判定标准:"合理人标准"下一般投资者的分析判断能力、话语权、风险分散能力是否已嬗变至消费者的程度,换而言之,投资者大众的合理期待是否为证券? 解决信息不对称问题是否能

够有效保护投资者的合法权益,或者已存在其他另一规范体系(如商业银行法)以降低投资者的损失风险?

第二步,证券概念界定可以从一读稿和二读稿的证券定义入手。依据一读稿和二读稿,"本法所称证券是指代表特定的财产权益,可均分且可转让或者交易的凭证或者投资性合同"。对于这一条款的理解可以从资本证券特征和投资性合同概念两方面切入。

首先,证券法中的证券仅指资本证券,其一般特征包括:财产权益凭证,例如股票是股权的凭证,而债券是债权的代表;流通性,即可交易性和可转让性;投资目的性和风险性,即证券持有者以期获利并完全或部分承担投资风险;公共性,即涉众;可均分性。

其次,就投资性合同而言,投资性合同概念是美国判例法发展出的界定证券的兜底性判定规则,其判定规则被称为豪威测试。在 1946 年的 SEC v. W. J. Howey Co. 案例中,被告豪威公司每年大约种植 500 亩橘子,将其中一半卖给各地的投资人。豪威公司与投资人签订了"土地销售合同"和"服务合同",其中约定,土地以保证契约的形式转让给投资人;服务合同期为 10 年,在合同期间关联公司对橘子的播种、收割和销售拥有完整的决策权。买方(投资方)既无权进入橘园,也无权拥有任何产品。买卖双方对于土地和产品甚至不是联营,买方只是在收获季节收到一份表示他那一份收益的支票。果园的投资人,即买方,居住地距离橘园通常很远,大多不是当地人,以旅游者或居住在一家由豪威公司经营的旅馆中的住户为主;他们大多不具备播种、收割和销售橘子的设备和经验;他们接受合同的唯一理由是希望依赖豪威的经营管理给他们带来利润。双方争议的焦点是"土地销售合同、保证契约、服务合同是否一起构成了 1933 年《证券法》第 2(a)(1) 条的投资合同"? 美国证券交易委员会(SEC)认为三者构成了《证券法》下的"投资合同",因而其属于受 SEC 监管的"证券";豪威公司没有经过登记就采用"州际商务信函和通信手段"来发行该证券,违反了《证券法》第五条和第十二条,因而提起禁止令诉讼。

联邦最高法院认为,判断证券是否存在,不需要找到正式的股票证书,只要存在有形资产的正式收益,例如对橘园的实际拥有就可以了。同时认为应该放弃形式而重视实质,把判断的焦点放在经济实况上。墨菲(Murphy)法官提出了一个包括四个要素在内的检验方法,即所谓的"豪威测试":"证券法律中所谓的投资合同是指在一宗合同、交易或计划中,某人(1)投入资金;(2)用于共同事业中;(3)依靠他人运作;(4)以期获利。"

除了用"豪威测试"来界定"投资性合同"外,美国法院还在 Raves v. Ernst &

Young 一案中确立了"家族相似"方法来测试某种金融工具是否与不作为证券对待的"票据"具有相似性。如果不符合家族相似性，则应属于证券。"家族相似"方法考虑四个因素：（1）什么是推动当事人进行交易的合理动机？如果融资者是为了募集一般的营运资金，投资者是为了赚取利润，那么这就可能是证券。如果是为了买卖便利或消费目的，那么它就不可能是证券。（2）分销、流通计划是投机或投资常见的交易工具吗？如是，则是证券。（3）投资者大众的合理期待是否为证券。（4）有无其他另一规范体系的存在以降低投资者的损失风险。如无，则是证券。这被称为"瑞福测试"。

第三步，在分析直接融资法理论框架和一读稿和二读稿的证券定义的基础上，凝炼共性，并从而形成界定证券概念的五大标准，包括投资性、横向共同性、纵向共同性、投资者合理期待以及风险裸露性。首先，证券具有投资性，投资者期待获利并承担风险，从而排除消费者和以生活消费为目的的消费性商品，包括商品证券。其次，证券具有（投资者之间）的横向共同性，包括涉众性、等值性（可均分的）和流动性（可转让、交易的）。因为证券具有投资性，所以作为投资工具，证券应具有通常投资交易的特征，这意味着该特定投资工具能够在投资者之间进行公开交易，具有涉众性、等值性和流动性。若仅有单一投资者的一对一协商的定制，而无均分的金融产品，不具有涉众性，不具有流动性，因此不能够公开交易，则不是"证券"。这也是投资性合同中"投资于共同事业"要件的应有之义。再次，证券具有（投资者与融资方之间）的纵向共同性。就信赖结构而言，投资者依靠融资方的运作，其信赖结构是中心化的；而就融资关系而言，投资者和融资方之间的关系是直接融资关系而非间接融资法所调整的间接融资关系。又次，从投资者合理期待来看，投资者对特定投资工具的合理期待是否为证券，或者"合理人标准"下一般投资者的分析判断能力、话语权、风险分散能力是否尚未嬗变至消费者的程度。若答案是肯定的，那么该投资工具则可能是证券，反之，则不是证券。最后，证券具有风险裸露性。若解决信息不对称问题不能有效保护投资者的合法权益，或者存在其他另一法律规范体系以有效降低投资者的损失风险，则该特定投资工具不是证券。

在构建证券判定标准的基础上，我们便能够一贯性地确定证券类型。第一，就三读稿中的"证券衍生品种"概念的具体内容，与金融衍生品［远期、期货、掉期（互换）和期权］的边界而言，原则上，基于基础证券（例如股票）而衍生创设出的金融产品，都是属于证券的证券衍生品种，包括远期证券合约、证券期货合约、证券期权合约、证券互换合约。其中，远期（证券）合约（forwards）是指双方约定在未来的某一时间，按确定的价格买卖一定数量证券的金融合约。其他不是基于基础证券的远期合约都是交易对手之间个别协商,满足的是合约双方特定的需求,因此不具备(投资者之间)横向共同性,因此不属于证券。(证券)期货合约(futures)是指协议双方同意在约定的将来按约定的条件(包括价格、数量、交割地点、交割方式)买入或卖出证券价格指数的标准化协议。传统期货合约是商品证券,价格取决于作为基础资产的货物(大宗商品),而证券价格取决于发行企业的价值。随着金融创新,两者边界逐渐模糊,例如股指期货。(证券)期权合约(options)是指赋予合约买方在规定的时间或期限内按约定的价格购买或出售一定数量证券的权利的合约,例如作为上市企业高管薪酬组成部分的股票期权(share options)。非证券的场外期权合约是由交易双方"一对一"协商签订的,属于"私人定制"的合约条款,合约条款格式化的内容较少,多数为双方约定的内容,因此缺少横向共同性而不属于证券。场内期权可转让,流动性好,因此可能属于证券。(证券)互换合约(swaps)是交易双方按照商定条件,在约定的时间内,交换一系列现金流的合约。以股票互换合约为例,投资者甲持有固定收益债券,而投资者乙持有股票组合。当股票持有者乙预期股票价格将下跌时,他通过与甲股票互换可以获得固定收入债券的回报,对冲风险。可见,股票互换合约具有对冲风险和金融投机的功能,其帮助投资者轻易地跨越了股票市场和固定收入债券市场,而无须改变原有的资产组合,因此不必付出相关的交易费用。此外,非证券的场外掉期协议,因缺乏横向共同性而不是证券,例如美国《2000年商品期货现代化法》便视此类互换协议为非证券。

第二,比特币等数字货币是不是证券?对此,SEC主席明确主张比特币不是证券,认为"决定某个数字加密货币和ICO是否为证券的关键在于,是否存在个人或组织支持该数字加密货币的发行和售卖,以及投资者是否期待从中获得回报"。"因为比特币是去中心化的,所以不是证券。但也有些数字货币是证券——如果它由一个中心化的第三方来运营,且购买者也期待获得回报的话。"同时,SEC在2019年制定了数字财产的投资性合同分析框架,对此判定标准予以标准化、具象化。由此可见,美国法依据投资性合同概念发展出了判定数字货币(加密财产)的判定标准,即投资者是否以期获利以及是否依靠他人运作。从我们所提炼的证券判定标准来看,美国的标准主要是从投资性和纵向共同性两方面来予以判定的。就投资性而言,特定的数字货币的投资者是否以期获利并承担相应风险?就中心化而言,该特定的数字货币的信任机制,即其发行、交易、运营是否是中心化的。由此可见,真正建立在区块链基础上的加密货币不是证券。由于区块链架构的网络性,没有一个中心化的发行、交易、运营机构,网络中的所有使用者为项目的运作、相关责任承担责任。同样的,通过销售加密代币以换取现金或比特币的比特币 ICO 并不像证券 IPO 那样依赖一个中心化的支持者或承销商。再者,区块链网络的 2/3 节点同意才能变更内容,而且信息对所有网络节点都公开,区块链技术这种不可篡改和信息公开透明的属性使得建立在区块链技术之上的比特币,不存在因信息不对称和欺诈情形而需要证券法保护的基础。

第三,非金融企业债务融资工具和金融债券是不是证券? 2018 年 12 月,《关于进一步加强债券市场执法工作有关问题的意见》建立了统一的债券市场执法机制。证监会依法对银行间债券市场、交易所债券市场违法行为开展统一的执法工作,对涉及公司债券、企业债券、非金融企业债务融资工具、金融债券等各类债券品种的信息披露违法违规、内幕交易、操纵证券市场以及其他违反《证券法》的行为,依据《证券法》的有关规定进行调查、认定和行政处罚。这使得各类债券品种的交易适用《证券法》。但非金融企业债务融资工具和金融债券的发行还不适用《证券法》,应纳入调整范围,明确规定其发行程序或发行注册豁免。

第四,资产证券化产品是不是证券? 中国人民银行(通过银行间市场交易商协会)、银保监会和证监会、国家发改委都在推出本系统的资产证券化产品,但只有证监会、国家发改委系统的资产证券化产品才被认定为证券,从而可以适用《证券法》。中国人民银行、银保监会系统的资产证券化产品都没有被认定为证券,其法律依据仅仅是部委规章甚至是更低层级的规定或自律规范,而不适用《证券法》或其他金融部门法,只能适用民法和侵权法的一般规定。有学者建议,为克服这一弊端,有必要将所有的资产证券化产品通过列举的方式纳入《证券法》的调整范围。本书主张,有些资产证券化产品是影子银行产品,功能和银行业务类似,是借短贷长的信用中介,而非居间撮合信息的信息中介。这类产品和服务主要发生在自然人投资者和融资者之间,且自然人投资者已嬗变为金融消费者,受间接融资法调整和保护,而非仅关注信息不对称的直接融资法。作为依赖于类储蓄之短期负债的信用中介,影子银行因其金融活动存在期限错配、高杠杆、流动性风险以及不完善的、非常隐蔽的信用风险转移等内生缺陷而会引发系统性风险。类储蓄具有储蓄的三大特点:支取自由、极低之支取成本以及利率风险之隔离,因此影子银行包括部分资产证券化产品、短期回购协议、货币市场基金份额(如余额宝产品)、商业票据、非银行金融机构之短期融资、银行理财产品之短期负债、民间借贷和典当行等民间金融之集资、实际扮演信用中介的 P2P 平台的集资等。

第五,资产管理产品是不是证券? 资产管理产品主要包括银行非保本理财产品,资金信托计划,证券公司、证券公司子公司、基金管理公司、基金管理子公司、期货公司、期货公司子公司和保险资产管理机构发行的资产管理产品等。中国人民银行等部门发布的《关于规范金融机构资产管理业务的指导意见》（银发〔2018〕106号）或许是因没有权限而未将资产管理产品界定为"证券"。有学者主张，应通过修改《证券法》将可对外拆分转让的"单一资产管理产品"以及所有的集合资产管理产品界定为证券。本书认为，要依据证券判定的五大标准来具体认定。产品若不符合该判定标准，则是影子银行产品，例如银行保本理财业务和一些中低风险的非保本理财业务。

最后，特定债权，例如P2P平台债权拆分转让等，是不是证券？在属性上，P2P平台债权拆分转让是处分行为，分为正向拆分转让和逆向拆分转让。例如：甲为投资人，同乙P2P网贷平台签订了《投资债权转让协议》，该协议规定乙方平台为甲方寻找债权投资项目，代表甲方向借款人收取债权本金、利息或者代表甲方向新的债权受让人收取债权转让款。协议中除约定借款合同利息外，还规定了起止时间，假设为2018年1月1日至12月31日。其后，甲向乙支付了债权转让投资款10万元，并受让获得了乙对借款人丙公司总计1000万元债权中的10万元债权额度，但乙、丙之间的借款合同起止时间同投资期限存在落差，假设为2017年7月1日至2018年6月30日。针对投资协议和借款合同之间的时间差，乙方承诺在丙债权合同到期后，继续为甲方推荐其他债权投资。此即正向债权拆分转让。又或者，借款人丙与乙P2P网贷平台约定，丙通过乙向众多投资人借款，并签署借款承诺书，若丙逾期还款，全体投资人一致同意将其债权转让给乙，由乙统一向借款人丙追索。此即逆向债权拆分转让。依据部门规章和行政命令，除了低频次债权转让，金融监管者基本上禁止了P2P网贷平台其他形式的债权转让，具体规定主要包括《网络借贷信息中介机构业务活动管理暂行办法》(2016)、《互联网金融风险专项整治工作实施方案》(2016)和《关于做好P2P网络借贷风险专项整治整改验收工作的通知》(2017)。违反了这些规定，则可能构成非法吸收公众存款和集资诈骗。但是，上位法《民法典》却肯定了债权让与的合法性。《民法典》第五百四十五至五百四十九条规定，债权人可以将债权的全部或者部分转让给第三人，但是有下列情形之一的除外：（一）根据债权性质不得转让；（二）按照当事人约定不得转让；（三）依照法律规定不得转让。当事人约定非金钱债权不得转让的，不得对抗善意第三人。当事人约定金钱债权不得转让的，不得对抗第三人。债权人转让权利的，应当通知债务人。未经通知，该转让对债务人不发生效力。债权人转让权利的通知不得撤销，但经受让人同意的除外。债权人转让权利的，受让人取得与债权有关的从权利，但该从权利专属于债权人自身的除外。债务人接到债权转让通知后，债务人对让与人的抗辩，可以向受让人主张。债务人接到债权转让通知时,债务人对让与人享有债权,并且债务人的债权先于转让的债权到期或者同时到期的,债务人可以向受让人主张抵消。此外,众多民商事判例支持 P2P 网贷平台债权转让的效力。在"无讼案例平台"以"网络借贷和债权转让"为关键词进行检索,得到 167 份时间跨度在 2013—2019 年的民商事判决,其中直接与债权转让的判决有 147 份。因此,将明确符合判断标准的 P2P 平台债权拆分转让界定为证券,有利于打击非法集资和非法证券交易,规范证券市场秩序,保护投资者利益,同时又为其提供合法性空间,容许创新。其他不符合判断标准的,则可能构成影子银行。

第二节　强制信息披露及反虚假陈述制度

如第一章所述,"买者自负"原则下,证券法对公众融资(例如公司首次公开发行证券并上市)要解决的核心问题是信息不对称,所以,证券法是围绕解决信息不对称问题建构起来的。具体而言,证券法由五大制度构成,其核心理念是信息披露和风险自担。第一个制度是强制信息披露制度。而强制信息披露需要发行的行政许可程序(核准制或注册制),以实现信息披露的统一和规范,这是第二个制度。披露出来的信息需要消化,而消化信息的任务主要由金融中介机构来承担,故对其采特许制和严密监管,这是第三个制度。第四个制度是反欺诈制度,以确保信息披露的真实、准确、完整。第五个制度从源头入手,强化上市公司的公司治理,包括但不限于公司架构、风险管理、内部控制、财务会计制度等。"买者自负"原则下,证券法对私募采豁免的制度设计,而私募是指针对合格投资者的非公开的证券发行。

一、信息披露原则及强制信息披露规则体系

并不是所有上市公司的信息都需要披露,只有"对投资者作出投资决策具有重大影响的信息"(《上市公司信息披露管理办法》第十一、十九条),或者"发生可能对上市公司证券及其衍生品种价格产生较大影响的重大事件"(第三十条)才需要披露。重大事件的信息披露必须要具备真实性、准确性、完整性、及时性和公平性。"真实"是指披露信息应当以客观事实或具有事实基础的判断和意见为依据,否则可能构成虚假记载。"准确"是指应当使用明确、贴切的语言和简明扼要、通俗易懂的文字,不得含有任何宣传、广告、恭维或者夸大等性质的词句,并

应当以一般投资者的判断能力作为标准，否则可能构成误导性陈述。"完整"是指对所有可能影响投资者决策的信息进行披露，对重大信息的所有方面进行周密、全面、充分的揭示，否则可能构成重大遗漏。"及时"是指及时地依法披露有关重要信息，否则可能构成不正当披露。从上市公司角度来看，这可以使股价做出及时调整，保证市场的连续性和有效性；从投资者角度来看，这可帮助其做出理性投资决策；从社会监管角度来看，这可以防范内幕交易的风险，从而降低监管难度和成本。"公平"是指向所有大小投资者公开信息披露，而不得有选择性披露，即上市公司及相关信息披露义务人在向一般公众投资者披露前，将未公开重大信息向特定对象进行披露。

就虚假陈述的具体形态而言，虚假记载是指信息披露义务人在披露信息时，将不存在的事实在信息披露文件中予以记载的行为；误导性陈述是指虚假陈述行为人在信息披露文件中或者通过媒体，作出使投资人对其投资行为发生错误判断并产生重大影响的陈述；重大遗漏是指信息披露义务人在信息披露文件中，未将应当记载的事项完全或者部分予以记载；而不正当披露是指信息披露义务人未在适当期限内或者未以法定方式公开披露应当披露的信息。

强制信息披露体系分为发行信息披露和持续性信息披露。发行信息披露涉及 IPO 和上市公司新股发行，其主要法律规范如《公开发行证券的公司信息披露编报规则第 9 号》《公开发行证券的公司信息披露内容与格式准则第 10 号》等。同时，涉及招股说明书的法律规范主要是《上市公司信息披露管理办法》第二章以及《首次公开发行股票并上市管理办法》第四章。与发行信息披露相对的是持续性信息披露，分为定期报告和临时报告。前者规定在《上市公司信息披露管理办法》第三章，而后者规定在《上市公司信息披露管理办法》第四章。

强制信息披露制度规定了几项例外情形，包括不涉众的私募证券、推定零风险的政府债券，以及商业秘密豁免机制。证监会《公开发行证券的公司信息披露内容与格式准则第 1 号——招股说明书（2015 年修订）》第五条规定，由于商业秘密（核心技术的保密资料、商业合同的具体内容）等特殊原因，某些信息确实不便披露的，发行人可以向证监会申请豁免。

虚假陈述证券案例分析题。

下面情形是否需要披露？为什么？应以何种报告披露？可能构成何种类型的虚假陈述？

1. 石龙公司将 18000 万元资金，通过上海市某银行，以银行本票方式划拨给第一大股东西飞公司，而未披露（或者未及时披露）。

2. 石龙公司贷款 9000 万元拆借于管道公司且未进行账务记载。这导致石龙公司形成 9000 万元账外其他应收款,依据公司披露的坏账核算方法,石龙公司 2002 年年报少计坏账准备 1350 万元,虚增利润 1350 万元。

二、虚假陈述民事诉讼

1.诱多型虚假陈述

虚假陈述分为诱多型虚假陈述和"诱空型"虚假陈述,简要描述如下。

诱多型:实施日—买入—揭露日(更正日)—卖出—基准日;

诱空型:实施日—卖出—揭露日(更正日)—基准日。《最高人民法院关于审理证券市场因虚假陈述引发的民事赔偿案件的若干规定》(2003),只规定了"诱多型"虚假陈述,未规定"诱空型"虚假陈述,所以先讲解"诱多型"虚假陈述。从辩护律师的视角来看,"诱多型"虚假陈述案例中,辩护律师的答辩思路可以分为以下几步骤:首先,对于超过诉讼时效、不具有索赔资格的原告,主张依法不予赔偿;其次,对符合索赔资格的原告,提出如下抗辩:(1)虚假陈述实施日、揭露日、基准日、基准价应当依法认定;(2)投资差额损失的计算方法,应当合法、合理;(3)在正确计算投资差额损失的基础上,对于因系统风险因素造成的损失部分,应当依法予以剔除。接下来的部分对每一步骤进行详细解释。

第一步,对于超过诉讼时效、不具有索赔资格的原告,主张依法不予赔偿。

就诉讼时效而言,《最高人民法院关于审理证券市场因虚假陈述引发的民事赔偿案件的若干规定》(2003)第五条规定诉讼时效以处罚决定日和刑事判决生效日来确定。就索赔资格而言,只有所投资的是与虚假陈述直接关联的证券的投资者才是适格原告。

第二步,对符合索赔资格的原告,主张虚假陈述实施日、揭露日、基准日、基准价应当依法认定。依据《最高人民法院关于审理证券市场因虚假陈述引发的民事赔偿案件的若干规定》(2003)第二十条和第三十三条,虚假陈述实施日是指作出虚假陈述或者发生虚假陈述之日。虚假陈述揭露日是指虚假陈述在全国范围发行或者播放的报刊、电台、电视台等媒体上首次被公开揭露之日。揭露日的确定标准比较复杂,例如科龙案有三个可能揭露日。2004 年 8 月 10 日,郎咸平在复旦演讲质疑科龙顾雏军,第二天见报。2005 年 5 月 1 日,科龙宣布被证监会立案,之前市场已有传闻。2005 年 8 月 2 日,证监会表态顾涉嫌违法。依据法律规定和司法实践,可主张揭露日认定包含 4 要素:(1)在全国范围发行的媒体上揭露;(2)首次公开揭露;(3)对市场产生了影响;(4)该虚假陈述是否被证监会认定。目前,一般情况下,应以证监会立案为准。此外,虚假陈述更正日,是指虚假陈述行为人在中国证券监督管理委员会指定披露证券市场信息的媒体上,自行公告更正虚假陈述并按规定履行停牌手续之日,而投资差额损失计算的基准日,是指确定损失计算的合理期间而规定的截止日期。

第三步,确定因果关系。《最高人民法院关于审理证券市场因虚假陈述引发的民事赔偿案件的若干规定》(2003)第十八条规定投资人具有以下情形的,人民法院应当认定虚假陈述与损害结果之间存在因果关系:投资人所投资的是与虚假陈述直接关联的证券;投资人在虚假陈述实施日及以后,至揭露日或者更正日之前买入该证券;投资人在虚假陈述揭露日或者更正日及以后,因卖出该证券发生亏损;或者因持续持有该证券而产生亏损。而第十九条则规定被告举证证明原告具有以下情形的,人民法院应当认定虚假陈述与损害结果之间不存在因果关系:在虚假陈述揭露日或者更正日之前已经卖出证券;在虚假陈述揭露日或者更正日及以后进行的投资;明知虚假陈述存在而进行的投资;损失或者部分损失是由证券市场系统风险等其他因素所导致;属于恶意投资、操纵证券价格的。

《最高人民法院关于审理证券市场因虚假陈述引发的民事赔偿案件的若干规定》(2003)第十九和二十条合起来构成一个可反驳的信赖假定,其客观效果是将初始的举证责任分给了被告。原告只需证明"投资人所投资的是与虚假陈述直接关联的证券"并遭受损失即可推定存在因果关系。依据市场欺诈理论。市场是充分竞争的和健全的,能够及时吸收所有公开的信息,市场价格就是所有这些已经公开的真的和假的信息的综合反映。投资者在不知道失真真相的情况下,出于对市场的信赖,做出了投资的决定,自然就包罗了对虚假信息的信赖。虚假陈述是对知情权的侵犯,反虚假陈述制度是为了实现信息占有上的公平。

第四步,确定归责和免责事由以及共同侵权责任。《最高人民法院关于审理证券市场因虚假陈述引发的民事赔偿案件的若干规定》(2003)第二十一条规定了发起人、发行人或者上市公司对其虚假陈述给投资人造成的损失承担严格责任,而发行人、上市公司负有责任的董事、监事和经理等高级管理人员对前款的损失,依据过错推定规则,承担连带赔偿责任。但有证据证明无过错的,应予免责。第二十二条规定,实际控制人操纵发行人或者上市公司违反证券法律规定,以发行人或者上市公司名义虚假陈述并给投资人造成损失的,可以由发行人或者上市公司承担赔偿责任。发行人或者上市公司承担赔偿责任后,可以向实际控制人追偿。实际控制人违反《证券法》第四条、第五条以及第一百八十八条规定虚假陈述,给投资人造成损失的,由实际控制人承担赔偿责任。

《最高人民法院关于审理证券市场因虚假陈述引发的民事赔偿案件的若干规定》(2003)第二十三条规定了证券承销商、证券上市推荐人对虚假陈述给投资人造成的损失承担赔偿责任。但有证据证明无过错的,应予免责。负有责任的董事、监事和经理等高级管理人员对证券承销商、证券上市推荐人承担的赔偿责任负连带责任。其免责事由同前款规定。第二十四条规定,专业中介服务机构及其直接责任人违反《证券法》第一百六十一条和第二百零二条的规定虚假陈述,给投资人造成损失的,就其负有责任的部分承担赔偿责任。但有证据证明无过错的,应予免责。

《最高人民法院关于审理证券市场因虚假陈述引发的民事赔偿案件的若干规定》(2003)第二十五条规定,本司法解释第七条第(七)项规定的其他作出虚假陈述行为的机构或者自然人,违反《证券法》第五条、第七十二条、第一百八十八条和第一百八十九条规定,给投资人造成损失的,应当承担赔偿责任。第二十六条规定,发起人对发行人信息披露提供担保的,发起人与发行人对投资人的损失承担连带责任。第二十七条规定,证券承销商、证券上市推荐人或者专业中介服务机构,知道或者应当知道发行人或者上市公司虚假陈述,而不予纠正或者不出具保留意见的,构成共同侵权,对投资人的损失承担连带责任。第二十八条规定,发行人、上市公司、证券承销商、证券上市推荐人负有责任的董事、监事和经理等高级管理人员有下列情形之一的,应当认定为共同虚假陈述,分别与发行人、上市公司、证券承销商、证券上市推荐人对投资人的损失承担连带责任:参与虚假陈述的;知道或者应当知道虚假陈述而未明确表示反对的;其他应当负有责任的情形。

第五步,对符合索赔资格的原告,主张投资差额损失的计算方法,应当合法、合理。以胡某诉甲科技公司证券虚假陈述责任纠纷案为例。该案中,虚假陈述的实施日为 2004 年 3 月 2 日,投资者买入 13000 股,共计 147480 元,同时卖出 7500 股,80810 元,截至揭露日,仍持有 5500 股,揭露日为 2006 年 4 月 25 日。这期间均价为 3.45 元/股。揭露日又买入 3100 股,5 月 15 日以 3.54 元/股卖出 1000 股,而后 5 月 19 日以 3.6 元/股卖出 1000 股,基准日为 2006 年 5 月 29 日。

投资差额的计算公式为:

投资差额=(买入平均价-卖出平均价)×揭露日至基准日期间卖出的可索赔股票数量+[买入平均价-基准价(基准日至揭露日均价)]×基准日之后卖出或仍持有的可索赔股票的数量。

就在基准日前卖出部分而言,该两次卖出的股票系揭露日之前还是之后买入的股票,难以确定,根据"先入先出法"确定该 2000 股卖出的股票对应揭露日之前买入的股票,该 2000 股的投资差额损失为:[(买入平均价－卖出平均价)×2000 股],卖出平均价为:(3.54 元＋3.60 元)÷2＝3.57 元/股。就基准日之后卖出或持有部分而言,胡某在基准日之后继续持有的 3500 股(5500－2000),投资差额损失为:[(买入平均价－揭露日至基准日期间的交易日平均收盘价)×3500 股]。买入证券平均价格,系指投资人买入证券的成本,而投资者在虚假陈述被揭示之前,卖出股票而收回的相应资金,属于投资者提前收回的投资成本,应当在总投资成本中予以扣除;故[买进股票的总成本(147480 元)－所有已经卖出股票收回的投资成本(80810 元)]/除以胡某尚持有的股票数量(5500 股)＝买入平均价为 12.12 元/股。故投资差额＝(买入平均价－卖出平均价)×揭露日至基准日期间卖出的可索赔股票数量＋[买入平均价－基准价(基准日至揭露日均价)]×基准日之后卖出或仍持有的可索赔股票的数量,即(12.12－3.57)×2000＋(12.12－3.45)×3500。

第六步,对符合索赔资格的原告,主张在正确计算投资差额损失的基础上,对于因系统风险因素造成的损失部分,应当依法予以剔除。系统风险剔除公式为最终赔偿额＝投资差额×(1－应当剔除的系统风险比例)。其法律依据是《最高人民法院关于审理证券市场因虚假陈述引发的民事赔偿案件的若干规定》(2003)第十九条,被告举证证明原告具有以下情形的,人民法院应当认定虚假陈述与损害结果之间不存在因果关系:损失或者部分损失是由证券市场系统风险等其他因素所导致;被告举证证明系统风险诱因的存在,并对揭露日至基准日期间,大盘及行业板块的同期下跌幅度进行计算说明。

2.诱空型虚假陈述

以如下虚构案例为例,2014 年 7 月,中国证监会作出行政处罚决定书,认定玉泉公司连续多年虚构购销业务,虚增业务收入与成本,虚增或者虚减利润,导致公司 2006 年至 2011 年年报存在信息披露违规问题。2014 年 8 月,股民刘某对公司提起证券虚假陈述民事赔偿诉讼。玉泉公司 2006 年至 2007 年年报虚构购销业务,虚增利润,属于"诱多型"虚假陈述;2008 年至 2011 年年报虚增业务成本,虚减利润,构成"诱空型"虚假陈述。原告刘某系在公司 2008 年年报公布后买入股票。在原告买入公司股票至本案基准日期间,受国际国内政治、经济等系统风险因素影响,中国股市呈下跌态势。此外,在此期间,公司连续发布一系列经营陷入困境的利空公告。问题:结合本案案情,请从辩护律师的角度谈谈整体辩护思路。

对此问题的回答如下。本案不同于常见的虚假陈述民事赔偿诉讼,涉及若干特殊的争议焦点:第一,本案虚假陈述行为同时包括"诱多型"和"诱空型"虚假陈述,目前司法解释仅对"诱多型"虚假陈述给投资者造成的损失如何赔偿作出规定,对于在"诱空型"虚假陈述行为发生后买入股票的投资者的损失,涉及是否与公司虚假陈述行为之间存在因果关系的问题。第二,在原告买入公司股票至本案基准日期间,受国际国内政治、经济等系统风险因素影响,中国股市呈下跌态势。此外,在此期间,公司连续发布一系列经营陷入困境的利空公告。因此,对于如何考量、评估系统风险和非系统风险对原告损失造成的影响,非常关键。根据上述分析认为:本案原告在"诱空型"虚假陈述发生后的买入行为,并不会受到"诱空型"虚假陈述的影响,原告的投资损失由系统风险因素和非系统风险因素叠加造成的,与公司虚假陈述行为之间并无因果关系。因此,股民的投资损失不应由公司承担。

具体辩护思路如下。

(1)关于本案"诱多型"和"诱空型"虚假陈述行为与原告损失之间的关系。虚假陈述分为"诱多型"和"诱空型"虚假陈述,"诱多型"虚假陈述会诱导股民买入股票,而"诱空型"虚假陈述不会诱导股民买入股票。公司 2006 年至 2007 年年报属于"诱多型"虚假陈述,2008 年至 2011 年年报虚减利润,属于发布虚假的消极利空信息,构成"诱空型"虚假陈述。我们主张,原告均系在公司 2008 年年报公布后买入股票,距公司做出"诱多型"虚假陈述行为已过去 2—3 年,不大可能再受该"诱多型"虚假陈述行为的影响。如果其主张买入股票系受公司年报影响,从时间上看也是受 2008 年至 2011 年年报的影响,而 2008 年至 2011 年年报的虚假陈述行为属于"诱空型"虚假陈述行为,不会诱导投资者买入股票。因此,原告损失与本案虚假陈述行为之间无因果关系,依法不应由公司赔偿。

(2)关于系统风险和非系统风险因素对投资损失影响的认定。根据《最高人民法院关于审理证券市场因虚假陈述引发的民事赔偿案件的若干规定》第十九条的规定,因系统风险等其他因素所导致的损失与虚假陈述行为之间不存在因果关系,不应赔偿。根据对案涉期间国内外政治、经济宏观态势和公司自身业绩情况分析,以及对公司股价波动与证券市场波动情况的数据分析,我们主张,原告即使有损失,也是由证券市场系统风险和公司自身经营不利等非系统风险因素叠加造成的,与公司的虚假陈述之间没有因果关系。

第三节 反内幕交易制度
——以光大乌龙指事件为例

一、事件回放

2013 年 8 月 16 日,光大证券策略投资部按计划开展 ETF 套利交易,部门核定的交易员当日现货交易额度为 8000 万元,并在交易开始前由审核人员进行了 8000 万元的额度设定。9 时 41 分,交易员认为 180ETF 出现套利机会,及时通过套利策略订单生成系统发出第一组买入 180ETF 成分股(即对应的 180 只股票)的订单(即 177 笔委托,委托金额合计不超过 200 万元)。10 时 13 分,交易员发出第二组买入部分 180ETF 成分股的订单(即 102 笔委托,委托金额合计不超过 150 万元)。11 时 02 分,交易员发出第三组买入 180ETF 成分股的订单(即 177 笔委托,委托金额合计不超过 200 万元)。由于策略投资部使用的套利策略系统出现了程序错误,在 11 时 05 分 08 秒之后的 2 秒内,瞬间生成 26082 笔预期外的委托订单,以 234 亿元巨量申购 180ETF 成分股。并且上述预期外的巨量市价委托订单被直接发送至交易所,实际成交额达 72.7 亿元。11 时 05 分左右,上证综指突然上涨,中石油、中石化、中国工商银行和中国银行等权重股均触及涨停。

该系统包含订单生成系统和订单执行系统两个部分。订单生成系统存在的缺陷,会导致特定情况下生成预期外的订单。而订单执行系统针对高频交易在市价委托时,对可用资金额度未能进行有效校验控制,又由于订单执行系统存在的缺陷,上述预期外的巨量市价委托订单被直接发送至交易所。

11 时 05 分后,上交所市场实时监控系统出现累计涨幅预警信息,至 11 时 07 分,监控系统出现此类预警信息数十条。实时监控人员在分析处理时发现,涉及的股票最大买方是光大证券的一个自营账户,随即问询光大证券,要求其报告说明。11 时 07 分,光大证券交易员通过系统监控模块发现成交金额异常,同时,接到上海证券交易所的问询电话,迅速批量撤单,并终止套利策略订单生成系统的运行,同时启动核查流程并报告部门领导。为了对冲股票持仓风险,开始卖出股指期货 IF1309 空头合约。截至 11 时 30 分收盘,股票成交金额约为 72.7 亿元,累计用于对冲而卖出的股指期货 IF1309 空头合约共 253 张。

11时32分,21世纪网消息称,暴涨源于光大自营盘70亿"乌龙指"。12时27分,光大证券董秘公开表示,相关传闻说明他们不了解光大证券严格的风控,不可能存在70亿乌龙情况。13时,光大证券称因重大事项申请停牌,上交所依据《上海证券交易所股票上市规则》规定,实施当日下午停牌操作,并持续多次要求光大证券作为法定信息披露义务主体,尽快依法履行发布进一步提示性公告、说明事件原因的义务。13时35分,传光大证券申请交易作废。

不晚于11时40分,光大证券总裁召集分管策略投资部的助理总裁、计划财务部总经理、策略投资部总经理,召开紧急会议。由于当天增加了72.7亿元股票持仓,为最大限度减少风险暴露和可能的损失,公司需要降低持仓量,但当天买入的股票只能在 T+1 日卖出。可行的做法是尽量将已买入的ETF成分股申购成ETF卖出,以实现当天减仓,也可以通过卖出股指期货来对冲新增持仓的风险。为此光大证券做了如下处置安排:针对上午发生的事件所形成的过大风险敞口,尽量申购成ETF直接卖出;对于因ETF市场流动性不足而不能通过申购ETF卖出的持仓部分,逐步使用股指期货卖出合约做全额对冲。该安排由策略投资部总经理负责实施。

13时开盘后,策略投资部开始通过将已买入的股票申购成50ETF以及180ETF在二级市场上卖出,同时,逐步卖出股指期货IF1309、IF1312空头合约,以对冲上午买入股票的风险。14时22分,卖出股指期货空头合约IF1309、IF1312共计6240张,合约价值43.8亿元,获利74143471.45元;卖出180ETF共计2.63亿份,价值1.35亿元,卖出50ETF共计6.89亿份,价值12.8亿元,合计规避损失13070806.63元。14时22分,光大证券公告称"公司策略投资部自营业务在使用其独立套利系统时出现问题"。15时01分收盘后,上交所公告称,已达成的交易将进入正常交手环节,这意味着光大证券申请的交易作废被交易所拒绝。理由是,不论是申报价格还是申报数量,光大证券的每笔买入申报均符合《上海证券交易所交易规则》的规定。

从14时22分光大证券发布的公告来看,股指大幅波动大体上分四个阶段。第一阶段是11时05分至11时07分,上证综指短时间内上涨5.96%(相比前收盘,下同)。第二阶段是11时07分至11时15分,股指从2198点回落至2103点,涨幅收窄至1.01%。第三阶段从11时15分至11时30分,股指从2103点上涨至2148点,涨幅3.19%。第四阶段从13时至14时19分,股指从2148点回落至2082点,涨幅收窄至0.01%。

二、内幕交易定义及构成要件

内幕交易定义规定在《证券法》第七十三、七十六、二百零二条以及《期货交易管理条例》第七十条，是指内幕交易主体在内幕信息公开前进行内幕交易行为。《证券法》第七十三条规定，禁止证券交易内幕信息的知情人和非法获取内幕信息的人利用内幕信息从事证券交易活动。第七十六条规定，证券交易内幕信息的知情人和非法获取内幕信息的人，在内幕信息公开前，不得买卖该公司的证券，或者泄露该信息，或者建议他人买卖该证券。第二百零二条规定，证券交易内幕信息的知情人或者非法获取内幕信息的人，在涉及证券的发行、交易或者其他对证券的价格有重大影响的信息公开前，买卖该证券，或者泄露该信息，或者建议他人买卖该证券的，责令依法处理非法持有的证券，没收违法所得，并处以违法所得一倍以上五倍以下的罚款；没有违法所得或者违法所得不足三万元的，处以三万元以上六十万元以下的罚款。单位从事内幕交易的，还应当对直接负责的主管人员和其他直接责任人员给予警告，并处以三万元以上三十万元以下的罚款。证券监督管理机构工作人员进行内幕交易的，从重处罚。《期货交易管理条例》第六十九条规定，期货交易内幕信息的知情人或者非法获取期货交易内幕信息的人，在对期货交易价格有重大影响的信息尚未公开前，利用内幕信息从事期货交易，或者向他人泄露内幕信息，使他人利用内幕信息进行期货交易的，没收违法所得，并处违法所得一倍以上五倍以下的罚款；没有违法所得或者违法所得不满十万元的，处十万元以上五十万元以下的罚款。单位从事内幕交易的，还应当对直接负责的主管人员和其他直接责任人员给予警告，并处三万元以上三十万元以下的罚款。

1. 内幕信息

内幕信息的定义和内容被规定在《证券法》第七十五、七十六条，《期货交易管理条例》第八十一条第十一项以及《上市公司信息披露管理办法》第四章。本案内幕信息及其法律依据为何，是不是证券法性质的内幕信息，以及本案内幕信息的起止期间为何？就这些问题，下面一一作答。

首先，内幕信息产生于公告。本案内幕信息是光大证券在进行 ETF 套利交易时，因程序错误，其所使用的策略交易系统以 234 亿元的巨量资金申购 180ETF 成分股，实际成交 72.7 亿元。因为经测算，180ETF 与沪深 300 指数关联性极高。同时，巨量申购和成交 180ETF 成分股对沪深 300 指数，180ETF、

50ETF 和股指期货合约价格均产生重大影响。同时,巨量申购和成交可能重大影响投资者判断,从而对沪深 300 指数、180ETF、50ETF 和股指期货合约价格产生重大影响。因此,依据《证券法》第七十五条第二款第八项的规定,本案72.7 亿巨量买入 180 只股票属于内幕信息,符合第七十五条第一项的规定。但第七十五条本关注具体公司而非市场,若 ETF 套利交易为折价套利,即购买180ETF 基金份额而非股票,因为第七十五条本关注具体公司而非市场,须通过整体理解《证券法》第七十三、七十六、二百零二条,对《证券法》第七十五条扩大性解释。本案中,内幕信息的期间为 11 时 05 分—14 时 22 分。

就具体法律条文而言,《证券法》第七十五条规定,证券交易活动中,涉及公司的经营、财务或者对该公司证券的市场价格有重大影响的尚未公开的信息,为内幕信息。下列信息皆属内幕信息:(1)本法第六十七条第二款所列重大事件;(2)公司分配股利或者增资的计划;(3)公司股权结构的重大变化;(4)公司债务担保的重大变更;(5)公司营业用主要资产的抵押、出售或者报废一次超过该资产的 30%;(6)公司的董事、监事、高级管理人员的行为可能依法承担重大损害赔偿责任;(7)上市公司收购的有关方案;(8)国务院证券监督管理机构认定的对证券交易价格有显著影响的其他重要信息。

《期货交易管理条例》第八十一条第十一项规定,内幕信息,是指可能对期货交易价格产生重大影响的尚未公开的信息,包括:国务院期货监督管理机构以及其他相关部门制定的对期货交易价格可能发生重大影响的政策,期货交易所做出的可能对期货交易价格发生重大影响的决定,期货交易所会员、客户的资金和交易动向以及国务院期货监督管理机构认定的对期货交易价格有显著影响的其他重要信息。

《证券法》第六十七条规定,发生可能对上市公司股票交易价格产生较大影响的重大事件,投资者尚未得知时,上市公司应当立即将有关该重大事件的情况向国务院证券监督管理机构和证券交易所报送临时报告,并予公告,说明事件的起因、目前的状态和可能产生的法律后果。下列情况为前款所称重大事件:(1)公司的经营方针和经营范围的重大变化;(2)公司的重大投资行为和重大的购置财产的决定;(3)公司订立重要合同,可能对公司的资产、负债、权益和经营成果产生重要影响;(4)公司发生重大债务和未能清偿到期重大债务的违约情况;(5)公司发生重大亏损或者重大损失;(6)公司生产经营的外部条件发生的重大变化;(7)公司的董事、1/3 以上监事或者经理发生变动;(8)持有公司 5% 以上股份的股东或者实际控制人,其持有股份或者控制公司的情况发生较大变化;(9)公司减资、合并、分立、解散及申请破产的决定;(10)涉及公司的重大诉讼，股东大会、董事会决议被依法撤销或者宣告无效；(11)公司涉嫌犯罪被司法机关立案调查，公司董事、监事、高级管理人员涉嫌犯罪被司法机关采取强制措施；(12)国务院证券监督管理机构规定的其他事项。

依据《上市公司信息披露管理办法》第四章，《证券法》第六十七条第十二项下的"国务院证券监督管理机构规定的其他事项"具体包括：(1)新公布的法律、法规、规章、行业政策可能对公司产生重大影响；(2)董事会就发行新股或者其他再融资方案、股权激励方案形成相关决议；(3)法院裁决禁止控股股东转让其所持股份；任一股东所持公司5％以上股份被质押、冻结、司法拍卖、托管、设定信托或者被依法限制表决权；(4)主要资产被查封、扣押、冻结或者被抵押、质押；(5)主要或者全部业务陷入停顿；(6)对外提供重大担保；(7)获得大额政府补贴等可能对公司资产、负债、权益或者经营成果产生重大影响的额外收益；(8)变更会计政策；(9)因前期已披露的信息存在差错、未按规定披露或者虚假记载，被有关机关责令改正或者经董事会决定进行更正。

2. 内幕交易行为

依据《证券法》第七十六、二百零二条和《期货交易管理条例》第七十条，内幕交易行为是指买卖该证券，或者泄露该信息，或者建议他人买卖该证券。假设，A泄密给B，但B未买卖该证券，则A是否仍构成内幕交易行为？本案内幕交易行为为何？答案是A不构成内幕交易行为，因为只有存在内幕信息泄露并交易的情形下，才会影响股价，才会存在侵犯交易相对人的"以信息对称为核心的公平交易法益"，这就是内幕信息知情者的"沉默且禁绝交易"义务。本案内幕交易行为是光大证券在内幕信息公开前(11点05分—14点22分)将所持股票转换为ETF并卖出和卖出股指期货空头合约的交易。

3. 内幕交易主体

依据《证券法》第七十四、二百零二条以及《期货交易管理条例》第八十一条第十二项、第六十九条，内幕交易主体是指证券交易内幕信息的知情人或者非法获取内幕信息的人。那么，单位是否是内幕交易主体，是否可以成为内幕信息知情人？是否与第七十四条相互冲突？本案内幕信息知情人？对这些问题的回答如下。首先，单位是内幕交易主体，可以成为内幕信息知情人，对此的法律依据为第二百零二条，但是这里存在与第七十四条相冲突的情形。通说认为，第七十四条文义解释应为自然人，故应结合第二百零二条通过扩大解释第七十四条将单位纳入内幕交易主体范畴，又或将第七十四条解释为作为自然人的内幕信息知情人。其次，如何理解第二百零二条呢？一般观点认为，若内幕交易行为的目的是单位获利或减少损失而非单位内部员工或其信息透露对象获利或减少损失,则内幕交易主体为单位而非内部员工,因此本案内幕交易主体为光大证券而非内部员工。

就内幕信息知情人的具体内容而言,依据《证券法》第七十四条,证券交易内幕信息的知情人包括:发行人的董事、监事、高级管理人员;持有公司5%以上股份的股东及其董事、监事、高级管理人员,公司的实际控制人及其董事、监事、高级管理人员;发行人控股的公司及其董事、监事、高级管理人员;由于所任公司职务可以获取公司有关内幕信息的人员;证券监督管理机构工作人员以及由于法定职责对证券的发行、交易进行管理的其他人员;保荐人、承销的证券公司、证券交易所、证券登记结算机构、证券服务机构的有关人员;国务院证券监督管理机构规定的其他人。依据《期货交易管理条例》第八十一条第十二项的规定,内幕信息的知情人员,是指由于其管理地位、监督地位或者职业地位,或者作为雇员、专业顾问履行职务,能够接触或者获得内幕信息的人员,包括期货交易所的管理人员以及其他由于任职可获取内幕信息的从业人员,国务院期货监督管理机构和其他有关部门的工作人员以及国务院期货监督管理机构规定的其他人员。

三、行政处罚

证监会认为,本案被定性为单位内幕交易。依据《证券法》第二百零二条,没收违法所得并处以违法所得一倍以上五倍以下的罚款;没有违法所得或者违法所得不足三万元的,处以三万元以上六十万元以下的罚款。因此,证监会对光大证券作出没收违法所得8721万元,并处以5倍罚款等处罚,而针对光大证券内部员工,由于法律规定单位从事内幕交易的,还应当对直接负责的主管人员和其他直接责任人员给予警告,并处以三万元以上三十万元以下的罚款,所以证监会同时也对光大证券的总裁、分管策略投资部的助理总裁、计划财务部总经理、策略投资部总经理进行了处罚。

在本案中,对证监会处罚书,当事人提出了他们的行为符合公司内部《策略投资部业务管理制度》的程序性规定而主张无过错。证监会认为,依据《证券法》第七十三、二百零二条,对此应该采内幕交易过错推定规则,只要存在内幕交易,即应认定存在过错。光大证券公司内部的《策略投资部业务管理制度》,不能违反禁止内幕交易的法律规定,不影响对光大证券公司过错的认定。

四、内幕交易民事诉讼

光大"乌龙指"事件发生之后，9月2日，李某通过其代理律师在上海市静安区法院递交了诉状，将光大证券告上法庭（光大证券的注册地在上海市静安区），诉讼请求有两项：(1)请求判令被告向原告支付赔偿款 9.94 万元；(2)请求判令本案诉讼费用由被告承担。事实与理由：原告系投资者；2013 年 8 月 16 日因被告实施内幕交易、信息误导行为，导致原告经济损失严重。

起诉书显示，李某于 8 月 16 日 11 时 07 分见沪市暴涨，权重股集体拉至涨停（其中包括其购买的中信证券，股票代码为：600030.SH），李某认为可能有重大利好消息，但因市场有传闻称沪市暴涨和被告"乌龙"有关，故并未立即跟风买进，而是继续观察市场。后中午休盘期间，光大证券原董秘梅键通过媒体否认了乌龙传闻。于是下午开盘后，李某立即于 13 时以每股 11.90 元价格买入 91300 股中信证券股票，成交金额为 1086470 元，佣金 325.94 元，过户费 54.78 元。但其后随着光大证券卖空 ETF、卖空股指期货合约，14 时 22 分发布公告后，大盘回落，李某购买的中信证券股票也一路下跌，当日收盘被套。8 月 19 日，该股票依旧下跌。为避免损失加大，李某只能于 8 月 20 日 9 时 38 分将所持的 91300 股中信证券股票以每股 10.83 元价格全部卖出，佣金 297.28 元，印花税 990.99 元，过户费 54.9 元。他因此遭受损失共计 99302.35 元（包括投资差额损失、印花税、佣金）。

1. 前置程序、管辖法院及裁判思路

内幕交易的前置程序适用《最高人民法院关于审理证券市场因虚假陈述引发的民事赔偿案件的若干规定》(2003)。该司法解释第六条规定，投资人以自己受到虚假陈述侵害为由，依据有关机关的行政处罚决定或者人民法院的刑事裁判文书，对虚假陈述行为人提起的民事赔偿诉讼，符合《民事诉讼法》第一百零八条规定的，人民法院应当受理。第八条规定，虚假陈述证券民事赔偿案件，由省、直辖市、自治区人民政府所在的市、计划单列市和经济特区中级人民法院管辖。

本案的请求权基础为《证券法》第五十三第三条，"内幕交易行为给投资者造成损失的，行为人应当依法承担赔偿责任"。2015 年 9 月 30 日，上海市第二中级人民法院对原告张某等 8 名投资者诉光大证券股份有限公司证券、期货内幕交易责任纠纷案作出一审宣判，其中 6 名投资者胜诉，分别获得 2220元至 200980 元不等的赔偿。

法院审理认为,中国证监会的行政处罚以及相关行政诉讼生效判决已认定光大证券公司在内幕信息公开前将所持股票转换为 ETF 卖出和卖出股指期货空头合约的行为构成内幕交易行为,可以作为本案认定的依据。光大证券公司在不披露的情况下即进行所谓对冲操作以规避损失,应认定为存在过错。其内部的《策略投资部业务管理制度》,不能违反禁止内幕交易的法律规定,不影响对光大证券公司过错的认定。在因果关系认定方面,在光大证券公司内幕交易期间,如果原告投资者进行 50ETF、180ETF 及其成分股、IF1309、IF1312 交易且其主要交易方向与光大证券公司内幕交易方向相反的,推定存在因果关系。光大证券公司应对其过错造成的投资者损失予以赔偿。至于损失计算,则应以原告投资者的实际交易情况,考虑交易价格与基准价格的差额,区分不同情况合理计算损失金额。而对于原告投资者在非内幕交易时间段进行的交易,属于跟风买入受损,光大证券公司对投资者的损失并无过错,无法认定存在法律上的因果关系,由投资者自行负担投资风险。

此案的司法裁判思路引出了三个棘手的理论难题:(1)内幕交易侵权赔偿之诉之获赔对象为何仅为内幕交易人的交易对手,即"主要交易方向与内幕交易方向相反的"? (2)因果关系之认定为何采"因果关系推定"? (3)侵权责任范围如何确定?

2. 内幕交易民事侵权责任因果关系的分析框架

为了在理论上能够周延地回答上述三大难题,内幕交易民事侵权责任因果关系的分析框架的搭建是必不可少的。依据国别实践的差异,因果关系认定思路存在二分法:英国和我国采用如下思维进入:侵权行为损害[事实上因果关系＋法律上因果关系(最近原因,在存在事实上因果关系后判断是否担责之问题)]。德国采用另一种思维进入,即加害行为侵害他人权益损害[初始侵害(责任成立因果关系)＋结果侵害(责任范围因果关系)]。但两者在本质上殊途同归,法律上的因果关系的实质,是在事实上因果关系的基础上,依一定的取向对责任进行限制。结构侵害与之相同,考虑因权益受侵害而生的损害,何者应归由加害人负赔偿责任的问题。

(1)仅为内幕交易人的交易对手,即"主要交易方向与内幕交易方向相反的"。

受侵害的权益的确定,解决的是责任成立因果关系问题,解答谁可获赔偿之问题。《民法典》侵权责任编第一千一百六十五条第一款作为兜底条款,保护所有应受侵权责任编保护的权益。若主张侵犯的是投资者的"知情法益",即公开原则下强制信息披露制度所保护的投资者知情权益（例如虚假陈述），则范围将不限于内幕交易的交易对手。若认为侵犯的是投资者的"以信息对称为核心的公平交易法益"，则仅为内幕交易的交易对手。就知情法益而言，"完全公开主义"为其立法哲学，从而引出三公原则以及具体化后的强制信息披露制度。但是，内幕交易人因不具备知悉内幕信息而拥有披露重大非公开信息的法律上的能力并负担此义务，而不侵害其他投资者的"知情法益"；内幕信息的知情人都只能保持沉默、等待信息依法公开。

就"以信息对称为核心的公平交易法益"而言，致损的是交易行为而非信息不公开。内幕交易人违背"沉默且禁绝交易"义务，以内幕信息作为其交易决策依据，但其他投资者并不拥有这样的决策基础，缺乏均等之买卖证券机会，故证券法禁止内幕交易，立法逻辑是保障交易决策基础之平等，而非强制信息披露制度所保护之投资者知情权益。

比较优势论进一步揭示内幕交易侵权对象仅为内幕交易的交易对手。依据比较优势论，内幕交易人因掌握内幕信息并将其违法转换为交易决策依据而形成比较优势，投资者因此被动地处于比较劣势。该劣势仅因内幕交易人的比较优势而生成。

内幕交易的交易对手是指"善意同时反向交易者"。"善意"是指交易时不知对方所为系内幕交易，故投资者因内幕交易而致权益被侵害是完全被动的。但"善意"规则仅为说明其主观状态，实践中并未得见，事实上内幕交易人也很难就此举证"恶意"并予以排除。"同时反向交易者"：内幕交易人的交易对手。实践中的具体做法可以是：根据已经安排合法程序确认的内幕交易人的每一笔交易的交割单，公布其交易的证券、买卖方向、时间等细节，投资者以自己的交割单与之比对，证券相同、时间一致、交易方向相反即可，此亦为该类诉讼的原告。

（2）因果关系推定

就事实上因果关系而言，内幕交易与投资者的损失之间存在因果关系的可能性。因果关系理论的发展，在阐明事实性因果关系甚为困难的案件中，其条件关系判断达到"合理之确定性"即可，而非"若无，则不"判断规则（内幕交易是交易对手受损的必要条件），考量的是原因行为对损害结构的贡献度。将可能性判断引入因果关系领域，以侵权人之行为增加损害结果发生的可能性而认定该行为是造成结果的原因。内幕交易的事实因果关系是成立的，理由如下：首先，否定内幕交易事实因果关系的关键认知是证券市场的高亏损概率。其次，内幕交易行为的介入，提高了投资者亏损发生的客观可能性。改变了证券交易盈亏的基本逻辑，即证券价格变动与其内在价值预期是否具有一致性，投资者买进或卖出证券的决策基于公开信息中反映的价值预期与当前价格趋势的正负相关关系。最后,内幕交易本质上是风险转嫁行为。内幕交易人因掌握内幕信息而使其对证券价格变动的认识具有一定程度的确定性,在具有牵连性的公开集中交易模式下的证券市场,盈亏此消彼长,转嫁其本应承担的市场风险。

(3)责任范围

法律上的因果关系或结果侵害均考虑责任范围之限定。在内幕交易之事实因果关系成立的情况下(因果关系推定),投资者的全部交易损失(S)＝因内幕交易行为所致损失(S1)＋因市场系统风险与交易决策失误所致损失(S2)。内幕交易人责任范围 S1＝S－S2。下面给出了几种责任范围限定的可能结论。

首先,根据原因力理论,原因力是指在构成同一损害后果的复数原因中,每一个原因对于损害结果的发生或扩大所发挥的作用力。根据该理论,在分析因果关系时,如果一个损害的后果是由行为人的行为在内的诸原因引起的,就应当注意行为人的行为作为原因力的表现,并恰当地确定行为人的行为对于损害的发生所起的作用。要旨在于区分各个原因的性质、原因事实与损害结果的距离以及原因事实的强度,以此确定原因力的大小并进一步确定责任份额。若原因力大小无法区分,则该理论给出的基本解决思路是:内幕交易侵害投资者权益致其损害相当于投资者损失的一半,即内幕交易人和投资者在后者全部交易损失(S)范围内承担同等责任。

其次,基于原因力理论,S1＝S－X(减责范围,司法自由裁量)。内幕交易人应承担投资者的损失,但可以适当减轻其责任,"证券市场系统风险和投资者决策失误"应视为内幕交易人减轻责任的要件,减责范围由执法者裁量。

再次,根据有责性理论,S1＝S－X;S1 接近于 S。从归责角度来看,责任的判断主要基于行为人的故意或过失程度。内幕交易为故意。在"比较过错"理论下,即使认可投资者自身存在过失,相比内幕交易人的主观故意而言,主观故意者承担主要责任。

最后,证券投资者因内幕交易行为所致损害之范围相当于内幕交易人的非法侵权获利(F)——包括取得的交易收益或避免的投资损失。

综合考虑以上几种责任范围限定的可能结论,潜在的解决方案是内幕交易侵害投资者的"以信息对称为核心的公平交易法益",与该权益被侵害形成因果关联的损害范围是"投资者交易损失的一半,但以相当于内幕交易人非法获利(包括取得的交易收益或避免的投资损失)的投资者损失额为限"。

第三章　保险法

第一节　保险人提示说明义务

保险法作为间接融资法,其主要功能在于保护保险消费者合法权益,但是,从金融效率的角度来看,作为技术性法律,维护保险技术品性亦是作为"有形的手"在解决保险市场失灵时要避免过度干预的底线,所以,保险法制度需要平衡保险消费者权益保护和维护保险技术品性,而在这类重要的法律工具中保险人提示说明义务便是一个典型的例子。现以案例分析为切入点,来探讨该制度。

根据《保险法》第十七条第二款,对保险合同中免除保险人责任的条款,保险人在订立合同时应当在投保单、保险单或者其他保险凭证上作出足以引起投保人注意的提示,并对该条款的内容以书面或者口头形式向投保人作出明确说明;未作提示或者明确说明的,该条款不产生效力。从条文结构而言,该条款从行为模式和法律后果两方面对保险合同中免除责任条款的效力予以规定。从法理逻辑和制度功能的角度视之,保险合同的缔结强调意思自治原理。信息对称,理性人才能将主观预期效用最大化,进而社会利益最大化,而保险消费者的信息严重不对称,难以做出利益最大化的决定,并诱发道德风险和逆向选择,扭曲市场有效配置资源功能,同时缺乏专业知识、分析判断能力、话语权。因此,立法者创设了保险人提示说明义务以确保投保人的知情权和以之为基础的选择权。值得强调的是,提示说明义务系属规制市场失灵的信息工具,仍把交易决策权留给市场主体,系市场友好型规制工具。

《最高人民法院关于适用〈中华人民共和国保险法〉若干问题的解释(二)》(2013年,简称《保险法司法解释二》)对《保险法》第十七条做了进一步的司法解释。其中第十一条规定,保险合同订立时,保险人在投保单或者保险单等其他保险凭证上,对保险合同中免除保险人责任的条款,以足以引起投保人注意的文字、字体、符号或者其他明显标志作出提示的,人民法院应当认定其履行了《保险法》第十七条第二款规定的提示义务。保险人对保险合同中有关免除保险人责任条款的概念、内容及其法律后果以书面或者口头形式向投保人作出常人能够理解的解释说明的,人民法院应当认定保险人履行了《保险法》第十七条第二款规定的明确说明义务。第十三条进一步规定:保险人对其履行了明确说明义务负举证责任。投保人对保险人履行了符合本解释第十一条第二款要求的明确说明义务,在相关文书上签字、盖章或者以其他形式予以确认的,应当认定保险人履行了该项义务。但另有证据证明保险人未履行明确说明义务的除外。

实践中对《保险法司法解释二》第十三条的理解是混乱的,但是扩张性解释乃是趋势。在浙江省湖州市中院(2013)浙湖民终字第 517 号判决书中,保险人胜诉。判决书称,提示栏要求投保人仔细阅读除外责任条款、投保人权利义务条款与合同解除规定,并称已就之向投保人进行了解释,而投保人也予以签章,可以证明保险人已履行明确说明义务。从中,我们可概括出具体的规则要求是,提示栏记载阅读、解释、"免除保险人责任的条款"、投保人签章。其中,本案将"免除保险人责任的条款",即明确说明义务的范围,限定为以"责任免除"或"除外责任"命名的条款。

若投保人声明栏载明"投保人已经阅读和理解了保险条款,特别是责任免除部分条款含义",并经投保人签字认可,是否履行了明确说明义务? 答案是未履行,因声明栏未记载保险人已做解释[如北京市二中院(2013)二中民终字第 17353 号判决书]。

若"投保人声明栏"等记载保险人就格式合同中"责任免除条款"所列举的免赔事由向投保人做了提示、解释,但未就免赔率进行解释,是否履行了明确说明义务? 答案是未履行,免赔率等于实质上的部分免除赔偿责任。《保险法司法解释(二)》第九条明确规定,免赔额、免赔率、比例赔付条款,可以认定为"免除保险人责任的条款"。可见,《保险法司法解释(二)》将明确说明义务范围不仅限定在狭义解释中。因此,广州市中院的(2013)穗中法金民终字第 1070 号判决书明显不当。其判决认为,被保险人违反运输车辆装载规定时增加 10% 免赔率的条款,不属于适用明确说明义务的"免除保险人责任的条款"。若条款中的癌症定义将原位癌排除在外,这是否需履行明确说明义务? 答案是需要[安徽省宣城市中院(2013)宣中民二终字第 00088 号]。

由此可见,"免除保险人责任的条款"越来越以广义理解进行解释。保险人对责任免除条款、免赔额、免赔率、比例赔付以外的任何全部或部分免除保险人责任的条款均负有明确说明义务。

这里，我们需要思考提示说明义务规则是否是平衡保险消费者权益保护和维护保险技术品性的最佳法律工具。从保险合同免责条款的功能逻辑来看，保险是一种移转和分散不确定损失风险的机制，投保人将不确定风险移转给保险人，保险人则通过集合与分散的方式将风险损失确定化，以保费为对价，将补偿承诺销售给投保人，所收保费不得少于经保险精算得出的、预期自己将为被保险人承担的损失额。这需要准确测定风险水准，并将保险人无法估算与无力承担的风险剔除，最终确定了承保范围，使精算的开展成为可能，而保险合同条款（包括免责条款）便是对保险技术活动结果的固化，是为了维护保险技术特性，否则最终会因市场缺乏保险产品而损害保险消费者的利益。但是，保险人对责任免除条款、免赔额、免赔率、比例赔付或者给付以外的任何全部或部分免除保险人责任的条款均负有明确说明义务，并且以投保单中的签字非投保人亲自所为以及特定内容未以黑体字等形式标注（不管声明栏是否提醒投保人阅读）为由，来判定保险人败诉，这意味着保险人面临容易败诉的风险，使得免责条款不发生效力。依此逻辑，保险人应当有动力通过证明已履行义务来援引免责条款，但为何有如此多的保险人未能证明已履行义务？其中的一种可能解释是保险人在全部保险交易中完全履行明确说明义务的成本大于个别发生事故的交易中应承担赔偿责任的总和。

第二节　保险不利解释原则

不利解释原则规定在《民法典》第四百九十八条和《保险法》第三十条，两者是一般法和特别法的关系。根据《民法典》第四百九十八条，对格式条款的理解发生争议的，应当按照通常理解予以解释。对格式条款有两种以上解释的，应当作出不利于提供格式条款一方的解释。格式条款和非格式条款不一致的，应当采用非格式条款。《保险法》第三十条规定，采用保险人提供的格式条款订立的保险合同，保险人与投保人、被保险人或者受益人对合同条款有争议的，应当按照通常理解予以解释。对合同条款有两种以上解释的，人民法院或者仲裁机构应当作出有利于被保险人和受益人的解释。

保险法作为间接融资法，其核心要务在于保护保险消费者合法权益，但是，从金融效率的角度来看，作为技术性法律，维护保险技术品性亦是作为"有形的手"在解决保险市场失灵时要避免过度干预的底线。所以，保险法制度需要平衡保险消费者权益保护和维护保险技术品性,而在这类重要的法律工具中保险不利解释原则便是一个典型的例子。现以案例分析为切入点,来探讨该原则。

一、案情介绍

根据上诉人中国人寿保险股份有限公司甘肃矿区支公司与被上诉人曹雅龙保险合同纠纷二审民事判决书显示,1998 年 6 月 11 日,曹雅龙与保险公司签订重大疾病保险(97 版)保险合同一份,合同约定基本保险金额为 50000 元,保险期限为 37 年,缴费期为 20 年,保险费为每年 780 元。保险责任起止时间为 1998 年 6 月 12 日至 2035 年 6 月 11 日。合同签订后曹雅龙按期缴纳保险费。2016 年 3 月 1 日曹雅龙因主动脉瓣狭窄不全在中国人民解放军第四军医大学西京医院治疗,2016 年 3 月 7 日在该院做"体外循环下行主动脉瓣置换术"。本案中双方的争议焦点,是曹雅龙所接受的"主动脉瓣置换术"是否属于保险合同约定的保险责任。曹雅龙认为"主动脉瓣置换术"是"主动脉手术",而被告保险公司认为不是。案涉保险合同中约定的"重大疾病",包括心脏病(心肌梗死)和主动脉手术,其中主动脉手术的定义为:"接受胸腹主动脉手术,矫正狭窄,分割或切除主动脉瘤。但胸或腹主动脉的分支除外。"与医学界的定义一致。故主动脉瓣膜置换术不是主动脉手术。中国保险行业协会制定的《重大疾病保险的疾病定义使用规范》中,也将心脏瓣膜手术列为不同于心脏病和主动脉手术的一种重大疾病。

问题:请依据《保险法》第三十条作出分析。

二、不利解释原则适用的逻辑

依据《保险法》第三十条,不利解释原则适用的逻辑步骤如下:首先,保险人与投保人、被保险人或者受益人对格式合同的条款有争议。其次,这赋予了法院以合同解释权,否则,法院无权主动解释格式合同条款。但是,在现实司法实践中,法院在无争议的情况下主动适用不利解释原则解释格式合同条款的情形占比达到了 60%的案例。同时,在有些判例中,法官不当使用了不利解释原则,例如双方提供的保险合同不一致、投保人一方要求保险人赔付合同中未提及的损失以及保险人提出管辖异议。最后,法院的任务在于解释该有争议的格式合同的条款,而解释合同的目的在于确定当事人在订立该合同当时的真实意思表示,为此,法院首先应采用"通常解释",若通常解释存在客观歧义，则采用其他"合理解释"，若仍存在两种以上合理解释，则采取"不利解释"。可见，不利解释原则是兜底性的合同解释规则。接下来，对各步骤作一说明和解释。

1. 争议

《保险法》第三十条中的争议是指双方对格式条款内容的认识不一致，还是客观存在的歧义？支持"客观存在的歧义"的观点认为，投保人一方以主张条款解释有争议为诉讼策略获得不利解释保护的不诚信行为，而反对"客观存在的歧义"的一方主张客观疑义正是通常解释无法解决的，将疑义与争议等同会直接架空通常理解。因此，"争议"认定可以纯粹来源于当事人主观原因，与所涉条款的实质内容无关。

2. 通常解释

通常解释指探求合同条款的字面含义，而字面含义又可分为日常含义和专有含义，那行业术语的专有含义是否应优先于普通含义？在主动脉瓣膜置换术的案例中，支持专用含义优先的观点认为，这是为了维护保险市场语境下的术语含义和尊重保险行业惯例和技术品性，而支持普通含义优先的观点认为，若专有含义优先，则作为普通人的保险消费者很难了解。故理论上，要使"通常解释"中行业术语的专有含义优先于其日常含义，就必须满足一个前提条件，即投保人一方应当知道所涉行业术语的专有含义，由保险人在订立合同时说明（包括合同条款中对术语作出解释）或者投保人因其职业或营业特点对所涉行业术语应当知悉（如董事责任保险）。这种判定规则与作为一般法的《民法典》第四百九十八条的通常解释相异，《民法典》合同编下的通常解释采用理性人标准，即一般智力能力的普通人的理解，这类似于文义解释。这种差异正体现了作为间接融资法的保险法将金融公平，即保险消费者权益保护作为其核心要务。

本案认定，在案涉的"主动脉瓣置换术"中，主动脉瓣位于心脏与主动脉的交界处，但仍属于心脏结构，虽手术需通过主动脉进行，但在医学上该手术属于心脏瓣膜手术，而不是主动脉手术。在曹雅龙就医的中国人民解放军第四军医大学西京医院的病历中，对曹雅龙的病情描述也确定为"心脏瓣膜病"，因此，案涉"主动脉瓣置换术"不属于前述主动脉手术的范围。现代医学对"重大疾病"的分类有很多种，中国保险行业协会制定的《重大疾病保险的疾病定义使用规范》中，也将心脏瓣膜手术列为不同于心脏病和主动脉手术的一种重大疾病，但案涉保险合同并未将心脏瓣膜手术约定为保险公司承保的十类"重大疾病"，即"主动脉瓣置换术"不属于案涉保险合同约定的保险责任范围，故曹雅龙主张由保险公司承担给付保险金责任的诉讼请求,没有事实和法律依据,本院不予支持。

思考:是否存在问题?推定普通投保人知道重大疾病保险中的主动脉手术不包括"主动脉瓣膜置换术",是否合理合法?

3."合理解释"

"合理解释"的"合理"标准是指真实意思表示,并遵守诚实信用原则。因此,对《民法典》第四百六十六条的合同解释应是指当事人对合同条款的理解有争议的,应当按照合同所使用的词句、合同的有关条款、合同的目的、交易习惯以及诚实信用原则,确定该条款的真实意思。

不利解释原则和提示说明义务,在平衡保险消费者保护与维护保险技术品性之间,哪个更好?答案应是不利解释原则,这是因为平衡当事两者利益的关键在于保险人对合同条款的科学明晰界定,而非保险人是否明确说明进而条款无效。问责的重心本应是保险人对合同条款的非合理设计。我们应倚重于不利解释原则来激励保险人明确界定条款含义,而非责难保险人没有明确说明这个治标之举。

第三节　保险法下的因果关系

保险法下的因果关系关注的是在承保危险造成损失的情形下,赔付责任范围限定问题,即确定造成保险标的损失的原因。若原因是承保危险(在承保范围中)则需理赔;若原因在除外责任范围中(免责事由;除外危险)则不理赔。

依据《保险法》第二条,本法所称保险,是指投保人根据合同约定,向保险人支付保险费,保险人对于合同约定的可能发生的事故因其发生所造成的财产损失承担赔偿保险金责任。《海商法》第二百一十六条规定,海上保险合同,是指保险人按照约定,对被保险人遭受保险事故造成保险标的的损失和产生的责任负责赔偿,而由被保险人支付保险费的合同。从这两个条款可见,保险法和海商法并未明确规定因果关系的判定规则,是采近因原则、有效近因规则、相当因果关系规则、直接原因规则,还是其他,例如公平原则?这种不确定性在司法实践中造成了很大的混乱。那我国保险法下因果关系认定的具体规则应是什么?带着这个问题,我们首先要明白不同部门法下的因果关系规则存在一定的差异。

一、侵权法、合同法和保险法下因果关系的基本区别

因果关系规则其实是一种责任限制规则，这种限制更多属于与因果关系无关的各种政策（价值）考虑。我国《民法典》侵权责任编中，因果关系分为事实上的因果关系和法律上的因果关系。《民法典》侵权责任编更多关注法律上的因果关系。法律上的因果关系的实质，是在事实上的因果关系的基础上，依一定的政策（价值）取向对赔偿责任进行限制，考虑的是赔偿责任范围限定的问题。而在合同法下，因果关系可分为责任成立因果关系和责任范围因果关系。在责任范围上，合同法的赔偿范围是对期待利益或信赖利益的赔偿。与之相对，保险法上的因果关系的任务在于确定造成保险标的损失的原因，若原因是承保危险则需理赔；若原因是除外危险（免责事由）则不理赔。订立保险合同的目的在于当保险事故发生后由保险人依约定承担赔付责任。不同于《民法典》侵权责任编，法律上的因果关系对保险法没有意义。这是因为保险分定额保险和非定额保险；定额保险不发生确定被保险人损害范围的问题，而非定额保险人的损害范围确定不是根据民法上的损害概念，而是根据保险法的规定或保险合同的内容约定。

二、因果关系规则

1. 近因原则

近因（proximate cause）是指占支配地位的、对结果起决定作用的、真正的原因，是唯一具有法律效果的真正的原因。英国《1906 年海上保险法》第五十五条规定，保险人只对承保危险作为近因而导致的损失承担保险责任。近因规则的具体内容主要包括：近因是在事件发生时的所有情况中，不可避免地导致损失的那一个；如近因是承保危险则需理赔，如近因是除外责任则不理赔；第一个事件合乎逻辑引发第二个事件，依次直到最终事件，第一个事件是最终事件的近因；如果存在两个真正的原因，必须找出哪一个是近因；如果存在两个近因（承保风险和除外风险），则不理赔。

试举一例加以说明。一战时，一艘叫作"艾卡利亚号"的船被敌人的鱼雷击中，船壳被炸开了大洞，船舱内灌入海水，这艘船此时并没有沉没，而是驶入了一个港口，但是由于港务局担心其阻碍码头使用，不允许其进入。"艾卡利亚号"只能选择停靠在防爆堤外，由于海床不平和其被鱼雷击中后头重脚轻共同作用的

结果，该船沉没了。该船的水险保单承保了海上危险，但是将战争行为的后果作为除外责任。对于船沉没的损失的近因是鱼雷还是海床不平造成的搁浅双方发生了争议。最终，法官判定保险公司胜诉，认为鱼雷才是船沉没的近因。在这个案例中究竟何为近因仍处在争议中，但法官罗得·肖对近因原则所作的精辟的论述却影响深远：近因不是指时间上的接近，而是指效果上的接近，是导致承保损失的真正有效的原因。如果各种因素或原因同时存在，要选择一个作为近因，必须选择可将损失归因于那个具有现实性、决定性和有效性的原因。

绝大多数国家（包括我国）的海上保险合同通行近因原则，这是因为海上保险事故原因复杂、认定难，难以按各原因对结果产生作用的比例负责，同时缔约双方地位相当，完全可事前约定以哪种原因为损失发生的真正原因或近因，有利于避免关于事故原因的争议，及时理赔。

就非海上保险合同而言，目前只有英国采近因原则。

2. 有效近因规则

美国保险法中，非海上保险采有效近因规则。有效近因是指如果存在多项原因，而其中最主要、最重要、起控制作用的原因是承保危险的话，保险人要赔付全部损失；反之，则无须做任何赔付。该规则的判定分为两步骤：第一步，界定什么范围内的原因直接或间接造成损失，然后利用"近因性"标准筛除过于遥远的原因。第二步，采用有效近因原则从剩余的原因中筛选除具有支配地位的、最重要的原因。如果这个原因属于承保责任则需理赔，是除外责任则不理赔。如找不出有效近因，或者左右为难时，则需理赔。

有效近因规则是美国加州最高法院的法官在 1963 年的"萨布莱诉威斯勒案"中确立的。在该案中，原告购买了一套住宅，该住宅是在采石厂的旧址之上填埋而建的。原告在居住四年后发现房屋的下水管道出现渗漏，加上该房屋在建造时的缺陷，致使房屋出现地面下沉从而使房屋受损。在原告所购买的住宅保险的保险单上，由于建造中的过失而导致的损失被列入承保范围，而地面下沉引起的损失被列入除外责任事项。保险公司提出，依照"若无，则不"（but-for）原则，地面下沉应为原告住宅遭受损失的原因，且该原因属于保险人的除外责任范围，因此保险人无赔付责任。加州最高法院的法官则认为，依照加州的《保险法》规定，保险人须对由其承保的近因所造成的损失负责，该近因应为有效近因，而非时间上最接近的原因，因而不适宜采用"若无，则不"的原则来认定。在该法官看来，房屋建造过失而非地面下沉才是损失发生的有效近因，因此，保险人负有赔付责任。加州最高法院的法官通过该案确立了以下规则：当损失的发生是由一系列事件引发的,并且这些事件彼此之间具有关联性或依存性,如一事件引发了另一事件并最终导致损失发生,在这种情况下,能够触动其他事件发挥作用的启动性事件为有效近因。随后,加州最高法院的法官在"加维案"的判决书中进一步明确指出,所谓有效近因,应为导致损失发生的诸多原因中占据主导地位的或最重要的原因。这意味着当启动性事件与主导性事件不一致时,法院倾向于将主导性事件作为有效近因。

3.相当因果关系说

部分大陆法系国家非海上保险因果关系采相当因果关系说。相当因果关系说采双要件,即(1)该事件为损害发生的不可欠缺的条件("若无,则不");(2)该事件实质上增加损害发生的客观可能性。某一条件,如依人们通常的理解,增加了某一结果发生的可能性,而这对结果的发生并非不重要,则该条件就是该结果发生的相当原因。如某一事实依其一般性质对某一结果的发生没有任何重要的影响,只有加上其他特别情形,才会成为结果产生的条件的,则该事实不能成为该结果的相当原因。原因一为承保危险,原因二为未明确的除外危险,大陆法系通说认为,为兼顾被保险人的利益,避免计算比例的困难,则应为保险人全责。

4.直接因果关系说

我国有一些意外死亡保险合同中会约定,"被保险人于本合同有效期内,因遭遇外来的、突发的、非疾病所导致的意外事故,并以此意外事故为直接且单独原因导致其身体伤害、残疾或身故,本公司按保险单或其他保险凭证中所载的保险金额给付身故保险金"。依据直接因果关系说,应寻找直接且单独原因。通常保险风险因素分为两种,即直接原因和诱因。直接原因的含义是由 A 直接产生 B 的结果;诱因则是由 A 导致 B,由 B 产生 C 的结果,那么 A 就是 C 的诱因。举个例子:如果在一起车祸中,一驾驶员因在车祸中遭受撞击而身故,那么车祸就是直接原因;如果是因车祸造成重伤,短期内又因不可抗拒的客观因素没有得到护理,因失血过多而身故,那么车祸就是诱因。

5.公平原则

公平原则是指民事主体本着公平正义的观念实施民事行为,具体包括履行承诺不得违反(矫正正义)、显失公平制度(交换正义)、目的性评价规则(实质正义)、公平的责任分配。公平原则在合同法中的运用涉及等价有偿原则、情势变更原则、显失公平制度。在《民法典》侵权责任编,公平原则体现在公平责任原则(双方对损害均无过错)、完全赔偿原则、损益相抵。但是,公平原则绝非认定因果关系的原则,也非认定因果关系时考量的最主要因素,虽然公平与否确属应当考量的因素。

6.比例分配原则

比例分配规则尚未被任何法院所采纳。迄今为止它仅仅是学者所提出的一个建议。这一规则要求按照各个原因对所造成损失的比例来分配责任。假定大风和雨水共同造成了价值 1 万元的损失,确定大风应对最终结果负 60％ 责任,雨水应为损失承担 40％。

三、我国保险法下因果关系认定的具体规则

我国保险法下因果关系认定的具体规则描述如下:如果是一因一果的情形,则无论何种因果关系规则,均看原因是否属于承保危险。但是,如果是原因竞合的情形,针对海上保险,采近因原则;而对于非海上保险,如果竞合的原因都是承保危险,则需理赔;难点在于一为承保危险,二为除外危险的情形应采何种规则。从最有利于保护保险消费者的角度来看,美国保险法所适用的有效近因原则似乎是首选规则。

第四章　商业银行法

第一节　商业银行业务规则

一、商业银行业务类型及相关规则

依据《商业银行法》第三条，商业银行可以经营下列部分或者全部业务：（1）吸收公众存款；（2）发放短期、中期和长期贷款；（3）办理国内外结算；（4）办理票据承兑与贴现；（5）发行金融债券；（6）代理发行、代理兑付、承销政府债券；（7）买卖政府债券、金融债券；（8）从事同业拆借；（9）买卖、代理买卖外汇；（10）从事银行卡业务；（11）提供信用证服务及担保；（12）代理收付款项及代理保险业务；（13）提供保管箱服务；（14）经国务院银行业监督管理机构批准的其他业务。经营范围由商业银行章程规定，报国务院银行业监督管理机构批准。商业银行经中国人民银行批准，可以经营结汇、售汇业务。

1. 开展业务中的权利和义务

商业银行法下，商业银行对消费者的义务主要包括保障存款人合法权益不受侵犯的义务（《商业银行法》第六条）、保证支付义务（第三十三条）、保密义务（第二十九条）。而根据《消费者权益保护法》，银行消费者的权利有知情权、公平交易权、自由选择权、安全权、求偿权、受教育权和金融隐私权等。

储户在银行营业厅内，银行卡被偷，存款被窃取。银行是否违反《商业银行法》第六条所规定的保障存款人合法权益不受侵犯的义务？这一问题涉及对该义务的法律解释，而从特征角度看，该义务属于不确定概念，需要对其进行具体化,或称为类型化,即以对象的根本特征为标准进行类属划分。不确定概念类型化的适用程序如下。

第一步,考量个案所涉各项因素,包括:立法目的和立法意图,社会生活经验(例如交易习惯、日常生活经验),以及社会发展的需要。在本案中,该条款的立法意图是为了保护银行消费者的合法权益,这也是储户在当下的具体社会生活体验以及社会发展的具体需要。在后工业时代,商业银行业务已渗透到社会大众生活的方方面面,成为生活中不可分割的一部分,那些使用存款账户、信用卡、支付宝的普通人已从投资者的角色嬗变为金融消费者,在与商业银行的关系中越发缺乏必要的风险判断能力、话语权和风险分担能力。

第二步,对该概念不确定的义务进行类型化,通过共性归类、体系化整理、相似性比较等方式把握共性。从银行消费者权益的视角,可以将商业银行的义务和对应的银行消费者的权利进行体系化整理,具体涉及支付义务(求偿权)、告知义务(知情权)、保密义务(金融隐私权)、安全保障义务(安全权)、公平交易义务(公平交易权)等。本案主要涉及商业银行的安全保障义务,对应的是银行消费者的安全权。

第三步,将安全保障义务(安全权)概念与本案事实进行连接,将本案进一步具体化为主要涉及交易场所的安全保障义务。

最后一步是说理与论证。在本案中,既可以选择合同之诉,亦可以选择侵权责任之诉,而在现实中,相关诉讼多采后者。从侵权责任的视角来看,银行消费者可以主张商业银行违反《商业银行法》第六条所规定的涉及交易场所的安全保障义务,侵犯其安全权,对造成的损失主张赔偿责任。

2.存款业务

存款业务涉及个人储蓄存款原则、存款利率的确定、存款准备金和备付金、支付义务。其中,个人储蓄存款原则是指商业银行办理个人储蓄存款业务,应当遵循存款自愿、取款自由、存款有息、为存款人保密的原则(第二十九条)。存款利率的确定是指商业银行应当按照中国人民银行规定的存款利率的上下限,确定存款利率,并予以公告(第三十一条)。存款准备金和备付金是指商业银行应当按照中国人民银行的规定,向中国人民银行交存存款准备金,留足备付金(第三十二条)。存款准备金,是指金融机构为保证客户提取存款资金清算需要而准备的在中央银行的存款,中央银行要求的存款准备金占其存款总额的比例就是存款准备金率。存款准备金已成为中央银行货币政策的重要工具,是传统的三大货币政策工具之一。备付金是指商业银行存在中央银行的超过法定存款准备金率的那部分存款,一般称为超额准备金。最后,支付义务是指商业银行应当保证存款本金和利息的支付,不得拖延、拒绝支付存款本金和利息(第三十三条)。

3. 贷款业务

银行应当坚持审贷分离、分级审批原则。商业银行法关于贷款业务的规定主要涉及贷款担保、贷款对资产负债比例管理的要求以及不良贷款。首先,贷款担保以发放担保贷款为原则,发放信用贷款为例外。经商业银行审查、评估,确认借款人资信良好,确能偿还贷款的,可以不提供担保(第三十六条)。银行可向关系人发行担保贷款,但不能发行信用贷款。担保贷款条件不得优于向其他借款人发放同类贷款的条件(第四十条)。其中,关系人包括商业银行的董事、监事、管理人员、信贷业务人员及其近亲属;以及前项所列人员投资或者担任高级管理职务的公司、企业和其他经济组织(第四十条)。

其次,贷款对资产负债比例要求:银行的资本充足率不得低于 8%;流动性资产余额与流动性负债余额的比例不得低于 25%;对同一借款人的贷款余额与商业银行资本余额的比例不得超过 10%(第三十九条)。其中,银行的流动资产主要包括现金、黄金、超额准备金存款、一个月内到期的同业往来款项轧差后资产方净额、一个月内到期的应收利息及其他应收款、一个月内到期的合格贷款、一个月内到期的债券投资、在国内外二级市场上可随时变现的债券投资、其他一个月内到期的可变现资产(剔除其中的不良资产);而流动负债主要包括短期借款、应付票据、应付账款、预收账款、应付工资、应付福利费、应付股利、应交税费、其他暂收应付款项、预提费用和一年内到期的长期借款等。

再次,不良贷款包括呆账贷款、呆滞贷款和逾期贷款。其中,呆账贷款是指按财政部有关规定列为呆账的贷款。呆滞贷款是指逾期(含展期后到期)超过规定年限以上仍未归还的贷款,或虽未逾期或逾期不满规定年限但生产经营已终止、项目已停建的贷款。而逾期贷款是指借款合同约定到期(含展期后到期)未归还的贷款。

4. 商业银行投资业务

商业银行投资业务是指在金融市场购买有价证券,追求买卖差价的活动,分为政府证券投资和企业证券投资。依据《商业银行法》第四十三条,商业银行在中华人民共和国境内,不得从事信托投资和证券经营业务,不得向非自用不动产投资,不得向非银行金融机构和企业投资,但国家另有规定的除外。商业银行因行使抵押权、质权而取得的不动产或者股权,应当自取得之日起二年内予以处分,即拍卖或转让给他人。商业银行不允许持有或长期持有非银行主业所必需的不动产和其他公司的股权(第四十二条)。

5.商业银行拆借业务

商业银行拆借资金的用途受到法律的限制。根据《商业银行法》第四十六条的规定,同业拆借,应当遵守中国人民银行的规定,禁止利用拆入资金发放固定资产贷款或者用于投资。拆出资金限于交足存款准备金、留足备付金和归还中国人民银行到期贷款之后的闲置资金。拆入资金用于弥补票据结算、联行汇差头寸的不足和解决临时性周转资金的需要。联行汇差头寸是指不同的银行之间进行往来支付的收支差额。比如工行今日向农行汇款 100 万元,农行今日向工行汇款 80 万元,那么还有 20 万元就是汇差头寸。

第二节　银行卡非授权交易中的损失分担机制

在周培栋诉江东农行储蓄合同纠纷案中(最高院公报),2003 年 12 月 19 日上午,原告周培栋的金穗借记卡账户内到款 54600 元,存款余额为 56867.52 元。13 时左右,周培栋到被告江东农行下属的火车站分理处,持卡在柜台要求取款。江东农行的营业员建议周培栋到自动取款机上取款,周培栋称"我不会",营业员告知"屏幕上有提示,你跟着做就可以了",周培栋遂到自动取款机前。该自动取款机位于分理处营业大厅内,距离柜台不过 2 米;取款机上方贴有"您的密码如同钱包,注意保密,以防被窃"的警示纸条,周围无任何安全防范措施。原告周培栋在自动取款机上操作后不久,再次持卡到柜台要求取款。营业员告知其该卡为外地卡,周培栋才发现自己的卡被调包,要求挂失,因其不能提供存折号码和卡号,营业员没有为其办理挂失,周培栋遂于 19 日 13 时 20 分离开火车站分理处。13 时 47 分 18 秒,周培栋赶到开户行乐群里分理处口头挂失时,其账户内已被盗取 53006 元。因未能抓到调换银行卡的人,持卡人要求银行承担损失。问题:你若是原告律师,起诉思路是什么?

本案既可以采合同之诉,又可以选择侵权责任之诉。若采合同之诉,请求权基础是《民法典》第五百七十七条:"当事人一方不履行合同义务或者履行合同义务不符合约定的,应当承担……赔偿损失等违约责任。"根据合同解释规则,合同义务包括法定义务、约定义务、附随义务,而依据《商业银行法》,商业银行的法定义务包括支付义务(第三十三条规定的"不得拖延、拒绝支付存款本金和利息")、保障存款人合法权益不受侵犯义务(第六条)、保密义务(第二十九条所规定的

"负有保障交易场所安全、防范犯罪发生")。此外，储户法定和约定义务包括妥善保管银行卡、密码义务。此即合同法下的注意义务。依据《民法典》第一百零七条，严格责任为一般原则，只有在双方违约之责任分配时，才考虑双方过错程度确定各自责任。原告需要举证证明银行卡非授权交易并且银行违反合同义务。如果被告以银行卡章程"凡是通过交易密码发生的一切交易，均应视为持卡人亲自所为，银行不应承担责任"这一格式条款作为免责理由进行抗辩，是否成立？答案是免责之格式条款不能对抗法定义务。

若采取侵权之诉，请求权基础是《民法典》第一千一百九十七条，即"……银行……等公共场所的管理人，未尽到安全保障义务，造成他人损害的，应当承担侵权责任"。

可见，合同之诉和侵权之诉的共同点在于原告需要举证证明银行卡非授权交易以及银行违反法定义务。无论是现有的合同之诉的路径还是侵权之诉的路径都存在内生的问题。持卡人在技术革新手段层出不穷的银行卡诈骗下，尽管遵守保密义务和一定的注意义务，仍被犯罪分子破解密码。持卡人是银行消费者，具有信息不对称、不适当性（风险承受能力弱）。当证明成本加诉讼成本高于非授权交易的损失金额时，持卡人只能选择自己承担。消费者持卡人无力分散损失，损失的可能是其生活所依。美国银行监督机构要求银行先垫付一笔资金给持卡人，避免生活陷入困境。赋予持卡人较高注意义务，虽然可以提高谨慎注意水平，但人的理性有限，注意水平达到一定程度后无法再提高，你能保证一辈子不丢失东西？持卡人不能分散损失而只能倾向减少银行卡的使用，而银行却有条件、机会、能力防范犯罪。

美国在 1970 年之前依据判例法，信用卡丢失并被盗刷，因合同约定持卡人承诺对信用卡的欠款负有保证责任，故发卡机构只要证明特约商户交易时履行了合理注意义务，持卡人就应担责。从金融公平的角度来看，这对银行消费者非常不公平，因此美国试图设立特殊保险计划分散损失，但因成本极高而失败。后来，美国制定了《诚实信贷法》，规定对信用卡持卡人提供两大保护机制，其一是将非授权交易的损失大部分分配给银行，持卡人损失上限为 50 美元。理由：（1）发卡行可以改进业务谨慎水平，利于整个行业的未来；（2）银行对欺诈有更多信息积累；（3）银行对银行卡的发放、特约商户的挑选、持卡人的身份认证、损失报告等都有控制权，有利于完善控制损失；（4）方便分散风险，可通过调整银行卡的成本和收费机制，转移损失。立法后，信用卡使用成本并未显著增加，可见这部法律的损失分散机制是有效的。

我国也应通过立法或者司法解释来完善本国的银行卡非授权交易中的损失

分担机制,而有效的损失分担机制应符合损失分散原则、损失减少原则、损失确定原则。其中,损失分散原则是指损失应该由最容易达到风险中性的主体承担。风险中性受到损失大小程度和分散风险能力的影响。损失减少原则是指风险应配置给以最少成本减少风险的主体。该原则包含四个因素:谨慎、革新、回应和学习。承担损失的主体当然会提高这四大水平和能力。损失确定原则是指在损失发生后确定责任时应当明确规则,尽量减少确定责任的成本。因为银行卡非授权交易的损失金额本身并不高,如果明确责任需要经过漫长的诉讼,则制度的执行成本太高,社会将因此丧失活力。

第五章　信托法

第一节　信托概述

一、信托的概念和特征

依据《信托法》第二条，信托是指委托人基于对受托人的信任，将其财产权委托给受托人，由受托人按委托人的意愿以自己的名义，为受益人的利益或特定目的，进行管理或处分的行为。我们可以从四个角度来理解我国的信托制度，即得人之信、受人之托、代人理财、履人之嘱。就其特征而言，首先，信任是信托的基础，而财产转移是信托的关键，但是我国《信托法》第二条并未明确规定信托所涉及的财产所有权的转移。其中的历史原因在于立法之初，立法者主张国有资产信托不能危及国家对资产的所有权。此外，信托实现了两个基本功能，即财产所有权转移和财产管理，这也是信托产生的目的。委托人的债权人才无法追索信托财产，才有信托制度存在的空间，即独立信托财产、受益人完全的管理处分权以及信义义务。其次，受托人名义是信托的形式，而委托人意愿（即受益人受益）是信托的目的。

二、权利和义务规则

按照传统信托法理，信托成立后，在信托财产上产生"双重所有权"，即受托人成为信托财产的法律上的名义所有人，依照信托文件或法律规定对信托财产享有管理处分权；受益人则成为信托财产的实质所有人，享有对信托财产的受益权,于是信托管理权与受益权分离。

受托人对受益人负忠实义务和注意义务。就法律条文而言,依据《信托法》第二十五、二十六、二十八条的规定,受托人应当遵守信托文件的规定,为受益人的最大利益处理信托事务。受托人管理信托财产,必须恪尽职守,履行诚实、信用、谨慎、有效管理的义务。受托人除依照本法规定取得报酬外,不得利用信托财产为自己谋取利益。受托人违反前款规定,利用信托财产为自己谋取利益的,所得利益归入信托财产。受托人不得将其固有财产与信托财产进行交易或者将不同委托人的信托财产进行相互交易,但信托文件另有规定或者经委托人或者受益人同意,并以公平的市场价格进行交易的除外。但是《信托法》未规定禁止受托人的竞业(竞争)行为,例如受托人个人购买信托想要购买的土地,用于建房自住(竞争行为)。《信托法》亦未规定禁止利用信托机会,具体包括禁止信托受托人将信托拥有的期待利益、财产利益或财产权利的交易机会,或从公平角度而言应属于信托的交易机会加以篡夺自用(类比《公司法》第一百四十九条第二款)。

就法理论而言,受托人的忠实义务包含两个内容,即受托人要为了信托受益人的利益而行为,并且当存在利益冲突的时候,要以受益人的利益为先。忠实义务具体内容包括:禁止利用受托人地位牟利、禁止自我交易、公平交易原则、利益和义务不得冲突。英美法系著名的"利益冲突防范原则"规定,禁止受托人利用其地位从受托中受益;禁止自我交易,即受益人对受托人以自有资金购入信托财产或以信托财产购买自己的财产的行为有绝对的撤销权;公平交易原则,即受益人可以撤销其与受托人之间的交易,除非受托人能够保证该交易绝对公平与透明。

受托人的注意义务是指善良管理人之注意义务,是指受托人在处理信托事务时仅给予处理自己事务相同的注意是不够的,必须尽到善良管理者的注意,换言之,受托人应尽到其所从事的职业所应该普遍要求达到的注意义务。对注意义务的判定,主要从是否尽到最大善意,行为是否符合所处职业、专业所要求的正常性、合理性和正当性的角度予以判断。注意义务的具体内容包括亲自管理义务(《信托法》第三十条)、分别管理义务(第二十九条)、合理管理义务(即对投资对象的安全性充分调查和根据市场情况及时调整投资策略等)。

受托人的注意义务与美国和英国公司董事之注意义务(商业判断规则)存在相通性,两者的判定难点类似,就信托而言,在于信托财产的经营决策。如果受托人的经营决策给受益人造成了巨大损失,并且事后证明是错误的,在这种情形下如何具体判定受托人是否违反了注意义务?现就各国公司法董事勤勉义务的判定规则作一介绍，有助于我们对受托人的注意义务的判定难点的理解和把握。

就美国达拉斯公司法的裁判路径而言，勤勉义务可分为决策注意（作为）和监督注意（作为或不作为），其判定规则是为了考察董事是否具有重大过失。若董事所涉争议为经营判断，则可走决策注意之路径，适用商业判断规则，采三要素推定。原告须举证证明董事存在利益冲突，以不诚信的方式行为或者并未在知情的前提下做出决策，以推翻该推定。若举证成功，举证责任转至被告，由被告证明该争议交易对公司而言彻底失败。若原告无法举证，则可选择"监督注意"的路径，主张董事不作为，存在重大过失。在该路径下，原告须依据卡尔玛克（Caremark）原则举证证明：董事完全没有设立任何汇报系统、信息控制机制或风险管理体系；或如果存在这样的系统或控制机制，董事有意识地不去监督该系统或控制机制的运行，使得他们无从得知应引起他们注意的风险或问题。

英国公司法下的裁判逻辑与之有所不同。因担忧采纳商业判断规则会导致法官过于强调依据如商业判断规则那样之裁判程序，英国公司法未采纳美国的商业判断规则，但法官在司法实践中不愿对善意的决策内容进行司法评判，因此在事实上董事不会因纯粹的决策失误而担责，除非存在过失。在英国，绝大多数案件关注"监督注意"。原告依据主客观双重标准举证证明：不存在恰当的管理和监督系统和程序，从而未达客观标准之要求；未通过定期地获取并阅读相关报告来获取并维持对公司业务的充分认知和了解；或者，在权力下放的情形下，未对被授权者履职情况进行必要的监督。主客观双重标准中，客观标准是指被告董事应具备一个合理勤勉的理性人所应具备的注意、技能和勤勉。该理性人具有从事该董事之职务时所应具备的一般知识、技能以及经验，而主观标准是指若该董事具有特殊技能且所涉董事行为与该技能相关，则与之比较的理性人还应具备该董事具备的一般知识、技能和经验。

三、信托的种类

依信托成立的原因，信托可分为意定信托和法定信托。意定信托是指只依当事人的意思表示而成立的信托。我国《信托法》规定，设立信托，应当采取书面形式，书面形式包括信托合同、遗嘱和法律法规规定的其他书面形式。法定信托是指根据法律的直接规定而成立的信托。法定信托存在于英美法系上某些财产特别法中，所占比例极小。

依设立目的不同，信托分为公益信托和私益信托。其中，公益信托是指为实现社会公益目的而设立的信托，其直接目的通常是为不特定的全社会或社会部分公众获取一定的利益,如救灾扶贫、发展教科文卫等公益事业。公益信托在税制上有优惠待遇,其设立与终止须经行政主管机关的许可。私益信托是指为本人或其他特定或不特定的个人获取利益的目的而设立的信托。

依信托利益是否归自己享有,信托分为自益信托和他益信托。其中,自益信托是指委托人以自己为受益人的信托。自益信托中,委托人可以随时解除和撤回设定信托的意思表示。他益信托是指以委托人以外的人为受益人的信托。在他益信托中,如果委托人撤回信托会侵害受益人的利益,一般不会得到法律的承认。

以受托人的身份不同,信托分为商事信托和民事信托。其中,商事信托是指具有私益性质,由具有商业受托人身份的主体担任受托人的信托;而民事信托是指具有私益性质,由商业受托人以外的主体担任受托人的信托。商事信托除适用信托法的规定外,还适用信托业法及其他相关特别法的规定;而民事信托原则上适用信托法和民法的规定。

依信托产生的方式不同,信托分为明示信托和默示信托。其中,明示信托是指委托人通过明确的意思表示而设立的信托,而默示信托是指委托人(财产出让人)虽未明确表示,但可以因推定而确知的意图而成立的信托。在我国只有明示信托,默示信托是英美法系所承认的一种信托类型。

第二节 信托法律关系

一、信托的设立

1.信托设立的实质要件

一项有效完整的信托,应具备信托当事人、信托目的和信托财产这三项基本的构成要件。英美法的学者一般把设立条件概括为"三个确定性":委托人设立信托意图的确定性(certainty of intention),信托财产的确定性(certainty of subject matter)与受益人的确定性(certainty of object)。

我国《信托法》第六、七、十一条对信托设立的实质要件做了规定,"设立信托,必须有合法的信托目的";"设立信托,必须有确定的信托财产,并且该信托财产必须是委托人合法所有的财产。本法所称财产包括合法的财产权利";"有下列情形之一的，信托无效：（一）信托目的违反法律、行政法规或者损害社会公共利益；（二）专以诉讼或者讨债为目的设立信托；信托财产不能确定；（三）委托人以非法财产或者本法规定不得设立信托的财产设立信托；（四）受益人或者受益人范围不能确定；（五）法律、行政法规规定的其他情形。"

（1）信托当事人

信托当事人包括委托人、受托人和受益人。其中，受托人可以是自然人或法人，但作为营业受托人则须为有资格经营信托业务的信托公司或其他机构。关于受益人，私益信托必须有受益人，否则私益信托无效。受益人可以一人或数人；可以是自然人、法人或非法人团体；委托人可以是受益人，也可以是同一信托的唯一受益人；受托人可以是同一信托的多数受益人之一，但不得是唯一受益人，否则信托无效。

（2）信托目的

各国对于信托目的，原则上采取意思自治主义，当事人可为各种各样的目的设立信托。我国《信托法》规定，设立信托必须有合法的信托目的。同时，我国法律从禁止性的角度规定不得设立的信托：信托目的违反法律、行政法规或损害社会公共利益；专以诉讼或讨债为目的的设立的信托。在英美国家，确定一个人设立信托的意图的标准是非常宽松的，只要没有明确排除设立信托的意图，就可能被理解为有设立信托的意图。

（3）信托财产

信托财产是委托人转移给受托人并由受托人加以控制、管理和处分的财产。信托财产必须具有以下特点：（1）独立可辨认，即必须与委托人的固有财产相分离，同时与受托人的财产和受益人的财产相分离；（2）具有金钱价值的有形和无形财产均可充当，但名誉权、姓名权、身份权等人身权不能成为信托财产；（3）信托财产形式上的所有权属于受托人，但这种所有权受到受益权的限制。信托财产的确定性包括信托财产存在的确定性、信托财产可处分的确定性和信托财产范围的确定性

2.信托设立的形式要件

我国法律规定，设立信托必须采取书面形式：（1）信托合同。准用《民法典》合同编的规定；（2）遗嘱。准用《民法典》继承编关于遗嘱的规定；（3）其他书面形式。合同书以外的信件、数据电文等。依据《信托法》第九条，设立信托，其书面文件应当载明下列事项：（1）信托目的；（2）委托人、受托人的姓名或者名称、住所；（3）受益人或者受益人范围；（4）信托财产的范围、种类及状况；（5）受益人取

得信托利益的形式、方法。除前款所列事项外,可以载明信托期限、信托财产的管理方法、受托人的报酬、新受托人的选任方式、信托终止事由等事项。

对于信托的设立,英美法系基本上采取不要式原则,即对信托的设立没有特别的形式要求。委托人可以通过遗嘱、契据、合同(包括书面与口头合同)、行为等方式设立信托,甚至委托人的一句话、一个便条、一个行为都可以有效地设立信托。我国《信托法》第八条规定,采取信托合同形式设立信托的,信托合同签订时,信托成立。采取其他书面形式设立信托的,受托人承诺信托时,信托成立,例如遗嘱信托。采诺成合同而非要物合同的理由主要在于在信托财产移转以前就有必要让受托人承担忠实义务等义务;在受托人利用和信托财产相关的信息取得利益之时,就应让受托人承担违反忠实义务的责任。

3. 信托的公示问题

大陆法系国家对信托有特殊的形式要求,即有些财产的信托需要公示。公示不是信托生效的要件,而是对抗第三人的要件。我国信托登记制度不同于其他国家,《信托法》第十条规定:"设立信托,对于信托财产,有关法律、行政法规规定应当办理登记手续的,应当依法办理信托登记。未依照前款规定办理信托登记的,应当补办登记手续;不补办的,该信托不产生效力。"可见,我国对于那些必须登记或注册的财产来说,这种公示程序就是信托生效的要件,而不只对抗第三人。所以,这与传统理论中信托设定的目的相悖。信托设定的目的只是为了确定信托财产的独立性,而不是为了使受托人取得真正意义上的财产权,或者取得财产权的受让。其他信托财产的信托登记,理论上仍应是对抗要件。2016 年 12 月成立了中国信托登记有限责任公司。

4. 信托无效事由

我国《信托法》规定了信托的无效事由。第十一条规定了信托的绝对无效情形。关于信托的相对无效,信托法规定,债务人在有害于债权人的时候设立信托,债权人可行使撤销权。债权人撤销权的除斥期间为一年,在此期间,信托的效力取决于债权人是否行使撤销权。《信托法》第十二条规定:"委托人设立信托损害其债权人利益的,债权人有权申请人民法院撤销该信托。人民法院依照前款规定撤销信托的,不影响善意受益人已经取得的信托利益。本条第一款规定的申请权,自债权人知道或者应当知道撤销原因之日起一年内不行使的,归于消灭。"《民法典》第五百三十八、五百三十九条规定:"债务人以放弃其债权、放弃债权担保、无偿转让财产等方式无偿处分财产权益,或者恶意延长其到期债权的履行期限,影响债权人的债权实现的,债权人可以请求人民法院撤销债务人的行为。债务人以明显不合理的低价转让财产、以明显不合理的高价受让他人财产或者为他人的债务提供担保，影响债权人的债权实现，债务人的相对人知道或者应当知道该情形的，债权人可以请求人民法院撤销债务人的行为。"就信托无效的法律后果而言，我国《信托法》没有对无效信托的法律后果作出规定，一般适用无效民事行为的原则。若认定为全部无效，则该项信托自始无效；关于部分无效的情形，各国的通常做法是如果合法目的和违法目的可以分离，并且用于合法目的的财产可以确定，则合法部分的信托宣告成立，违法部分无效；若不能分离或合法目的的财产不能确定，则整个信托无效。

二、信托财产

信托财产是指作为信托关系之标的归受托人占有并为受益人利益而管理或处分的财产。其特性包括信托财产所有权的分割性、信托财产的独立性、信托财产的同一性。其中，信托财产所有权的分割性是指形式所有权与受益权相分离。关于信托财产的独立性，因为信托无法人地位，所以无法主张主体的区隔，在信托中只能强调信托财产的独立性。需要强调的是，美国法已将商事信托视为法律实体。信托财产与委托人的其他财产相区别。理论上，信托成立后，委托人即丧失对信托财产的任何权利，从而使信托财产完全独立于委托人自有财产之外。这对委托人的债权人无法追索信托财产是有意义的，当然委托人的债权人享有撤销权。信托财产不得作为受托人的继承财产，同时排除受托人的债权人的强制执行。我国《信托法》第十七条规定，除下列情形之一，对信托财产不得强制执行：(1)设立信托前债权人已对该信托财产享有优先受偿权；(2)受托人处理信托事务所产生的债务，债权人要求清偿该债务的；(3)信托本身应负担的税款。关于抵消的禁止，《信托法》第十八条规定，受托人管理运用、处分信托财产所产生的债权，不得与其固有财产产生的债务相抵消；受托人管理运用、处分不同委托人的信托财产所产生的债权债务，不得抵消。

就信托财产的同一性（物上代位性）而言，所谓同一性是指信托财产的范围不仅限于委托人当初交付信托的财产，凡信托管理中所取得的一切财产都构成信托财产，须继续保持独立性。比如最初交付信托财产为房屋，后受托人将房屋变现，用于投资，则该笔投资的资本即信托财产，产生于原房屋，继续保持其独立性。资金代替了房屋。在英国法上是以"追及法理"来说明信托财产的物上代位性。第一，在信托受托人在其权限内把信托财产转让给了第三人的场合，在第三人取得信托财产的完全的所有权，反过来，受托人取得的代位物也就成了新的信托财产。就受托人的权限范围内的处分,依照"追及法理"对此进行特别说明的教科书不多,噶纳(Gardner)把这种情形和违反信托义务处分信托财产的情形一并按照"追及法理"进行说明。第二,在受托人超出权限对信托进行处分的场合,受益人对除根据善意有偿取得法理(bona fide purchaser)而取得财产的第三人以外的其他人都能行使追及权,受益人也能追及受托人受领的代位物。

就追及金钱的场合所展示的"追及法理",假设受托人把信托财产卖了500英镑。受托人把这500英镑存入了受托人个人的银行账户,该账户内有受托人个人的1000英镑。在该银行账户中包含有属于受托人个人的1000英镑和属于信托财产代位物的500英镑。虽然作为银行存款是混合的一起的,但是在金钱上还是能区分的。因此,只要该账户上还有1500镑的余额,就不会有问题。问题是,受托人之后从中取出了500英镑用以购买股票,该股票是否能成为信托财产的问题。受托人所取出的金钱是信托财产的500英镑,还是作为受托人固有财产1000英镑中的500英镑呢?若是信托财产,用此购买的股票也就属于信托财产,受益人就能享受股票升值的利益,不过在股票价格下跌的时候也得承担其损失。这样,无法一概而言如何解释是对受益人有利的。在上面的例子中,受托人从存款账户取出金钱购买的股票价格上升的时候,受益人可以主张股票属于信托财产,而在股票的价格下降的时候,或者在受托者把取出的金钱消耗殆尽的场合,就可以主张银行存款的余额属于信托财产。可以说,这一学说对受益人过分有利了,不过,如果把问题限定在受托人违反信托对财产进行处分,在追及受托人因此而取得的作为代位物的金钱的情形,让受托人承受不利的后果并无不合理的地方("追及"的问题,是在和受托人的债权人的关系不成为问题的场合中,在受托人和受益人之间如何对财产进行分配的问题)。但是,受托人以权限内的处分行为取得对价的场合中就不受上面观点的影响,不过,即使是因正当出售信托财产取得金钱,受托人把这些金钱和自己的金钱在一个账户中进行保管,而且,对进出该账户的金钱每一笔是如何使用并没有在账簿上明确地记载的场合,受托人显然违反义务(违反分别管理义务),可以采对受托人不利,对受益人有利的解决办法。在受托人把其所管理的两笔信托财产存入同一银行账户之后,把一部分取出来,用之购买股票的时候,按比例分配的解决办法是适当的解决方法。原因在于对任何一方信托财产都缺乏给予优待的理由。在采取比例分配方式的时候,按照信托财产的额度的比例从两个信托账户中支取,所购入的股票也按"共有"处理。

就信托财产的范围而言,《信托法》第十四条规定,信托设立时交付的原始财产是信托财产(受托人因承诺信托而取得的财产是信托财产)。从信托发达的国家来看，信托财产的种类主要有：货币（本国允许流通的货币）、不动产、动产、有价证券、知识产权，其他财产包括但不限于抵押权、地上权、承租权、受益权、继承权，金钱为给付内容的债权等。

以表决权信托为例，2002 年 10 月 21 日，中国最大的啤酒酿造商青岛啤酒股份有限公司（以下简称"青啤"）和世界最大的啤酒酿造商安海斯—布希公司（以下简称"A－B 公司"）正式签署了战略性投资协议。该协议的主要内容是，青啤将向 A－B 公司分三次发行总金额为 1.82 亿美元（约合 14.16 亿港币）的定向可转换债券。该债券在协议规定的 7 年内将全部转换为青啤 H 股，总股数为 30822 万股。A－B 公司在青啤的股权比例将从目前的 4.5%，逐次增加到 9.9% 和 20%，并最终达到 27%。协议执行完毕后，青岛市国资办仍为青啤最大股东（持股 30.56%），A－B 公司将成为青啤最大的非政府股东。A－B 公司拥有青啤超出 20% 的股权的表决权通过表决权信托的方式授予青岛市国资办行使。A－B 公司按股权比例获得在青啤的董事会及其专门委员会、监事会中的代表席位。

信托财产的范围还包括信托关系存续期间所取得的财产，包括由委托人增加的财产，由受托人因处理信托财产取得的财产，由受托人因管理信托财产而取得的财产，由受托人因信托财产的灭失、毁损而取得的财产。法律、行政法规禁止流通的财产，不得作为信托财产。法律、行政法规限制流通的财产，依法经有关主管部门批准后，可以作为信托财产。

三、信托当事人

信托当事人包括委托人、受托人和受益人。

1. 委托人

委托人是设立信托，让受托人依一定目的从事财产管理和处分，以使受益人获得信托财产受益权的人。委托人可以与受益人重叠（自益信托），也可与受托人重叠，即宣言信托，但我国法律不予承认。委托人应具备两个条件，即委托人应当是具有行为能力的自然人、法人或依法成立的其他组织，并且委托人对信托财产具有所有权。

关于委托人的权利，英美法规定，在设立信托后，委托人即从信托关系中脱离，故其信托法没有直接授予委托人任何权利；而依据大陆法系的规定，信托由委托人设立，目的由其确定，受托人由其选任，信托法直接赋予其相应的权利。

根据我国《信托法》，委托人享有知情权（第二十条）、管理方法的变更权、违反信托目的的处分行为的撤销权、解任权、许可受托人辞任权、自行选任或请求法院选任新受托人的权利以及在特定情形下解除信托的权利。其中，管理方法的变更权规定在《信托法》第二十一条中，是指因设立信托时未能预见的特别事由，致使信托财产的管理方法不利于实现信托目的或不符合受益人利益时，委托人有权要求受托人调整该信托财产的管理方法。违反信托目的的处分行为的撤销权（第二十二、四十九条）是指受托人违反信托目的处分信托财产或者因违背管理职责，处理信托事务不当致使信托财产受到损失的，委托人有权申请人民法院撤销该处分行为，并有权要求受托人恢复信托财产原状或者予以赔偿；该信托财产的受让人明知是违反信托目的而接受该财产的，应当予以返还或者予以赔偿，因此该权利属于善意第三人保护制度的范畴。这一申请权，自委托人知道或者应当知道撤销原因之日起一年内不行使的，归于消灭。委托人和受益人观点相悖时，可以申请人民法院作出裁定。解任权（第二十三条）是指受托人违反信托目的处分信托财产或者管理运用、处分信托财产有重大过失的，委托人有权依照信托文件的规定解任受托人，或者申请人民法院解任受托人。再者，在受益人对委托人有重大侵权行为，经受益人同意或者信托文件规定的其他特定情形下，委托人可以行使解除信托的权利。当然，若为自益信托，委托人享有当然的解除权（第五十一条）。最后，事务处理报告的认可权，作为与受益人共同的权利，是指在一般情况下，原受托人的事务处理报告经认可，则其责任被免除。

享有权利的同时，委托人亦负有相应的义务，包括确保信托财产的所有权转移给受托人的义务、除信托文件中作出保留外，不得干预受托人的义务以及按照法律、信托文件规定向受托人支付报酬的义务。

2.受托人

在信托关系中，只有受托人才对具体的信托财产占有、支配和经营管理，其处于信托关系中的核心地位。就受托人资格问题而言，大陆法系一般要求受托人具备行为能力，在其欠缺行为能力或拒绝受托时，信托不能成立；而英美法系一般不会因受托人的资格问题致使信托不成立，法院会指派新的受托人担任受托职务。我国《信托法》的规定与大陆法系基本相同，但受托人拒绝受托对信托是否成立区别不同情况：（1）生前信托，若受托人拒绝，则不能成立；（2）遗嘱信托，若受托人拒绝，则由受益人或其监护人另行指定受托人。

依据《信托法》的规定，受托人负有按照委托人的意志管理信托财产和处理信托事务的义务（第三十六、三十七条）、善良管理人的注意义务（第二十五条）、忠实义务（第二十五、二十六条）、对信托财产分别管理的义务（第二十九条）、亲自处理信托事务的义务（第三十条）、共同受托人的共同行动义务（第三十一、三十二条）、向受益人交付受益权的义务、损失填补与恢复信托财产的义务（第二十七条）、禁止自我交易和公平交易原则（第二十八条）以及其他附随义务。

其中，按照委托人的意志管理信托财产和处理信托事务的义务是指受托人违反信托目的处分信托财产或者因违背管理职责、处理信托事务不当致使信托财产受到损失的，在未恢复信托财产原状或者未予赔偿前，不得请求给付报酬，而受托人违背管理职责或者处理信托事务不当对第三人所负债务或者自己所受到的损失，以其固有财产承担。

亲自处理信托事务的义务是指受托人应当自己处理信托事务，但信托文件另有规定或者有不得已事由的，可以委托他人代为处理。受托人依法将信托事务委托他人代理的，应当对他人处理信托事务的行为承担责任。

共同受托人的共同行动义务是指共同受托人共同处理信托事务，意见不一致时，按信托文件规定处理；信托文件未规定的，由委托人、受益人或者其利害关系人决定。共同受托人处理信托事务对第三人所负债务，应当承担连带清偿责任。第三人对共同受托人之一所作的意思表示，对其他受托人同样有效。共同受托人之一违反信托目的处分信托财产或者因违背管理职责、处理信托事务不当致使信托财产受到损失的，其他受托人应当承担连带赔偿责任。损失填补与恢复信托财产的义务是指受托人将信托财产转为其固有财产的，必须恢复该信托财产原状；造成信托财产损失的，应当承担赔偿责任。禁止自我交易和公平交易原则是指受托人不得将其固有财产与信托财产进行交易或者将不同委托人的信托财产进行相互交易，但信托文件另有规定或者经委托人或受益人同意，并以公平的市场价格进行交易的除外。受托人违反前款规定，造成信托财产损失的，应当承担赔偿责任。

最后，其他附随义务包括账簿制作义务、报告义务和保密义务。

在承担上述信托法义务的同时，受托人亦享有多项权利，包括但不限于管理信托财产与处分信托事务的权利、请求法院变更信托财产管理方法的权利、费用补偿请求权、获得报酬的权利以及为信托行为所授予的权利。其中，就费用补偿请求权而言，《信托法》第三十七条第一款规定："受托人因处理信托事务所支出的费用、对第三人所负债务，以信托财产承担。受托人以其固有财产先行支付的，对信托财产享有优先受偿的权利。"受托人获得报酬的权利受到一定的限制，须有事先约定或补充约定，否则，不得收取报酬。

当出现下述情形之一的时候，受托人职责将终止：（1）死亡或被依法宣告死亡;(2)被依法宣告为无民事行为能力人或限制民事行为能力人;(3)被依法撤销或被宣告破产;(4)依法解散或法定资格丧失;(5)辞任或被解任;(6)法律、行政法规规定的其他情形。受托人职责终止的效力包括新受托人的选任和新受托人对信托事务的承继两方面。就新受托人选任的方法而言,首先依信托文件规定选任;文件未规定,则由委托人选任;委托人不指定或无力指定,则由受益人选任;受益人行为能力欠缺,由其监护人代为选任。

3.受益人

受益人的资格不受行为能力的限制,可以是自然人、法人或依法成立的其他组织;可以是委托人(可以是唯一的受益人),亦可以是受托人(不得为同一信托的唯一受益人)。胎儿可否成为受益人?《民法典》第十六条涉及遗产继承、接受赠与等胎儿利益保护,胎儿视为具有民事权利能力,但是胎儿娩出时为死体的,其民事权利能力自始不存在。

受益权的产生自信托生效之日起,信托文件另有规定的,从其规定。受益权在出现下述情形之一时消灭:(1)唯一的受托人与唯一的受益人身份归属于同一人;(2)信托财产与信托受益权混同时而消灭;(3)受益人全部放弃受益权,信托终止,信托财产归属于委托人或其继承人。

就受益权的可转让性与可继承性而言,除信托文件有限制性规定外,受益人的受益权可依法转让与继承(第四十八条)。受益权可否质押和强制执行?根据转让与继承的"同质性""以大推小"的法律解释规则,以抚养受益人为目的的信托(残疾人抚养信托等)是为了保护特定的人而授予的受益权,因此在原则上属于人身专属的权利,是不能转让的。受益人除了所享有信托受益的权利外,其他权利和委托人是相同。其内容归纳如下:(1)对非法强制执行信托财产的异议申诉权(第十七条第二款);(2)信托财产的管理运用、处分、收支情况的调查权以及说明请求权(第二十条第一款);(3)信托账目以及信托事务处理的其他文件的查阅、抄录或者复制权(第二十条第二款);(4)信托财产管理方法的变更权(第二十一条);(5)信托财产的原状恢复请求权、损失补偿请求权以及撤销请求权(第二十二条);(6)受托人的解任权以及受托人的解任请求权(第二十三条);(7)受托人的辞任同意权(第三十八条);(8)新受托人选任权(第四十条)。

关于受益权放弃,第四十六条规定受益人可以放弃信托受益权。全体受益人放弃信托受益权的,信托终止。部分受益人放弃信托受益权的,被放弃的信托受益权按下列顺序确定归属:(1)信托文件规定的人;(2)其他受益人;(3)委托人或者其继承人。我国《信托法》就受益权放弃时如何保护第三人没有规定,《日本信托法》明确规定,受益权的放弃不能侵害第三人的权利(《日本信托法》第九十九条第二项但书),即"受益人的债权人保护"。同时,第四十七条规定受益人不能清偿到期债务的,其信托受益权可以用于清偿债务,但法律、行政法规以及信托文件有限制性规定的除外。

在受益人放弃行使受益权的时候,受益人的债权人能不能行使代位权或者撤销权?《民法典》第五百三十五条规定因债务人怠于行使其到期债权,对债权人造成损害的,债权人可以向人民法院请求以自己的名义代位行使债务人的债权,但该债权专属于债务人自身的除外。《民法典》第五百三十八条规定因债务人放弃其到期债权或者无偿转让财产,对债权人造成损害的,债权人可以请求人民法院撤销债务人的行为。债务人以明显不合理的低价转让财产,对债权人造成损害,并且受让人知道该情形的,债权人也可以请求人民法院撤销债务人的行为。

四、信托的变更与终止

1. 信托的变更

第一,信托当事人的变更。信托一旦成立,当事人一般不得随意变更。但在下列情况下,法律允许变更当事人。

首先是受益人的变更。在出现下列情况时,委托人可以变更受益人或处分受益人的信托受益权:(1)受益人对委托人有重大侵权行为;(2)受益人对其他共同受益人有重大侵权行为;(3)经受益人同意;(4)信托文件规定的情形。

其次是受托人的变更。前述受托人职责终止,新的受托人选任,受托人即变更。总之,我国《信托法》规定,信托不因委托人或受托人的死亡、丧失民事行为能力、依法解散、被依法撤销或被宣告破产而终止,也不因受托人辞任而终止。

第二,信托内容的变更。信托内容的变更涉及信托目的的变更和信托财产管理方法的变更。信托目的变更时,当变更后的目的与原信托目的明显不同时,无论目的是否实现,都应作为原信托终止和新信托的设立来处理;而就信托财产管理方法的变更而言,委托人、受托人、受益人均有变更权,前提是变更有利于信托目的的实现。

2. 信托终止

信托终止事由包括:信托文件规定的终止事由发生,信托期限届满,信托的存续违反信托目的,信托目的已经实现或者不能实现,信托当事人协商同意,信托被法院撤销,以及信托被解除。

信托终止的法律后果涉及信托财产归属权利人问题、归属权利人的权利保全问题、信托财产中包含的债务的归属问题、终止后受托人报酬请求权和费用补偿权的保护问题以及信托事务的最终计算问题。就信托财产归属权利人而言,信托终止的,信托财产归属于文件规定的人;文件未规定的,按以下顺序确定归属:(1)受益人或其继承人;(2)委托人或其继承人。就归属权利人的权利保全而言,信托终止时起,至信托财产移交完毕时止,信托关系仍视为存续,受托人仍负各项义务。就信托财产中包含的债务的归属而言,由受托人承担对债权人用信托财产进行补偿的责任。受托人行使报酬请求权和费用补偿权的方式包括留置信托财产以及行使对财产权利归属人的请求权。最后,就信托事务的最终计算而言,《信托法》规定信托终止时,受托人应进行最终计算,作出清算报告,并取得受益人或信托财产的权利归属人的认可,其对受益人的责任才被解除。

第五编

外贸法

第一章　货物贸易法律制度

第一节　货物贸易概述

最近几十年中技术贸易与服务贸易出现了迅速发展的趋势,但货物贸易在整个国际贸易中的地位仍是举足轻重的。货物贸易,顾名思义是一种以货物为对象的买卖活动。要确切地把握货物贸易的含义,必须充分了解货物贸易的几个特点。

一、货物贸易是国际性的买卖活动

对于货物贸易的国际性或跨国性,国际上的理解并不统一。其中大致有三种标准:第一种是营业地标准。持这种标准的主要是 1980 年《联合国国际货物销售合同公约》。公约第一条第一款规定:"本公约适用于营业地在不同国家的当事人之间所订立的货物销售合同。"公约是以当事人的营业地是否处于不同国家作为判断某一合同是否属于国际性货物销售合同的标准。第二种是国籍标准。根据当事人的国籍是否不同作为判断国际合同的标准。第三种是综合性标准。1977 年《英国反不公平契约条款法》第二十六条在明确国际性供应契约的衡量标准时规定,作为国际性契约,应具备以下特性:(1)作为货物买卖契约,应依该契约转移货物的占有或所有权;(2)契约当事人的营业所,如无营业所,则其住所,分别坐落于不同国家之领土。此外还应满足以下任一条件:契约所规定的货物,在契约订立时,正从或将从一国领土运往另一国之领土;要约或承诺行为分别于不同国家之领土上为之;契约约定,货物须于订约地国以外之其他国家的领土内交付。此种标准,显然比公约所采用的营业地标准更为严格。随着公约的缔约国不断增加，公约所采用的营业地标准正为包括中国在内的越来越多的国家所采纳。

二、货物贸易的标的是货物

目前为止，国际上尚未对货物形成一个为国际社会普遍接受的既具体又精确的定义。如 1979 年《英国货物买卖法》(*Sale of Goods Act* 1979)对货物(Goods)下的定义是："包括除劳务和金钱以外的一切动产以及附着于土地或作为土地组成部分但约定在出售之前或依照买卖合同与土地相分离的物品。"《美国统一商法典》(*Uniform Commercial Code*，简称 UCC)对货物的定义更为详细，但其要旨是：货物是可以转移的物品。两部法案都试图对货物作出明确的法律界定，但在具体理解和执行中仍有许多问题存在，货物是一种物品，物品又是什么？ 如何判断可否移动？ 劳务与货物买卖难以分开时怎么办？ 1980 年《联合国国际货物销售合同公约》在起草过程中也同样碰到了给货物下一个准确定义的难题。公约最终采用的解决方案是排除法，即并不直接界定货物的范围，而是将那些公约认为不应由其调整的对象排除在其适用范围之外。公约第二条规定："本公约不适用于以下的销售：(a)供私人、家人或家庭使用的货物的销售，除非卖方在订立合同前任何时候或订立合同时不知道而且没有理由知道这些货物是供任何这种使用；(b)经由拍卖的销售；(c)根据法律执行令状或其他令状进行的销售；(d)公债、股票、投资证券、流通票据或货币的销售；(e)船舶、船只、气垫船或飞机的销售；(f)电力的销售。"公约排除了电力、票据、货币和船舶、航空器，但并未排除不动产，因而公约只解决了其适用范围方面的部分问题，而并未使货物的定义问题最终得到圆满解决。这一问题也就成为当事人可以通过意思自治加以约定的内容，也可以作为争议发生时司法或仲裁机构自由裁量的一个方面。

三、货物贸易是一种买卖活动

从法律上讲，货物买卖是一方交付货物及其所有权给另一方，另一方付出相应代价，这里另一方付出的相应代价一般表现为金钱。对此，《英国货物买卖法》第一条第一款有明确规定。《美国统一商法典》《德国民法典》《法国民法典》《日本民法典》等都有类似的规定。而 1980 年《联合国国际货物销售合同公约》并未直接给买卖作出法律定义，而是通过规定买卖双方当事人的基本权利义务，将买卖的实质内容规定于各个具体条文中。同时，公约将那些由一方提供原料交另一方加工的合同，或供应货物的一方所承担的绝大部分义务在于提供劳力或服务的合同排除在买卖合同之外。可见，公约也承认卖方应承担的义务是提供货物并转移货物所有权，而买方的义务则是收取货物并支付货款，这样在双方之间进行的交易才是买卖。

因此，货物贸易的定义应当是：货物贸易是营业地处于不同国家之间的当事人之间所进行的，主要以有形动产为交易对象的，由一方提供标的物并转移所有权，另一方支付相应价款的活动。

第二节 货物贸易合同

合同是当事人之间确立相互权利义务关系的一种协议。货物贸易合同是指营业地处于不同国家的当事人之间所订立的，由一方提供货物并转移所有权，另一方支付约定价款的协议。

货物贸易合同是货物贸易的重要法律形式，当事人之间的各种货物贸易关系一般都是通过这一形式确定下来的。货物贸易合同对于当事人来说至为重要，有人将合同称为当事人的自治法，意思是合同是当事人为自己立法。当事人在货物贸易活动中的权利义务都是根据合同加以确定的，即使在司法、仲裁机构处理当事人之间的纠纷时，合同也是处理纠纷必不可少的依据。特别是强调契约的今天，当事人的合同约定被认为具有高于任意性或选择性规定的效力，合同也就显得更为重要。货物贸易合同的特点归纳起来主要有以下几个方面。

一、货物贸易合同的当事人具有特殊性

货物贸易合同当事人的营业地分别处于不同的国家。如营业地在中国境内的一家外资企业与营业地在国外的母公司之间以 EXW（工厂交货）条件在中国境内订立一份买卖某种产品的合同，尽管外资企业的法定代表人是由母公司的法定代表人兼任的，而且按 EXW 条件货物的交付、所有权的转移都在中国境内完成，合同订立地也在中国境内，但由于当事人双方营业地不在同一国家境内，因而该合同仍是货物贸易合同，而不能将其视为中国国内的货物买卖合同。

二、货物贸易的标的物具有特殊性

所谓合同的标的物，也是合同的客体，是当事人依据合同产生的权利义务所共同指向的对象。货物贸易合同的标的主要是有形动产，是可以移动的各种物品，从而排除了不动产、无形财产，也排除了各种服务、票据及货币、电力等商品。因而此类合同在法律适用上仅适用有关有形动产买卖的法律规范，不适用不动产和证券交易方面的法律。

三、货物贸易合同是以货物及其所有权和货款作为对流条件的双务合同

货物贸易合同当事人双方，一方应提供合同约定货物并转移所有权，另一方应支付约定的货款。合同的履行过程，实际上是双方互为承担义务的过程，也是货物及其所有权与货款完成对流的过程。货物贸易合同的各项条件也都是围绕这种对流关系确定的。因而货与款的对流是货物贸易合同的核心，也是区分货物贸易合同与其他类型合同的重要标志。

四、货物贸易合同的订立、履行过程具有复杂性，往往在不同国家领域内完成

合同的顺利执行，不仅有赖于合同当事人的履约行为，而且往往需要承运人、保险人、银行等关系人的密切配合。而且由于货物贸易合同的履行往往影响到买卖双方所在国家的利益，有关国家的进出口管理机构必然对合同的履行过程进行监督与管理。此外，在法律适用上，也会涉及有关货物贸易的各种法律规范。

第三节　货物贸易合同的成立

1980 年《联合国国际货物销售合同公约》是有关货物贸易活动的重要法律文件。该公约规定，货物贸易合同的订立，当事人必须通过发价（offer）和接受（acceptance）。接受生效时，即为合同成立。公约第二部分对发价和接受的规则作了较详细的规定。

一、发价

1. 发价的含义

发价即要约。公约认为，发价是"向一个或一个以上特定的人提出的订立合同的建议"。并进一步要求该建议的内容必须"十分确定并且表明发价人在得到接受时承受约束的意旨"。

2. 发价的有效条件

从公约关于发价的定义中可以看出，一项有效的发价必须具备以下条件。

（1）发价人与受发价人应当是特定的

非向一个或一个以上特定的人提出的建议，仅应视为邀请作出发价。但有一种情况例外，这就是提出建议的发价人明确表示该建议尽管是向不特定人提出的，但他仍愿意将该建议作为发价对待而受其约束。

（2）发价的内容应当十分确定

这里的十分确定按公约的要求是应当写明货物并明示或暗示地确定数量和价格或规定如何确定数量和价格。从实际操作的角度看，这里的"十分确定"，大致包括以下几层意思：一是应使主要交易条件十分确定，这里的主要交易条件，是指货物贸易合同的一些核心条件，这就是货物名称、数量和价格、货款的确定。二是要求发价的用词必须十分确定，不得含糊其辞、模棱两可。三是要求对发价的内容不作任何保留也不以任何条件加以限制，从而影响发价的内容的确定性。

（3）发价人在发价中应表明其在对方接受时承受约束的意思

这是使发价具有法律效力的必要条件。发价是以订立合同为目的的一种建议，在受发价人接受该建议的情况下，发价人应受其建议的约束，与受发价人成立合同或履行其在发价中所作出的允诺。

符合上述三项条件的发价，才能产生发价的法律效力。

3. 发价的效力及其生效

发价的效力与各国合同法上要约的效力是一致的，即发价对发价人产生一项义务，发价人应受发价的约束，在发价规定的期限内或在合理时间内等待受发价人的回复，在受发价人依照发价的要求接受发价的情况下，发价人应承担订立合同并履行发价中所作出的允诺的义务。发价对于受发价人来说，因发价产生了一系列权利：即他有权接受发价，也有权拒绝发价，有权对发价提出更改、添加，一般还有权对发价人的发价保持沉默而无须通知发价人。

发价的生效时间按照公约第十五条第一款的规定是在发价送达受发价人的时间。

4. 发价的撤回与撤销

发价的撤回（withdrawal）与发价的撤销（revocability）是两个不同的概念。发价的撤回是指发价人在发价生效前，以某种方式追回发价或使发价不再发生任何法律效力的法律行为。根据公约第十五条第二款的规定，任何发价都是可以撤回的，即使不可撤销的发价也是可以撤回的。但是，发价人撤回发价的通知应当先于发价通知或至少与其同时送达受发价人。这里撤回通知的生效时间也是以送达受发价人为准。如果撤回通知晚于发价通知送达受发价人，则该撤回通知不再具有撤回的效力，因为在此种情况下，发价已发生法律效力在先，撤回发价的意义在于使发价对发价人不发生法律约束力，受发价人也因此不可能取得发价所赋予的权利。在实践中，撤回这一手段通常被用来作为纠正发价错误之用。

发价的撤销则是指发价人在发价生效后，受发价人发出接受通知之前，以某种方式使已生效的发价的法律效力依法终止的法律行为。根据公约规定，并非所有的发价都可以撤销，撤销发价必须符合一定的条件。发价的撤销只能限于撤销那些可撤销的发价，不可撤销的发价不得撤销。

从公约第十六条第二款的内容看，下列发价应视为不可撤销。

（1）在发价中已载明了接受的期限，或在发价上以某种方式表明该发价不可撤销。如在发价上写明"本发价于×月×日前回复有效"或"于×天之内接受有效""保留发价有效期至×月×日"等，或直接标明"不可撤销""实盘"等。

（2）受发价人有理由信赖该项发价是不可撤销的，并已本着对该项发价的信赖行事。这是指虽然发价没有表明接受期限，也未以某种方式表明该发价不可撤销，但是，受发价人有理由认为该发价不可撤销，并已着手据以行事。所谓据以行事一般是指受发价人基于对该发价的信赖而着手购买材料或设备准备生产，或为此而支出各种费用。此类情形一般是指以下两种情形：一种是受发价人必须进行大量调查研究才能确定对发价是否予以接受的交易；另一种是为了进行项目投标，需首先询价以便据以核算成本和确定标价的交易。在此类情况下，如发价人的发价撤销，会给受发价人带来许多麻烦，甚至可能造成巨大损失。因而从保障交易安全和维护受发价人的利益出发，公约不允许撤销此种发价。撤销发价的第二个条件是撤销行为必须恰当，即发价人的撤销通知应先于受发价人发出接受通知送达受发价人，否则该撤销无效。撤销发价的法律效果是使已生效的发价的效力归于无效。

5.发价的终止或失效

公约第十七条规定:"一项发价,即使是不可撤销的发价,应于拒绝该发价的通知送达发价人时终止。"从公约的有关规定看,导致发价终止或失效的情况主要有以下几种。

(1)发价因受发价人的拒绝而终止。这里的拒绝一般有两种情况:一种是直截了当地拒绝,另一种是以还盘或反要约的形式拒绝发价。

(2)发价因发价人有效地撤销发价而失效。

(3)有接受期限的发价,因期限届满仍未被接受而失效。

(4)在"合理期限"内有效的发价,因过了一段合理时间而没有接受通知送达发价人,该发价也就失去了效力。

发价终止或失效的法律意义在于,发价失效后,发价人便可以不再受发价约束,可以对其交易另作安排,不必担心受发价人在发价终止之后又改变初衷对发价作出接受而使发价人陷于窘境。

二、接受

1.接受的含义

接受是受发价人作出的表示同意发价条件并愿意按该条件与发价人进行交易的意思表示。根据公约第十八条第一款规定,该种意思表示可以用声明的方式,也可以用作出某种行为的方式表示出来。但无论用何种方式,受发价人都应将含有同意发价内容的通知送达发价人。除非按照当事人之间已确立的习惯做法或惯例,无须作出这种通知。

2.接受的有效条件

从公约的规定可以看出,一项有效接受应符合以下条件。

(1)接受只能由受发价人作出,其他任何人都无权作出接受。其他人表示同意发价条件的意思表示,即使完全符合发价要求,也不具有接受的效力,而构成了一项交互发价(cross offer)。受发价人的代理人必须有受发价人的授权并以受发价人的名义才能作出接受。

(2)接受的内容应与发价的内容一致。接受是同意一项发价,受发价人应无条件地同意发价人在发价中提出的各项主要交易条件,否则便构成一项附条件的接受。

（3）接受应在发价规定的有效期限内送达发价人。发价中规定接受期限的，接受应在该期限内送达；如果没有规定接受期限，应在合理时间内送达。这里的合理时间应根据双方当事人的情况和该交易的实际，考虑要约人所使用的通信方法和迅速程度来确定。

对口头发价，除非当事人另有约定，原则上要求立即接受。

3. 接受的生效与效力

"接受发价于表示同意的通知送达发价人时生效。"公约显然采送达主义的观点。

接受的生效即意味着合同的成立。从接受生效之时起，发价人与受发价人之间便成立了一项货物贸易合同。

4. 有关附条件接受的问题

附条件接受是指受发价人在对发价作出接受时，对原发价虽表示接受，但又作了添加、限制或其他更改的情况。这种附条件的接受可能会导致两种后果。

（1）如果接受中对原发价的添加、限制或更改不构成对发价的实质性更改，那么除非发价人在不过分迟延的期限内以口头或书面通知反对其中的差异，该项附条件的接受仍构成对发价的接受。合同条件也应以发价条件和接受通知中所附条件为准。

（2）如果接受通知中对原发价的添加、限制或更改构成对发价的实质性更改，那么该接受通知便不再具有接受的效力，而是构成拒绝发价并构成新的还价。

判断接受通知是否构成对发价条件的实质性更改，主要看其是否对发价中有关货物的价格、付款方式，货物的质量、数量、交货地点和时间，一方当事人对另一当事人赔偿责任范围或解决争端的方法等内容作了添加或提出了不同条件，只要涉及其中一个方面的添加或更改，即为实质性更改。

5. 接受期限的计算

关于接受期限的起算，公约第二十条规定：发价人以电报或信件形式发出的发价的接受期间从电报交发时刻或信上载明的发信日期起算；如信上未载明发信日期，则从信上所载明的日期起算，即以邮戳为准；以电话或电传方式发出要约的，承诺期限从电话、电传送达受发价人时起算。

如果节假日或其他非营业日在接受期限内，则应将节假日或其他非营业日计算在内；如果发送接受的最后一天，适逢发价人营业地是节假日或非营业日，而使接受无法送达发价人，那么，接受期限应根据节假日或其他非营业日的天数给予顺延，即顺延到下一个正式营业日。

6.逾期接受的效力

对于逾期送达的接受,公约认为一般不具有接受的效力,除非发价人毫不迟延地以口头或书面形式加以确认。如果接受的逾期是由于非受价人的原因造成的,该接受仍具有接受的效力,除非发价人及时作出反对的意思表示,声明发价业已失效。如果受发价人逾期发出接受,公约对此虽没有规定,但一般认为,该接受通知只能作为一项新的发价来处理。

7.接受的撤回

接受生效,合同即告成立,因而撤销接受即为撤销合同,应符合公约规定的撤销合同的诸项条件。而接受的撤回则只需符合一个条件,即接受的撤回通知应先于或至少与接受通知同时送达发价人。撤回了接受,就无法成立合同,受发价人也不再受接受的约束了。

三、合同成立的时间与形式

公约规定的合同成立方式是协议成立的方式。合同成立时间以接受送达发价人的时间即接受生效时间为准。在对合同形式的要求上,公约将其与发价、接受的形式作同样处理,即在形式上可以不受任何其他条件的限制,既可以用书面形式,也可以用口头形式,并可以用包括人证在内的任何方法证明。公约关于非书面合同有效的这种规定,使合同形式变得十分灵活。但公约第十二条又允许缔约国在参加公约时对其关于非书面合同有效的规定按公约第九十六条的规定作出保留,而且该种保留是强制性的,当事人无权依据约定减损此种保留的效力。我国在参加公约时就依据此项规定,对公约关于非书面合同有效的规定作了保留。因此,即使适用公约,我国也只承认书面形式的货物贸易合同才有效。这里的书面,依照公约第十三条,也包括了电报和电传形式。

公约关于货物贸易合同成立的规定是比较全面的,也比较具体,同时较为巧妙地融合与调和了英美法系与大陆法系对合同成立问题的不同规定,因而较为合理,我国《民法典》合同编也在很大程度上借鉴了公约的规定。

第四节　货物贸易合同中的卖方义务

货物贸易合同是一种双务合同,合同依法成立,即对买卖双方产生了法律约束力。买卖双方应当承担履行合同所规定的义务的责任。在货物贸易合同中，卖方的最基本义务是交付货物，将货物的所有权转让给买方；买方的最基本义务则是接受货物并支付价款。一般地说买卖双方一方交货、一方付款，形成一种对流条件。

具体而言，卖方的义务是要按合同约定的方式、时间、地点交付货物，提供约定的有关货物的各种单据，并保证其所交付的货物符合合同的各项要求，同时还须对货物所涉及的有关权利承担担保义务。

一、卖方应按约定的方式、时间、地点向买方交付货物

根据公约第三十条规定，卖方有义务按合同或公约的规定交付货物，即卖方负有交货义务。交货（delivery）是指卖方自愿将货物移交给买方，并交由买方占有和支配的行为。对于交货的方式、时间和地点，一般由当事人在货物贸易合同中约定，如没有约定，则可适用公约的有关规定。

1. 交货的方式

买卖双方可以在合同中约定由卖方将货物交付给买方本人，也可以约定将货物交付给买方委托或指定的第三人。

在货物贸易实践中，交货的方式与合同所采用的贸易术语直接有关，有人将各种贸易术语归成两类，即实际交货条件（physical delivery terms）和象征性交货条件（symbolic delivery terms）。在实际交货条件下，卖方完成交货的方式是在指定地点将货物置于买方的实际控制之下；而在象征性交货条件下，卖方只需将能代表货物或货物所有权的有关单据（documents）交付给买方即算完成交货义务。如将提单（bill of lading）交付买方，买方取得提单，也就可以取得货物所有权，并通过处置提单来处置货物。在货物贸易合同中，如买卖双方约定采用EXW（工厂交货）条件或 DES（目的港船上交货）条件、DEQ（目的港码头交货）条件、DDP（目的地完税后交货）条件，则相应地卖方都负有按实际交货方式交货的义务。而如果约定采用 FCA（货交承运人）条件或 FOB（装运港船上交货）条件、CFR（成本加运费）条件、CIF（成本保险费加运费）条件时，则卖方承担按象征性交货方式交货的义务。

2. 交货的时间

公约第三十三条规定："卖方必须按以下规定的日期交付货物：（a）如果合同规定有日期，或从合同可以确定日期，应在该日期交货；（b）如果合同规定有一段时间，或从合同可以确定一段时间，除非情况表明应由买方选定一个日期外，应

在该段时间内任何时候交货;或者(c)在其他情况下,应在订立合同后一段合理时间内交货。"这里的合理时间,应依据各个具体交易的实际情况加以确定。

3.交货的地点

交货的地点问题与交货方式有联系,但也有区别。交货地点关系到买卖双方的费用与风险的分担问题,一般说来,买卖双方之间确定了交货地点,也就可以据以确定双方在何地转移货物的风险,并划分双方所承担的费用。关于交货的地点,一般都是由买卖双方在货物贸易合向中明确予以规定,如无约定,则应按双方在合同中所选择的准据法或按有关国际公约确定。

根据公约规定,在双方当事人未约定履行地点时,可按以下方法确定交货地点。

(1)如果合同涉及货物的运输,卖方应将货物交付给第一承运人。在卖方将货物交付给第一承运人时,卖方应在所交货物上加上标记或在装运单据上或以其他方式注明有关的合同,否则卖方应向买方单独发出列明其所交货物的通知。如果卖方有义务安排货物的运输,则卖方应自负费用与风险,按照约定的或通常的运输条件,与承运人订立运输合同,并通过适当的运输工具将货物运到指定地点。对于运输途中的风险,如卖方依照合同约定有办理保险的义务,如在 CIF 条件下,卖方不仅要办妥运输,而且还应办妥保险。而当卖方对货物的运输不承担保险义务时,如在 CFR 条件下,卖方必须依据买方的要求,向买方提供一切现有的必要资料(主要是有关货物及装运情况的资料),便于买方办理运输保险。

(2)如果合同不涉及货物的运输,而卖方所交付的货物又是特定的,即"合同指的是特定货物或从特定存货中提取的或尚待制造或生产的未经特定化的货物,而双方当事人在订立合同时已知道这些货物是在某一特定地点,或将在某一特定地点制造或生产,卖方应在该地点把货物交给买方处置"。

(3)如果合同所涉及的货物既不涉及运输,也不涉及交付特定物,则卖方应在其订立合同时的营业地向买方交付货物。

对于交货的时间、地点、方式问题,各国的国内法一般都有专门的规定。如果合同并未适用公约,那么就应按国际私法规范所确定的准据法来解决卖方的交货问题。

二、卖方应向买方提交有关货物的单据

除了按照约定交付货物外,卖方还应提交有关货物的单据。这里的单据主

要是指与货物及货物的运输保险有关的书面凭证，如提单、商业发票、保险单等等。具体应提交哪些单据，则应根据买卖双方的合同约定确定。买卖双方在确定卖方提交单据的范围时，还会受到有关国际惯例的制约，这些国际惯例主要是贸易术语和支付方面的惯例。

在象征性交货条件下，卖方的交单义务是十分重要的。如果采用象征性交货条件，而又采用了跟单托收中的付款交单或跟单信用证结算方式，这时买卖双方的交易往往表现为单据与货款的对流，卖方是否交付单据，交付的单据是否符合要求，就成为卖方取得买方支付的货款的决定因素。

卖方承担提交单据的义务应按照约定的时间、地点、方式进行。在没有约定的情况下，可以按有关的国际惯例的规定进行或参照卖方所承担的交货义务加以确定。

由于各国的货物买卖法一般是从国内交易出发制定的，因此，对卖方的交单义务通常不作规定。这样公约与有关国际惯例的规定就显得较为重要。

三、卖方应对其交付的货物的品质承担担保义务

这项义务就是卖方的品质担保义务。卖方应保证其售出的货物的品质完全符合合同要求，并且没有影响买方利益的瑕疵。

货物的品质是货物买卖的重要条件，是衡量买卖标的物的好坏的主要指标。关于卖方的品质担保义务，几乎各国国内法均有相应的规定，但在内容和概念上有着不少差异。公约第三十五条规定，除非双方当事人另有协议，卖方应对货物承担品质担保义务：第一，货物应适合于同一规格货物通常使用的用途；第二，货物应适合于订立合同时曾明示或默示地通知卖方的任何货物的用途；第三，货物的质量应与卖方向买方提供的样品或模型相符；第四，货物应按同类货物通用的方式装箱或包装，如无此种通用方式，则可按足以保全或保护货物的方式装箱或包装。

公约第三十五条第一款所规定的卖方承担的保证货物与合同相符的责任，不仅包括前述品质方面的要求，还包括数量、规格和包装方面的要求，只要其中有任何一方面未能满足要求，即构成货物与合同不符。

以上规定实际上是公约加诸卖方的义务，反映了买方在正常交易中对所购买的货物的合理期望。但是，买方在订立合同时已经知道或不可能不知道卖方所交货物存在不符合上述规定的情况，而买方仍同意订立买卖合同的，卖方就无须对此种不符承担责任。一般在双方当事人没有明确约定时就可能适用公约，

但当事人通常也可以采取约定的方式在合同中排除公约的上述规定。

在规定卖方的品质担保义务的同时,公约还对卖方的品质担保义务与合同中的风险转移及保证期,以及检验货物并提出异议的时间、地点问题作了规定。

根据公约第三十六条第一款的规定,卖方应对货物在风险转移于买方时所存在的任何不符合同的情形承担责任,即使这种不符合同的情形是在风险转移于买方之后才变得明显的。这一规定表明了两层意思:第一,卖方对货物的品质担保责任一般到货物风险由卖方转移给买方时为止;第二,如果货物存在的与合同不符的情形在风险转移前没表现出来,但确实已经客观存在了,即所谓货物存在潜在缺陷(latent defect),并在风险转移给买方之后,这种缺陷才显露出来或被发现,在此种情况下,即使货物风险已由卖方转移给了买方,卖方仍应对此种不符合同的缺陷承担责任。因为此种缺陷并非在风险由卖方转移给买方之后才存在的,而是在此前已经存在,只不过以前未发现而已。公约还规定,如果双方在合同中约定了货物品质的保证期,而在保证期内,在货物的风险已完全转移给买方的情况下,仍出现了货物不符合合同的情形,那么,卖方仍需对此负责。因此,在公约看来,风险的转移并不能免除卖方违反合同中关于保证期内应承担的责任。

要确定货物究竟与合同是否相符,就需通过检验与鉴定。因此各国的买卖法都允许买方检验货物。买方在检验后如发现货物确实存在品质问题,则有权采取相应的补救措施,如要求退货或要求卖方给予损害赔偿等。公约对此也持支持态度,公约第三十八条对买方检验货物的时间和地点的规定如下。

1. 买方必须在按情况实际可行的最短时间内检验货物或由他人检验货物。这里对检验时间的规定主要用于当事人没有约定的情况下,如当事人之间已就检验时间问题有了明确约定,则按约定处理。所谓按情况可行的最短时间,一般是指按货物性质、交易情况、检验方法与手段及根据有关国际惯例所确定的尽可能短的时间,因为货物贸易的标的物千差万别,检验时间无法作出整齐划一的规定。

2. 检验地点原则上在货物运到目的地后进行。但如果货物在经运输到达目的地后或在运输中改运或由买方再次发运,而使货物没有机会进行检验,同时卖方在订立合同时已经知道或理应知道这种改运或再次发运的可能性,则检验货物的地点可相应安排到该货物到达的新的目的地进行。为避免发生分歧,当事人最好在合同中对检验地点作出明确规定,因为公约的规定仍是比较原则的。

如买方在检验货物后发现卖方所交货物与合同不符,买方就可通知卖方,向卖方提出异议并要求作出相应的补救。根据公约第三十九条规定,买方必须在发现或理应发现货物不符合同的情况后的一段合理时间内通知卖方，并说明货物不符合同的性质，否则就丧失了声称货物不符合同的权利。这里的"丧失声称货物不符合合同的权利"，主要指买方如未能在合理时间内将上述情况通知卖方，就不得采取各种针对卖方交付货物与合同不符时的补救办法。其中包括要求退货、要求损害赔偿、要求减价、要求修理或宣告撤销合同或要求实际履行等。对于买方主张卖方交货与合同不符的最后期限，公约规定为2年，从买方实际收到货物起算。

四、卖方应承担对货物的权利担保义务

卖方对货物的权利担保，其含义是指卖方应保证对其所出售的货物享有合法的权利，保证其所出售的货物未侵犯任何第三方的权利，并且任何第三方都不会对该货物提出权利要求。在货物贸易中，要求卖方交付货物本身的同时，也要求卖方向买方转移货物的所有权，这在各国的货物买卖法中一般都有类似规定。而公约则根据货物贸易合同的特点，对卖方的权利担保义务作了更为详细的规定。这些规定主要反映在公约第四十一条至第四十四条的规定中。这些规定归纳起来主要有以下几个方面。

1. 卖方对货物的权利担保可以包括物权和债权方面的权利担保与知识产权方面的权利担保

（1）物权、债权方面的权利担保

公约认为，卖方所交付的货物，必须是第三方不能提出任何权利或要求的货物。这里的任何权利或要求既包括物权方面的，也包括债权方面的，还可包括知识产权方面的。在物权和债权方面，卖方应保证其对所出售的货物拥有所有权或处置权，这种权利应当是完全的权利。如果所出售的货物含有他人设定的包括典权、质权、抵押权或留置权在内的请求权，卖方必须依法排除这种请求权之后才可出售该货物，否则买方的权利就无法保障。

（2）知识产权方面的权利担保

与物权方面的担保一样，所交付的货物，必须是第三方不能根据工业产权或其他知识产权主张任何权利或要求的货物。这里的工业产权，主要包括专利权、商标权，而1883年的《保护工业产权巴黎公约》则将工业产权的内容扩大到更广泛的范围，其中还包括厂商名称、产地标记、原产地名称以及制止不正当竞争。而工业的含义则不仅限于制造业，也包括商业、农业、采掘业等。至于其他知识

产权,一般应包括著作权等。根据公约规定,卖方承担上述义务是有所限制的,即仅限于以下情况。

第一,卖方在订立合同时已经知道或不可能不知道货物含有此种权利和要求。

第二,此种权利和要求的来源是以下国家的法律规定为基础的:一是货物将在某一国境内转售或作其他使用,则根据该国的法律来确定上述权利与要求的存在;二是如果不存在转售或在某一国境内其他使用的情况,则根据买方营业地所在国家的法律来确定。

2.排除卖方权利担保的情况

(1)在卖方承担物权、债权担保的情况下,如果买方同意在货物含有第三方权利或要求的条件下收取货物,在买方收取货物后,一般认为应排除卖方所承担的担保责任。但对此,也有人认为卖方的担保义务是绝对的,并不能因上述情况而免除其责任。

(2)对于卖方承担的知识产权担保,排除其担保责任的情况有:买方在订立合同时已经知道或不可能不知道卖方交付的货物含有他人的知识产权的权利或要求,而买方仍与卖方订立合同的;有关第三方知识产权方面的权利或要求,是由于卖方要遵照买方所提供的技术图样、图案、程式或其他规格为其制造产品而引起的。

3.《公约》还规定了发生权利争议时的通知时间及其处理,也规定了未发通知时可能产生的影响

第五节　货物贸易合同中的买方义务

由于货物贸易合同是一种双务合同,买卖双方的权利义务通常是相对应的,卖方的义务是买方的权利,而卖方的权利则表现为买方的义务。货物贸易合同的买方基本义务主要有两项,一项是支付货款,另一项是受领货物。

一、支付货款的义务

货款是货物贸易合同一项主要的对流条件,买方应依照合同约定或法律规定的时间、地点和方式向卖方支付货款。

1. 货款的支付结算条款

一般情况下,买卖双方在合同中都订有货款的支付结算条款,对买方支付货款的方式、货币的种类、付款的时间和地点等都有明确的约定,在此种情况下,买方必须严格遵守这种约定。如合同规定采用信用证方式支付的,买方应在订约后向银行申请开立信用证。银行在办理开证时通常要求买方办理书面申请并交付押金,如买方未采取相应的步骤与措施,使银行不能开出信用证,在发生这种情况时,卖方可以给予买方一段额外的合理时间让买方采取必要的步骤与措施,使银行开出信用证。如果买方在这一段额外时间内仍未做到,卖方就可以采取包括解除合同在内的救济手段。

如果买卖双方在合同中对支付货款问题没有详细约定,买方仍有义务按法律或规章的要求,履行必要的步骤与手续,使货款得以支付给卖方。这里的必要步骤与手续,也包括买方履行本国政府为国际支付所规定的各种法律程序与各项批准手续。

2. 确定货物的价格

确定合同的价格是确定合同项下的货款的必要步骤。如在合同中双方当事人已对货物的具体价格或确定价格的方法作了明确的约定,买方就得根据合同的约定确定价格并据此支付货款。如果合同中没有明示或默示地规定货物的价格或确定价格的方法,则可根据公约第五十五条的规定处理。此条规定为:"如果合同已有效地成立,但没有明示或默示地规定价格或如何确定价格,在没有任何相反表示的情况下,双方当事人应视为已默示地同意引用在订立合同时此种货物在有关贸易的类似情况下出售的价格。"实际上这种情况在许多国家并不会发生,因为包括中国在内的许多国家认为,没有价格的合同是不能成立的,因为价格是合同中的必要条款。但公约和一些国家的法律认为,这种情况仍有可能发生,特别是在卖方已交付货物的情况下,即使价格未定,但不能因此否认交易合同关系的存在。对于究竟以什么价格为基准来确定合同中货物价格,一些英美法国家采用的是交付时的合理价格,而公约采用的是订立合同时同类货物的通常价格。在具体确定价格时,应当考虑该类货物的国际市场价格,同时结合具体交易的各项条件等综合考虑。

3. 支付货款的时间和地点

对于支付货款的时间和地点,公约规定:"如果买卖合同没有具体规定买方应当支付货款的时间,买方应在卖方按合同或公约的要求将货物或货物所有权凭证移交买方处置时支付货款。"

可见,公约在此将货物与货款、代表货物所有权的单据和货款分别作为两组对流条件来对待。在卖方交付货物或移交代表货物所有权的单据时,买方才有支付货款的义务,但是公约也允许在合同涉及货物运输的情况下规定必须在买方支付货款时,才可将货物或代表货物所有权的装运单据交给买方。此外,公约第五十八条第三款还规定,买方在未有机会检验货物之前,没有义务向卖方支付货款,除非这种检验机会与双方当事人约定的交货或支付程序相抵触。这就意味着,公约在要求买方支付货款之前,先给予买方检验货物的机会,但是这种机会又必须服从于当事人双方关于交货或支付程序的约定。如果双方约定的交货或支付程序表明买方在未检验货物之前就得付款,那么,买方就不得以尚无机会检验货物为由而拒绝付款。在买方付款的时间问题上,公约第五十九条还特别强调买方必须按双方合同约定或公约规定的日期付款,而无须买方提出任何要求,也无须买方办理任何手续,不必经卖方催告。如果买方不按时付款,即构成违约,应负延迟付款的责任。

对于买方付款的地点,一种情况是在卖方的营业地付款。如果卖方有一个以上的营业地,则买方应在与该合同及合同的履行关系最为密切的那个营业地点向卖方支付货款。这种情况在国际贸易中通常适用于:(1)买方向卖方预付货款;(2)收货后买方向卖方支付现金;(3)汇付货款;(4)向卖方支付损害赔偿金、罚金等。还有一种情况是在凭移交货物或单据支付货款时,买方应在移交货物或单据的地点支付货款,如在 CIF 条件下,通常是由卖方凭提交装运单据向买方收取货款。无论是采用跟单托收还是信用证方式支付,买方支付货款都是以卖方提交了全套约定单据作为必要条件的。

二、受领货物的义务

根据公约第六十条的规定,买方受领货物的义务主要包括如下几点。

1.买方应采取一切理应采取的行动,以便卖方能交付货物

交付货物尽管是卖方的责任,但在许多情况下是需要买方的配合的。如在 FOB 条件下,买方要承担租船订舱的义务,卖方交货的地点在装运港码头,在船上完成交货的义务。如果买方未租船订舱,也未委托卖方及他人代为租船订舱,或者买方所订的船舶未能按时到达装运港码头,卖方就无法交付货物或按时交付货物。因此公约强调在卖方交货问题上,买方应予配合,并将其作为买方受领货物的必要步骤,如果买方未履行此项义务,应当承担责任。

2.接收货物

这里的接收货物是与卖方的交付行为相对应的。接收货物的方式一般应与交付的方式相一致,如买方有义务提货时,买方应及时指派交通工具向卖方提取货物,如果货物是由卖方运至买方所在地时,一般均要求买方及时卸货并提走货物,否则就会影响卖方的利益,对于由此给卖方造成的损失,买方应承担责任。

第六节　货物贸易中的所有权转移

一、所有权转移及其意义

在货物贸易活动中,买卖双方之间的关系从经济角度讲是一种利益的交换,而从法律角度讲是一种权利的实现与义务的履行。根据货物贸易合同,买方希望得到的是卖方提供的货物,以便得到货物的使用价值,同时,买方也希望得到权利有保障的货物,他在得到货物的同时,也应得到对货物的处置权。而对于卖方来说,他要得到买方支付的货款,就得放弃对货物的处置权,并将该种处置权移交给买方。

尽管在货物贸易的实务中当事人通常并不直接深究货物的所有权问题,但从法律角度讲,所有权关系是决定各种财产关系的基础关系。货物贸易合同作为一种债权债务关系的发生依据,也是以所有权关系作为基础的。因此,所有权的转移问题,仍是一个有重要法律意义的问题,对于买方、卖方或其他第三方的利益有直接的关系。如果在买卖双方订立合同后,在货物所有权未转移给买方的情况下,买方就无权将该货物出售给第三方。而一旦卖方已将货物的所有权转移给了买方,卖方如要收回货物或要将该货物再转售给第三方,就必须经过一定的法律程序方可进行。在 CIF 或 CFR 条件下,采用跟单托收中的 D/P(documents against payment,付款交单)或 L/C(letter of credit,信用证)方式支付,如果在卖方交单时,买方未付款赎单,银行将全套包括作为物权凭证的装运单据在内的议付单据退还给卖方,这时卖方仍拥有货物的所有权,尽管货物早已出运并已抵达目的港。如果这时承运人凭买方的保函在目的港将卖方交付的货物交付给买方,卖方就可对承运人或买方提起诉讼。对承运人可按运输合同起诉,而对买方可按侵犯所有权起诉,因为这时所有权并未从卖方转移给买方,买方取得货物是非法的,已侵犯了卖方的财产所有权,卖方有权请求返还财产并赔偿损失。由此可见,货物的所有权转移问题,对于货物贸易合同的当事人和第三方来说,并非没有意义。

二、公约与有关国际惯例的相关规定

公约仅笼统地规定卖方有义务将货物所有权转移给买方,但对所有权如何转移的问题通过第四条第二款明确予以排除。这主要是考虑到世界各国对所有权问题的规定分歧太大,无法统一,因此在拟定公约时将该问题排除于公约规定之外。

1932 年的《华沙—牛津规则》中,对 CIF 条件下货物所有权转移问题作了明确的规定,该规则第六条规定:货物所有权由卖方转移于买方的时间,应当是卖方把装运单据(提单)交给买方的时刻。

国际商会《国际贸易术语解释通则》并未对所有权转移问题作明确直接的规定,但根据通则对各贸易术语的解释,一般可将其中所规定的贸易术语分为两大类:即卖方有义务通过交付单据来完成交货义务的贸易条件——象征性交货条件,以及卖方有义务通过交付货物来完成其交货义务的贸易条件——实际交货条件。在象征性交货条件下,货物的所有权随卖方交付的单据转移。

由于各国的国内法与有关的国际公约、国际惯例对货物贸易合同中货物所有权的转移问题规定不一,因此,在货物贸易实践中,当事人的合同约定具有相当重要的作用。这种约定可能直接用以解决货物的所有权转移问题,也可能用以确定合同的准据法,并根据该准据法中关于所有权转移问题的规定来解决货物贸易中的所有权问题。如果当事人未作约定,则由法院或仲裁机构依冲突规范确定的准据法解决。

第七节　货物贸易中的风险转移

一、风险的含义及确定风险转移时间的意义

风险是指在货物贸易活动过程中,当货物跨国境转移时可能导致货物及其利益损失的各种主客观原因。如遭遇暴雨、雷电、地震等自然灾害使货物灭失,

或由于他人过错而引起火灾而烧毁货物等等。

在货物贸易中确定货物的风险转移时间,固然是为了解决各种风险所造成的货物损失的承担问题,同时也据以确定向造成损失的其他过错责任方的追偿权,还可以确定保险利益的存在与否并进而确定当事人向保险人的索赔权。可见,确定货物贸易中的风险转移,有多方面的法律意义。

二、有关风险转移的法律规定

我国法律对于货物的风险转移问题主要规定在《民法典》第六百零四条中:标的物毁损、灭失的风险,在标的物交付之前由出卖人承担,交付之后由买受人承担,但法律另有规定或者当事人另有约定的除外。

发达国家的法律关于货物的风险转移问题的规定比较明确,但在内容上并不一致。英国法与法国法一般采用"物主承担风险"的原则,即将风险转移与所有权转移问题联系在一起,以货物所有权转移的时间来确定货物风险转移的时间。而美国、德国、奥地利以及北欧诸国法律则将所有权转移问题与风险转移问题分开,一般以交货时间来决定风险转移的时间。因为货物由卖方交付出去,就脱离了卖方的实际控制,而转入买方或买方的代理人控制之下,而货物所有权往往表现为一种抽象的概念。所有权转移时,货物不一定已纳入买方实际控制之下,同样,在卖方仍实际控制货物的情况下,货物的所有权可能已通过交单而转移。因此,将所有权转移时间与风险转移时间相联系的做法,往往是不够合理的,在实践中也极易引起争议。

公约在排除所有权问题的同时,对货物风险转移问题作了详细明确的规定。公约首先允许货物贸易合同的双方当事人在合同中约定风险转移的时间和条件。如果当事人没有这方面的约定,则可按公约的规定处理。

公约处理风险转移问题的原则主要有以下几个方面。

1. 将货物所有权转移与风险转移问题分开,不采取"货主承担风险"的做法。

2. 货物的风险一般随货转移。货物风险转移时间一般根据交货时间来确定,具体又分为三种情况:第一种是公约第六十七条所规定的情况,即如果买卖合同涉及货物运输,但卖方没有义务在某一特定地点交付货物,则自货物按照合同交付给第一承运人以运交给买方的时候起,风险就转移给买方承担。如果卖方有义务在某一特定地点把货物交给承运人,在货物于该地点交付给承运人以前,风险不转移给买方承担。但卖方有权保留单据以控制货物处分权,并且不因此而影响货物风险的转移。第二种情况规定在公约第六十八条中,该条主要是关于在运输途中出售货物的风险转移问题的规定。对于该种货物,从订立合同时起,风险就转移给买方。但如果情况表明有需要时,则从货物交付给签发载有运输合同单据的承运人时起,风险就由买方承担。但是,如果卖方在订立合同时已经知道货物遭受损坏或灭失,而他又不将这一事实告知买方,则这种灭失或损坏应由卖方负责。第三种情况是指公约第六十七、六十八条所规定的情况之外的情况下风险转移问题。公约第六十九条规定,如果买卖合同不涉及为货物安排运输,由买方自行安排运输,货物的风险应从买方收取货物或依照合同应当收取货物时起转移给买方承担。如果买方有义务在卖方营业地点以外的某一地点收取货物,则当交货时间已到而买方知道货物已在该地点交给他处置时起,风险就转移给买方承担。

3.国际惯例优先的原则。这是指在货物贸易合同中,当事人一般均对合同所采用的价格条件(price terms)有明确约定,而该价格条件又具有明确双方在货物交接过程中的权利义务的功能,其中也可以用来明确双方的风险划分界限。如 CIF、FOB、CFR 三种价格条件均在装运港码头以船舷为界划分买卖双方的风险。因此,当事人采用的价格条件是划分买卖双方对货物所承担的风险的依据。在解决货物贸易中风险承担方面的纠纷时,应优先考虑合同中的价格条件,优先适用有关价格条件的国际贸易惯例。

4.当事人过错例外。这是指如果当事人一方违反合同,且有违约过错,则会影响风险转移的时间。例如,买方有义务安排运输,并在卖方营业地收取货物,如买方未按合同约定时间及时收取货物,虽然此时货物尚未实际交付给买方,但买方应从原合同约定的交货时间终了时起承担货物的风险,这在公约第六十九条和有关的国际惯例中都有相同规定。相应的,公约第六十八条则对卖方有过错时的风险承担也作了规定。可见,如果当事人一方有违反合同的过错,货物的风险转移问题一般应例外处理,即应加大过错责任方的风险承担。

5.以货物完成划拨为风险转移的前提。无论在何种情况下,如果货物未以适当的方式确定于某一买卖合同项下,即货物未特定化,风险也就不能由卖方转移给买方承担。这里划拨货物的方式可以是多种多样的,如单独包装、分别存放、刷上唛头,或在运输单据上分别注明等。

公约也对风险转移的后果作了简要规定。公约认为,如果货物在风险已转移给了买方承担后,而买方尚未实际收取货物前发生丢失或损坏,买方支付货款的义务并不因此解除,除非这种丢失或损坏是由卖方的行为或不行为所造成的。可见,如果风险已由买方承担,即使其尚未收到货物,而货物已在此前丢失或损坏,该损失仍应由买方承担,买方不得因此拒付货款。

对于风险转移与根本性违约的关系问题，公约第七十条规定，如果卖方根本性违约，不影响货物风险按公约前述规定转移，但风险转移也不影响受根本性违约影响的一方依据公约采取各种救济措施的权利。

在有关国际贸易术语的国际惯例中，一般都详细规定了货物的风险转移问题，因为划分风险是贸易术语的一个基本功能。在具体的货物贸易合同中，如果当事人规定了具体的贸易术语，则完全可以根据国际贸易术语的国际惯例来确定货物的风险转移。

第八节　货物贸易合同的违约责任

货物贸易合同依法成立即具有法律约束力，当事人应当严格遵守双方在合同中的约定，全面履行合同义务，否则就应承担相应的法律责任，这是世界各国公认的一项原则。

一、违约的构成要件

对违约的构成，各国法律一般均要求确实存在违约的事实，即当事人确实有未履行合同约定义务的行为，或者其履行合同义务的行为未能达到合同规定的标准，而不论这种行为是以作为还是以不作为的方式表现出来的。但在对违约的构成是否要求当事人主观上有过错这一点上，大陆法国家与英美法国家在理论上是有分歧的。英美法国家认为合同是一项允诺，是一方当事人向另一方当事人作出的一项保证，因此，无论当事人主观上有无过错，都应在其未履行该允诺的情况下对相对人承担违约责任。而大陆法系国家则认为：合同是一种债，作为合同一方当事人的债务人应严格履行债务，否则应受法律制裁，但法律制裁的是过错行为，行为人不必对其行为出乎意料的结果承担责任。因此，违约构成必须包括行为人有主观过错的条件。然而，在实践中，虽然英美法国家并不将过错作为违约构成要件，即在违约责任上采取无过错责任原则，但当因当事人无法控制的客观事件致使合同无法履行从而构成合同落空或在商业上不可能时，债务人同样可以免除其责任。而大陆法国家在奉行违约责任作为一种过错责任的原则的同时，对许多合同义务有例外规定：如关于卖方对货物的担保义务，金钱债务的履行，交付替代物等等均要求实行严格责任。这样，两大法系在实践中在违约构成问题上颇有些殊途同归的味道。

公约没有将过错作为违约构成的要件,但其第七十九条第一款又允许当事人在遇到非其所能预见、克服与控制的障碍的情况下,可免除其违约责任。

二、违约的分类

实践中,违约的表现形式是多种多样的,而不同的违约行为对合同的影响以及对合同当事人利益影响都是不同的。对于受违约影响的当事人来说,针对违约行为所能采取的补救措施也因违约行为的不同而不同,因此,需要对违约进行分类。

《公约》所规定的违约类型主要有预期违约与实际违约,根本性违约和非根本性违约等。

1.预期违约与实际违约

预期违约与实际违约是根据违约行为发生的时间来划分的。预期违约是指在合同有效成立后至合同约定的履行期届满前,一方当事人明确肯定地向另一方当事人表示其将不按约定履行合同义务,或一方当事人的自身行为或客观事实默示其将不能依照约定履行合同义务的情形。由于预期违约发生的时间是在合同成立后至履行期限届满前的这一段时间内,因此被称为"预期"违约或"先期"违约。而实际违约则与预期违约相对应,主要是指在合同规定的履行期限届满后,合同的一方当事人或双方当事人对合同义务的实际违反。可见,预期违约与实际违约的发生时间是不同的。严格地说,在确定一方当事人预期违约的时候,该当事人并无实际上违反合同约定义务的事实,这时的违约仅仅处于一种可能状态。预期违约与实际违约的另一个区别是实际违约可能发生在一方当事人也可能发生在双方当事人身上,而预期违约一般仅发生在一方当事人身上。

对预期违约的构成可以就预期违约的两种形态分别加以考察。对于一方当事人明确肯定地向另一方当事人表示其将不按约定履行合同义务的情形,一般将其称为明示预期违约。明示预期违约中一个最重要的构成要件是预期违约方必须明确地向另一方表明其不再履行合同约定义务的态度。而与之相对应的是默示预期违约,默示预期违约是由另一方当事人通过对预期违约方的行为或不行为及其他种种迹象的分析作出的判断。公约第七十二条列举了两种用以判断一方当事人预期违约的情况:一是当事人的履约能力或信用严重下降,例如买方在订立合同后失去偿付能力或已宣告破产等;第二种情况是当事人在准备履行合同或履行合同中的行为已显示出其将不履行其大部分重要义务。此外如果合同订立后，当事人一方所在国家发生战争而实行封锁禁运，则可由此预见其将不履行大部分合同义务。无论是明示预期违约还是默示预期违约，一般都仅发生于约定将来履行或分期履行的双务合同中，在即时清结的合同中，一般不会发生预期违约。对单务合同适用预期违约的规则是没有实际意义的。

公约也规定了对预期违约的救济方法，即公约第七十一条赋予受预期违约影响一方的中止履行合同义务的权利。这里的中止是指暂不履行自己的义务，与终止合同不同。对于中止履行合同的内容，就卖方而言也可以包括在卖方将货物发运后，即使在买方已取得提取货物单据的情况下，仍可以阻止向买方交付货物，即可以行使对货物的留置权，但此种留置权仅限于对买方行使，而对买方以外的其他第三方则无效。

对于预期违约也可以从其严重程度上进行区分，可以分为一般性违约和根本性违约。公约第七十二、七十三条中所列举的情况实际上已构成根本性违约，对于根本性违约所采取的救济方法是一方行使解除合同的权利。对于一般性违约只能采用中止履行的救济方法。

受预期违约影响一方在对预期违约采取救济措施时，应受到一定的条件限制，一是必须及时向另一方发出合理的通知，使对方当事人了解到其打算采取的措施，并允许对方向其提供履约保证，除非对方当事人已构成明示预期违约；二是在预期违约一方提供履约保证的情况下，受预期违约影响的一方就不得再主张中止合同或解除合同，而必须恢复履行合同，否则将构成违约；三是必须确实有预期违约的事实存在，无论是明示的还是默示，必须有一定的事实作为判断的基础，而不能仅凭主观臆断。

2. 根本性违约与非根本性违约

对于实际违约，公约主要将其分为根本性违约与非根本性违约。

公约第二十五条规定：一方当事人违反合同的结果，如使另一方当事人蒙受损害，致使实际上剥夺了他根据合同规定有权期待得到的东西，即为根本违反合同，除非违反合同的一方并不预知而且一个同等资格通情达理的处于同样情况中也没有理由预知会发生这种结果。这一条文是公约关于根本性违约的含义与构成条件的规定。其中反映出根本性违约所应当具备的两个条件，即客观上违约后果的严重程度和主观上的可预见性。

（1）违约后果的程度

公约对根本性违约与非根本性违约的划分主要是基于这两种违约后果的严重程度的不同，也就是对受违约影响一方的利益和整个合同的损害程度是不同的。对于根本性违约，公约要求当一种违约的后果已严重到实际上剥夺了合同的另一方当事人依据合同有权期待得到的东西。这里的"实际上"一词的含义有严重的、主要的、大部分的、实质性的等多种含义，违约的损害是否严重，应根据每一事件的具体情况来确定，一般应考察以下要因素。

第一，违约部分的价值或金额与整个合同金额之间的比例。如果一方违约部分的金额占了整个合同金额的大部分，一般认为就会对一方当事人利益产生严重的影响。

第二，违约部分对合同目标实现的影响程度。在某些情况下，虽然违约部分在整个合同金额中所占的比例不大，但会影响合同目的的实现。例如在一些设备的买卖中，尽管只是某一零件或部件的不合格，该零部件的价值仅占该设备价值一个较小的比例，但却使该设备因该零件不合格而无法使用。

第三，考虑延迟履行合同对合同目的实现的影响程度。对于一些时令性商品、季节性商品或纪念性商品、敏感性商品，交货的迟延往往影响到商品的价值，从而影响到该商品的商业目标的实现，而在通常情况下，一般的履行延迟不可能引起较为严重的后果，只有在前述商品交易这种特殊的场合才会出现。我国已故国际贸易法学家冯大同先生在其编著的《国际贸易法》一书中曾引用关于对圣诞火鸡与普通肉鸡交易的两个案例，试图对延迟交货是否会构成根本性违约作出符合公约精神的解释，尽管这两个案例较为特殊，但对理解公约的含义是很有帮助的。

第四，考虑在一方延迟履行合同义务，而另一方给予宽限期的情况下，延迟履行合同义务的一方当事人在宽限期内的履行行动。当事人关于履行期限的约定对双方都是有法律约束力的，而当一方违反这种约定时，另一方给予宽限，允许其在额外时间内履行合同义务，而如果延迟履行的一方当事人在对方给予的额外时间内仍未履行合同义务，则使给予宽限期的当事人完全失望，其依据合同有权期待达到的合同目标也就无法实现了。

第五，考察违约的后果以及违约所造成的损害可否得到修补。如果违约造成的损害后果十分严重，但这种损害可以通过修补得以逆转，这样当事人仍有可能实现合同目标，反之，则会使受损害一方的利益因无法弥补而失去合同利益。

第六，考察在分批交货合同条件下，其中某一批交货不符合同对其他各批的交货的影响，以及对整个合同的影响程度。一般在分批交货合同就整个合同而言属于可分合同时，即各批货物之间缺乏关联性的情况下，其中某一批的交货不符合同并不导致整个合同的目标无法实现的后果，而在该合同系不可分合同时，某批交货与合同不符就可能导致整个合同目标无法实现，从而构成根本性违约。

除了考虑上述因素之外，在具体业务中，还应充分考虑有关交易背景、交易过程、商业惯例，以及普通商人的商业常识等因素，只有这样，才能作出准确判断。

（2）违约后果的可预见性

这实际上是对违约方的主观性要求。根本性违约，除了在客观上要求违约的后果十分严重外，在主观上则要求违约方对该后果的发生是已经预见或应当预见、可以预见的。这里预见的时间，一般是指在订立合同时或订立合同后违约行为发生时，如一方当事人已预见或应当预见其违约行为可能造成严重后果，而他仍实施这一行为，那就表明其主观上有过错，他就应对该行为所引起的严重后果承担责任。能否预见，是否已经预见，并不仅凭违约一方当事人对自己的举证，而是要以第三者作为参照标准，即以一个"同等资格、通情达理"的人作为参照标准，通过证明该第三者能否预见或是否应当预见再来证明其主观上的可预见性。

只有在符合上述两个条件的情况下，才构成根本性违约，除此之外的违约为非根本性违约。

第九节　货物贸易合同的救济

所谓违约救济，是指在货物贸易合同的一方当事人违反合同约定或法律规定义务的情况下，另一方当事人依照合同约定或法律规定，以保障合同的法律约束力，维护其合法权益为目的而采取的各种措施的总称。违约救济对于违约方来说，会因受违约影响一方当事人采取违约救济措施而产生相应的义务，实际上是违约方依照合同约定或法律规定对其违约行为所应承担的法律责任。

这里所介绍的对违约的一般救济方法，主要是关于在货物贸易合同中买卖双方均可采取的救济方法。这些救济方法包括如下。

一、请求实际履行

实际履行是指在一方当事人违约时，另一方当事人要求其严格执行合同规定的特定义务，而不允许以金钱或其他方式代替履行。在各国合同法中，一般均规定了请求实际履行作为一种违约救济手段。由于实际履行这一救济方法通常都是由一方当事人通过向法院申请，由法院依法裁决并强制另一方当事人实施的，因此，实际履行又称为强制履行。在货物贸易合同的各种违约救济方法中，实际履行对受违约影响的一方当事人来说可以比较全面、确切地实现依据合同所期待的各项目标,因而比较容易被采用。

但在各国国内法中,对实际履行这一救济方法在应用中的态度并不一致。《德国民法典》将实际履行作为一种基本的和主要的违约救济手段。要求违约人实际履行是受害人的一项权利,除非法律另有规定,法院不得拒绝受害人的请求。《法国民法典》中将债务分为作为或不作为的债务和给付的债务,对于作为或不作为的债务,第一千一百四十三条规定,在债务人不履行的情况下,转变为赔偿损害的责任。因此受害人不能请求实际履行。而对给付的债务,主要指以交付财产或支付金钱为内容的债务,则可以把请求实际履行作为主要的救济方法。在英美法中,实际履行不是一种违约救济的主要方法,而只有当金钱赔偿不足以补偿受害人损失的情况下,才可以将请求实际履行作为一种特殊的和例外的违约救济手段加以运用。例如在一些不可替代货物的买卖或涉及不动产的买卖时,往往采用这种例外。

面对各国法律对实际履行问题的不同规定,公约第二十八条对实际履行问题作出了相应的规定。"如果按照本公约的规定,一方当事人有权要求另一方当事人履行某一义务,法院没有义务作出判决,要求具体履行这一义务,除非法院依照其本国法律对不属于本公约范围的类似销售合同愿意这样做。"该规定表明公约对实际履行问题的态度是:首先,受违约影响的一方当事人有权请求对方实际履行(即具体履行);其次,对于法院是否作出裁决要求违约方实际履行,完全由法院决定,公约无意作出统一规定;最后,法院作出判令一方当事人实际履行裁决的依据应当是其法院本国法,而非公约,如果法院本国法认为不应作出这样的裁决,则法院可以对一方当事人请求对方实际履行的请求不予支持。公约的这种规定,具有相当大的灵活性,实际上并未达到与大陆法与英美法关于实际履行的不同规定的目的。

而在1992年公布的由国际统一私法协会(Unidroit)起草的《国际商事合同通则》(*Principles for International Commercial Contracts*)中,对实际履行问题作了明确、统一的规定。对于履行金钱支付的义务,如一方当事人有义务支付而未支付,另一方当事人有权请求实际履行。而对于一方当事人负有支付金钱之外的义务而未履行的,另一方当事人也有权请求实际履行,但有以下情况例外:法律上或事实上不可能履行;履行或有关的执行带来不合理的负担或费用;应获得履行的一方当事人有理由从其他渠道获得履行;履行具有排他的个人的特性;应获得履行的一方当事人在他已知或应当知道不履行之后的合理时间内不要求履行。

而这里的请求实际履行也包括了要求违约方对有缺陷履行予以修补、替代或进行其他救济。该通则还规定，如法院判令当事人实际履行而不履行的，法院可进一步判令其向受害方支付罚金，而且该项罚金的支付并不影响受违约影响的一方当事人要求损害赔偿的权利。

二、解除合同

解除合同是货物贸易合同的当事人在一方违约的情况下，由另一方当事人依照合同约定或法律规定终止合同的效力的行为。而在 1980 年的公约中则使用了宣告合同无效（avoidance）的概念，这里的宣告合同无效实际上就是解除合同或终止合同效力的代名词。

根据 1980 年公约的规定，允许一方当事人采用解除合同（宣告合同无效）的救济方法的，仅限于另一方当事人的行为已构成了根本性违约，当一方当事人要行使请求解除合同的权利时，公约要求其履行一定的通知手续，即"宣告合同无效的声明，必须向另一方当事人发出通知，方始有效"。

对于宣告合同无效的效力问题，公约第八十一条第一款规定："宣告合同无效解除了双方在合同中的义务，但应负责的任何损害赔偿仍应负责。"第二款规定："已全部或局部履行合同的一方，可以要求另一方归还其按照合同供应的货物或支付的价款。如果双方都须归还，他们必须同时这样做。"因此，一旦解除合同成立，未履行的合同应终止履行，但并不因此影响当事人对违约方请求损失赔偿的权利。

三、请求损害赔偿

请求损害赔偿是公约所规定的一种最基本的违约救济手段，几乎适合于任何一种违约的场合。即使当事人已采取了其他救济手段，一般也不会因此失去请求违约方损害赔偿的权利。一方当事人请求损害赔偿，对违约方当事人便产生了违约赔偿责任。所谓违约赔偿责任是指货物贸易的一方当事人因未履行合同约定的义务而给另一方当事人造成财产损失时，依照法律规定或合同的约定所应当承担的补偿另一方当事人的财产损失的一种法律责任。违约赔偿责任与其他合同责任相比，具有自己的特点：首先，违约赔偿责任是一种金钱补偿责任。与其他违约补救措施相比，违约赔偿责任均是以支付一定数额的金钱的方式来承担的，由于该种责任是以金钱支付的，因此该种责任是可以量化的。其次，违约赔偿责任是补偿性责任,而非处罚性责任,其责任范围是有限的,即以补偿受违约影响一方当事人的实际财产损失为限。最后,承担违约赔偿责任一般仅限于违约行为所造成的财产损失,如果没有损失,即使一方当事人有违约行为,另一方当事人也不得请求损害赔偿。

在确定违约赔偿责任的范围时,一般应当遵循以下原则。

1.同一水平原则

所谓同一水平原则,是指受违约影响的一方在请求损害赔偿后所能达到的经济状况应当和合同得以严格履行所能够达到的经济状况处于同一水平。即一方当事人有权要求违约方予以赔偿的不仅包括因对方的违约行为而引起的利润减少等期待利益的损失,也包括因此种违约行为而使其产生的各种额外开支即既得利益的损失。其中不分直接损失还是间接损失,只要是由于一方当事人的违约行为给另一方当事人所造成的实际财产损失,另一方当事人均有权要求违约方承担。公约第七十四条规定:"一方当事人违反合同应负的损害赔偿额,应与另一方当事人因他违反合同而遭受的包括利润在内的损失额相等。"可见,公约要求这种赔偿额与违约造成的损失额应水平相当。我国《民法典》第五百八十四条也规定:"当事人一方不履行合同义务或者履行合同义务不符合约定,造成对方损失的,损失赔偿额应当相当于因违约所造成的损失,包括合同履行后可以获得的利益;但是,不得超过违约一方订立合同时预见到或者应当预见到的因违约可能造成的损失。"

2.因果关系原则。

公约对承担违约赔偿责任的条件并未作出专门规定,但在确定违约赔偿责任的范围时,公约要求违约赔偿责任的范围不得超过违约方订立合同时应当预见或已经预见的违约可能造成的损失。这一规定表明,违约方只对其违约行为给另一方当事人所造成的财产损失承担责任,即要求在损失与违约行为之间存在因果关系。如果另一方当事人的损失并非违约行为造成,即使是一种既得利益的损失也不属于违约赔偿责任范围之内。反之,如果是违约所造成的财产损失,即使该损失属于一种间接损失或一种期得利益的损失,也应属于违约方应当赔偿的范围。

3.过错责任原则

如前所述,各国法律对违约方在承担违约责任时是否要求违约方在主观上有过错的态度是不同的。公约对此也未表明其态度,但从有关规定中可以看出,在违约方承担违约赔偿责任时,要求违约方对违约所造成的损失主观上存在过错，这就是该损失应当是"违反合同一方在订立合同时，依照他当时已知道或理应知道的事实和情况，对违反合同预料到或理应预料到的可能损失"。如果违约方在订立合同时已经知道其违约行为将给另一方当事人带来某种损失，但他在履行合同的过程中，仍实施了这种违约行为，并造成了相应的财产损失，这时违约方对该种损失的造成在主观上处于故意状态。而如果该种损失是违约方在订立合同时应当预见而没有预见的，则即使其事实上没有预见到违约行为会造成如此损失，但是因为其主观上的疏忽或麻痹大意，违约方处于过失状态。因而如果违约方对该种损失的造成在主观上有过错，无论是故意形态的过错，还是过失形态的过错，违约方均应对该损失承担赔偿责任。如果受违约影响的一方当事人的财产损失，并非违约方在订立合同时可以预见或应当预见的，违约方就可以不对此种损失承担赔偿责任。即使当该种损失在客观上是违约方的违约行为所造成的前提下，如果违约方在主观上没有过错，即他在订立合同时没有预见，也不应当预见这种的发生，那么这种损失就应当从其承担的违约赔偿的范围内予以剔除。

因此，法律规定违约赔偿责任时，一般均要求承担违约赔偿责任必须同时具备四个条件：第一，行为人有违约行为；第二，行为人有违约的过错；第三，有实际损失；第四，违约行为与实际损失之间有因果关系。公约的规定与我国的做法是一致的。

4. 自我救济原则

受违约影响的一方当事人在向违约方请求损害赔偿的同时，应采取合理措施，防止因受对方的违约行为影响而造成的财产损失进一步扩大。如果他未能及时采取合理措施而使损失进一步扩大的，他无权就扩大部分的损失要求违约方予以损害赔偿。这一原则进一步限定了违约方承担的损害赔偿责任的范围。对于自我救济原则，公约中是这样规定的："声称另一方违反合同的一方，必须按情况采取合理措施，减轻由于该另一方违反合同而引起的损失，包括利润方面的损失。如果他不采取这种措施，违反合同一方可以要求从损害赔偿中扣除原可以减轻的损失数额。"在大陆法中，一般不作这样的规定。但往往是从受害人对损失的造成有无过错的角度，让受害人承担部分损失，相应地减轻了违约方的责任。在我国《民法典》第五百九十一条也做了类似规定。将自我救济原则作为确定违约方承担违约赔偿责任范围的一条标准，较为公平合理。但在实践中要判断受害方是否采取了合理措施（reasonable measures），往往因缺乏法定标准而容易引起争议。一般认为，要作出这种判断，应当根据交易的一般商业过程

(ordinary coures of business)来考察,同时考虑以下因素:

(1)受害人为减轻损失采取措施时不应冒过大的商业风险;

(2)受害人为减轻损失采取的措施不应毁坏自己的其他财产或抛弃其某种权利;

(3)受害人所采取的措施不应以损坏自己的商业信誉为代价;

(4)受害人为减轻损失所采取的措施不应损害第三人的利益。

至于受害人为减轻损失而采取的措施是否及时,也应根据交易过程的实际情况进行判断。

违约一方应向受害方支付的违约赔偿额是根据其应当承担的违约赔偿责任的范围来确定的,而确定违约赔偿责任范围的依据,就是前面所列举的四项原则。

四、支付违约金

所谓违约金(breach of contract damages),是指货物贸易合同的当事人在合同中约定的,当一方当事人不履行合同规定义务或履行合同义务不符合规定条件时应向另一方支付的一定数额的金钱。一般在许多货物贸易合同中规定有违约金条款。

违约金制度起源于罗马法时期,但在其以后的发展过程中,各国法律对违约金的规定与运用有相当大的差异。其中大陆法国家一般将违约金分为惩罚性违约金和赔偿性违约金,无论是哪一种违约金在法律上均是有效的,前者往往被用于合同履行的担保,后者则用于对违约的补救。在英美法国家,违约金有违约罚金(penalty)和预定赔偿金(liquidated damages)之分,前者在法律上是无效的,后者则是有效的,可以强制执行的。可见,英美法中是不承认违约金对违约方的惩罚作用的,也不承认违约金所具有的履约保证作用。正是因为各国有关违约金的法律规定之间存在着较大差异,难以统一,因此在1980年的公约中对违约金问题并未作出明确的规定。但1983年在联合国大会通过的、由联合国贸易法委员会制定的《关于在不履行合同时支付约定金额的合同条款的统一规则》,为消除各国法律在违约金制度方面的差异作了尝试。该规则的主要内容包括如下。

(一)如果债务人对不履行合同没有责任,债权人无权取得约定的违约金。

（二）如果合同规定，一旦延迟履行，债权人有权取得约定的金额，则债权人在有权取得约定的金额的同时，还有权要求履行合同义务。

（三）如果合同规定，当出现延迟履行以外的违约时，债权人有权取得约定的金额，则债权人有权要求履行合同，或者要求支付约定的金额。

（四）如果债权人有权取得约定的金额，则在该约定金额所能抵偿的范围内的损失，债权人不得请求损害赔偿，但是如果损失大大超过约定的金额，则对于约定金额所不能抵偿的部分，债权人仍有权要求损害赔偿，

（五）除非约定的金额与债权人所遭受的损失很不相称，法院或仲裁机构应不得减少或增加合同所约定的金额。

（六）当事人在适用本规则时，可以通过约定删除或改变本规则第（一）、（二）、（三）项规定的效力。

当然，这一规则的影响力仍十分有限，因为它并不具有强制力，只不过是供各国有关立法参考而已。

第十节　货物贸易中的不可抗力

一、不可抗力的含义及构成要件

不可抗力（force majeure）是指当事人在订立合同时不能预见，对其发生和后果不能避免和不能克服的客观事件。不可抗力事件的发生，如影响当事人履行合同义务，法律往往规定允许免除当事人的合同责任。因此，不可抗力事件是法律所规定的一种重要的免责条件。

至于对不可抗力事件的表达方法及构成要件，各国法律的规定并不一致。法国法中称之为不可抗力，德国法中则称为履约不能，英美法中有合同落空之说，而在1980年的公约中称之为履行合同的障碍。我国《民法典》中所采用的是不可抗力的概念。

尽管各国对不可抗力事件的构成要件规定不一致，但归纳起来主要包括以下要件。

1.不可抗力事件的发生具有不可预见性

对于货物贸易合同的当事人来说,不可抗力事件的发生纯属意料之外。这里的不可预见,主要是指在订立合同时不能预见,并应按照对正常交易中的正常的商人要求来判断能否预见或是否应当预见。如价格波动、汇率的涨跌这种正常的商业风险,就是商人们应当预料到的。

2.不可抗力事件的发生是当事人无法控制、避免的

不可抗力事件一般表现为自然灾害、社会动乱等一系列客观事件,这种客观事件的发生,是当事人凭其作为一个正常商业交易过程中的当事人的能力无法控制的。因此,此类事件对当事人来说,既与行为无关,也是其所无能为力的。

3.不可抗力事件的后果是当事人无法克服的

不可抗力事件既然是出乎当事人意料之外,当事人也无法控制其发生、发展,因此当事人也无法弥补这种客观事件所造成的客观影响。特别是对受其影响的货物贸易合同来说,不可抗力事件对货物贸易合同所产生的后果不仅不是当事人所希望看到的,也不是当事人按照一般的商业程序可以克服的。例如,卖方在订立合同后已组织货源存仓待交,在存仓期间,因仓库被雷电击中而导致存仓货物全损,对此后果卖方是无法克服的,当然从货物的风险承担角度讲,卖方仍有义务对这一后果所造成的损失负责。但是,由于货物全损,使卖方无法按照合同规定交付货物,对此后果卖方是无法克服的。如在此后果出现后,仍要卖方履行合同义务,就会使合同的双方当事人的利益失衡,也就使合同失去了存在的基础。

4.不可抗力事件发生于订立合同之后

毫无疑问,如果不可抗力事件早在订立合同之前即已经发生,那么该事件就不再是当事人订立合同时意料之外的了,而完全是其所应当了解到的。因为规定不可抗力事件的意义主要在于考察是否在合同成立之后,由于不可抗力事件的影响而使合同赖以存在的基础发生了根本性的变化,如果这种事件早已发生过,那么合同成立时必然已考虑了这一因素,并已成为合同成立的基础的一部分了。

5.不可抗力事件的发生并非由货物贸易合同的一方当事人或双方当事人的过错引起

如果某一客观事件的发生是当事人的故意或过失造成,那么,这一客观事件

完全是因当事人有过错的行为引起的，有过错的当事人应当对此事件负全部责任。

二、不可抗力的法律后果

不可抗力事件作为法定免责事由，一旦发生，就可以根据其对合同的影响，作出相应的处理。

1. 如果不可抗力事件的发生，使当事人的全部合同义务无法履行时，当事人可解除合同，免除全部合同义务，也免除了相应的不履行合同义务的责任。

2. 不可抗力事件的发生，使合同当事人不能履行合同的部分义务时，当事人可以发生不可抗力事件为由，要求免除其部分合同义务，同时，他也可以不再对该部分没有履行的合同义务承担违约责任。

3. 不可抗力事件的发生，使合同当事人不能按约定时间履行时，可允许受其影响的一方当事人延迟履行合同义务，并在该事件的后果影响持续的期间内，免除其延迟履行的责任。

我国《民法典》第五百九十条规定："当事人一方因不可抗力不能履行合同的，应当及时通知对方，以减轻可能给对方造成的损失，并应在合理期限内提供证明。"可见，发生不可抗力事件后，主张免责的一方还应承担两项从属义务，即及时通知义务和提供证明义务。在我国，这两项义务影响着当事人援用不可抗力主张免责的权利。

1980年公约在第七十九条中，对履约障碍问题也作了较为详细的规定，其中主要规定了五个方面的内容：(1)免责的条件；(2)免费的效力；(3)第三方不履约引起的免责；(4)免责的期间；(5)通知的义务。

在实践中，当事人一般应在货物贸易合同中对不可抗力问题作出明确约定，以避免对不可抗力的含义、构成要件、范围、后果处理等方面引起的争议，也省去了通过确定准据法再去援用相应法律解决不可抗力事件的麻烦。

第二章　技术贸易法律制度

第一节　技术与技术贸易

一般认为,技术是指制造某种产品、应用某种生产方法或提供某种服务所需要的系统知识,是人们在长期的生产实践中积累起来的,是劳动的产物,是智力劳动的成果。人们在创造技术过程中,耗费了一定的人力、财力、物力,因而它凝结着人的劳动,可以用价值来衡量;同时,技术可应用于生产实践中,并产生一定的经济效益,因此,它具有使用价值。这就使技术成为商品具备了基本的要素。对于拥有技术的一方来说,他们一方面企图通过垄断技术在竞争中保持有利地位,另一方面则希望通过技术的转让,让技术发挥最大的经济效益。因此,他们不仅应用技术进行生产经营活动,而且也将技术转让取得收入。不拥有技术的一方,一方面希望得到新技术以改变自己在经济竞争中的地位,另一方面考虑到研究一项新技术需投入大量人力、物力、财力,且为了避免低效的重复研究,也希望通过转让方式取得新的技术。于是,技术贸易也是从简单到复杂,由小范围到大规模发展起来。随着科学技术的发展突飞猛进,新产品、新工艺不断涌现,科学技术知识作为一种特殊商品,已经成为各国间经济贸易的重要内容;技术贸易也迅速发展成为现代国际贸易的重要组成部分,并在国际贸易中占有越来越大的比重。由于技术贸易的交易对象是无形的"技术",技术贸易也具有了区别于国际货物贸易的特点。

其一,技术贸易的对象是技术知识及其相关的权利和技术服务,包括生产技术、管理技术、销售技术以及相关的权利。即使在技术贸易中包含了一定的机器设备等"硬件",也是以技术转让能够得以顺利进行为目的。而国际货物贸易中的商品一般都是有形实体物。

其二，技术贸易一般要求转让方和受让方在技术输入和掌握的过程中进行一定的合作。技术贸易的目的是使受让方消化和掌握这项技术，是一种知识和经验的传授，因此常常需要双方建立一个较长时间的合作关系。而国际货物贸易中双方的权利义务关系就比较简单，一旦交易达成，钱货两清，交易活动就宣告结束。

其三，技术贸易的价格一般取决于所转让技术的使用价值，被转让技术的使用价值越大，技术产品的效益越高，技术的价格就越高，并不完全取决于技术在开发过程中的成本价值。而国际货物贸易的价格除受供求关系影响外，一般仅取决于商品的生产等诸环节的成本。

其四，技术贸易比国际货物贸易更易受到政府的严格控制。因为技术贸易的客体常与国家利益密切相关，对技术输出国来说，要考虑保持本国尖端科技方面的国际先进性等多方面因素；而对技术进口国来说，也要考虑对产业结构的调整、对民族工业的保护、对外国技术的依赖等诸多因素。因此，不论是技术的输入或是输出都受到政府的严格管理和管制。而对国际货物贸易的政府管理相对而言就没有那么严格，特别是近年来在世界贸易组织等机构的大力促进之下，全球贸易自由化已经成为大势所趋。

鉴于技术贸易区别于国际货物贸易的上述特点，有关调整技术贸易活动的法律制度也成为外贸法中有别于货物贸易法律制度的重要内容。需要注意的是，作为技术供应方将有关制造某种产品、应用某种工艺流程或提供某项服务的系统知识有偿转让给技术接受方的活动，技术贸易可以是单纯的技术知识交易，也可以是技术知识转让与机器设备转让的结合，即所谓的软件与硬件结合的交易。但它不包括只涉及货物销售或出租的交易，单纯的硬件交易，即实施技术所需的机器设备等的买卖，应视为货物销售而不能归为技术贸易。

第二节　技术贸易合同的特点和类型

技术贸易活动的进行，无论采用何种方式，都离不开合同这种法律形式。可以说合同是连接技术转让方与技术受让方，并使技术实现跨国境转移的纽带。在技术贸易的实践中，当一方当事人需要从另一方当事人处取得某项技术，并且这项技术将由一国境内转移到另一国境内时，双方当事人通常需要对这一活动中双方的权利义务作出规定。规定技术贸易当事人在技术贸易活动中的权利义务的协议就是技术贸易合同。因此，技术贸易合同就是指营业地处于不同国家的当事人之间所订立的,由一方越过国境将技术或技术的使用权转让给另一方,另一方取得技术或技术的使用权并向对方支付价款或使用费的协议。

一、技术贸易合同的特点

与技术贸易活动的特殊性相适应,技术贸易合同具有以下几方面的特点。

1.技术贸易合同不同于国内的技术贸易合同。前者在跨越一国国境的范围内进行,而后者仅限于一国范围。

2.技术贸易合同是一种有偿的双务合同。一方有义务将技术或技术的使用权转让给另一方,但其有权取得相应的报酬或价款;另一方有义务支付技术转让费,但其有权取得合同所规定的技术或技术的使用权。在这里,无偿的技术转让是被排除在外的。

3.技术贸易合同的标的具有特殊性。技术贸易合同以技术的所有权或使用权为标的,以工业产权或其他形式的技术为交易对象,而技术这种商品是与其他普通商品不同的,具有它的特殊性。

4.技术贸易合同标的的特殊性,决定了技术贸易合同的履行期限、履行方式等规定的特殊性。

二、技术贸易合同的类型

由于技术贸易方式的多样性,便要求有多种法律形式与之相适应,这就决定了技术贸易合同具有多种类型。

1.转让技术所有权的合同

这主要是指营业地处于不同国家的当事人之间所订立的,由一方将自己合法拥有的技术所有权转让给另一方,另一方支付相应的价款并取得技术所有权的合同。根据这种合同,技术转让方一旦将技术所有权出让给了另一方,他便丧失了对该技术的一切权利,实践中将这种转让称为一次买绝或买断的交易。

2.国际许可合同

国际许可合同又称为国际许可证协议,它是指营业地处于一国的许可方允许营业地处于另一国的被许可方使用其拥有的技术,由被许可方向许可方支付约定的使用费的协议。其中许可方又称为技术的供方,被许可方则称为技术的受方。许可方提供给被许可方的技术在实践中通常有专利技术、商标、专有技术和计算机软件等。因此,国际许可合同便包括专利许可证合同、商标许可合同、计算机软件许可合同和专有技术许可合同等。目前,国际许可合同是技术贸易的主要法律形式。

3.其他合同形式

除了上述转让技术的所有权或使用权的合同以外,技术贸易也能以技术服务或咨询的方式进行,还可与其他的国际经济技术合作的方式结合起来进行。因此,技术贸易合同还包括与技术贸易有关的国际工程承包合同、国际合营企业合同、国际技术咨询服务合同和国际补偿贸易合同等类型。

技术贸易合同的不同类型各有特点,当事人在进行技术贸易活动时,应当根据实际情况,结合各类合同的特点,选择恰当的合同形式来规定各方在技术贸易活动中的权利和义务。

第三节　跨国转让技术所有权合同

跨国转让技术所有权的合同是指营业地处于不同国家的当事人之间所订立的,由一方将自己合法拥有的技术所有权转让给另一方,另一方支付相应的价款并取得技术所有权的合同。

和国际许可合同不同,转让技术所有权的合同生效后,技术转让方便丧失了其对技术的所有权,无法再实施有关其技术的一切权利,因此,转让技术所有权的合同从法律上看具有以下特征。

一、效力的一次性

基于所有权的性质,对任何一项技术来说,其所有者只能对其实施一次所有权的转让行为。并且在此转让行为完成后,对此项技术,转让方就丧失了除少数人身权利(如署名权)之外的一切权利,而受让方基于其受让行为获得关于此项技术的所有权利。

二、权利的独占性

转让技术所有权的合同生效后,技术受让方就获得了对此项技术专有的独享权利,包括生产、销售、许可第三方使用、再转让等各种权利在内。而转让方既无权再授权许可第三方使用该项技术,自身也无权再继续使用。从这点来看,转让技术所有权的合同和国际许可合同中的独占许可合同有类似之处。

三、权利使用上无时间上和地域上的限制

转让技术所有权的合同与国际许可合同最大的区别就是:前者受让方取得的是完整的权利,不受任何期限和地域上的限制,在合同标的的有效期限和有效地域范围内,受让方可以自由使用该项技术;而对后者来说,无论是何种国际许可合同,都要受到一定的许可期限和地域的限制。

四、代价较大

由于转让技术所有权的合同性质的特殊性,对技术转让方来说,技术所有权的出让,意味着自己丧失了对技术的一切权利,即使自己要继续使用该技术,也必须事先取得受让方的许可,而且他从此再也不能通过应用该技术来取得收益,更不能从向其他人继续转让该技术得益;而对技术受让方来说,转让技术所有权合同的花费一般也远远高于许可合同,特别是在科技发展迅速、技术更新极快的今天,往往是还来不及收回购买技术所有权的投资,该项技术已经需要更新了。因此,转让技术所有权合同对交易双方来说都代价不菲,在实践中运用并不广泛。

一般认为,法律只确认了专利权、商标权和技术秘密所有权的转让问题,而对其他技术所有权的转让缺乏相应的规定,在理论上也并未形成共识。因此,一般认为转让技术所有权的技术贸易合同,主要是指转让专利权、商标权和技术秘密所有权的合同。由于在实践中,转让技术所有权的合同应用并不广泛,实践中更常见的是国际许可合同等其他技术贸易形式,因此,对转让技术所有权合同的问题,这里不再详细展开。

第四节　国际许可合同

一、国际许可合同的概念

许可证交易是技术贸易的一种重要方式。国际许可合同是进行许可证交易的法律形式。国际许可合同又称为国际许可证协议。它是指营业地处于一国的许可方允许营业地处于另一国的被许可方，使用其拥有的技术，由被许可方向许可方支付约定的使用费的协议。其中许可方又称为技术的供方，被许可方则称为技术的受方。

国际许可合同的标的是技术的使用权，其中包括专利使用权、商标使用权、专有技术的使用权和计算机软件的使用权等。在实践中，专利技术和专有技术的使用权常常同时成为同一个国际许可合同的标的。

二、国际许可合同的法律特征

国际许可合同作为一种国际技术转让合同，它具有一般国际技术转让合同所共有的特征，但也有自己的特殊性。国际许可合同的法律特征归纳起来主要包括以下几个方面。

1. 国际许可合同的标的是专利、商标、专有技术和计算机软件等的使用权，因此，当许可方将技术提供给被许可方使用后，仍拥有技术的所有权，仍有权自己使用该技术，并继续向其他第三者转让该技术的使用权，除非合同有特别约定。因此，国际许可合同既有别于一般的货物买卖合同，也有别于转让技术所有权的国际技术转让合同。

2. 国际许可合同是以技术的使用权和使用费为对等条件的合同。许可方出售的是技术的使用权，有人认为这种出售使用权的行为等于是向被许可方签发了一张允许其使用许可方拥有的特定技术的许可证，被许可方花钱购买的是使用特定技术的许可证，因此被许可方也被称为购证人，而许可方则被称为售证人。

3. 国际许可合同往往包括了技术服务的内容。为了使被许可方在使用许可方所提供的技术时获得较好效果，许可方往往应被许可方的要求，在向被许可方提供技术使用权的同时，向被许可方提供技术服务，指导技术的实施，以保证被许可方充分掌握技术,并利用该技术生产出合格的产品。

三、国际许可合同的类型

1.根据国际许可合同的对象来划分,可以分为专利许可合同、商标许可合同、专有技术许可合同和计算机软件许可合同等

(1)专利许可合同

专利许可合同,又称为专利技术许可合同,是指营业地或住所地处于不同国家的当事人之间所订立的,由许可方将自己在某一个国家或某几个国家取得专利的技术提供给被许可方使用,被许可方按约定的条件使用该技术,并向许可方支付使用费的协议。

专利许可合同所转让的技术是已获得专利权的技术。由于该技术在专利审批过程中已经依法公开,因此,该技术转让的方式通常是由许可方将其专利的编号和专利说明书等资料提供给被许可方,同时授予被许可方制造、使用、销售该项专利产品,或者使用该项专利方法的权利。一般不需要许可方专门提供详细的技术资料,因为在专利审批过程中,发明人依照专利法的规定应通过说明书的形式将技术公开,公开的程度要使同行业的一般人员在看了说明书之后即能实施申请专利的技术。这样被许可方只需向许可方支付约定的专利技术使用费,就可根据专利许可合同的规定实施该项技术。但在实践中,被许可方并不能仅根据专利文献来实施所许可的技术,因为专利权人在向专利管理局申请专利时,往往在说明书中尽量将技术的内容说得简略,以便使专利保护的范围扩大。为了达到这一目的,专利权人往往将某些技术隐藏起来,不予公开,而这些被隐藏的技术往往是属于关键技术,它能确保专利技术取得最佳的实施效果。没有这部分技术,专利仍能实施,但往往达不到较为理想的效果。专利申请一旦被专利审批机关批准,申请专利的技术便成为专利技术,而专利申请人自己保留的那部分关键技术却并未纳入专利保护范围之内,而成为一种没有工业产权保护的、为专利权人所拥有的专有技术。因此,被许可方在引进专利技术时,往往要同时取得这些专有技术的使用权,这便是专有技术与专利技术的混合许可。在技术贸易活动中,这种混合许可占了相当大的比重。

(2)专有技术许可合同

专有技术许可合同是指当事人之间订立的转让专有技术的协议,一方将自己以保密方式拥有的技术向另一方公开,让另一方使用该项保密技术,另一方向

其支付使用费。

由于专有技术是一种没有取得工业产权法保护的技术，因此，到目前为止，国际上对于是否赋予专有技术法律认可的财产权的问题，仍然存在较大争议。在多数情况下，专有技术没有所有权、使用权之分，在专有技术许可合同中，专有技术只作为一种技术知识在许可方与被许可方之间转移。并且在通常情况下，专有技术往往与专利、商标联系起来混合许可。由于专有技术对于实施专利技术至关重要，或者由于其不易求得，因此技术引进方常对专有技术有着浓厚的兴趣，专有技术的许可也就成为技术贸易的一条重要途径。

（3）商标许可合同

商标是工业产权保护的重要对象，严格说商标并不是技术，但商标却能反映其所标示的商品的技术水平。一些国际驰名商标之所以享誉海内外，就是因为其所代表的商品有较高的技术水平，商品的质量优异或服务的质量别具一格，深受消费者欢迎。因此，技术引进者在引进技术，消化吸收制造出自己的产品时，往往同时要取得对方的商标使用许可。这一方面是为了借助该商标扩大自己产品的影响与销路，另一方面也是通过该商标的使用，对自己引进技术后生产的产品质量加以确认。因此我们说在技术贸易的活动中，专利技术的转让与许可以及专有技术的许可，常常伴随着商标的使用许可；反过来，在商标许可时，纯粹的商标许可也是极少的，因为这没有什么实际意义。商标许可，总是与技术的转让同时进行。这种既有商标的使用许可，又有专利技术、专有技术的使用许可的许可合同，便是典型的混合许可合同，它在技术贸易中最为常见。

商标许可合同转让的是商标的使用权，因此，商标许可合同是指当事人之间所订立的，由一方将自己取得的商标专有权的注册商标提供给另一方使用，另一方按照约定的条件使用该商标，并向对方支付使用费的协议。

（4）计算机软件许可合同

随着计算机广泛应用于国民经济各部门，计算机软件技术的国际转让在近几年异军突起，成为国际技术转让的重要内容。在计算机软件的国际转让中，计算机软件的委托开发与软件技术的使用许可是两条重要的途径，而其中尤以计算机软件技术的许可最为常见。

2. 按照技术的使用权限划分，可以分为独占许可合同、排他许可合同、普通许可合同、可转让许可合同、交叉许可合同等

（1）独占许可合同

独占许可合同是指在许可合同规定的期限与范围内，被许可方对所许可的

技术享有独占的使用权,许可方和其他第三方均无权在该约定区域内使用该技术。如果发生侵权行为,受让方有权以自己的名义起诉。

独占许可合同在授权内容上可以分为部分独占许可合同和完全独占许可合同。前者在许可证中规定受方不是在某国的全部地域,而只是在某部分地区享有技术的独占权,或者仅仅对使用该项技术生产产品享有独占权,而对销售有关产品则不享有独占权。

独占许可合同的被许可方有权在许可合同规定的时间和地域范围内排除包括许可方在内的一切人使用有关技术的权利,因此这种许可合同与技术所有权转让合同有类似之处。

由于授权范围广,独占许可合同的使用费比其他类型的许可合同都要高。一般只有在被许可方从生产、竞争与市场效果考虑,认为自己确有必要在某个区域内独占有关技术,才会采用这种方式。而从许可方的角度来说,由于独占许可合同使其自身也无权使用该项技术,因此只有当其确认在某一区域内把全部权利授予被许可方不会使自己陷入被动,许可方才会同意签署这种合同。

(2)排他许可合同

排他许可合同是一种在许可合同规定的期限与范围内,被许可方对所许可的技术享有使用权,许可方也保留自己在该区域内使用该项技术的权利,但排除了其他第三方对该技术的使用的技术许可合同。这种许可合同与独占许可合同的区别在于:在合同规定的有效期限与地域内,排他许可合同的被许可方有权排除许可方之外的任何人使用被许可技术,但许可方实施该项技术的权利不在排除之列。

(3)普通许可合同

普通许可合同又称为非独占许可合同,是指被许可方在合同约定的期限与范围内,可以取得所许可的技术的使用权,但许可方保留自己在该区域的技术使用权,并且有权向其他第三方继续转让该技术,从而使其他第三方也拥有在该区域内的技术使用权。

一般来说,许可合同中没有特别指明是独占许可、排他许可或其他特殊的性质,就说明此合同属于普通许可合同。普通许可合同由于许可方保留了较多的权利,因此其使用费也比独占许可合同和排他许可合同要低。

(4)可转让许可合同

可转让许可合同又称为可分售许可合同,是指许可方根据许可合同,除了允许被许可方在约定的期限与范围内使用所许可的技术外,还允许被许可方向其他第三方转让其取得的全部或部分的技术使用权。习惯上将第三方从被许可方处得到的技术使用权称为分许可或子许可；相应的，许可方与被许可方之间的许可合同便称为总许可或母许可。

（5）交叉许可合同

交叉许可合同又称为互换许可合同，是指合同当事人双方或当事人各方，均以其所拥有或持有的技术，按照合同所约定的条件交换技术的使用权，供对方使用。在这种合同中，双方均具有双重身份，一方既是某项技术的许可方，同时也是相关技术的被许可方。交叉许可既可以是独占性的，也可以是非独占性的。它一般在特定条件下采用，如在合作生产、合作设计、共同研究开发等项目中通常会采用交叉许可合同。在其中体现的更多的是双方的合作关系，而不是单纯的买卖关系。例如，甲公司具有技术专利 A，乙公司具有专利 B，而要生产产品 C 的最佳方法是结合专利 A 和专利 B。于是为了充分实施自己的技术，取得最大经济效益，甲公司和乙公司签署交叉许可合同，达成协议相互许可对方实施自己的技术。

在实践中，交叉许可合同还有另一种较为普遍的表现形式，那就是一些许可合同中规定，若被许可方在合同有效期内以被许可的技术为基础进行改进或革新发明，并获得了专利，则被许可方必须许可原技术的许可方使用此项改进技术的专利，而原许可方在合同有效期内对原技术作出的改进也必须许可被许可方使用。按照这种合同条款签署的相互许可对方实施新技术的合同也是交叉许可合同的一种。

前面所提到的这些许可合同的方式，许可方授予被许可方的使用权的范围大小是不同的，因此被许可方所要支付的使用费也是不同的。一般来说，同样的技术，在排除市场竞争因素的情况下，许可方授予被许可方的技术使用权的权限与范围越大，被许可方所要支付的代价就越高。而采用哪一种许可方式，主要要考虑当事人特别是被许可方的实际情况，同时充分考虑所许可的技术实施后的市场情况。对于生产出来的产品市场容量较小的技术，为防止因竞争而影响收益，一般以独占许可为宜，反之，则可考虑采用普通许可或排他许可。

四、国际许可合同的商务性条款

订立国际许可合同，是一项意义重大的法律行为，因为合同的内容和条款，是确立合同当事人之间权利义务关系的依据。订立国际许可合同，与订立其他国际经济合同一样，也要遵循有关国家的合同立法，在合同订立过程中充分体现平等互利的原则。由于国际许可合同有多种类型，不同类型的合同所涉及的问题也各有特点，因此合同的内容必然存在着许多差异。但无论是哪一种类型的国际许可合同，都会对一些国际许可合同共同性的问题作出规定，这些规定便构成了国际许可合同的主要条款。一般来说，国际许可合同的条款包括商务性条款、技术性条款和法律性条款这三大类型。

商务性条款主要包括合同名称、当事人、签约时间与地点、序言、定义、合同价格、支付方式等几项内容。由于这几项内容偏重商务方面的问题，与国际商务惯例有直接关系，因此称其为商务性条款。

1. 合同名称与当事人条款

合同名称必须明确且确切反映合同的性质、特点与内容，并注明编号，便于归档和查阅。当事人条款须写明双方当事人的全称、法定地址、法律地位以及经营业务范围。

2. 签约时间与地点条款

该条款是决定有关合同生效与否、合同履行的时间地点与是否违约、争端解决的司法管辖权与法律适用、诉讼时效的重要条款，必须明确真实地写明签订合同的时间、地点。

3. 鉴于条款（Whereas Clause）

一般在该条款中开宗明义地阐明交易双方订约的目的、愿望以及转让技术的合法性和是否具有实际生产经验等。鉴于条款在许可合同中十分重要，它的作用主要如下。

第一，要双方作出某些保证和背景说明，一旦日后发生争议而提交仲裁或诉讼时，法院可据此判定和解释双方进行交易的关系和意图的真实性，或解释某些条款。

第二，说明转让方是否拥有或控制所转让的技术，这直接与转让方承担的责任和保证有关；同时，也用以说明引进方接受技术的愿望。

第三，如果在合同中签约公司与履约公司不同，则应该说明其关系；如与其他合同有联系，则应说明各合同间的关系。

具体来说，鉴于条款的表述方式主要有以下几种。

（1）说明许可方的职业背景

例如，鉴于许可方在制造和使用合同产品中使用了某些工艺、方法、配方和技巧，对于这些工艺、方法、配方和技巧，许可方拥有大量的专门知识和技术秘密；鉴于许可方拥有合同产品的工业产权，并在研究和发展合同产品的过程中取得了一定的专有技术等。

（2）介绍引进方的愿望

例如:鉴于引进方希望在某国或某地区内建设合同产品的制造厂;鉴于引进方希望许可方向其提供合同产品的专有技术、情报资料和技术服务等。

（3）说明合同标的的法律地位

例如:鉴于许可方在某国拥有合同产品的专利权,同时也能合法地向引进方授予制造和使用该产品的许可证;鉴于许可方为某国合同产品商标的拥有者,其商标登记注册号为XXX等。

（4）确认合同的签订对双方都是有利的

例如:鉴于许可方和引进方均认为签订本合同对双方都是有利的;鉴于达成协议对许可方和引进方将是互惠互利的,因此,合同双方同意签订有关条款等。

4.定义条款

在国际许可合同中会涉及许多关键性的词语,由于当事人所处的国家不同,对这些词语的理解往往不同,所以在此条款中应对合同中所涉的名词、术语进行明确的定义,尤其对一些容易引起争议的、比较含混、模糊的和不同于一般使用意义上的名词术语,应作出共同的解释,且双方对此应该达成一致的理解,以免日后发生因对这些关键词语定义的理解分歧而影响双方的合作。

5.合同价格条款

价格是许可合同的重要内容,价格条款一般应包括计价的方法、合同的金额、使用的货币等主要内容。在实践中,计价方式一般分为以下几种。

（1）统包价格。是指在签订合同时,将各项技术项目应该支付的一切费用,包括技术转让费、技术资料费、人员培训费以及技术服务费等一次算清,并根据其总额约定一个固定金额。付款时这笔使用费可以一次付清,也可以分期支付。这种计价方式中受方风险很大,即使引进技术投产后效益不佳,仍然要按合同约定支付全部使用费。

（2）提成价格。是指在合同中并不规定合同的总价,而是规定计算技术使用费的方法。通常是在技术投入使用后,按每年生产产品的产量、销售价格或销售产品所获得的利润来确定应支付的技术使用费。这种计价方式供方具有较大的风险,如果技术引进投产后效益不佳,其所得的技术转让费将会直接受到巨大影响。

（3）入门费加提成费。是指合同签订后,受方按照约定付给供方一笔数额固定的费用,然后在项目投产后的一定年限内支付约定的提成费。这种支付方式供方和受方的权利和义务相对较为平衡,兼顾了两者的利益,因此是国际许可合同中常用的付费方式。

6.支付条款

包括支付货币、支付方式、付款单据等内容。通常情况下,付款使用的货币与计价货币是同种货币;若两者不相同时,一般应在合同中规定兑换率或兑换依据。支付方式通常是汇付、托收、信用证。付款单据一般有商业发票、即期汇票、提单、银行保函等。

五、国际许可合同的技术性条款

技术性条款一般包括合同的标的、授权范围、技术资料的交付、技术服务与人员培训、保证与索赔等具体内容。

1.合同标的条款

在合同中要明确,转让方向受让方转让的是专利技术、专有技术、商标还是计算机软件等技术,还必须明确规定转让方在合同中对技术、商标、软件等所承担的责任与义务。具体应该包括:(1)合同标的名称、规格与型号、生产规模、产品种类与质量;(2)主要经济技术指标、原材料消耗定额(如对水、电、煤等的要求);(3)转让方提供的设计图纸和数据、生产工艺的资料与说明;(4)合同标的为专利技术时,列明专利批准的时间、批准机关、专利编号、专利的范围、保护地区和有效期;(5)转让方提供技术服务时,要明确技术服务的项目与内容。

2.授权范围条款

在此条款中应该明确规定转让方授予受让方的基本权利,具体包括:(1)授权的性质,也就是要明确转让方授予受让方的使用权是独占许可、排他许可还是普通许可;(2)授权的期限,也就是要明确转让方对合同标的行使使用权以及相关权利的时间范围;(3)授权的范围,也就是要明确受让方可以将许可合同项下的技术、商标或者软件用于何种目的以及其适用范围,并明确受让方对合同标的享有使用权、制造和销售合同产品的权利以及在何种地域范围内享有这些权利;(4)再转让的权利,也就是要明确受让方是否享有对技术、商标或软件使用权再转让的权利;如果其享有此项权利,还应明确受让方与转让方对再转让收益的分配方式。

3.技术资料交付条款

技术资料交付是技术贸易的重要环节。技术转让方出让技术,要靠技术资料来表达和说明；技术受让方获得技术，也要靠吸收和消化技术资料来实现。因此，在许多国际许可合同中把技术资料的交付作为一项独立的条款，明确规定技术转让方交付技术资料的具体责任。在订立这一条款时，应注意明确技术资料支付的时间、地点和条件；技术资料的包装要求；技术资料短损的补救方法；技术资料使用的文字、技术参数的度量衡制度等。

4. 技术服务与人员培训条款

技术受让方仅仅获得一些技术资料往往还是不够的，因为技术资料不可能将制造产品的全部技术包罗进去，大量的实际操作经验，很难完全用技术资料表达出来。要真正掌握被许可技术，受让方还需要转让方的技术指导和服务以及对受让方人员的培训。人员培训通常有两种方式，一是将自己的人员派往转让方的工厂或车间等场所实习培训；二是转让方派有关的技术人员到受让方处讲课，指导实际操作，进行现场培训。无论采取何种方法，在合同条款中，都要把人员培训的目的、范围、内容、方法、人数、专业、工种、时间和实施的条件规定清楚，明确双方的责任，以免影响培训的效果。

5. 保证与索赔条款

在国际许可合同中，受让方使用的技术和资料都是转让方提供的，能否达到预期的技术效果，主要取决于转让方提供的技术是否成熟可靠，资料是否详细和完整，技术服务和人员培训是否认真和适时。因此，应该在合同中要求转让方作出一定程度的保证。保证主要有以下三种。

（1）对技术资料的保证。转让方应保证按合同规定的时间和内容交付资料；保证提供的资料是转让方实际使用的最新技术资料；保证提供的资料是完整、可靠、正确和清晰的；保证向受让方及时提供任何改进和发展的技术资料。转让方还要保证如果交付的资料内容上有错误或数量上有短缺时，要按期更换和补齐。

（2）对合同产品性能的保证。转让方对产品性能承担的保证责任主要是保证受让方在正确使用转让方提供的技术资料后能生产出符合合同规定的产品；保证向受让方提供合同产品考核验收时所需要的资料和标准；保证在产品达不到合同规定时能与受让方友好协商，共同分析原因，采取措施，争取再次考核时能达到合同要求。

（3）对技术服务和人员培训的保证。转让方应保证按照合同规定派出合格的、有能力的人员为受让方提供技术服务，保证其技术人员在技术服务过程中能认真地传授技术、耐心地回答受让方提出的技术问题；保证向受让方的培训人员提供合同规定的培训内容和培训过程中需要的有关资料。

以上就是合同中的保证条款,如果这些条款未能履行,在法律上就构成违约,受损害的一方就有权要求违约的一方承担赔偿责任,所以在合同中还要规定具体的索赔条款。索赔的主要方式是罚款。罚款一般可分为对技术转让方迟交技术资料的罚款和对合同产品达不到性能指标要求的罚款两种。但在拟定该条款时,技术受让方要注意要求转让方所作的技术保证要合理,以保证受让方获得可靠、适用的技术和按时获得技术资料为限,罚款额也不宜规定得过高,否则转让方承担的风险较大,自然会把这部分风险转嫁到技术使用费中,从而提高技术使用费的报价。

六、国际许可合同的法律性条款

法律性条款主要包括侵权和保密、不可抗力、争端解决、合同生效、合同的续展和终止以及其他几个方面的内容。这些条款不仅要遵守本国法的规定,还要遵守一些国际条约的规定,所以人们习惯上称其为法律性条款。

1. 侵权与保密条款

国际许可合同中的侵权行为主要有两种情况。第一是转让方转让技术的行为可能引发侵权行为,受让方利用转让方的技术制造出产品后,受到第三人的指控认为侵犯其专有权利。因此,在签订许可合同时,一定要把此种侵权责任划分清楚。通常在侵权的条款中规定,转让方的专利技术、资料或服务等一旦发生侵犯任何第三方的专有权利的情况,转让方应该负责与侵权有关的一切谈判事宜,并承担由此引起的一切法律诉讼费用和经济责任,受让方对此不承担任何责任。第二是在合同期间,第三人的行为侵犯了转让方的专有权利。一般来说转让方负有保护和维持技术权利合法的义务,是提起侵权诉讼的主要主体。但如果转让方和受让方对第三人的行为是否构成侵权的认识不一致,或者转让方因为其他原因不愿意起诉时,在独占许可的情况下,受让方有权自行起诉并承担全部法律后果;在普通许可的情况下,转让方仍与受让方一起负有制止第三人侵权的义务。

在许可合同中,保密条款是另一个双方都十分关心的问题。在以专利技术为标的的许可合同中,技术转让方在申请专利时往往对该技术的一些关键性诀窍加以保密,以增强其对该专利技术的控制;在专有技术的许可合同中,保密更是技术转让方所关心的问题。因此,保密问题在转让方和受让方进行磋商时就开始出现,通常在实践中双方都是在谈判前先签订一项保密协议,这样即使谈判失败,受让方也有保密的义务。保密条款一般包括保密对象、保密期限和保密责任等。

保密对象是指合同中转让方交付的技术秘密,有时也对其作一定的限制,仅指特别说明的某种设计、图纸、技术。有些合同中还特别指明,保密对象包括在合同期限内继续提供的改进技术。

保密期限一般与合同有效期限一致,也可以在合同期满后继续延长一定期限。合同中也可以规定,转让方如果公开其技术或技术为任何第三方所公开,则受让方的保密义务就告终止。

保密责任指若受让方不遵守合同规定的保密义务,构成保密违约时应承担的责任。合同中应具体规定受让方在泄露秘密时应承担的责任,并可以规定,在出现受让方泄露秘密的情况后,转让方有权收回有关的技术资料,并终止合同,或者要求获得赔偿。

当然,在技术贸易的过程中,保密也是互相的。转让方对受让方提供的合同的各种具体情况,涉及商业秘密范畴的,也要遵守保密的义务。

例如,某国际许可合同中规定:

转让方保证是本合同规定所提供的一切专有技术和技术资料的合法持有者,并且有权向受让方转让,如果发生第三方指控侵权,则由转让方负责与第三方交涉并承担由此引起的一切法律和经济上的责任。

受让方同意在合同有效期内对转让方提供的专有技术和技术资料进行保密,如果上述专有技术和技术资料中的部分或者全部被转让方或第三方公布,则受让方对公开部分不再承担保密义务。

转让方应对受让方提供的合同所涉的水文、地质、生产等情况保密,其保密时间应按受让方的要求执行。

2. 不可抗力条款

不可抗力是指合同签订后,不是由于转让方和受让方的过失,而是由于发生了双方都无法预见和无法预防的意外,致使合同不能执行或不能按期执行。在这种情况下,遭受不可抗力的一方可免除责任,另一方亦无权提出索赔。这是国际贸易中的惯例。

不可抗力条款中一般应说明不可抗力事件的范围,即哪些事件属于不可抗力。一般常见的有战争、严重的火灾和水灾、台风、地震等。不可抗力条款还应注明发生不可抗力事件时,当事双方应采取的行动和措施,例如遭受不可抗力事件的一方应履行及时通知和提供证明的义务,允许遭受不可抗力事件的一方延迟履行合同的最长时间限度等。

例如，某国际许可合同中规定：

合同双方中的任何一方，由于战争或严重的水灾、火灾、台风和地震等自然灾害，以及双方同意的可作为不可抗力的其他事件而影响合同的执行时，应延长履行合同的期限，延长的期限应相当于事件所影响的时间。

受不可抗力影响的一方应尽快将不可抗力事件的情况以电传或电报通知对方，并于 20 天内以航空挂号邮件将有关当局出具的证明文件提交给另一方进行确认。如果不可抗力事件的影响延续到 90 天以上时，合同双方应通过友好协商解决合同的执行问题。

3.争端解决条款

在合同中应明确规定一旦发生争议，将如何解决。在当前的国际贸易中，争端解决的办法通常有三种：一是双方友好协商解决或通过第三者调解解决；二是提交仲裁机构裁决；三是通过司法诉讼手段解决。友好协商和调解是不拘形式的，可由当事双方临时决定，不需要在合同中专门规定程序，比较适合一些小的争议。而司法诉讼途径由于国际许可合同涉及不同的国家、不同的法律体制，因此很难在合同中达成一致意见。而仲裁由于其具有保密、快捷、灵活、公正等特点，在国际贸易中受到越来越广泛的应用。

若在合同中双方约定将可能产生的争议提交仲裁解决，则同时也应明确规定仲裁的地点、机构、程序、裁决的效力和仲裁费用的负担等问题。当前国际上从事经济贸易仲裁业务的专门机构很多，例如我国的国际经济贸易仲裁委员会、瑞典商会仲裁院、瑞士商会、日本国际商事仲裁委员会等都是在国际上享有盛名的仲裁机构。关于仲裁地点的选择，可根据合同的具体情况来决定。一般在合同的仲裁条款中还应明确规定，仲裁裁决是终局裁决，对双方均有约束力，必须立即执行。

4.合同生效条款

目前，国际上大多数国家的法律都规定，国际许可合同必须经过国家有关主管机构的审查批准才能生效，因此，合同的生效时间和签署的时间往往并不一致。通常，在签署合同之后法律规定的若干时间内，由当事人将合同呈报政府主管部门批准之日方为合同的生效之日。自合同生效日起，双方当事人才开始享受权利和承担义务。

5.合同的续展和终止

合同有效期临近届满之前，当事人可根据双方在合同有效期内合作的情况、技术发展的趋势、专利保护的期限等协商延长合同的有效期。合同续展有两种处理办法：一是在合同中订立专门的续展条款，规定合同延长的条件；二是在合同中不作明确规定，届时双方根据实际需要进行协商。值得注意的是，合同的当事人协商续展合同后，按照规定需要审批的仍需要报请政府有关部门批准才能生效。

合同的终止有两种情况，一种是合同有效期满或自然终止，另一种是合同有效期未满，因一方违约或其他原因造成的中途终止。自然终止，双方履行了合同规定的权利和义务，交易即告成功；中途终止需要根据其原因进行善后处理，此时就涉及合同的保证、索赔和不可抗力等条款中的具体内容。

第三章　服务贸易法律制度

第一节　服务与服务贸易

一、概述

　　服务是劳动者以提供活劳动(包括体力或脑力劳动)的形式来满足消费者的生产或生活需要并索取相应报酬的一种商业行为。在提供服务的过程中,涉及服务者与受服务者(消费者)两方面的当事人。服务者提供的活劳动是可以用社会必要劳动时间来衡量的,即可以用价值来衡量的;同时,这种劳动可以满足消费者的生产或消费的需要,可以给消费者和社会带来使用价值。因此,服务和其他商品一样,也具有价值和使用价值两种基本属性,这就为服务作为商品,成为交易对象提供了前提条件。

　　服务这种商品,与其他商品相比又具有自身的特点。首先,服务具有无形性。尽管提供服务的劳动者是活动的个体,其提供服务后所形成的成果也可能是有形的,但服务作为一种活动,本身却是无形的。在认识服务的无形性时,要把服务本身和服务的手段、服务借助的媒介以及服务的成果区分开来。其次,服务具有不可储存性。有形的货物与无形的技术作为商品时,都是可以储存的,但服务却无法储存,尽管提供服务所需要的技术也是可以储存的。服务的不可储存性,决定了服务与服务者的不可分离性,每一项具体服务的提供,都必须通过一定主体的活动来完成。再次,服务具有异质性。有形商品的品质和消费效果往往是均质的,而同一种服务的品质和消费效果通常会存在较大差异。有形商品的质量和性能是可以设定和测试的,批量生产的产品之间可以具有高度的一致性和互换性。同一种服务由于不同的服务提供者之间的技术差异或者同一服务提供者不同的状态和发挥会出现较大的差异。最后，服务具有生产、交易和消费过程的同时性。有形商品从生产到交易再到消费往往要经过一系列的中间环节，有一定的时间间隔，其消费只能在有形商品生产之后并经过交易才能发生。而服务的提供过程往往是生产、消费和交易同时进行的过程。服务作为商品所具有的这些固有特性，决定了以服务为交易对象的服务贸易活动与国际货物贸易及技术贸易存在着较大的差异，这也必然导致了法律对其调整方式上的差异。

二、服务贸易及其分类

服务跨越国界在不同国家之间的流动就形成了服务贸易。服务贸易是指不同国家的当事人之间所进行的，由一方提供服务，另一方接受服务并支付相应报酬的活动。服务贸易涉及服务的出口与进口。服务的出口，主要是指一国的服务提供者向另一国消费者提供服务并获取外汇收入的活动和过程；服务的进口，则是指一国消费者购买他国服务提供者所提供的各项服务的活动和过程。各国服务进出口活动的总和，就构成了服务贸易。而从统计的意义上来讲，服务贸易总量，一般是指各国的服务总出口。

服务贸易是无形贸易（invisible trade）的一种重要内容，一般认为无形贸易的范围比服务贸易更广，主要可分为要素服务（factor service）贸易与非要素服务（non-factor service）贸易。前者是指一国因向其他国家提供劳动、资本、土地、技术及其他自然资源等生产要素的服务，而从国外获得货币报酬的活动；而后者则是指要素服务贸易之外的无形贸易，这是我们通常意义上所讨论的服务贸易。非要素服务贸易的项目除了包括与商品贸易有关的各项服务，如仓储、运输及运输代理，船舶维修，通信服务，保险服务，银行服务等，还包括信息咨询服务、旅游餐饮、建筑工程、广告义务、会计事务、租赁义务、教育与卫生等非生产部门的服务。其中与商品贸易有关的各项服务一般称为追加服务（additional service），即此类服务是伴随着商品实体的出口而提供的。消费者需要的主要是有形商品的核心效用，服务提供的是一种追加效用，从而使有形商品的竞争力得到进一步加强。与追加服务相对应的则是各种核心服务（core service）。核心服务是指与货物的生产与贸易无关，而作为消费者单独购买的，能为消费者提供核心效用的服务，如国际旅游、咨询服务等。核心服务又可细分为面对面服务（face to face service）和远距离服务（long distance service）。面对面的核心服务需要通过服务者与消费者双方进行实际接触才能实现；而远距离的核心服务，一般不必在服务者与消费者之间实际接触,但往往需要通过一定的媒介才可实现服务的跨境活动。

现实生活中服务贸易门类十分庞杂,根据不同的标准,可以作出不同的划分。较为权威的是经服务贸易理事会评审认可的,由世界贸易组织统计和信息系统局(SISD)提供的服务贸易分类表。该分类表基本上是以《联合国中心产品分类系统》(*United Nations Central Product Classification System*,简称 CPC)为基础的。该表将服务贸易分为 11 大类 142 个服务项目,这 11 大类服务部门分别是:商业服务,通信服务,建筑及有关工程服务,销售服务,教育服务,环境服务,金融服务,健康与社会服务,与旅游有关的服务,娱乐、文化与体育服务,运输服务。为了避免分类上的遗漏以及涵盖将来可能出现的新的服务贸易,该表还包括了"其他服务"类。

其他一些国际组织和国家也对服务贸易的种类作了各种划分。例如,《联合国标准贸易分类》(UNSITC)按照知识含量或加工的程度,将服务分为 46 个类别;《国际标准工业分类》(ISIC)将服务行业划分为批发贸易、零售贸易、餐饮、运输与贮存、通信、金融、不动产及商业、公共管理与防务、社会及社区服务、娱乐及文化、个人及家庭服务、国际机构及跨境组织等 12 个类别;美国技术评估局将服务分为生产者服务和居民消费者服务两大类;我国国家统计局则将服务贸易列为"第三产业",共分 24 个门类。此外,部分学者还以服务贸易的性质、功能、效用、形式、接受对象等为基础,对服务贸易作了其他不同种类的划分。对服务种类的不同划分,反映了服务贸易内容的多样性、复杂性和发展变化性,也反映了人们在社会经济、科技发展的不同领域、不同阶段,对服务贸易内容的不同认识。

三、服务贸易的方式

服务贸易门类虽然庞杂,却可以归类为若干种主要的提供方式。较为权威的是世界贸易组织的《服务贸易总协定》(*General Agreement on Trade in Services*,简称 GATS)在对服务贸易定义时确定的四种提供方式:

1. 跨境交付(cross-border supply),是指从一国境内向另一国境内提供服务。在这种提供方式中跨越国境的只是服务本身,而非服务的提供者。该种服务是通过电信、邮电、计算机网络等方式来实现的,如国际电信服务、卫星电视服务、国际资金划拨等等。

2. 境外消费(consumption abroad),是指一国消费者到另一国接受服务提供者所提供的服务。如出国旅游、境外教育培训、境外医疗服务、船舶和飞机的境外维修等等。

3.商业存在(commercial presence)，是指一国服务提供者通过在另一国境内设立商业实体、附属企业、分支机构或代理机构而在该国提供服务。如一国的商人或企业到另一国境内开办独资或合资的酒店、餐馆；一国的律师事务所、会计师事务所到另一国境内开办分支机构等等。这是目前服务贸易中最重要的一种方式。

4.自然人流动(movement of natural persons)，是指服务提供者个人到另一国境内提供服务。如时装模特到另一国进行时装表演，歌星到另一国举办演唱会，医生或高级工程师到另一国提供专业服务等等。

四、服务贸易合同

合同是平等主体的当事人之间确立相互权利义务关系的协议。服务贸易合同是指不同国家的服务贸易当事人即服务的提供者与服务的消费者所订立的，一方以特定的服务行为作为给付标的，另一方支付约定的报酬的协议。

服务贸易合同是服务贸易的重要法律形式。合同常被称为当事人的自治法，即合同是当事人为自己立法。当事人在服务贸易活动中的权利义务都是根据合同加以确定的，即使在司法机关、仲裁机构处理当事人之间的纠纷时，合同也是处理纠纷所必不可少的依据。特别是在强调契约自由的今天，当事人的合同约定往往被认为具有高于任意性或选择性法律规定的效力，合同也就显得更为重要了。在社会的生产、流通、分配活动以及日常生活消费活动中，自然人和法人无时无处不需要他人为自己提供各种各样的服务。虽然服务种类和方式具有多样性，但是服务提供者和服务消费者之间的交易性质却是单一的。现实生活中，服务的提供一般均通过合同来约定和规范。人们通过签订服务贸易合同以约定自身对各种服务的需要和要求，同时人们通过服务贸易合同来约束双方的行为，确定他们之间的权利义务关系，实现他们各自的目的。国际货物贸易的交易对象是有形的货物，所以交易当事人可以通过对交易对象的确定来保障自己的权益；而服务贸易的交易对象是特定的服务行为，对行为的界定是比较困难的，所以，在服务贸易中，当事人通常只能通过对服务提供者、服务提供方式和服务效果的约定来明确各自的权利与义务。

与货物贸易合同、国际技术转让合同相比，服务贸易合同具有以下的特点。

1.服务贸易合同以特定的行为为给付标的

服务贸易合同与货物贸易合同、国际技术转让合同不同的显著特点为:国际服务合同交易的标的不是独立于人身之外的有形的财产商品,也不是独立于人身之外的无形技术,而是与服务提供者的人身不能分离的特定的行为。比如,银行存款服务以银行在工作日的开业服务或者自动存储取款机在线服务为前提,一旦非银行工作日或者自动存储取款机发生故障,银行存款服务就停止。又如,电信服务是以电信服务机构提供基础电信线路租赁服务或者增值电信服务为前提,一旦电信线路或者认证机构的服务器出现故障,电信服务就不能进行。再如,审计服务是审计专家对企业账目、支付凭证,以及资产及其运作的合法性、真实性、效益性进行核查、审验,审计服务的行为与审计人员不可分。在以上的服务关系中,服务提供者的特定行为停止,服务就立即停止。

2.服务贸易合同以对服务提供者的信赖作为合同的基础

由于服务提供者的特定行为与服务提供者人身不能分离,服务的质量有赖于服务提供者的知识、技能、经验、道德水准、人品、精神状态等等。因此,服务贸易合同一方当事人(消费者)对于服务质量的期望,往往与服务提供者信誉、名望联系在一起,对服务提供者寄予信赖。同时,由于现代社会的分工日益细分,各个服务行业的专业化程度越来越高,服务合同的消费者在专业知识、经验等方面处于劣势地位,可能消费者本身尚不具备订立合同的决策能力,需要依赖于服务提供者。因此,服务贸易合同依各个服务贸易领域的特殊性,在不同程度上存在信赖关系。可以说,在国际货物贸易中,买方关心的是货物本身的质量问题;而在服务贸易中,服务的接受方更关心服务提供者的情况,因为服务提供者的素质将直接决定服务的质量。

3.服务贸易合同以一定的行业标准作为谨慎注意的依据

服务合同的标的为特定行为,它与服务提供者又不能分离,因此,服务本身与商品和技术不同,难以定量化和定值化,不同的提供者的服务质量存在客观上的差异性。但是,市场经济中价值规律要求,支付等量的服务费应当得到等量和等质的服务。因此,为了保护消费者的权益、保护弱者,法律要求提供者的服务必须符合本行业通常的水准,要求服务提供者达到这一水准,承担谨慎注意义务。

国际货物贸易的交易对象是有形物,所以交易当事人可以通过对交易对象的确定来保障自己的权益;而服务贸易的交易对象是无形物,对无形物加以界定是比较困难的,所以,在服务贸易中,当事人通常只能通过对服务提供者、服务提供方式和服务效果的约定来明确各自的权利与义务。这就构成了服务贸易合同的基本条款，虽然不同的服务贸易合同由于其所涉领域和服务的具体形式各不相同，会表现出条款上的差异，但这些基本条款都具有这一共性。

第二节　国际货物海运合同

一、概述

国际海上货物运输是指用海船从海上将货物贸易的标的物由一个国家的装货港口送到另一个国家的目的港的运输方式。国际海上货物运输具有以下优点：作为海上货物运输工具的船舶载重量大；海上运输不受道路、道轨的限制，可以利用天然路线，有极大的通过能力；海上运输对同样的货量，较其他运输方式消耗的燃料和其他动力要少；海上运输运费较低，路程越远，运费相对越低。因而，国际海上货物运输成了国际货运的主要方式。但它具有速度较慢和受自然条件和季节性等方面影响较大的缺点，如大风浪、冰封等，相对风险较大。因此，当事人一般均要对海上货物运输的船舶及其装载的货物进行保险。

在货物贸易中，买方或卖方要将货物由一国港口运到另一国家的港口，一般要委托承运人进行，为了明确双方的权利义务，一般要签订合同，这就是国际海上货物运输合同。

海上货物运输合同是承运人将托运货物经由海路运送到指定港口并交付收货人，由托运人支付约定运费的协议。承运人作为国际海上货物运输合同的一方当事人，一般是船舶所有人（船东）或其他经营海上航运服务的人。托运人一般是货物贸易合同中的买方或卖方。收货人，不作为国际海上货物运输合同的独立当事人，可以是托运人，也可以是持有提货凭证的其他人。

国际海上货物运输服务的方式主要有两种：一种是租船运输，在这种运输方式下，船舶所有人出租船舶的部分或全部用来运送货主的货物；另一种是班轮运输，在这种运输方式下，作为承运人的轮船公司，按固定航线，沿线停靠固定船期、固定运费负责将托运人托运的货物运到目的港交给收货人。前一种方式一般用于运输大宗货物，后一种方式则用于运输数量少、货价高、交接港口分散的货物。

由于运输方式不同，海上货物运输合同形式也不同，在班轮运输方式下采用提单形式,在租船运输方式下采用租船合同形式。

二、提单

1.提单的概念

提单是承运人或其代理人、船长在接管货物或把货物装船之后签发给托运人,证明双方已订立运输合同,并保证在目的港按照提单所载明的条件交付货物的一种书面凭证。

2.提单的主要内容

提单一般多是由轮船公司事先印刷的,多印在一张纸上,分正反两面,正面一般要载明如下内容:(1)船名和船舶的国籍;(2)承运人名称;(3)装运地、目的港和运输航线;(4)托运人名称;(5)收货人名称;(6)货物的名称、标志、包装、件数、重量或体积;(7)运费和应当支付给承运人的其他费用;(8)提单签发的日期、地点和提单份数;(9)承运人或其代理人或船长的签字。

提单通常一式 3—5 份,正面 1—6 项一般由托运人填写,其他内容则由承运人填写。提单背面印有详细的运输条款,通常由各轮船公司拟订印刷。详细规定了承运人与托运人的权利义务。

3.提单的作用

提单是货物贸易中最重要的装运单据之一,其作用主要有以下三个方面。

(1)提单是海上货物运输合同成立的证据

一些国家的法律认为,提单本身不是运输合同。因为,第一,承运人与托运人之间的运输合同在托运人向承运人洽订舱位时已经成立,而提单则是在承运人收到货物或将货装船后才由船长或港口代理人签发给托运人的。第二,提单上只有承运人或其代理人签字,而没有托运人的签字,这在形式上也与合同的要求不符。但在事实上,当事人有时也将提单视作运输合同。如托运人将提单背书转让给收货人,对受让货物提单的收货人与承运人来说,就成为一种运输合同。

(2)提单是承运人对货物出具的收据

托运人将货物交给承运人后,承运人即签发载明货物名称、标志和数目、件数或重量及货物表明状况的提单。因而,提单本身表示承运人已按提单上载明的内容收到货物。

(3)提单是代表货物所有权的凭证

提单的主要目的在于使持有提单的当事人能在货物运输过程中通过处分提

单来处理提单项下的货物。提单作为货物的象征,是一种物权凭证,提单持有人可以以背书方式转让提单,这种转让,具有与转让货物同等效力。因为谁持有提单,谁就有权要求承运人交付提单项下的货物。提单还可以作为向银行押汇的抵押品。此外,提单还是办理银行结汇、海关通关等手续的一种必备文件。

4. 提单的种类

(1)按提单签发时间是在货物装船之前还是之后可分为已装船提单和备运提单

已装船提单(shipped or on board bill of lading)是指在货物装上船之后,由承运人签发给托运人的提单。这种提单必须载明装船船名和装运日期。由于这种提单能使收货人按时收货,因此一般当事人在买卖合同中都规定卖方须向买方提供已装船提单。《国际贸易术语解释通则》规定,按 CIF 成交时,卖方所提供的提单必须是已装船提单,在用信用证方式付款时,按国际商会《跟单信用证统一惯例》的规定,卖方向银行提交的只能是已装船提单,除非信用证另有规定。

备运提单(received for shipment bill of lading)又称收货待运提单。这是承运人在收到货物但尚未将货物装上船之前签发给托运人的提单。备运提单在货装上船后,只要由承运人在上面加注"已装船",并注明装船日期,签上字即可使备运提单转化为已装船提单。

(2)按承运人在提单上有否就货物外表状态加列批注可分为清洁提单和不清洁提单

清洁提单(clean bill of lading)指承运人未对货物表面状态加列不良批注的提单。表明货物是在表面状况良好的条件下装船的。卖方一般均要求卖方提供已装船的清洁提单。

不清洁提单(Clause B/L or Foul B/L)是承运人对货物的表面状况加有不良批注的提单,如注明"包装不固""破包""沾有油污"等,这种提单表明货物是在表面状况不良的情况下装上船的。托运人一般往往不愿接受不清洁提单,银行也拒绝接受不清洁提单。托运人可以主动向承运人出具保函,以换取承运人签发清洁提单,保函的作用是由托运人向承运人保证,如因货物缺损以及因承运人签发清洁提单而引起的一切损失,将由托运人负责赔偿。但此种保函不得约束第三人。

(3)按提单收货人抬头分类,可分记名提单、不记名提单和指示提单

记名提单(straight bill of lading)是指签发给指定的收货人的提单。如在提单收货人一栏内写明收货人的名称,注明"交给某某公司"。这种提单不能背书转让,也不能流通。

不记名提单(open bill of lading)又称持票人提单,这种提单一般在收货人一栏内仅填写"交与持票人"(to bearer)而不注明具体收货人的名称,也不填写"凭指示"字样。这种提单可以流通,转让手续很简便,谁持有这种提单,谁就可以向承运人提货,因而在流通中风险较大。

指示提单(order bill of lading)指在收货人一栏中填写有"凭某人指示"(to order of …)字样或填有"凭指定"(to order)字样的提单。前者称凭特定人指示提单,后者称空白抬头或空白指示提单。指示提单持有人可以背书方式转让,这种提单可以流通,在货物贸易中最常用。

此外,提单还可以分为直达提单、联运提单、转船提单、舱面提单等。在船东兼保险人的情况下,可用红提单,这时签发提单的承运人既是运输合同的当事人,又是保险合同的当事人。但在实践中,这种提单不常用。

三、租船合同

在采用租船运输方式时,托运人就要与船东订租船合同。租船合同可以分为航次租船合同、定期租船合同和光船租船合同。

1. 航次租船合同

航次租船合同又称航程租船合同,简称程租合同,是指出租人(即船舶所有人)将船舶租给承租人,按照约定的一个航次或几个航次运输货物,而由承租人支付约定运费的运输合同。

按照这种合同,船舶所有人保留对船舶所有权和占有权,并负责雇佣船长船员,由出租人(船舶所有人)负责对船舶的经营管理工作,承租人不直接参与船舶的经营事务。

航次租船合同的主要内容。

(1)列明出租人所提供的约定的船舶,以使船舶特定化。为此,合同中需要写明船名、船舶的国籍、种类、船级、载重量及订约时船舶所处位置等。

(2)船舶到达装货港的日期。在航次租船合同中一般均应规定船舶应到达装货港的最后日期,这一日期的最后一天称为"解约日"(cancelling date),即如果船舶在解约日未能到达装货港,承租方有权要求解除合同,承租方的这项解约权是绝对的。

(3)安全港口和安全泊位。航次程租合同一般均规定,船舶只能驶往安全的装货港或目的港装卸货物,装卸的地点应是该船能经常保持漂浮的地点。安全,这里包括政治上和地理上的安全双重含义。

（4）装卸时间和滞期费（laytime,demurrage）。装卸时间是有关允许租船人用于装卸货物而不必支付滞期费的时间总数。装卸时间从船方发出的装货通知书上规定的时间起算。装卸时间可用具体规定若干天时间的办法，也可用规定每天装卸多少货物的办法，即只规定装卸率，而不规定具体的装卸天数。承租方必须在合同规定的装卸时间内完成装卸作业，否则要向船方支付滞期费。

滞期费是指航次租船合同条件下，承租人完成装卸作业时间超过了合同所规定的装卸时间而延误了船期时，承租人应当付给出租人的一笔罚金，一般相当于船舶每天的维持费。

与滞期费的相对应的速遣费（despatch money），是指当承租人在合同规定的装卸时间之前提前完成装卸作业时，出租人应当支付给承租人的一笔奖金，速遣费一般相当于滞期费的一半。

（5）货物损害责任。有关这方面的内容一般由双方当事人商定，租船合同不受海牙规则约束，但当事人可以借用海牙规则中关于承运人责任的规定来确定船东对货物在运输中所发生的损害应当承担的责任。

（6）运费。航次租船合同一般对运费的计算方法和支付方式有详细的规定，因为支付运费是承租人的一项重要义务。一般可采用预付运费方式，也可采用到付运费方式。

（7）责任终止和留置权条款。一般规定货物装船完毕后，承租方对租船合同的责任即告终止，但在合同规定的运费、空舱费、滞期费未付清前，出租方对所装货物有留置权。这样，实际上在收货人为买方时，支付这一切费用的责任转移到了收货人身上。而承租人得以在装货后免责的前提条件是出租人对货物的这种留置权。

2.定期租船合同

定期租船合同简称期租合同，是指由出租人将船舶租给承租人，由承租人在约定的时间内按约定的用途使用船舶进行运输，并支付约定费用的运输合同。

在定期租船合同条件下，出租人（船舶所有人）在船舶出租期间保留船舶所有权和占有权，并负责对船舶的航行管理，以维持船舶的工作效能，以及支付船长、船员的工资给养和船舶的给养，由承租人负责船舶的经营以及由此直接产生的费用。

定期租船合同一般包括以下主要内容。

（1）规定出租人所提供的船舶。即明确规定出租人提供船舶的名称、国籍、船级、载重量、燃油消耗量和航速等，出租人提供的船舶应当适应约定的用途。

（2）船舶的使用范围。在定期租船合同中，出租人和承租人一般都应商定船舶的航行区域，承租人可以在该区域范围内指示船舶行驶航线，开往任何安全港口，但不得指令船舶驶离规定区域。

（3）租期。合同中一般均规定交船港、交船日期，租期从船方在交船港将船舶交给承租方时开始计算。同时还应规定还船时间和地点。租船期限可以是数月、一年或几年。在还船时，除了自然损耗外，船舶的状态与条件应与交船时同样良好，否则，船方有权要求赔偿。

（4）船舶使用和赔偿责任条款。该条款主要规定，船长对于使用、代理及其他有关事宜，应根据承租方的指示行事。但如果船长按照承租人的指示行事，如签发提单或驶离合同规定的航行区域，由此引起的一切后果或责任，承租方应向出租人赔偿。

（5）定期租船合同中，承租人向出租人支付时租金，这是承租人的一项主要义务，合同中要规定租金的计算方法，一般按时间计算。同时还规定支付的方法，常采用按月计算，按月预付。如果承租人到期不付，出租人可以撤回船舶，同时也可以对所装运的货物行使留置权。

（6）停租条款。该条款规定，在船舶由于船员或船用品不足、机器故障、船壳损坏或其他意外事故而无法有效使用的时间超过连续 24 个小时，承租人有权停付租金，直到船舶回复有效工作状态。

（7）船方对货物损害的责任。在定期租船合同中，出租人也应承担一种对船舶适航性的默示担保，否则船方对由于船舶不适航而造成的货物损害承担赔偿责任。当事人也可以在合同中具体规定船方对货物保管与照料的责任，这种约定可以参照《海牙规则》的规定。船方应依《海牙规则》的规定对货物损害承担责任，另外，船方也可引用《海牙规则》的规定，使自己享受承运人的全部豁免权利。

（三）光船租船合同

光船租船合同是指船舶所有人将船舶提供给承租人使用，由承租人支付约定的租金，并于租期届满时归还船舶的合同。这种合同实际上是一种财产租赁合同。

在光船租船合同条件下，船舶所有人保留对船舶的所有权，但将船舶的占有、使用权暂时出让给承租人，由承租人在约定时间内使用，并支付约定的租金。船长、船员等都由承租人自己雇佣，由承租人自己负责船舶的经营管理。光船租船方式在国际海上货物运输中一般很少采用。

与提单一样，租船合同一般表现为一些由船东提供的格式合同，这些格式合同供出租人、承租人商谈租船事宜时选用。有些合同标准格式，由于业务关系，在国际上比较通用，如航次租船合同有波罗的海国际航运公会制定的"统一杂货租船合同"（Uniform General Charter）即"金康"；定期租船合同方面的有波罗的海航运公会制定的"统一定期租船合同"（Uniform Time Charter，简称BALTIME 1939）即"波尔的姆"；我国也有1980年的定期租船合同，简称中租合同，可供当事人选用。

四、港口与海运代理服务

港口服务与海运代理服务也是海上运输服务的组成部分。港口是船舶装卸货物的场所，是海陆运输工具的衔接点和海运货物的集散地、出入口。港口服务是海上货物运输服务中不可分割的一个部分。港口服务主要包括：港湾服务和港岸服务以及近几年发展起来的自由贸易区服务。其中港湾服务主要包括拖航、加油、给水、给养、引航、维修、系泊、救难、安全检查、卫生防疫和船舶检丈等。港岸服务则涉及船舶装卸、货物仓储保管和转运等内容。自由贸易区服务主要是货物的保税储存，并开展包装、加标、加工、装配、中转等业务。港口服务对许多沿海国家的经济往往具有重要作用。

海运代理服务包括货运代理服务、海运经纪服务与船舶代理服务等。海运代理服务通常是指一方以收取佣金为条件，代理货主办理货物进出口报关手续，或以自己名义接受托运人所托运的货物，并将该货物交船舶营运人运输的活动。从事海运代理服务的企业一般被称为货代，或称报关行（customs broker）、运输代理行（forwarding agent）。

海运经纪服务一般是指海运经纪人（broker）以中间人的身份代办海运业务的洽谈，以促成交易并收取一定报酬的活动。

船舶代理服务是指一方受船舶所有人或船舶经营人的委托，为委托人在港船舶办理有关船舶经营、保管、保养中的事务，并收取约定报酬的活动。船舶代理服务人一般称为船代（ship's agent）。根据所从事的业务不同，又可分为承运人代理人、船舶所有人代理人、揽货代理人、卸货代理人、管理代理人、监督代理人或保护代理人等。

第三节　海上货运保险合同

一、概述

国际货物运输保险是指由一方向保险机构交纳规定的保费,在其投保的货物在国际运输中发生保险范围内的事故时,由保险机构按约定数额对其所受损失予以补偿的一种措施。国际货物运输保险是为国际贸易中的货物运输服务的。根据运输方式的不同,国际货物运输保险主要种类有:海上货物运输保险、陆上运输保险、航空运输保险、邮包运输保险等。其中最古老、最常用的是海上货物运输保险,这与国际海上货物运输本身的特点直接有关。海上货物运输保险是通过海上保险合同的形式实现的。海上保险合同是一种补偿性合同,由于在保险时,保险人往往预先对所要保险的货物情况一无所知,为了解保险标的的状况要求被保险人秉着诚实与信用的原则向保险人陈述其所知的有关保险标的的详细真实情况。

二、承保的风险范围

海上货物运输保险所涉及的风险,主要是运输过程中的一些海上危险。海上危险可分为水上灾害和外来危险两大类,海上保险的基本责任是保障水上灾害。

1. 水上灾害(perils of the sea)

海上保险的水上灾害包括由于海上暴风、巨浪、流冰、迷雾、海啸、雷电等不可抗拒的自然灾害而造成的船舶搁浅、沉没或失踪、触礁、碰撞、爆炸等意外事故,还包括火灾、海上抛弃行为、船长或船员的不法行为等类似危险。

2. 外来危险(extraneous risks)

外来危险是除水上灾害外的会在海上运输过程中导致货物或其他保险利益损失的危险,有的是商品本身特性造成的,如易于破碎、遭雨淋、受潮等;有的则是外力作用的结果,如因战争、武装冲突、海盗、罢工、暴动等造成货物损失。

水上灾害的保险往往普通保险单就能容纳,而对外来危险则往往需要特别附加。保险机构在对海运中的货物进行保险时,一般仅对由于自然灾害或意外事故造成的损失予以补偿;而对一些在海上运输中,由于货物本身缺陷造成的损失或货物的自然损耗等则不予赔偿。

三、承保的海损种类

由海上风险所造成的货物损坏或灭失称为海上损失,简称海损。保险人仅对海上风险造成的损失负责赔偿。

海损可以分为全部损失和部分损失。

1. 全部损失

全部损失简称全损(total loss),可以分为实际全损和推定全损。

实际全损(actual total loss)是指货物完全灭失,例如货物在海上完全沉没无法打捞,或者货物完全丧失了其使用价值,如水泥浸水后结成了硬块等。

推定全损(constructive total loss)是指被保险的货物实际全损已不可避免,或者恢复、修复受损以及运送货物到原定目的地的费用超过运到该目的地后的货物本身价值。

在保险标的物发生全损时,保险人应根据保险合同的规定负赔偿责任。在推定全损的情况下,被保险人可以将货物作全部损失处理,也可以作为部分损失处理。作全部损失处理时,被保险人应及时向保险人发出委付通知,否则作为部分损失处理。

2. 部分损失

部分损失(partial loss)是指货物的损失没有到达全部损失的程度。

部分损失可分为共同海损、单独海损和单独费用。

(1)共同海损(general average)是指在海上运输中,船舶和货物遭遇到共同危险,船方为了共同安全,使同一航程中的货物脱离危险,有意和合理地作出的特殊牺牲和支出的特殊费用。可见共同海损包括特殊牺牲和特殊费用两个部分。例如,船舶在航行中遇到狂风巨浪,有全船覆没的危险,为了使船舶与货物避免共同危险,船长下令把部分货物抛入海中,使船舶和其他货物转危为安,这些被抛弃的货物就是共同海损中的特殊牺牲。再如,船舶因退潮而搁浅,情况危险、船体有可能断裂,货物可能受损,这时船长雇佣驳船将部分货物卸下,以减轻船舶载重,并雇佣拖船使其起浮,这些为雇佣驳船、拖船的费用开支就是共同海损中的特殊费用。

共同海损的成立,必须具备以下条件。

第一,必须确有船、货共同安全的危险存在。如果该种危险仅危及船或货的安全,而并不威胁船、货的共同安全,则即使产生特殊的牺牲或费用,也不能作为共同海损处理。如船上冷藏设备失灵,将变质腐烂的冻肉抛入海中,这种牺牲与船舶安全无关,不能作为共同海损处理。

第二,作出的牺牲和支出的费用必须是特殊的。如果是为了履行运输合同而产生的正常牺牲或费用,不属于共同海损。

第三,牺牲的费用必须是有意的。就是说这种共同海损的发生是人为的、有意识的行为的结果,而不是一种意外的损失。例如,巨浪把甲板上的货卷入海中,这种牺牲就不是共同海损。

第四,处置必须合理。即在采取共同海损行为时,必须符合当时实际情况的需要。例如船舶、货物遇到共同危险,为了减轻载重量须抛弃部分货物时,所抛弃货物必须是体重、价低的货物,而不能是体轻、价高的货物。如抛弃了体轻、价高的货物,这是不合理的处置,不能作为共同海损而在各利害关系方直接分摊,只能由作出决定的一方承担这种不合理的损失。

共同海损是一种部分损失,这是因为在作出这种特殊牺牲或支出特殊费用后,至少要有一部分财产(船舶或者货物)因此而得以幸免于难。这样,这些特殊费用、特殊牺牲才可以向幸存的财产要求分摊,才构成共同海损。

共同海损可以从幸存的财产中进行分摊而得到补偿。由于共同海损的牺牲和费用,是为了使船舶、货物和运费摆脱共同危险,获得共同安全而作出的,因而应当由获得安全的财产,按比例进行分摊。对共同海损所包括的特殊牺牲和费用在幸存的船舶、货物、运费中按其获救后的价值按比例所进行的分摊成为共同海损分摊。分摊时要进行复杂的计算,以计算共同海损的牺牲和费用,估算获救财产的价值,确定各方应承担分摊的数额,这项计算工作称为共同海损理算,一般均按 1974 年的《约克—安特卫普共同海损规则》进行核算。

在海上货物运输保险中,按照保险合同的规定,保险人对于共同海损的牺牲与费用,及保险标的应承担的共同海损分摊,都应负责进行赔偿。

(2)单独海损(particular average)是指海上货物运输中意外发生的,只涉及航海中船舶或货物单独一方利益的损失。

单独海损也是部分损失,但与共同海损不同。首先,发生损失的原因不同,单独海损一般是意外发生的,不是人类有意的行为引起的;而共同海损,威胁货物和船舶等财产的共同危险是意外发生的,但为此而作出的特殊牺牲或支出特殊费用的损失却是人类的故意行为引起的。其次,损失涉及的范围不同,共同海损是为船和货的共同安全而作出的，因而不仅涉及作出牺牲一方的利益，还涉及由此而获救各方的利益；而单独海损却仅涉及损失一方自身利益，与他方利益无关。最后，两者最终产生的后果也不同，共同海损可从获救财产的分摊中取得补偿，在保险标的涉及共同海损或共同海损分摊时，保险人都负责予以赔偿；而单独海损只能由遭受损失一方单独承担这种损失，保险人是否赔偿单独海损，要看保险单上所投保险类别，只有当这种单独海损是由于保险单上所承保的风险所引起时，才由保险人予以赔偿。

3. 单独费用（particular charges）是指为了防止被保险的货物因承保范围内的风险而遭受损害或灭失而支出的各项费用。单独费用只有在保险单予以承保时才可以要求保险人赔偿，例如营救费，只有当保险单中有"诉讼与营救条款"时才可以获得补偿。这一条款可以说是一种特别约定，据此，保险人的赔付金额可能会超过保险的金额。如某项货物价值和保险金额为 10000 元，支付了营救费 5000 元，但货物仍不可避免地全损，这时保险人赔付款为 15000 元，而不以 10000 元为限。

四、海上保险合同的订立

海上保险合同应当在海上保险事故尚未发生的时候订立，如果保险事故已经发生，则不能再投保了。在国际贸易中，在货物装运之前或装运之日，买方或卖方就应立即投保海上货物运输保险。如 FOB 条件下由买方办理，CIF 条件下则由卖方负责投保。根据《跟单信用证统一惯例》的规定，要求在 CIF 条件成交时，卖方所提供的保险单，其所载的签发日期必须在提单上所载的装船日期之前或同时，也就是说，保险合同必须在装船前或装船时即订立了。

订立海上保险合同的手续一般为：由被保险人提出投保申请，并在保险公司的经纪人所提供的表格上填明保险标的物、投保的险别以及其他有关内容，填好后交给经纪人，由经纪人将投保内容写在一张承保条上，交给保险人或保险公司。如保险人愿意承保，即在承保条上写上其所愿意承保的金额，并加上签名，这时保险合同即告成立。

订立保险合同，目的是赔偿损失。一个有效的保险合同，要求在保险标的物发生损失时，被保险人对保险标的享有保险利益，否则合同无效。所谓保险利益是指被保险人对保险标的物所具有的某种合法利益关系，即被保险人将会因为保险标的物发生灭失或损害而遭受损失，或因为保险标的物安全到达目的地而获得原应享有的权利。只有被保险人对保险标的物有这种保险利益，才能要求保险人受保险合同的约束,在这种保险利益受到损害时给予被保险人以一定的补偿。否则,这种保险合同只能是一种赌博,而赌博合同根据各国法律一般均认为是无效的。

五、保险单证

1. 保险单(insurance policy)

保险单是载有保险合同内容的书面文件,是保险合同的证明,也是确定保险人与被保险人的权利义务关系的依据。

保险单一般应载明以下主要事项:

(1)被保险人的名称;

(2)保险的标的物和承保的风险;

(3)保险的航次或期间;

(4)保险金额;

(5)保险人的名称等。

保险单可以从不同的角度进行分类。

(1)定值保单与不定值保单

定值保单(valued policy)是指载明保险标的物约定价值的保险单。不定值保单(unvalued policy)则仅载明保险金额的限额,不载明保险标的物的价值,需要以后另行确定保险标的物价值的保险单。

定值保单与不定值保单的主要区别在于:定值报单在一旦发生货物灭失损坏时,即可根据保险单上记载的标的物价值进行赔偿,而不定值保单在发生货物损失时需要依据发票、付款单、估价单或其他材料来证明保险标的物的价值。在定值保单中的保险价值一般包括发票货价、运杂费和保险费,再加上10%—15%的利润,而不定值保单中的保险价值不包括买方的预期利润。

在国际贸易往来中,大量采用的是定值保单。

(2)航程保单和定期保单

航程保单是把标的物从某一地点运送到另一地点的保险单。定期保单则是标的物在一定时间内的保险合同,保险人的责任期限以约定的时间为限。在海上货物运输中,大量采用的是航程保单,定期保单一般很少采用,主要用于船舶和运费的保险。

此外还可以分为流动保单和预约保单等。

2. 保险凭证（Insurance Certificate）

保险凭证是一种简化的保险单，是表示保险公司已接受保险的一种证明文件。

保险凭证的内容主要包括：保险人的名称、保险货物的名称、货运工具的名称和种类、险别、保险期限、保险金额等，但不包括保险单中记载的明确保险人与被保险人之间的权利义务关系的保险条款。因此，在国际贸易中，是否允许以保险凭证代替保险单来履行交易双方当事人之间的交单义务是有争议的，特别是在 CIF 条件下，卖方在履行其向买方交单义务时，表现得尤为突出。英国法律不允许，而美国则在其《统一商法典》（UCC）中确认卖方既可以用提供保险单的方式，也可以用提供保险凭证的方式来完成其对买方的交单义务。

六、保险单的转让

对于被保险人依据海上保险单所享有的权利，在国际贸易中是可以通过对保险单的背书转让方式转让给合法受让人的。例如在 CIF 条件下，卖方投保后，交单时可以用背书方式转让给买方。

海上保险单的转让，不必取得保险人的同意。保险单的受让人取得保险单后，有权以自己的名义起诉，当保险标的物在承保范围内发生损失时，有权以自己的名义要求保险人赔偿，即使在保险标的物发生损失之后，保险单仍可以有效转让。

保险单的背书转让与已保险的该项货物的转让是不同的。卖方在转让已保险的货物时，并不能实现该项货物的保险的自动转让，因为保险合同并不是该货物的附属物，只有当被保险人在保险单上以背书的方式表示其转让的意思时才能导致保险单的转让。

在保险标的物发生损失后，保险单的转让仍有其重大的实际意义。例如在 CIF 条件下，即使货物已在运输途中全部灭失，卖方仍可以向买方提供包括保险单在内的全部装运单据，并有权要求买方付清货款。买方付清货款后取得卖方提供的单据，这时，只要货物的损失属于承保的范围之内，买方就有权凭卖方转让给他的保险单直接向保险人请求赔偿损失。保险人不能以保险单的转让发生在货物灭失之后为理由，而拒绝赔偿。

七、保险险别

海上保险单上都有保险条款,保险条款主要是规定保险人负责赔偿的责任范围、除外责任,以及被保险人的义务等有关事项。其中有一个条款是专门关于保险险别的规定,险别是确定承保范围和保险人赔偿责任范围的依据。险别不同,保险人承保的风险和责任范围也不同。

按照国际上通常做法,海上保险险别主要分为平安险、水渍险和一切险三大类,此外还有一般附加险和特别附加险。一般附加险和特别附加险不能单独投保,只有在投保基本险别如平安险、水渍险的基础上才可以另行加保。

1. 平安险(free particular average,F. P. A)

平安险的英文含义是单独海损不赔,我国保险业习惯上将其译为平安。在投保平安险的条件下,保险人一般只对保险标的物的承保范围内所发生的全部损失及共同海损承担赔偿责任,单独海损一般不列入承保范围,但也有一些例外。在下列情况下,对保险标的物所遭受的单独海损的损失,保险人仍须负责赔偿:

(1)该种损失是由于船舶或运输工具发生搁浅、触礁、沉没或焚毁的情况引起的;

(2)被保险货物在装载、转载或卸装时所遭到的一件或数件的全部灭失;

(3)该种损失可合理归因于火灾、爆炸或船舶与除水以外的其他外来物体(包括冰)发生碰撞,或在避难港卸货的原因;

(4)发生意外事故后,被保险货物在中途港或避难港因起岸存仓、转运等发生的特别费用。

2. 水渍险(with average,with particular average,W. A,W. P. A)

水渍险这一词也是我国保险业的习惯译法,其英文含义是单独海损包括在内。水渍险所包括的范围是在平安险范围的基础上加上单独海损。

水渍险承保的范围比平安险的范围广泛,但其保险费也相应地比平安险高。

3. 一切险(all risks)

一切险又称综合险,其承保范围是三种主要险别中最广泛的,但它并不意味着当事人可能遇到的一切风险导致的损失均可向保险人请求赔偿。一切险的承保范围包括平安险、水渍险的责任,以及被保险货物在运输途中由于外来原因所引起的全部损失或部分损失。这里的由于外来原因所引起的全部损失或部分损失,共包括 11 个方面,这 11 个方面是一切险的承保范围内的损失,也属于一般

附加险:

　　(1)偷窃提货不着险(theft pilferage and non-delivery);

　　(2)淡水雨淋险(rain fresh water damage);

　　(3)短量险(risk of shortage);

　　(4)玷污险(risk of contamination);

　　(5)渗漏险(risk of leakage);

　　(6)碰损破碎险(risk of clashing & breakage);

　　(7)串味险(risk of odour);

　　(8)受潮受热险(damage caused by sweating & or heating);

　　(9)钩损险(hook damage);

　　(10)包装破裂险(loss & or damage caused by breakage of packing);

　　(11)锈损险(risk of rusting)。

以上11种风险,可同时在一切险中加保,作为一般附加险时,被保险人可以在投保了基本险别之后,根据需要,选择其中一项或几项另行加保。

在投保一切险的条件下,除了对战争险等特别附加险与海上保险的除外风险不予以承保外,其余风险所造成的损失,均可要求保险人赔偿。

4.特别附加险(special additional risk)

特别附加险与一般附加险一样,也不能单独投保,但也有不同。一般附加险可包括在一切险中,在投保了一切险之后,就不必另行加保一般附加险所包括的险别了;而特别附加险则不同,被保险人与保险人有特别约定,并经保险人同意后,才能把特别附加险的责任包括在承保范围之内。

特别附加险主要包括:战争险、罢工险、交货不到险、舱面货物险和拒收险等。

投保战争险时,保险人的责任范围包括:由于战争、敌对行为或武装冲突以及由此引起的拘留、扣押、没收或封锁所造成的损失,或者各种常规武器(包括水雷、鱼雷、炸弹)所造成的损失以及由于上述原因所引起的共同海损牺牲、分摊和救助费用等。但对核武器如原子弹、氢弹等造成的损失则不负赔偿责任。

罢工险一般往往与战争险同时承保,投保战争险时又投保罢工险的只要在保险单上注明包括罢工险,并附贴罢工险条款即可。保险人一般不再另外加收保险费。

5.除外风险(excluded perils)

海上保险的目的是使由于自然灾害或意外事故所造成的损失在保险人的承

保范围内得到补偿。下列一些情况,不应包括在保险单承保范围内,这些情况属于除外风险,保险人不负赔偿责任:

(1)被保险人的恶意行为或过失;

(2)货物本身特性所引起的损失;

(3)自然损耗;

(4)虫蛀鼠咬;

(5)延期交货所造成的损失。

八、海上保险的索赔

1.索赔的条件

当被保险标的物因自然灾害或意外事故而在海上运输中遭受损失时,被保险人就该损失向保险人索赔,必须以危险事故与损失之间有因果关系,而且该危险事故属于承保单所记载的承诺范围之内为前提。只有在属于承保范围内的危险事故与损失之间有因果关系时,保险人才负责赔偿。

同时,根据海上保险合同的要求,被保险人及其代理人必须采用合理措施,以避免或减少损失,同时保证正确地维护和行使对承运人、受托人或其他第三者追偿损失的一切权利。

在被保险人获悉其货物在运输中可能已受损时,应立即通知保险公司或其经纪人,办理保险索赔。

索赔时,被保险人还应向保险人提供以下证件:检验报告或其他证明损失的文件;保险单正本、货物发票、运输提单、装箱单、磅码单、货损货差证明;索赔清单;向第三者责任方追偿的有关函电及其他必要的单证和文件。

2.索赔的范围

被保险人向保险人索赔的范围必须以所投保的险别与保险金额为根据,同时取决于货物受损的程度与性质,保险人赔付的范围也大致与之相适应。

3.代位权

在海上保险中,当保险货物的损失是由于第三者的过失或疏忽引起时,被保险人在取得保险人支付的保险赔款后,即将自己对造成损失的第三者的损害赔偿请求权转让给保险人,保险人取得的这种代替被保险人的地位向该第三者进行索赔和追偿的权利即是代位权。保险人取得代位权要以向被保险人赔付保险金额为前提。

保险人在行使这种代位权时，以他所赔付给被保险人的金额为限，超出部分，应归还给被保险人。

保险人在赔付全部损失的情况下，不仅能取得代位权，还能取得残存的保险标的的所有权，即使残存标的物的价值大于他所付出的保险赔款，其超出部分也仍归保险人所有。

4.委付

在被保险标的物发生推定全损的情况下，被保险人将保险标的物的所有权转让给保险人，而向保险人请求赔付全部保险金额的行为称为委付。它与代位权不同，不以保险人支付保险赔款为前提，而且仅用于推定全损的情况下，而代位权既可用于全损，也可用于部分损失。

第四节　国际银行支付合同

一、概述

在国际经济贸易交往中，当事人之间的钱款通常需要委托银行等金融机构代为进行。于是，就会在委托人（及受益人）与金融机构之间产生一种国际支付服务关系：金融机构为委托人（及受益人）完成钱款的收付，后者则需要为此支付报酬。

国际支付服务是国际金融服务的一种。所谓国际金融服务，是指银行等金融机构就货币资金的国际融通为当事人提供的服务。国际金融服务的表现方式多种多样，如国际贷款服务、国际融资担保服务以及为债券或股票的跨国发行与交易所提供的服务等。

国际支付服务可按支付方式的不同加以分类。常见的国际支付服务有国际汇付服务、国际托收服务以及国际信用证服务。

二、国际汇付服务

汇付（remittance），也叫买方直接付款，指由买方主动把货款汇给卖方的一种付款方式。一般都通过银行办理，但严格地说，银行并没有介入。因为银行只代客办理汇款业务,对货款的收付不承担任何责任。

汇付这种方式,往往只在两国关系友好,资信可靠,已建立了巩固的密切业务关系的当事人之间采用。在具体实践中,汇付有三种不同的做法。

1. 订货付现(cash with order)

又称预付现款,是指卖方要求买方在订货时即预付全部或部分货款。这是对卖方最为有利的支付条件,但对买方来说却是风险极大的一种支付方式。因此在国际贸易中采用得并不多,一般是在卖方按照买方提出的特殊规格制造出口商品时,才使用这种付款方式。

2. 见单付款(sight payment)

见单付款是指卖方在发运货物之后,将有关装运单据寄交买方,买方在收到单据后,按合同规定将货款通过银行汇付给卖方。采用这种方式,卖方的风险较大。如果买方在收到单据后拒不付款或拖延付款,卖方就会货款落空或遭到利息损失。因此,除非买方的资信十分可靠,卖方是不会采用这种支付方式的。

3. 交单付现(cash against document)

这是以买方付款为卖方交单的条件,如买方不付款,卖方就不把货运单据交给买方的付款方式。也就是说,只有在买方付款之后,卖方才将货运单据交给买方。当卖方不了解买方的资信情况时可采用该结算方式,以确保自己的合法利益不遭受损失。

买方汇付货款,可以有三种不同的方式。

(1)信汇(mail transfer,M/T)。买方将货款交给本地银行,请该行用信件委托卖方所在地的分行或代理行付款给卖方。

(2)电汇(telegraphic transfer,T/T)。买方请求本地银行用电报或电传委托卖方所在地的分行或代理行付款给卖方。采用电汇,卖方可以迅速收到货款,但费用较信汇为高。

(3)票汇(demand draft,D/D)。买方向本地银行购买银行汇票,自行寄给卖方,卖方凭以向汇票上指定的银行取款。

在国际贸易中,汇付属于商业信用,它取决于一方对另一方的信任,是卖方向买方,或买方向卖方提供信用,进行资金融通的一种方式。在汇付方式中,提供信用的一方所承担的风险很大。

三、国际托收服务

1. 托收的概念和托收统一规则

托收（collection）是由卖方对买方开立汇票，委托银行向买方收取货款的一种结算方式。

托收方式是卖方委托银行向买方收取货款，能否收到完全取决于买方的信用，银行并不给予任何保证。因此，托收同汇付方式一样，也属于商业信用性质，而非银行信用。采用托收方式收取货款，对卖方来说是有较大风险的。

2. 托收方式的当事人

托收方式的主要当事人有四个：委托人（principal）、托收行（remitting bank）、代收行（collection bank）和付款人（payer）。

委托人即开出汇票委托银行向国外付款人收款的出票人（drawer），通常是卖方。

托收行即接受委托人的委托，转托国外银行向国外付款人代为收款的银行，通常为出口地银行。

代收行即接受托收行的委托，代向付款人收款的银行，通常为进口地银行。

付款人即汇票的受票人（drawee），通常是买方。

委托人与托收行之间是委托代理关系。在托收申请书中明确委托的内容以及双方的责任，托收行接受委托人的申请书后，即构成托收行和委托人之间的契约关系，双方权利义务以托收申请书的规定为准。

托收行与代收行的关系也是委托代理关系。一般来说他们之间本来就已建立代理关系，双方互相委托待办的业务范围和事项早有约定。但在特殊情况下，托收行与代收行之间，也有可能并建立代理关系。不论它们之间是否有代理关系，代收行对于每笔委托业务的具体事项，均须根据托收行向其发出的托收委托书办理。委托书中的指示应与委托人出具的托收申请书中的指示相一致。

3. 托收的种类

托收分为光票托收和跟单托收两种。光票托收是指卖方仅开具汇票委托银行向买方收款，而不附具任何装运单据。光票托收可以用于货款尾数、小额交易货款、贸易从属费用和索赔款的收取。跟单托收是指卖方将汇票连同提单、保险单、发票等装运单据一起交给银行，委托银行向买方收取货款。在国际贸易货款结算使用托收方式时,通常均使用跟单托收。

按交单条件不同,跟单托收可分为付款交单和承兑交单两种。

(1)付款交单(documents against payment,D/P)

付款交单是指卖方的交单以买方的付款为条件。一般做法是先由卖方发货,取得货运单据,然后把汇票连同货运单据交给银行代为托收,并在托收申请书中指示银行,只有在买方付清货款时,才把货运单据交给买方。因此,买方必须按汇票上载明金额付款后,才能取得货运单据,并凭之提取货物。

付款交单又有即期和远期之分。所谓即期付款交单(D/P at sight)。由卖方开具即期汇票(或不开汇票),通过银行向买方提示汇票和货运单据(或只提示单据),买方如审核无误,于见票(或见单)时即须付款,在付清货款后,领取货运单据,即"付款赎单"。而所谓远期付款交单(D/P after sight)。由卖方开具远期汇票,通过银行向买方提示汇票和货运单据,买方审核无误后在汇票上承兑,并于汇票到期日付款赎单。在汇票到期日前,汇票和货物单据由代收行保管。在远期付款交单条件下,买方为了抓住有利时机,早日提取货物使用或转售,可凭信托收据(trust receipt,T/R)向代收行借取单据,先行提货,待汇票到期日再付清货款。这是各国银行对进口人融资的一种通常做法,与委托人无关。不论进口人能否在汇票到期日付款,代收行必须对委托人承担到期付款责任。如果委托人委托时同意代收行可凭付款人出具的信托收据借单,则代收行没有责任;如果日后进口人拒付汇票,其风险责任就必须由委托人自己承担。

(2)承兑交单(documents against acceptance,D/A)

承兑交单是指卖方的交单以买方承兑汇票为条件。买方承兑汇票后,即可向代收行取得货运单据,凭以提取货物,于汇票到期日付款。所以承兑交单方式只适用于远期汇票的托收。承兑交单前付款条件对买方较为有利,但对卖方而言,则要冒极大的风险。因为买方虽然已承诺了到期付款,但交单之后,卖方收取货款的唯一保证就是买方的信用,一旦买方到期拒付货款或破产倒闭,卖方就会遭受巨大损失。

四、国际信用证服务

1.概述

信用证(letter of credit,L/C)是开证银行请求或根据自身需要,开给第三者(受益人,例如出口人)的一种在一定条件下保证付款的凭证。在国际贸易中,通常是开证银行根据进口人的请求和指示,授权出口人凭所提交的符合信用证规定的单据和开立以该行或其指定银行为付款人的不超过规定金额的汇票向其收款,并保证向出口人或其指定人按信用证规定进行支付。因此,信用证方式属于银行信用的性质,也就是说,以信用证方式结算货款是把原来应由进口人履行的凭单付款责任转由银行来履行,即以银行信用代替商业信用。银行信用优于商业信用,较易为债权人所接受。在现代国际贸易中,凭银行信用证付款,已成为最常见、最主要的支付方式。在我国对外贸易结算中,主要也是采用信用证付款方式。

信用证是开证行依照开证申请人的要求向受益人开出的、承诺在一定条件下向受益人支付约定的金额的书面文件。信用证的开立,在有关当事人之间建立了确定的法律关系。信用证法律关系的当事人应有广义和狭义之分。狭义的当事人仅指开证行与受益人,他们之间的法律关系是信用证法律关系的核心;广义的当事人还包括开证申请人、被指定银行、保兑行等。这里所说的信用证关系仅指开证行与受益人之间的关系。同其他的交易关系一样,信用证关系是一种合同关系。这种关系的产生是基于当事人之间的约定,这种关系的内容是当事人之间对彼此的权利义务的安排。

2.信用证的种类

信用证可以根据性质、付款期限等特点作不同的分类,常见的主要有以下几种。

(1)可撤销信用证和不可撤销信用证

可撤销信用证(revocable L/C)是指开证行可以不经过受益人同意,也不必事先通知受益人,在付款、承兑或议付以前,随时修改信用证内容或撤销信用证。这种信用证对出口人来说,并未得到真正的信用,因此,在国际贸易实践中极少使用。不可撤销信用证(irrevocable L/C)是指信用证一经开出,在有效期内未经受益人及有关当事人同意,开证行不得片面修改或撤销的信用证。只要受益人提交的单据符合信用证规定,开证行必须履行付款义务。这种信用证对受益人收款较有保障,在国际贸易中使用最为广泛。按"UCP500"的规定,凡信用证上未写明"不可撤销"字样的应视作不可撤销信用证。

(2)跟单信用证和光票信用证

信用证规定卖方出具的汇票为跟单汇票时,即为跟单信用证(documentary L/C);汇票为光票时,即为光票信用证(clean L/C)。在国际贸易中,跟单信用证比光票信用证使用得广泛。

（3）保兑信用证与不保兑信用证

保兑是指一家银行开出的信用证由另一家银行加以保证兑付。凡经过另一家银行保兑的即为保兑信用证（confirmed L/C），没有经过保兑的信用证则为不保兑信用证（unconfirmed L/C）。信用证经过另一家银行保兑后，就有两家银行（开证行与保兑行）对受益人负责。保兑行与开证行一样承担付款责任。所以保兑信用证比不保兑信用证对进口人安全收汇更有保障。

（4）即期付款信用证、延期信用证、承兑信用证与议付信用证

即期付款信用证（sight Payment L/C）是指采用即期兑现方式的信用证，证中通常注明"付款兑现"字样。延期付款信用证（deferred payment L/C）是指远期付款而又不要汇款的信用证，银行在收到单据后将单据交给开证人，在规定付款到期日银行才对受益人付款。承兑信用证（acceptance L/C）是需要汇票的信用证，汇票的付款人在收到符合信用证规定的汇票和单据时，先在汇票履行承兑手续，待汇票到期日再履行付款。议付信用证（negotiation L/C）是指开证行在信用证条款中，邀请其他银行（不是以付款人的身份）买入汇票与单据的信用证。

（5）即期信用证和远期信用证

即期信用证（sight L/C）是指开证行或指定的付款行收到符合信用证条款的单据或汇票和单据即予付款的信用证。远期信用证（usance L/C）是指开证行或其指定付款行收到远期汇票或单据后，在规定的期限内保证付款的信用证。由于即期信用证可使受益人通过银行即期付款或议付取得货款，因而在国际贸易实践中使用最广。

（6）可转让信用证

可转让信用证（transferable L/C）是指开证行授权受益人将信用证的全部或一部分商品和金额转让给一个或数个受让人即第二受益人使用的信用证。只有明确注明"可转让"字样的信用证才能转让，并且只能转让一次，第二受益人不能把该信用证作第二次转让。如信用证不禁止分批装运，在累计不超过信用证金额的条件下，可以分批转让给数个第二受益人，各项转让数额的总和视为信用证的一次转让。信用证的转让不等于买卖合同也随之转让，如果第二受益人不履行合同，原出口人仍需对其与进口人签订的买卖合同负责。

（7）循环信用证

循环信用证（revolving L/C）是指受益人在一定时间内使用了规定金额后，可以重新恢复信用证原金额再度使用，直至达到规定的时间、次数或金额为止的信用证。该信用证适用于一些商品数量较大，需要在较长的一段时间内分期分批交货的买卖合同，可以减少买方逐笔开证的手续和费用，并能使卖方获得收取

全部货款的银行保证。

（8）对开信用证

对开信用证（reciprocal L/C）是指当交易的双方进行互有进出的和互有关联的对等或基本上对等的交易时，双方都对其进口部分向对方开出的信用证。对开信用证的特点是：两张信用证是互相联系、互相约束、互为条件的。一般来说，两张信用证必须同时生效。任何一张信用证的开证人、受益人、开证行分别为另一张信用证的受益人、开证人和通知行。对开信用证往往用于易货贸易、补偿贸易和来料加工、来件装配等业务。

3.信用证的主要内容

信用证没有统一的格式，各国银行均按本行要求进行设计，但信用证的主要内容基本上是一致的，具体说来，主要有以下几项。

信用证的当事人：包括开证人（opener）、开证行（opener bank）、受益人（beneficiary）、通知行（advising bank）、议付行（negotiating bank）和付款行（paying bank）等。

对信用证本身的说明：如信用证的编号、种类、开证日期等，也包括信用证金额与汇票条款，其中涉及信用证金额或汇票金额、出票人、付款期限及其确定办法和出票条款等。

装运期限、交单期限以及到期日和到期地点。

单据条款：主要规定应提交哪些单据（如发票、提单、保险单、装箱单、重量单、产地证、商品检验证书等）、各种单据的份数，以及这些单据应表明的货物的名称、品质规格、数量、包装、单价、总金额、运输方式和装卸地点等。

特殊条款：根据进口国政治、经济和贸易情况的变化或每一笔具体交易的需要，作出的特殊规定，并无统一的标准。

开证行保证条款：开证行对受益人及汇票持有人保证，银行在收到符合信用证要求的单据后，即对根据信用证开出的汇票承担付款的责任。

4.信用证的一般收付程序

在采用信用证方式进行结算时，其一般的收付程序如下。

（1）开证人（买方）按照合同规定向当地银行提出申请，并提供若干押金或其他担保，要求开证行向受益人开出信用证。

（2）开证行开出信用证，寄给出口人所在地的代理银行（通知行）。

（3）通知行将信用证转递或通知受益人（卖方）。

（4）受益人经审查信用证认可后，即可按规定条件装货。受益人发货后，备妥信用证规定的货运单据,开具汇票,在信用证有效期内送当地的议付行(可以是原通知行,也可以是其他银行)议付。

(5)议付行经与信用证核对,确认汇票与单据符合信用证规定后,按汇票所开金额,扣除若干利息,将垫款付给受益人。

(6)议付行将汇票、货运单据等寄给开证行(或其指定的付款行)索偿。

(7)开证行(或其指定的付款行)经审核单据无误后,付款给议付行。

(8)开证行在办理转账或汇款给议付行的同时,通知开证人付款、赎回单据。

(9)开证人付款并取得货运单据后,凭此向承运人在进口地的机构或代理人提货。